労働市場における労働者派遣法の現代的役割

本庄淳志

Atsushi Honjo

弘文堂

はしがき

　本書は，近年大きく変貌しつつある日本の労働者派遣制度のあり方について，日本と同じく解雇規制を基軸とする労働法制を展開しつつ，派遣についても積極的に認めてきたオランダ法，および，派遣を例外的な雇用形態とし，直接雇用を重視する考え方が根強くみられるドイツ法との比較検討をふまえつつ，日本の労働市場に適した規制手法の提言を試みたものである。

　第1章で本書の基本的な分析視角を示したうえで，第2章では労働者派遣をめぐる日本の立法政策や学説・裁判例の動向を鳥瞰している。日本において労働者派遣は，戦後の職安法で全面的に禁止されたものが1985年の派遣法で解禁されて以来，厳しい批判に晒されている。派遣法のもとで，労働者派遣は対象業務が大きく制限され（1999年以前），あるいは臨時的・一時的な場合に限って許容されてきた。こうした規制は2012年の法改正で一旦は強化されたものの，その直後の2015年には大幅な見直しが図られるなど混迷した状況にある。
　こうしたなかで，職安法と派遣法との関係を整理し（今日において派遣と職安法上の労働者供給事業とは区別すべきこと），これまでの直用重視の規制に普遍的な正統性はないことを示しつつ，かえって，派遣法が中核としてきた常用代替防止目的のもとでは，派遣労働者にバランスのとれた法的保護が図られていない問題があることなど，現在の労働者派遣制度をとりまく状況を分析している。
　第3章では，本書の比較対象国であるオランダ，ドイツの法規制に大きく影響を及ぼすEU指令の内容や，解雇に対する包括的な規制を欠くアメリカにおける労働者派遣の位置づけを概観している。労働者派遣をめぐっては，とりわけ派遣労働者の地位の不安定性と処遇の低さが問題となっているところ，ある国の労働者派遣制度は当該国の労働法体系（たとえば解雇規制や有期労働法制の内容）や労働市場の状況により大きく影響を受けると考えられる。
　こうした視点のもと，第4章および第5章では，それぞれオランダおよびドイツの労働者派遣制度のほか，両国の解雇・有期労働法制等についても視野を広げた検討をしている。両国ともに，解雇規制を中心に労働市場における労働力の需給調整に原則的な制限を課している点で日本とも共通の基盤があるが，労働者派遣の位置づけは大きく異なっている。

オランダでは，労働者派遣をはじめ雇用形態の多様化が積極的に進められてきた。労働者派遣に関しては，派遣先で直接雇用される労働者との均等待遇原則を軸としつつも，たとえば派遣期間を制限したり，さらには直接雇用を重視するような政策はとられていない。むしろ派遣就労の開始段階では，派遣のマッチング機能を最大限に活かす規制緩和が図られている。ただし，派遣労働者の雇用保障をめぐっては，2014年の法改正で再規制が図られていることが示すように，派遣労働者にも段階的な保護を及ぼすことが特に重視されている。一方，均等待遇原則には（他の雇用差別禁止立法とは異なる）広範な例外の余地があり，産業横断的な労働条件決定システムのもとで，間接雇用である派遣労働関係において柔軟な利益調整規範として機能している。

　他方，ドイツでは，伝統的に，労働契約に期間を定めず直接雇用される労働者（常用労働者）を重視してきたものが，深刻な失業問題を背景に，2000年代に入って大幅な規制緩和の動きがあった。労働者派遣についても，新たに均等待遇原則を定めつつも，従来の期間制限等が撤廃されてきた。しかし，派遣の濫用的な利用が問題となるなかで，最近では，ふたたび直接雇用を重視して派遣の利用期間を制限する改正法案が提出されているなど，制度の根幹部分で流動的な状況にある。

　第6章では，これまでの分析をふまえた立法論を展開している。オランダとドイツにおける派遣期間の制限や直用重視の考え方の違いからも明らかなように，労働者派遣の規制手法は，各国の法体系や労働市場をとりまく状況に応じて相当に異なっている。日本では，直接雇用を重視する観点から，伝統的に常用代替の防止を中核とした規制が展開されてきたが，筆者は，同目的から一律・硬直的に規制を課すことについて，歴史的にはともかく，現時点では理論的な正当化は困難と考えている。また，登録型派遣を全面的に禁止することや，均等待遇原則を軸とした規制を展開することも現時点で適切とは考えていない。本書では，派遣の多様性やそれが果たしうる役割をふまえ，解雇・有期労働法制とのバランスを考慮しつつ，個々の派遣労働者の労働条件に応じた規制展開の必要性を説いている。日本の労働法体系のもとで，好ましい派遣（真正な常用型派遣および真正な登録型派遣）とそうでない派遣（派遣先を限定した登録型派遣）を区別し，特に後者について濫用を防止する規制が必要と考え，派遣先での直用化の問題も含めて，労働市場における労働者派遣法の現代的役割を模索している。

　本書は各国の労働市場における労働者派遣の位置づけを探るものであり，検討

対象は多岐にわたるが，各項目でそれぞれ小括を設けているので，必要に応じて活用して頂きたい。

　本書は，2009年に神戸大学大学院法学研究科に提出した博士論文を土台としている。しかし，その後のいわゆるリーマン・ショックを経て，日本，オランダ，ドイツともに，労働者派遣をはじめ非典型雇用に対する法規制に大きな変化がみられることから，全面的に加筆・修正している。労働者派遣をとりまく状況が刻々と変化するなかで，さらに検討すべき課題を残しつつも，議論が混迷しているいまこそ，本書を刊行することに意味があると考えた。

　拙いながらも本書を完成するまでには，多くの先学から直接・間接のご教示を頂いている。各研究会やプロジェクト，さらには大学院時代の先輩・後輩や友人との忌憚のない議論も，筆者にとっては刺激的なものであった。しかし，なによりも，指導教員である大内伸哉先生による温かいご指導がなければ，筆者が研究者として歩み出すことは難しかったに違いない。大内先生との出会いがなければ，筆者の性格からして，オランダ法研究という未知の領域に踏み込むこともなかったであろう。既存の価値観にとらわれず大所高所から議論を展開される先生からは，今日に至るまで日々刺激を頂いてきた。また，学部および修士課程を通して筆者を見守り，労働法研究者としての可能性を見いだしてくださった土田道夫先生との出会いがなければ，筆者の人生は大きく異なるものとなっていたであろう。両先生には感謝の言葉もない。本書で労働者派遣をめぐる議論に一石を投じ，読者諸賢のご批判を仰ぎ，再度，筆者なりの見解を示すことで，学恩にささやかでも報いることができれば幸せに思う。

　また，本格的なモノグラフとして本書は筆者の処女作となるが，厳しい出版事情のなか辛抱強く筆者を励ましつつ，プロとして行き届いたお世話をしてくださった弘文堂の清水千香さんに厚くお礼申し上げたい。最後に，本書は，大学院への進学にはじまり，研究者となることを応援してくれた父母と，息子（聡志）の出産・育児と続く不規則な生活のなかで筆者を支えてくれている妻，雅子に捧げたい。

　　　2015年12月

　　　　　　　　　　　　　　　　　　　　　　　　　　本庄　淳志

＊本書は，科学研究費補助金・研究成果公開促進費（平成27年度）の助成を受けている。

目　次

第1章　問題状況と検討の視角

第1節　問題の所在 ……………………………………………………………… 1
　Ⅰ　はじめに …………………………………………………………………… 1
　Ⅱ　労働者派遣の特徴 ………………………………………………………… 2
　　　1　労働者供給の側面　3　　2　需給のマッチング機能　3
　　　3　雇用政策との関わり　4
　Ⅲ　本書の目的と構成 ………………………………………………………… 6

第2節　前提的考察 ……………………………………………………………… 8
　Ⅰ　派遣法の規制目的 ………………………………………………………… 8
　Ⅱ　労働市場と労働者派遣制度 ……………………………………………… 11
　Ⅲ　検討の視角 ………………………………………………………………… 14
　　　1　解雇・有期労働法制　15　　2　事業への参入規制　16
　　　3　派遣期間　16　　4　均等待遇原則　18　　5　集団法的規制　20
　Ⅳ　小　括 ……………………………………………………………………… 21

第2章　日本の問題状況

序　説 …………………………………………………………………………… 23

第1節　派遣法制定以前の状況 ………………………………………………… 24
　Ⅰ　職安法制の展開 …………………………………………………………… 24
　　　1　立法の経緯　25　　2　職安法44条　26
　　　3　戦後労働法制の特徴　27　　4　業務処理請負業の登場　29
　Ⅱ　派遣的就労と労働契約論──「使用者」概念の拡大 ………………… 32
　　　1　転貸借説・事務管理説　33　　2　中間搾取排除説　34
　　　3　事実的労働契約関係説　34　　4　準労働契約説　36
　　　5　黙示の労働契約説　37
　Ⅲ　直用中心主義 ……………………………………………………………… 38
　　　1　清正寛教授の見解　38　　2　脇田滋教授の見解　40
　　　3　毛塚勝利教授の見解　42
　Ⅳ　小　括 ……………………………………………………………………… 43

第 2 節　労働者派遣制度の変遷 ……………………………………………… 45

 Ⅰ　労働者派遣の制度化 ……………………………………………………… 45
   1　制定の経緯　*45*　　2　1985年法の内容　*47*
 Ⅱ　労働者派遣法の変遷 ……………………………………………………… 53
   1　1990年の制度改正　*53*　　2　1994年の制度改正　*55*
   3　1996年の制度改正　*56*　　4　1999年の制度改正　*56*
   5　2003年の制度改正　*65*
   6　2012年の制度改正――立法政策の動揺　*68*
   7　2015年の制度改正（現行法）　*72*
 Ⅲ　労働者派遣の実態 ………………………………………………………… 77
   1　市場規模・売上　*77*　　2　労働者　*78*
   3　派遣元の事業規模等　*79*　　4　業務別の動向　*80*
   5　派遣料金　*80*　　6　賃金・付加給付等　*81*　　7　雇用契約の期間等　*82*
 Ⅳ　小　括 ……………………………………………………………………… 83

第 3 節　労働者派遣の位置づけ ……………………………………………… 85

 Ⅰ　間接雇用としての労働者派遣 …………………………………………… 85
 Ⅱ　派遣法の成立と「労働者供給事業」概念の縮小 ……………………… 88
   1　派遣法単独適用説　*88*　　2　職安法重畳適用説　*89*
   3　裁判例　*91*　　4　考察　*97*
 Ⅲ　労働者派遣と中間搾取（労基法 6 条） ……………………………… 105
   1　労基法 6 条の立法趣旨　*105*
   2　間接雇用と労基法 6 条　*106*

第 4 節　派遣労働者の雇用保障をめぐる問題 …………………………… 108

 Ⅰ　労働者派遣契約に対する解消制限 …………………………………… 109
 Ⅱ　派遣元での雇用保障 …………………………………………………… 113
   1　労働契約における期間設定の意味　*113*
   2　無期雇用の場合　*114*　　3　有期雇用の場合　*117*
   4　派遣条項（自動終了条項）の有効性　*130*
 Ⅲ　派遣先への雇用責任の転嫁 …………………………………………… 134
   1　直接雇用の申込義務　*134*　　2　損害賠償をめぐる問題　*143*
   3　黙示の労働契約　*146*　　4　直接雇用申込みみなし制度　*152*
 Ⅳ　小括と今後の展望 ……………………………………………………… 164

第5節　派遣労働条件の水準等に関する法規制 …………………… 167
第6節　集団的労働法上の問題 ………………………………………… 170
　Ⅰ　派遣法の規制 ………………………………………………………… 170
　Ⅱ　派遣労働者の団体交渉権 …………………………………………… 171
　　1　派遣元に対する団交権　171　　2　派遣先に対する団交権　171
　　3　小括　175
第7節　小括——日本法の特徴 ………………………………………… 176

第3章　国際的動向

第1節　統計資料 ………………………………………………………… 181
第2節　アメリカ ………………………………………………………… 183
第3節　EU 諸国 ………………………………………………………… 185
　Ⅰ　パートタイム・有期労働指令 …………………………………… 185
　Ⅱ　労働者派遣指令 ……………………………………………………… 186
　　1　採択までの経緯　186　　2　指令の内容　187
　　3　指令の特徴　191
　Ⅲ　小　括 ………………………………………………………………… 192

第4章　オランダにおける問題状況

序　説 ……………………………………………………………………… 193
第1節　規制の沿革 ……………………………………………………… 195
　Ⅰ　1999年以前の状況 …………………………………………………… 195
　　1　労働仲介法　195　　2　TBA 法　196
　　3　労働力供給法　198　　4　派遣労働者の法的地位　199
　　5　小括　200
　Ⅱ　柔軟性と保障法，労働市場仲介法の制定経緯 ………………… 201
　　1　概要　201　　2　柔軟性と保障の覚書　203
　　3　STAR 合意　208　　4　派遣協定　210　　5　小括　211
第2節　現行法の規制内容——解雇・有期労働法制等 …………… 212
　Ⅰ　期間の定めのない労働契約の終了方法 ………………………… 213
　　1　制度の概観　213　　2　UWV による解雇の許可　216

3　簡易裁判所での解消手続き（民法典671b条）　*225*
　　　4　移行手当の制度化　*227*　　5　小括　*229*
　II　有期労働法制 …………………………………………………………………… *231*
　　　1　規制の沿革　*231*
　　　2　出口規制の創設（3×3×3ルール：旧制度）　*233*
　　　3　労働協約による逸脱　*235*
　　　4　2014年の法改正（3×2×6ルール）　*236*
　　　5　有期労働法制の特徴　*238*
　III　差別禁止法制等 ………………………………………………………………… *238*
　　　1　フレキシブル労働者の保護　*239*
　　　2　差別禁止法制　*239*
　　　3　「同一（価値）労働・同一賃金」原則について　*249*
　IV　小　　括 ……………………………………………………………………… *252*

第3節　現行法の規制内容──労働者派遣 ………………………………… *254*
　I　法規制の展開 …………………………………………………………………… *254*
　II　労働市場仲介法（WAADI） ………………………………………………… *255*
　　　1　規制内容　*255*　　2　登録制度　*256*
　　　3　均等待遇原則（8条）　*258*
　III　労働者派遣関係──民法典との関わりを中心に ……………………… *263*
　　　1　労働者派遣の定義（民法典690条）　*263*
　　　2　民法典の特則（民法典691条）　*267*
　　　3　組織編入　*279*　　4　小括　*281*
　IV　派遣先に対する法規制 ……………………………………………………… *283*
　V　労働協約による規制 ………………………………………………………… *284*
　　　1　適用状況　*284*　　2　雇用保障──フェーズ制度　*286*
　　　3　賃金等　*289*　　4　移行手当　*293*
　　　5　派遣先の労働協約　*293*　　6　小括　*294*

第4節　小括──オランダ法の特徴 ………………………………………… *296*
　I　まとめ …………………………………………………………………………… *296*
　II　評　　価 ……………………………………………………………………… *298*

第5章　ドイツにおける問題状況

序　説 …………………………………………………………………… 301
第1節　解雇・有期労働法制 ……………………………………… 302
- I　解雇法制の展開 ………………………………………………… 302
  - 1　解雇制限法　302　　2　解雇の金銭解決制度　304
- II　有期労働法制 …………………………………………………… 305
- III　小　括 …………………………………………………………… 307

第2節　労働者派遣制度の沿革と特徴 …………………………… 308
- I　概　要 …………………………………………………………… 308
- II　ハルツ改革以前の状況 ………………………………………… 309
  - 1　民営職業紹介と労働者派遣　309
  - 2　1967年連邦憲法裁判所決定　310
  - 3　1972年労働者派遣法の枠組み　312　　4　小括　317
- III　労働市場改革──ハルツ改革を中心に ……………………… 317
  - 1　概要　317　　2　解雇法制の変化　320
  - 3　有期労働法制──TzBfG の規制　326
  - 4　派遣制度改革──ハルツ第I法　329　　5　小括　334
- IV　2011年改正による再規制 …………………………………… 335
  - 1　改正の背景事情　335　　2　2011年改正の内容　338

第3節　現行法の規制内容 ………………………………………… 342
- I　概　要 …………………………………………………………… 342
- II　労働者派遣関係 ………………………………………………… 344
- III　参入規制 ………………………………………………………… 345
  - 1　許可制度と行政監督　345　　2　許可基準等　346
  - 3　義務違反の法的効果　347　　4　許可制度の特徴　349
- IV　均等待遇原則（不利益取扱いの禁止） ……………………… 352
  - 1　原則──立法経緯と内容　352
  - 2　労働協約による「別段の定め」　356
  - 3　均等待遇をめぐる法律問題　358
- V　雇用保障と待機期間 …………………………………………… 362
  - 1　解雇規制　363　　2　有期労働契約の場合　365
  - 3　待機期間と賃金　367

Ⅵ　組織化・集団化 ··· 369
　　Ⅶ　派遣期間をめぐる解釈問題と新たな立法動向 ··········· 370
　　　1　はじめに　370
　　　2　派遣法1条1項をめぐる解釈問題——新たな期間制限　371
　　　3　新たな立法規制の動き　375

　第4節　小括——ドイツ法の特徴 ··· 377
　　Ⅰ　まとめ ··· 377
　　Ⅱ　評　価 ··· 378

第6章　労働市場における労働者派遣法の現代的役割

　第1節　分析結果 ··· 381
　　Ⅰ　規制の異同 ··· 381
　　Ⅱ　規制の違いの背景 ··· 384
　　　1　解雇・有期労働法制の違い　384　　2　均等待遇の違い　387

　第2節　日本法への示唆 ··· 389
　　Ⅰ　基本的視点 ··· 389
　　Ⅱ　2015年改正法の評価 ··· 392
　　　1　許可制への統一　392　　2　業務区分の撤廃　392
　　　3　期間制限の見直し　393　　4　全体的な評価　394
　　Ⅲ　均等待遇（不利益取扱いの禁止）について ···················· 395
　　　1　雇用システムの違い　396
　　　2　均等待遇規制（不利益取扱いの禁止）の規範的位置づけ　399
　　Ⅳ　雇用保障をめぐる問題 ·· 401
　　　1　常用型派遣　402　　2　登録型派遣　404
　　Ⅴ　直用化をめぐる問題 ·· 416
　　　1　申込みみなし制度　416　　2　間接的な誘導　418

おわりに ··· 419

事項索引 ··· 422

判例等索引 ·· 424

第1章　問題状況と検討の視角

第1節　問題の所在

I　はじめに

　労働者派遣は，今日，企業が労働力を調達するうえで不可欠の手段となってきており，派遣労働者の数は252万人（常用換算で126万人）に達している[1]。しかし他方で，派遣労働者は，働く貧困層（ワーキングプア）の典型とされ，いわゆる正社員――すなわち，①労働契約に期間の定めのない，②直接雇用で，③フルタイムで就労する労働者――との処遇格差が社会問題となるなかで，労働者派遣を通じて労働力を調達することには厳しい批判もある[2]。

　格差が実際にどの程度生じているのか，その是正が必要かどうかも問題であるが，法的問題としては，とりわけ次の点に留意する必要がある。すなわち，「格差」が生じる要因のなかには，直接雇用の場合であっても生じ得るものと，派遣労働に固有の，三者関係から構造的に生じるものとが混在しているということである。

---

[1] 厚生労働省「平成25年度 労働者派遣事業報告書の集計結果」（2015年3月公表）。
[2] こうした格差は，就労形態の多様化が進展したこととも関係している。この点，1990年代には，正社員の増加とともに自発的に非正社員（パートタイム労働）を選んでいた者が増加していたのに対して，2000年代に入ると，正社員の削減を伴いつつ，非自発的にフルタイムで就労する非正社員（派遣社員，契約社員，嘱託）が増加したとされる（厚生労働省政策統括官付労働政策担当参事官室「就業形態の多様化と労働者の意識の変遷」ジュリスト1377号（2009年）18頁）。また，こうした格差は，単に景気循環的な要因によってのみ引き起こされたのではなく，構造要因にも起因している（樋口美雄「法と経済学の視点から見た労働市場制度改革」鶴光太郎ほか編著『労働市場制度改革―日本の働き方をいかに変えるか』（日本評論社，2009年）281頁以下など）。さらに，こうした非正社員の一部は，社会制度から排除されているという問題もある（久米功一＝大竹文雄＝鶴光太郎＝奥平寛子「非正規労働者における社会的排除の実態とその要因」日本労働研究雑誌634号（2013年）100頁を参照。なお，「正社員」の定義については，さしあたり，有田謙司「非正規雇用労働者をめぐる法的諸問題」ジュリスト1377号（2009年）25頁を参照。

前者の問題については，労働法制全体の整合性を意識しつつ，法による介入の要否を俯瞰的に議論することが重要である。たとえば，雇用保障のあり方に着目すると，派遣労働者の雇用が不安定であることは，一般の有期雇用の場合と大差がない可能性がある[3]。この場合に，有期労働法制と労働者派遣法制とで，規制を大きく異ならせることは不適切であろう。

　他方，労働者派遣の構造から生じる後者の問題について，当事者による是正も見込まれない場合には，法が特別に介入することも検討されてよい。たとえば，同じく雇用保障の程度に着目する場合でも，派遣労働においては，企業間で締結される労働者派遣契約の帰趨が派遣労働者の雇用に重大な影響を及ぼしている可能性がある。さらに，労働者派遣の場合には，派遣先で直接雇用されている労働者との処遇格差も問題となり得る。この問題は，従来の，同一企業内での処遇格差への対応策とは，そもそも異なる視点を必要としている。

　こうして，労働者派遣で労働力を調達することに対する社会からの批判は，格差問題を背景に，派遣労働者の雇用環境の悪さ（不安定性や賃金の低さなど）から生じているものであるが，法的な批判としては，それに加えて，企業が労働者を直接雇用せずに，派遣会社の社員を活用するという間接雇用は，それ自体で，労働法の趣旨にあわないという原則論に基づくものも強い。では，そもそも労働者派遣には，一般にどのような特徴があるのだろうか。

II　労働者派遣の特徴

　法的にみると，労働者派遣は，①派遣労働者，②派遣元（派遣会社），③派遣先（ユーザー企業）の三者間での契約関係で構成される。労働者は，労働者と派遣元との契約（以下，派遣労働契約）と企業間の契約（以下，労働者派遣契約）に基づいて，派遣先の指揮命令下で就労する。労働者と派遣先との間で直接の契約関係はない（図表1）。すなわち労働者派遣は，雇用主と実際の労働力の利用者と

---

[3]　たとえば，パートタイマーに対する東京都の調査によると，有期雇用が8割を超え，その7割は契約期間が1年以下となっており，直接雇用であっても雇用が安定しているとは限らない。実際には契約が更新されることも多く，特に女性では比較的に長期間，同一の会社で就労している実態があるが，全体では過半数が5年未満にとどまっている（東京都産業労働局「平成25年度 中小企業労働条件等実態調査—パートタイマーに関する実態調査」(2014年3月公表)。

が分離した間接雇用である点で，一般的な直接雇用とは区別される。

機能面に着目すると，労働者派遣には，①労働者供給としてのネガティブな側面と，②労働市場の需給マッチングを図るポジティブな側面とがある。そして，③職業紹介とは異なり，間接雇用のままでマッチングを図るという点で，特別な考慮も必要となる。以下で詳しくみておこう。

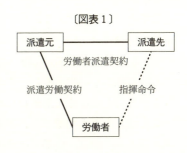

〔図表1〕

1　労働者供給の側面

日本では，労働者派遣は，元来，労働者供給事業に該当するものとして，職業安定法（以下，職安法）によって禁止されてきた。

戦前には，労働ボスが労働者を支配し，配下の労働者をユーザー企業に仲介するケースが数多くみられた。労働ボスによる支配はときに暴力等を伴うものであり，中間搾取のほか，人権侵害の温床となり得るものであった。こうした弊害を防止し労働の民主化を図るために，戦後の職安法では，「供給契約に基づいて労働者を他人の指揮命令を受けて労働に従事させること」を，労働者供給事業として禁止することとなった（4条6項，44条）。

職安法のもとでは，労働ボスのように，事実上の支配力によって労働者を利用する場合のほか，労働者と供給元との間で自由意思に基づく契約関係がある場合であっても，こうした労働力を用いることは全面的に禁止された。こうして，現在でいう労働者派遣も，労働者供給事業に該当するものとして，日本では1985年に至るまで厳しく禁止されてきた。

2　需給のマッチング機能

他方で，労働者派遣には，労働市場における需給マッチングを図るというポジティブな側面もある。経済が拡大し，企業活動も多様化・複雑化するなかで，労働者が個人で適職を探すことには限界がある。たしかに，日本では，大企業の新卒定期採用にみられるように，定期的・集団的にマッチングが図られる場合もある。しかし，労働力の需給を定期採用だけでカバーすることは不可能であるし，

そもそもマッチングの手段はできるだけ多彩であることが望ましい。マッチング手段の多様性は，現在の「直接雇用の正社員」のような働き方を選ばずに（選べずに）労働市場への参入を控えてきた者，あるいは（再）就職が困難な者にとっても有意義なものであるし，その多様性をどのように確保するかは，国家の労働政策としてもきわめて重要なものといえる。

　この点，労働者派遣では，派遣元（派遣会社）が労働者を第三者である派遣先に派遣する。派遣元が事業を存続させるためには，労働力を必要とする派遣先（ユーザー）を探し出すことが必要となる。そして，個々の労働者と派遣会社とでは，情報量やノウハウ，交渉力に格差があることを考慮すれば，就労先を探すために派遣会社を利用することは労働者にとってもメリットがある。派遣先企業にしても同様である。産業活動が複雑・多様化，サービス化した現代社会では，多彩で迅速な労働力のマッチングに対するニーズは，よりいっそう高まっていると考えられる。これが，労働力の需給のマッチングという視点からみた，労働者派遣の特徴である。

3　雇用政策との関わり

　そもそも，日本で1985年になって労働者派遣が合法化されたのは，労働市場における需給のマッチング機能が重視されたからに他ならない。しかし同時に，派遣法は，労働者供給としてのネガティブな側面を是正するために，事業への参入規制のほか，労働保護法上の責任の所在の明確化を行っている。すなわち，間接雇用の特殊性を考慮して，派遣法では，労働基準法（以下，労基法）や労働安全

4）　労働市場のマッチングに関する法制度のうち，失業者と企業とを結びつける制度として注目されるのが，トライアル雇用制度である。この制度では，職業安定所に登録された求職者を，一定の要件のもとで企業が試行的に雇用することを，助成金（労働者1人あたり月額最大4万円，最長3ヵ月）の交付によって支援される。本書では詳しく扱わないが，同制度の意義・内容，問題点については，小嶌典明「試用期間の現状と将来」西村健一郎ほか（編集代表）『新時代の労働契約法理論―下井隆史先生古稀記念』（信山社，2003年）142頁，藤原稔弘「トライアル雇用制度について―ドイツの制度との比較を中心に」横井芳弘ほか編『市民社会の変容と労働法』（信山社，2005年）333頁を参照。

5）　派遣法の正式名称は，「労働者派遣事業の適正な運営の確保及び派遣労働者の保護等に関する法律」である。なお，2012年の改正以前の正式名称は，「労働者派遣事業の適正な運営の確保及び派遣労働者の就業条件の整備等に関する法律」であった。本書では特にことわりのない限り，両者を「派遣法」または「労働者派遣法」と略称する。

衛生法等の適用に関する責任分配が行われている（44条以下）。こうして理論的には，直接雇用の場合と同様に，派遣労働者に対しても労基法等の労働保護法の適用があることは疑いない。

　このような保護法制があるにもかかわらず，なお労働者派遣に批判的な論者が多いのは，間接雇用そのものにネガティブな考え方があるからである。具体的には，第1に，間接雇用は，派遣労働者にとって望ましい働き方ではないので，できるだけ派遣先に直接雇用されるようにすべきとの考え方である（派遣労働者の保護）。他方でこれと潮流の異なるものとして，第2に，間接雇用によって，派遣先で雇用される労働者の雇用が浸食される点への懸念もある（派遣先の正社員の利益保護）。派遣労働者による常用代替への懸念は，労働者派遣法の規制の根幹にある考え方であり，派遣法は，当初から，派遣対象業務を既存の長期雇用慣行と無縁の専門的な業務に限定したり，派遣期間を制限したりしてきた。最近の法改正では，第2の点は徐々に後退し，むしろ第1の考え方が強化されて，派遣労働者を派遣先での直接雇用へと誘導するような規定も設けられている。また，これを後押しする解釈論も有力に主張されてきている。

　そして，こうした批判が生じるのは，労働者派遣に次のような特徴もあるからである。すなわち，労働者派遣において，労働者は，あくまでも派遣元との労働契約に基づいて，第三者である派遣先の指揮命令下で就労する。この点で，労働者派遣は，直接雇用の仲介を担うにすぎない職業紹介とは決定的に異なる。言い換えるならば，労働者派遣は，企業外の労働市場（外部労働市場）から，企業内の内部労働市場や労使関係に対して継続的な影響を及ぼす機能をもつ。このことは，日本のように，労働者を企業内部で育成，配置，昇進させるという雇用慣行が一般化し，あるいは法制度としても解雇規制を中心に，組織内部での労働条件

---

6) この点については，西谷敏＝脇田滋編『派遣労働の法律と実務』（労働旬報社，1987年）37頁以下参照。
7) この点については，さしあたり，大橋範雄「労働者派遣事業の多様化と法的課題」日本労働法学会編『講座21世紀の労働法2　労働市場の機構とルール』（有斐閣，2000年）104頁以下を参照。
8) なお，「常用代替の防止」という表現は，①正社員の利益保護を目的とする場合のほか，②派遣労働者の利益保護を意図する場合にも用いられることがある。つまり，派遣労働者にとって派遣という地位への固定化は好ましくないといったニュアンスである。しかし，両者の利益状況は場合によって対立することもあり，同じ表現を用いることは混乱を招くだけで適切とは思われない。そこで本書では，派遣法の立法経緯もふまえて，特にことわりがない限り①の場合を指すものとする。

を規律する労働法制が展開されている場合，つまり，内部労働市場と外部労働市場との間に分断が生じている場合には，特に問題となる。労働者派遣の柔軟性と派遣労働者の保護のバランスをいかに図るかは，労働力の調達方法に関して，ある国の既存の労働法制や将来の労働政策に対するビジョンとも不可分なのである。[9]

さらに，派遣労働者は，派遣先の指揮命令に基づいて，場合によっては派遣先で直接雇用される労働者と就労を共にすることがある。しかし，派遣労働者とこうした労働者とでは，労働契約を締結する相手方が異なるために，契約自由を貫徹すると，処遇の面で当然に格差が生じることとなる。これは，従来，同一企業内での処遇格差が問題とされてきたこととは性質を異にする。派遣労働者の処遇について具体的に問題となるのは，賃金のように労働契約上の対価の格差，その他の労働条件についての格差のほか，派遣先における労働者の組織化や団体交渉の問題など，様々である。派遣労働者と派遣先で直接雇用される労働者との異別取扱いは，どこまで許容されるのだろうか。

III 本書の目的と構成

労働者派遣制度のあり方を検討する際には，以上のような特徴をふまえ，派遣元や派遣先に対する法的規制のあり方を検討することが適切と考えられる。こうした議論は，格差是正の観点だけでなく，中長期的な雇用政策上の重要論点であるにもかかわらず，混沌とした状況にある。職業紹介事業とは異なり，派遣労働関係においては間接雇用のままで需給のマッチングが図られるため，①代替され得る派遣先の労働者の利益保護，②派遣労働者の保護の2つの点で，間接雇用そ

---

9) 労働市場における労働法の役割については，菅野和夫＝諏訪康雄「労働市場の変化と労働法の課題―新たなサポート・システムを求めて」日本労働研究雑誌418号（1994年）2頁参照。菅野教授は，労働者派遣制度についても，派遣期間の制限等のあり方について，「今後の雇用の仕組みをどのように設計するかの社会的合意を形成したうえで，決めるべき課題」と指摘される（菅野和夫『新・雇用社会の法』（有斐閣，2002年）287頁）。雇用政策立法の役割については，日本労働法学会誌103号（2004年）所収の各論文を参照。労働市場政策に関する経済学の議論としては，鶴ほか編・前掲注2書のほか，さしあたり，荒木尚志ほか編『雇用社会の法と経済』（有斐閣，2008年），福井秀夫＝大竹文雄編著『脱格差社会と雇用法制―法と経済学で考える』（日本評論社，2006年），山口一男＝樋口美雄編『論争　日本のワーク・ライフ・バランス』（日本経済新聞出版社，2008年），八代尚宏「雇用保障の法と経済学」日本法哲学会編『法と経済―制度と思考法をめぐる対話』（有斐閣，2009年），同『労働市場改革の経済学』（東洋経済新報社，2009年）を参照。

のものに対する批判がある。法制度としても，派遣そのものを禁止または制限し，派遣先での直用化を支援することが重要というのである。

しかし，はたして，このような議論は適切なものであろうか。労働者派遣には，労働市場におけるマッチングを図る機能もあり，これは派遣労働者を含む当事者にとって有利な面もあるはずである。派遣労働者の中には，もともと正社員を希望する者もいるが，あえて派遣という働き方を選択している者も少なくない。このような労働者にとっては，労働者派遣に対する規制は，かえって逆効果となる可能性もある。もちろん，労働者派遣について指摘されている問題点の中には，改善されるべきものも多い。しかしそれは，直接雇用を原則とする考え方から，間接雇用を一律に制限するというかたちで解決されるべきものなのであろうか。

労働者派遣が現実に拡大していることを考慮すると，それを社会にとってプラスに位置づけるための施策が求められている。そして，間接雇用である労働者派遣に関しては，直接雇用の場合とは異なる様々な問題が生じ得るのであり，現行法で対応できない事柄に対しては，立法による規制が必要かもしれない。[10]この点，雇用社会をとりまく経済情勢は常に変動しており，法制度を従前のように戻せば問題が解決するわけではない。人口構造の少子高齢化，あるいは企業活動のグローバル化等の経済社会の変化が進むなかでは，労働者派遣制度の現代的役割を模索することこそが重要だと考えられる。

本書は，このような問題関心に基づき，雇用の安定を重視する考え方をとりながらも，EU加盟国で最初に労働者派遣を公認し，積極的に促進する政策を展開してきたオランダの労働者派遣制度，および，伝統的には直接雇用を重視しながらも，失業対策という観点から徐々に労働者派遣の規制緩和を進めてきたところ，近年ではその反動もみられるドイツの労働者派遣制度との比較検討を通して，日本における労働者派遣法制のあり方について示唆を得ようとするものである。

第1章では，まずは，検討の視角や比較法分析において注意すべき点を指摘する。

---

[10] 労働法制の改革のあり方については，大内伸哉「法制度と実態の関係に関する二つのテーゼ―労働法制の改革をめぐり学者は何をすべきか」菅野和夫ほか（編集代表）『友愛と法―山口浩一郎先生古稀記念論集』（信山社，2007年）33頁以下，荒木尚志「雇用システムの変化と労働法の再編」手塚和彰＝中窪裕也（編集代表）『変貌する労働と社会システム―手塚和彰先生退官記念論集』（信山社，2008年）147頁以下を参照。

そのうえで，第2章では，日本の労働者派遣をめぐる法規制を分析する。具体的には，職安法や派遣法の規制内容のほか，労働者派遣に関わる現在の裁判例や学説を検討する。日本の労働者派遣制度は，いかなる沿革をもち，現行制度の特徴はどのようなものであるのか，包括的な検討を試みる。特に，今後の議論を有意義なものとするためには，現行制度の特徴のほか，原理面からの批判である直用主義——すなわち，直接雇用を雇用の原則的形態と位置づけ，派遣（＝間接雇用）を禁止・制限すべきとの主張——の適否を検討する必要がある。直用主義に規範的な根拠はあるのか，そして，現在の制度上，派遣労働者の雇用の存続や労働条件はどのように規制されているのか。こうした問題を中心に，検討を加える。

第3章～第5章では，国際的な動向を概観したうえで，オランダとドイツの労働者派遣制度を分析する。両国は，日本と同様に，解雇規制を中核とした労働法制をもつ。また，歴史的には，オランダもドイツも，直接雇用の常用的な労働者を重視してきた。両国で，常用労働者，直用の非典型雇用（パートタイマー，有期労働者），派遣労働者の法的保護について，どのようなバランスが図られているのか。現在，両国の法制度は類似する面もあるが，直接雇用を重視するかどうかで異なるアプローチが採用されている。それは，いかなる事情によるのか。

最後に，第6章では，それまでの分析をふまえて，各国の労働者派遣制度を比較検討する。間接雇用に対する各国の法的アプローチは，いかなる特徴をもつのか。労働市場における労働者派遣制度の現代的な役割はどのようなものであり，日本の法制度の改善点はどこにあるのか。このような点について，第5章までに得られた知見をもとに明らかにする。

第2節 前提的考察

具体的な検討に入る前に，労働者派遣制度を分析する際に重要と考えられる点を，いくつか指摘しておこう。

I 派遣法の規制目的

前述のように，日本では，労働者派遣は，労働者供給事業に該当するものとして全面的に禁止されてきた。歴史的にみると，職安法は，人権保障の観点から労

働者供給事業を禁止してきたのであり，労働者派遣制度はその例外に位置づけられるのかもしれない。もし仮に，労働者派遣が構造として人権保障に反するのならば，厳格な規制が求められるはずである。この場合には，規制手段としても，法による直接的な介入が必要ということになろう。

しかし，1985年に労働者派遣が合法化された背景には，少なくとも，「派遣を全面的に禁止するのは妥当でない」との価値判断がある。法の政策的な介入によって，労働力の需給マッチングと，派遣労働者の保護との両立を図ることができるのならば，派遣を原理的に例外視する根拠は希薄となる。派遣法には，市場の需給マッチング機能を前提としつつ，その適正化を図るためのルールとしての役割が期待されるし，この場合には，規制の手法としても多様な選択肢があり得よう。[11]

以上の観点からすると，現在の法制度のもとで，直接雇用を原則とし，派遣を例外とする考え方（直用原則または直用主義）に規範的な根拠があるのかどうか，検討する必要がある。具体的には，こうした立場は，職安法44条や労基法6条，民法623条，同625条等を根拠として主張されているので，これらの規制と労働者派遣制度との関係を分析する。次に，もし，直用主義に原理的な正統性がないとしても，間接雇用が望ましい働き方でないならば，政策的に直接雇用へと誘導することも検討されてよい。格差の「是正」など，具体的な問題解決も重要となる。こうした観点からは，法による直接的な介入のほか，当事者の交渉力を高めるという選択肢も考えられる。

ところで，派遣労働者は，なぜ法律で特別に保護されるべきなのだろうか。この点，一般に，労働保護法制は，労働契約における労使の非対等性を是正し，労働者の自己決定をサポートする側面をもつ。[12]派遣法でも，「派遣労働者の雇用の

---

[11] こうした視点から，年齢差別禁止の法理を分析するものとして，櫻庭涼子『年齢差別禁止の法理』（信山社，2008年）。なお，差別禁止立法については，安部圭介「差別はなぜ禁じられなければならないのか」森戸英幸＝水町勇一郎編『差別禁止法の新展開―ダイヴァーシティの実現を目指して』（日本評論社，2008年），EUの差別禁止立法の特徴については，さしあたり，川田知子「EC指令における差別禁止事由の特徴と相違―人的理由に基づく差別禁止と雇用形態に基づく差別禁止の比較」亜細亜法学44巻2号（2010年）59頁も参照。

[12] 労働者の自己決定をサポートするという観点から，労働法体系の再構築を試みるものとして，西谷敏『規制が支える自己決定―労働法的規制システムの再構築』（法律文化社，2004年）。なお，労働保護法と自己決定との関係については，土田道夫「労働保護法と自己決定」法時66巻9号（1994年）56頁も参照。

安定その他福祉の増進に資すること」が目的に含まれている（1条）。また，交渉力の強化という点では，労働者個人の交渉力だけでなく，労働組合による集団的交渉力を用いることも考えられる。後者について，憲法28条は，派遣労働者に対しても団結権や団体行動権を保障しており，労働者が自主的に処遇の改善を図る余地はある。ただ，雇用と使用とが分離した労働者派遣では，特別な考慮が必要とも考えられる。これに対して，労働者個人の交渉力に着目する場合には，とりわけ職業能力の開発が重要となる。

もし，労働者派遣で，集団的交渉による問題解決が期待できないのならば，能力開発の重要性はより高くなる。派遣労働者に対する教育訓練は，誰の負担で行われるべきで，法制度はどのような支援ができるのか。職業能力開発にはOJT（業務の遂行過程で行う教育訓練）とOff-JT（OJT以外の教育訓練）があるところ，労働者派遣では，OJTは労働契約関係にない派遣先の役割が重要となる。そして，調査によると，教育訓練の実施のあり方には，たとえば，従来の一般労働者派遣事業と特定労働者派遣事業の事業区分に応じて，異なる傾向がみられる。つまり，こうした問題は，人事管理上の問題であると同時に，法制度のあり方とも密接に関係していると考えられる。

このようなサポート手段は，それぞれ排他的なものではない。特に，直用主義に規範的な根拠がない場合には，前述のように，規制内容や交渉力を向上させるためのサポートのあり方は柔軟であってよいはずである。労働市場において労働者派遣が無視し得ない就労形態となっているなかで，制度のあり方については早急な検討が必要であり，その際には，外国の法制度が参考となるかもしれない。

---

13) この点，労働市場政策全般に関わる指摘として，両角教授は，「わが国の労働市場では使用者の労働者に対する職業能力の要求が高まる一方で，長期雇用制が後退することにより，職業能力開発のコストやリスクが使用者から個人へ移動してゆくことが予想される。このような変化に対応することが，職業能力開発の分野における雇用政策の主要な課題」であると指摘されている（両角道代「雇用政策法と職業能力開発」日本労働法学会誌103号（2004年）34頁）。
14) 派遣労働者に対する教育訓練の重要性については，たとえば，「座談会 派遣労働をめぐって」日本労働研究雑誌573号（2008年）68頁［守島基博発言］など。また，職業能力開発における役割分担については，さしあたり，岩田克彦「職業能力開発に対する政府関与のあり方―政府関与の理論的根拠，方法と公共職業訓練の役割」日本労働研究雑誌583号（2009年）83頁を参照。
15) 職業訓練の実施方法について，「一般」ではOff-JTが約8割を占めているが，「特定」ではOJTとOff-JTの割合はほぼ均衡している（厚生労働省・前掲注1報告）。なお，常用型派遣を中心とする派遣技術者の活用事例として，佐野嘉秀＝高橋康二「製品開発における派遣技術者の活用―派遣先による技能向上の機会提供と仕事意欲」日本労働研究雑誌582号（2009年）13頁も参照。

II　労働市場と労働者派遣制度

　諸外国の状況をみると，労働者派遣に対する規制手法は様々である。EU 諸国では，派遣労働者と派遣先で直接雇用される労働者との間で，均等待遇規制が導入されている。均等待遇を定める EU 指令の採択は，2003年に一度はイギリスの反対で見送られたが，2008年になって内容を修正した指令が採択されている。また，本書で分析するオランダやドイツなどでは，この採択以前から均等待遇が立法化されるなど，労働者派遣に対して様々な規制が展開されている。これに対してアメリカでは，労働者派遣について特別な規制が必要とは考えられていない。派遣労働者の労働条件についても，契約自由がそのまま妥当する。このような諸外国の動向を比較検討することは，日本での議論にも参考となり得る。

　もっとも，労働者派遣制度のあり方については，その国の労働市場，雇用慣行，他の労働法規制との整合性も重要であり，諸外国の例をそのまま援用することは適切でない。諸外国の規制を，背景事情も含めて体系的に検討する必要がある。[16]すでに触れた派遣労働の特徴とも関係するが，重要な点であるので内容を確認しておく。

　労働市場は，企業組織内の内部労働市場と，それ以外の外部労働市場とに区別できる。日本においては，いわゆる正社員を内部労働市場で育成し，配置の変更を繰り返すなかで昇進させる仕組みが一般化し，長期安定的な雇用慣行が定着してきた。そこでは，企業内部でのキャリア形成が重視されてきたし，賃金については組織内で年功的な要素も含めて決定されることが通常であった。法制度をみても，解雇権濫用法理によって労働者保護を図りつつ，就業規則の合理的変更法理のほか，配置転換や職種変更のケースで使用者に広範な裁量を認めるなど，組織内部での内的柔軟性が尊重されている。つまり，日本において，正社員の処遇は，組織の内部では流動的で不安定な側面はあるものの，雇用保障や年功的処遇

---

[16]　こうした観点からアメリカとドイツ，日本の労働市場法制，解雇法制，労働条件変更法理を比較分析した先行研究として，荒木尚志『雇用システムと労働条件変更法理』（有斐閣，2001年）がある。また，労働法制を，組織重視型と市場重視型とに分類して比較検討するものとして，大内伸哉「グローバリゼーションが労働法制に及ぼす影響―イタリアの労働法制改革」神戸法学雑誌56巻4号（2007年）229頁以下も参照。

のために，総じて安定的であったと評価できる[17]。

しかし他方で，このような雇用慣行やそれを支えた法制度は，内部労働市場と外部労働市場との間に分断を生じさせる一因ともなった。これは，アメリカを典型とする，外部労働市場の役割を重視し，市場に対する国家の介入を最小限に控える国と大きく異なる点である。さらに，日本においても，企業は景気変動などにあわせて雇用量を調整する必要があることから，雇用の調整弁として，非正社員については外部労働市場で調達することが一般化している。

労働者派遣制度のあり方について分析する場合にも，このような雇用慣行等の違いは重要である。企業（ユーザー）が派遣労働者を受け入れる理由は，派遣には，即戦力としての側面と，経済状況の変化に対応し得る柔軟な側面とがあるからである。この点，日本のように，解雇規制が比較的に厳格で労働力の需給調整に制限が加えられている国では，特に後者の側面，つまり雇用の調整手段としてのニーズが高まると考えられる[18]。このことは，グローバル化によって国際的な競争が激化している現在では，よりいっそう妥当する[19]。しかし同時に，既存の労働法制が厳格であればあるほど，法制度としての整合性の観点からは，労働者派遣についても厳格な規制が要請されることになる[20]。

---

17) 日本的雇用慣行の内容と特徴について包括的に分析したものとして，野村正實『日本的雇用慣行―全体像構築の試み』（ミネルヴァ書房，2007年）。
18) この点については，経済学の立場から実証的な分析もなされている。たとえば，神林龍編著『解雇規制の法と経済―労使の合意形成メカニズムとしての解雇ルール』（日本評論社，2008年）306頁以下［今井亮一］，大沢真知子＝スーザン・ハウスマン編『働き方の未来―非典型労働の日米欧比較』（日本労働研究機構，2003年）186頁以下［スーザン・ハウスマン＝大沢真知子］参照。一方，経済学のなかでも，日本の解雇規制が，そもそも実態としては厳格でないとみる立場もある（高梨昌「雇用政策に問われている課題」ジュリスト1377号（2009年）41頁など）。
19) 実際の統計をみても，いわゆるリーマン・ショックにより2008年10月以降に雇用情勢が急速に悪化するなかで，派遣労働者の解雇・雇止めは直接雇用と比較して相当に高い割合（非正社員全体の61％）となっている（この点については，厚生労働省「非正規労働者の雇止め等の状況について（7月報告）」2009年7月31日）参照。なお，同統計の1月報告では，この割合は69％であったので，雇用情勢の悪化とともに派遣労働者の解雇・雇止めが進み，その後に，他の非典型雇用の削減へと拡大してきたと推察できる）。その結果，派遣労働者数は，前年比で32万人減と，初めて大幅な減少に転じた（総務省統計局「労働力調査詳細集計結果（2009年平均）」）。
20) 経済学の立場からも，たとえば樋口教授は，「ある労働者を保護しようと思って設けられた制度や法律が，意に反して別の問題を引き起こす可能性」があると指摘されたうえで，労働市場改革にあたって，とりわけ雇用形態が多様化するなかでは，法体系全体のバランスを考慮する必要があるとされる（樋口美雄「経済学から見た雇用形態の多様化の現状と課題」法時80巻12号（2008年）11頁，同「経済学から見た労働市場の二極化と政府の役割」日本労働研究雑誌571号（2008年）4頁など）。

また，労働市場のあり方は，派遣労働者と他の労働者との労働条件格差や，キャリア形成のあり方を考えるうえでも重要である。たとえばアメリカのように，外部労働市場と内部労働市場との分断が小さい国であれば，企業間での労働条件格差は問題となりにくい。市場の分断が小さい場合には，労働条件に不満のある労働者は，比較的容易に別企業に転職できるからである。そして，労働者は，むしろ転職を経験することで職業キャリアの形成を図ることができる。

　これに対して，日本のように，労働市場の分断の程度が大きい場合には，企業組織の内部と外部とで労働条件の格差も顕著となる。派遣労働者と派遣先で直接雇用される正社員との処遇格差は，このような問題が具現化したものといえる。それにもかかわらず，派遣労働者は，派遣先で直接雇用される労働者と共に，等しく派遣先の指揮命令を受けることがある。ここでは，派遣労働者と派遣先で直接雇用される労働者との異別取扱いの適否が問題となり得る。また，労働市場の分断の程度が大きい場合，企業内部での職業経験やキャリア形成が尊重されるため，転職には多大なリスクが伴う。

　このように，ある国において，労働市場のあり方と労働者派遣制度のあり方とは密接に関係しており，市場の状況に応じて各国の法制度にもニュアンスがあると考えられる。とりわけ現在では，ILOが間接雇用を制限・例外視する従来の立場を改めて，むしろ積極的に位置づけるという方針転換をしたこともあり，各国の法制度はますます多様化している。外国の法制度を分析するうえでは，こうした変化を十分に汲み，ある国のある一時代の制度をあたかも普遍的なものと理解することは厳に慎むべきであろう。

　とはいえ，解雇規制を基軸とする法体系をもつ国では，労働者派遣に対しても何らかの規制があると予想され，その分析は，日本の法制度を考える上でも有益な示唆をもたらすはずである。この点，特に既存の解雇規制のあり方は重要であるが，本書は「あるべき」解雇規制を扱うのではなく，現状の規制を前提とした議論を展開する。その方が，現在の労働者派遣をめぐる問題を分析するうえで，有意義と考えられるからである。また，逆に，労働者派遣制度などの労働市場法制を見直すことで，労働市場をとりまく状況に変化が生じるならば，「あるべき」解雇規制の姿も異なってくるであろう[21]。

　こうした問題意識から，本書では，日本との比較対象国として，オランダとドイツとを選択している。本書の分析によると，両国は，伝統的に解雇を厳格に制

限するという労働法制をもつ[22]。つまり，法制度としては，内部労働市場と外部労働市場との間で分断が生じやすい構造がある点で，日本と類似の状況にあると予想される。そして，日本の労働者派遣法は，ドイツ法を参考に立法化されたという事情もある。他方，オランダでは，労働者派遣を含む働き方の多様化が進展しており，多様な選択肢を前提とした労働力の需給マッチングが図られている。このようなオランダ法からは，将来の労働力不足が危惧されている日本への示唆が期待されよう。さらに，オランダとドイツとでは，労働者派遣に対する規制の根幹，とりわけ直用主義に対する考え方の点で違いもみられ，両国の法規制と日本法とを比較検討する意義は大きいと考えられる。

III 検討の視角

　本書では，次のような検討を行う。まず，日本，オランダ，ドイツのいずれの国でも，労働者派遣に対して特別な規制がある点で共通する。すでに指摘したように，日本の労働者派遣法は，派遣先で直接雇用されている労働者（正社員）の利益を重視する立場から間接雇用を制限してきた経緯がある。こうした考え方は，2015年の法改正で実質的には大きく変更されているが，「常用代替防止」の考え方を堅持すべきとする立場も根強く主張されている。

　オランダやドイツにおいて，派遣労働者は，既存の労働法制のなかでどのように保護されるのか。そして，派遣法による特別な規制は，いかなる目的をもつのか。とりわけ，雇用保障と派遣期間中の労働条件に対する法規制のあり方が問題

---

21) 雇用をとりまく環境が変化するなかで，従来のように雇用保障を軸とするのではなくて，個人のキャリアを中心とした法政策の重要性を説くものとして，諏訪康雄「キャリア権の構想をめぐる一試論」日本労働研究雑誌468号（1999年）57頁，同「能力開発法政策の課題―なぜ職業訓練・能力開発への関心が薄かったのか」日本労働研究雑誌514号（2003年）29頁等のほか，森戸英幸「雇用政策法―労働市場における『個人』のサポートシステム」日本労働法学会誌103号（2004年）3頁，両角・前掲注13論文19頁も参照。

22) 各国の雇用保護立法の強弱については，OECD, Indicators of strictness of EPL in 2013 を参照。それによると，常用雇用労働者に対する解雇規制の厳格性が0～6（最も厳格）で指数化されており，日本（2.09）と比較すると，オランダでは2.94，ドイツでは2.98，フランスでは2.82と高い水準である一方，アメリカは1.17，イギリスでは1.62，OECD平均で2.29となっている。なお，解雇規制と非典型雇用の拡大との関係については，鶴光太郎「日本の労働市場制度改革―問題意識と処方箋のパースペクティブ」鶴ほか編・前掲注2書8頁以下も参照。

となる．具体的に検討するのは，①解雇・有期労働法制，②労働者派遣事業の参入規制，③派遣期間に関する規制，④賃金等の労働条件に関する規制，⑤集団法的規制である．日本はもちろん，比較法的にみても，こうした規制が労働者派遣制度の中核となっているからである．以下では，それぞれについて注目すべき点を指摘しておく．

1　解雇・有期労働法制

　労働者派遣制度は，各国における労働力の需給調整に関する規制と不可分の関係にある．こうした問題意識からすると，派遣制度を分析する前段階として，それぞれの比較対象国の解雇法制を概観しておく必要がある．解雇規制は，労働力の需給調整手段を直接に制限するものであり，その内容によって労働法の規制体系は大きく異なると考えられるからである．この点，ある国で解雇が制限されている場合には，派遣労働契約に対しても，通常の労働契約と同様に規制が及ぶはずである．しかし他方で，派遣元と派遣先との（企業間の）労働者派遣契約には，一般に契約自由が妥当する．したがって，特に，派遣就労期間と雇用期間とが一致したいわゆる登録型派遣では，企業間の契約自由を貫徹すると，派遣労働者の雇用が不安定となる可能性が高い．

　オランダやドイツにおいて，派遣労働者の雇用保障はどのように図られているのか．検討の際には，両国の解雇規制とならんで，有期労働法制の内容を分析の手がかりとする．あとで検討するように，EU 諸国では期間の定めのない労働契約（無期雇用）が雇用の原則的形態と考えられており，有期雇用や労働者派遣は，「臨時的な労働力の利用形態」として，雇用の例外的領域にある点で共通するからである．この点，解雇が制限される国では，法規制の潜脱防止という目的から，有期雇用の利用に対しても何らかの制限がある．そして，派遣労働者の雇用保障のあり方を考えるうえでは，既存の解雇・有期労働法制と規制を大きく異ならせることは適切でないだろう．

　以上のような問題関心から，本書では，各国の解雇規制のあり方を概観したあとで，有期労働法制と労働者派遣制度との異同を分析し，雇用の存続保護を重視する法体系のなかで，労働者派遣がどのように位置づけられているのかを明らかにする．

2　事業への参入規制

次に，労働者派遣に対する特別な規制として，事業への参入規制を分析する。労働者派遣については，事業に行政官庁の許可を求め，あるいは届出を義務づけるなど，国家によって一定の参入規制が設けられている場合がある。歴史的にみると，ILO96号条約（1949年に採択）のもとで，多くの国で参入規制が設けられてきた。現在，本書の比較対象国のなかでは，日本やドイツで参入規制があり，他方，オランダでは一旦撤廃された許可制度をめぐり，再規制に向けた新たな動きもみられる。

参入規制は，派遣元事業者または派遣先事業者に対する事業法としての性格をもつ。他方，日本の労働者派遣法には，派遣労働者の保護を目的とする労働者保護法としての性格もある（1条参照）。この点，派遣法の業法としての性質に着目すれば，まずは派遣元や派遣先といった事業者の特性が重要となり，一方，労働者保護法としての性質を重視するならば，労働者個人の労働契約に着目することが合理的といえる。両者は必ずしも矛盾しないが，常に一致するわけでもない。

各国の法制度のなかで，市場への参入規制と派遣労働者の保護とはどのような関係にあるのか。また，他の規制との関係で，参入規制はいかなる意義をもつのか。たとえば，日本で派遣対象業務が制限されていた時期（1999年改正以前）には，参入規制は，派遣対象業務の区別とも密接に関係していた。参入規制は，市場への参入という入口での規制であると同時に，事業法としての中核的な規制と密接に関係している。

こうした観点から，本書では，労働者の処遇とこうした事業規制とがどのように関連づけられているのか，たとえば，事業参入規制に違反する場合に，労働者がどのように保護されるのかに着目する。参入規制の趣旨や目的はいかなるものであるか。また，オランダでは，こうした参入規制が撤廃され，新たな規制が展開されつつあるが，その背景にはどのような事情があるのか分析する。これらの作業は，それぞれの国における，労働者派遣法の性格を明らかにするものである。それと同時に，この作業は，各国で外部労働市場の役割がどのように評価されているのかについて，明確化することにも資するであろう。

3　派遣期間

次に，各国の労働者派遣法における，派遣期間に対する考え方を分析する。日

本では，特に1999年の法改正で解禁された「自由化業務」を中心に派遣期間が制限され，一定期間の経過後には派遣先での直用化を図るための規定があった（派遣法旧40条の3以下）。こうした規制は2015年の法改正で大きく変更されているが，派遣期間を制限する考え方自体は残されている。これに対して，現在のオランダ法やドイツ法では，派遣上限期間の制限は撤廃されている（ただし，ドイツでは再規制の動きがある）。

　機能面に着目すると，派遣期間の制限とは，当事者の合意がある場合でさえも長期間の派遣を禁止するものである。こうした期間制限には，①派遣という不安定な就労が続くことを防止する側面（派遣労働者の保護）と，②派遣先での派遣利用の長期化を防止する側面（直用労働者の利益保護）とがある。したがって，派遣期間の制限について検討する際には，それが，誰の，いかなる利益を守ろうとしているのか慎重に見極める必要がある。

　この点，2015年改正以前の日本では，期間制限の目的について，派遣先の正社員の利益保護を主眼とし，派遣労働者の保護を目的としないという考え方があった。仮に，こうした目的で期間制限を課すのであれば，派遣労働者と正社員との処遇格差の一因は，正社員の利益保護を優先した結果といえるかもしれない。他方，期間制限について，その主たる目的を派遣労働者の保護（不安定雇用の抑制）にあると位置づけ，かつ現実の格差問題を是正すべきと考えるのであれば，期間を制限するという手法が派遣労働者の保護に資するのかどうか再検討が必要となる。

　派遣期間の制限をめぐり，どのような議論があるのか。オランダやドイツで規制が撤廃された理由や，背景事情を分析する必要がある。検討に際しては，それぞれの国の有期労働法制を分析の手がかりとする。労働者派遣は，有期雇用とならぶ非典型雇用に位置づけられ，とりわけ派遣期間の問題については共通する点も多い。労働者派遣と有期雇用との規制の異同を分析することは，労働者派遣に固有の規制目的を明確化することに資すると考えられる。

　また，派遣期間に制限を設けない場合には，派遣就労期間が長期化する可能性があり，法制度上，派遣労働者の保護と，既存の労働法体系や雇用慣行との整合性をどのように図るのかが大きな問題となる。さらに，実務的には，特に解雇が厳格に規制され，企業組織内部での人材育成が重要となる場合には，派遣労働者に対する能力開発のあり方も重要性を増すと考えられる。[23]

この点，人的資本理論の知見によると，長期雇用が期待でき，人的資本に対する投資を回収できるようなケースで，企業が企業特殊的訓練を積極的に実施することが確認されている[24]。そうすると，派遣期間の制限がなくなる場合には，労働者の能力開発という点で，企業行動に変化が生じるかもしれない。それと同時に，期間制限を撤廃した場合には，法的にも，派遣労働者と派遣先で直接雇用される労働者との均等待遇が，より深刻な問題となると考えられる。こうした点については，オランダやドイツでは，均等待遇規制の導入によって期間制限が不要となった，という仮説を検証することが有用であろう。以下で項を改めて説明する。

4　均等待遇原則

　日本では，伝統的に，派遣労働者の労働条件（以下，派遣労働条件）について，期間制限の点を除くと広範な契約自由のもとにある。これに対してオランダやドイツでは，派遣労働条件については，法律上，派遣先で直接雇用される労働者との均等待遇原則が規定されている。このような均等待遇に関する規制は，派遣労働者と派遣先で直接雇用される労働者との格差問題を考える上で特に重要なもので，EU指令でも規定されている。派遣労働者に対する均等待遇原則は，いかなる目的で導入されたのか。

　この点，第1に，一般に均等待遇原則は，「等しいものに対しては等しい処遇をするべき」との規範であり，人権的な意味での平等原則と親和的な面がある。実際，均等待遇をめぐる伝統的な議論の多くでは，男女平等や人種の平等など，人権的な平等問題として論じられてきた。

　しかし第2に，雇用関係においては，職務区分や労働時間の違いなどに由来する，つまり，労働者自身が選択した「働き方の違い」により処遇格差が生じている場合にも，均等待遇が問題となり得る。この格差は，当事者が選択した契約自由の帰結として生じているものであり，「是正」を図るための法的介入を直ちに

---

23)　なお，「能力」という語の多義性については，高橋潔「内部・外部労働市場における職業能力評価の役割」日本労働研究雑誌577号（2008年）4頁以下，玄田有史「格差問題に取り組むために必要なこと」法時80巻12号（2008年）16頁を参照。

24)　*Gary S. Becker*, Human Capital: A Theoretical and Empirical Analysis, with Special Reference to Education, Columbia University Press, 1964（邦訳：佐野陽子『人的資本—教育を中心とした理論的・経験的分析』（東洋経済新報社，1976年））。

正当化できるものではない。しかし，こうしたケースであっても，労働市場政策的な観点から均等待遇が推進されることも考えられる。その典型例は，就労形態の多様化を推進するという政策目的があるケースである。すなわち，派遣労働を含む就労形態の多様化は，労使のニーズに沿う側面もあり，翻って新たな雇用創出につながる可能性も否定できない。こうした多様化を推進するためには，前提として，適切な処遇を確保するための仕組みが必要であり，均等待遇はその実現手段として導入されることも考えられる。

　この2つのタイプについて，目的が併存しているなど実際上は峻別が困難なことも少なくない。しかし，理論的にみると，後者の政策実現型の均等待遇原則は，結果的には平等を志向するとしても，それは平等の理念から演繹されたものではない。むしろ，就労形態の違いを前提としながら，労働者のパフォーマンスに応じた衡平を志向するものである。そして，この場合には，政策目的と手段の均衡を考慮しつつ，「均等待遇」の段階的な実現（均衡処遇）や幅広い例外の許容など，柔軟な対応が許されるはずである。

　仮に，オランダやドイツにおいて，均等待遇規制が，絶対的な平等の実現，とりわけ人権保障を実現するために導入されているとしよう。この場合，均等待遇原則が導入されていない日本でも，普遍的な理念に基づいて平等を実現することが重要といえるかもしれない。こうしたケースでは，現実の雇用システムと均等待遇立法とが調和的である必要性は弱い。また，格差を容認しつつ，たとえば社会保障制度の整備によって「結果的に」救済を図ればよい，との考え方は不当ということになろう。他方，オランダやドイツでの均等待遇規制が，雇用政策的な目的によるのであれば，それを日本で直ちに導入する必然性は低い。この場合，既存の法制度および雇用慣行との整合性や，規制の導入に要するコスト等を分析しつつ，他の選択肢も含めて，広く立法の議論に委ねるべきということになろう。

　以上の観点から，本書では，オランダやドイツでの均等待遇原則について，次のような分析を行う。まず，労働者派遣で問題となる労働条件には，賃金のように労働契約上の対価性があるものだけでなく，就労環境，派遣先が一方的に決定し得る付加的な給付など，様々なものが含まれ得る。労働者派遣における「均等待遇原則」の具体的な内容を分析する必要がある。その際には，①法律により，どのような「待遇」の均等取扱いが要請されているのか，②その均等待遇「原則」のもとで，いかなる例外が認められているのか，という視点が重要となる。

そのうえで，こうした均等待遇原則と，他の雇用平等法制との異同について分析する。その際には，特にパートタイム労働者，あるいは有期労働者に関する処遇の均衡をめぐる議論が注目される。パートタイム労働者とフルタイム労働者との処遇格差，あるいは，契約期間に定めのない労働者と有期労働者との処遇格差は，労働契約の違いによって生じるという点で，労働者派遣の問題と共通する面があるからである。そして，現在，EU 諸国では，パートタイム労働者や有期労働者に対する差別禁止（不利益取扱いの禁止）が原則化されている[25]。もっとも，労働者派遣で均等待遇が問題となるケースでは，比較対象者が同一企業に属さない点で，パートタイム労働や有期雇用の議論と決定的に異なる側面もある。したがって，これらの規制を比較検討することで，労働者派遣における均等待遇原則の特徴を明らかにできると考えられる。

さらに，均等待遇の問題に関しては，以上のような，「均等待遇」の内容，規制の趣旨・目的の分析とならんで，それが各国の現実の雇用社会に与えるインパクトについて検討を要する。このことは，とりわけ均等待遇原則が，前述のうち第 2 の政策実現的なタイプの規制と評価できる場合に問題となろう。労働者派遣における均等待遇規制は，各国の雇用システムのなかでどのような役割を果たしているのか。

5　集団法的規制

最後に，労働者派遣に関する集団法的規制である。日本では，派遣先の労働者集団（労働組合）と派遣労働者との関係について，法律上はわずかな規制があるにとどまり，多くは労働組合法（以下，労組法）の解釈問題として残されている。これに対してオランダやドイツでは，一定の期間，継続的に派遣就労が行われる場合には，派遣労働者を派遣先の労働者代表機関へ参加させるための仕組みが整備されている。

これらは，法律により実体的に労働条件の水準を規制するものでないという意味では，前述の均等待遇原則とは異質の側面がある。他方で，労働契約の，人格的，継続的，組織的な性質を考慮すると，派遣先の従業員代表機関への編入問題

---

[25]　なお，日本においても，近年，パートタイム労働法や労働契約法の改正により，パートタイム労働者とフルタイム労働者，有期雇用と無期雇用との間で労働者の処遇に格差を設ける場合には，「不合理と認められるものであってはならない」との規制が展開されている。

は，広い意味では均等待遇の議論とも無関係ではない[26]。労働者派遣に関わる集団法的規制には，①派遣労働者を組織化することで，労働条件等の自主的な改善を支援するものと，②派遣先の労働者集団との利益調整を図るものとがある。各国の労働者派遣制度にはどのような特徴があるのか。

そのうえで，派遣労働者を派遣先で組織化するオランダやドイツの立法政策については，次のような分析視角が有意義であろう。第1に，派遣労働者と派遣先で直接雇用される労働者とで大きな処遇格差がある場合には，利害対立が生じやすい。この対立は，派遣期間が長期化する場合には，よりいっそう深刻となろう。派遣労働者と派遣先で直接雇用される労働者との利害対立は，集団法的な面ではどのように調整されているのか。第2に，しかし他方で，派遣労働者と派遣先で直接雇用される労働者とを等しく組織化することは，均等待遇を重視する考え方，あるいは派遣期間に制限を設けずに長期的な派遣をも認めていくこととは親和的といえそうである。

もちろん，労働者が任意に結成する労働組合に関する議論と，法律によって組織化された事業所委員会（従業員代表機関）に関する議論とを，同列に扱うことは適切でない。ただ，両者は，労働者の組織化のサポートにとどまり，ある労働条件について実体的に介入するのでなく，当事者による交渉等を通じた自主的解決を期待する点で共通する面がある。こうした点を考慮すれば，オランダやドイツにおける規制を検討する意義は小さくないと考えられる。ただし，本書は，個別労働者の権利保護という観点から，諸外国の法制度を比較検討することを主眼とする。したがって，集団法的な規制については，この目的に必要な範囲での制度紹介にとどめることとする。

IV 小　括

以上，各国の労働者派遣制度を比較検討するうえで，注目すべき規制とそのポイントを指摘した。まず，日本の問題状況からすると，直接雇用こそが雇用の原則的な形態で派遣はその原則に反するとの立場について，規範的な根拠があるか

---

[26] 労働契約の一般的な特徴については，さしあたり，土田道夫『労働契約法』（有斐閣，2008年）9頁以下参照。

どうかの分析が必要であろう。直用主義が原理的に正統性をもつのであれば，労働者派遣は，これを禁止するか臨時的かつ一時的なものに限定すべきということになるし，一方，こうした規範的な根拠を欠く場合であれば，立法政策の選択肢として多様なものが考えられる。とりわけ後者に関しては，外国の法制度との比較検討が参考となる可能性が高い。

　ただし，特に強調しておきたいのは，各国の労働者派遣制度を比較検討する際には，既存の労働法制や雇用システムのあり方についても，併せて検討する必要があるという点である。たとえば，労働市場の状況，解雇・有期労働法制の内容，さらには現実の雇用慣行のなかで，労働者派遣制度はいかなる特徴をもつのか。そして，個人としての派遣労働者は法的にどのように保護され，それは直接雇用される労働者といかなる点で異なるのか。こうした背景事情をも含めた検討ができるならば，たとえ規制の仕組みを異にする場合であっても，日本の労働者派遣制度のあり方を考える上で有意義な示唆が得られるはずである。

　本書では，こうした問題関心に基づいて，労働者派遣制度の全体像を明らかにすることを試みる。

第2章　日本の問題状況

序　説

　日本の労働法制は，1986年に労働者派遣法が施行されるまでの間，使用者と労働者の二当事者での直接雇用関係を念頭に展開されてきた。すなわち職安法44条により，第三者が業として就業へ介入することは厳しく規制されており，労働者派遣のような間接雇用はそもそも許されていなかった。こうしたなかで，労働市場という概念が意識されることも稀であった[1]。

　雇用社会においても，とりわけ高度経済成長の時代には，いわゆる正社員について，終身雇用，年功的処遇，企業別組合という，企業組織の内部における雇用安定を重視する日本型雇用慣行が広く普及した。直接雇用を前提とする法制度は，当時の雇用社会の状況とも大きく矛盾するものではなかったのである。しかし現実には，法違反の間接雇用も存在したことが示すように，企業には迅速で柔軟な人材確保に対するニーズが常にあり，これに後押しされるかたちで，1985年の派遣法で労働者派遣事業が解禁された。派遣法は，労働者派遣のマッチング機能を重視して，職安法で全面的に禁止されてきた労働者供給事業の一部を合法化しつつ，その弊害を除去することを目的としている。

　前述のように，現在の労働者派遣制度に対する批判としては，①派遣労働者の就業状況の悪さ（雇用の不安定性や賃金の低さなど）を背景とする批判のほか，②間接雇用がそもそも労働法の趣旨にあわないという原理的な批判や，労働者派遣が派遣先で直接雇用される労働者の雇用を浸食し得る点からの批判がある。このうち，特に②の点については，直接雇用を重視する考え方（直用主義）に規範的な根拠があるかどうかの分析が重要となろう。この点，仮に直用主義に原理的な

---

1) この点については，さしあたり，諏訪康雄「労働法学は労働市場改革とどう向き合ってきたか」鶴光太郎ほか編著『労働市場制度改革―日本の働き方をいかに変えるか』（日本評論社，2009年）71頁以下を参照。

正統性がない場合であっても，政策的に直接雇用を重視することまでは否定されない。ただし，この場合には，他の労働法制とのバランスを考慮する必要性は高まると考えられる。

こうした問題意識から，第2章では，労働者派遣制度の全体像と変遷について鳥瞰する。日本では，法体系上，直接雇用を雇用の原則的形態とみる根拠を職安法44条に求める立場があるが，同条は比較法的にみると珍しい立法経緯をもち，慎重な検討を要する。そこで，職安法制の沿革と直用主義をめぐる考え方（第1節），および，こうした直用重視の考え方が，派遣法の制定や改正経緯のなかでどのように変容してきたのかを概観する（第2節，第3節）。さらに，現行制度の特徴を，2015年の法改正以前の裁判例や学説もふまえて分析する（第4節以下）。

第1節　派遣法制定以前の状況

I　職安法制の展開

まず，戦後・労働市場法制の中核をなす規制として，職安法の立法経緯を概観しておこう。同法は，新憲法で保障された職業選択の自由（憲法22条1項）を実現するために，雇用のマッチング手段を規制するものであり，現行法での目的は，「公共職業安定所その他の職業安定機関が……職業紹介事業等を行うこと，（民営）職業紹介事業等が労働力の需要供給の適正かつ円滑な調整に果たすべき役割にかんがみその適正な運営を確保すること等により，各人にその有する能力に適合する職業に就く機会を与え，及び産業に必要な労働力を充足し，もつて職業の安定を図るとともに，経済及び社会の発展に寄与すること」である（1条）。

このように，現在では，国家（公共職業安定所）とならび民間事業者によるマッチング機能も重視されているが，従来，後者は厳格に制限されてきた。これは，当時の国際的な動向にも沿うものであった。そこで，まずは職業紹介事業をめぐ

---

2) たとえば職安法制定当時の目的規定（1条）をみると，「……公共職業安定所その他の職業安定機関が，関係行政庁又は関係団体の協力を得て，各人に，その有する能力に適当な職業に就く機会を与えることによって，工業その他の産業に必要な労働力を充足し，以て職業の安定を図るとともに，経済の興隆に寄与すること」とされており，民間事業者によるマッチング機能を活用することは想定されていなかった。

る国際的動向を確認し，次に職安法の立法経緯をみることとする。

1 立法の経緯

歴史的にみると，労働力の需給マッチング手段として，国家（公共職業安定所）による職業紹介を重視する考え方は，1919年のILO第1回総会時から明確に示されていた。すなわち，国際社会は，同総会で「失業に関する条約（ILO第2号条約）」を採択して以来，1933年の「有料職業紹介所に関する条約（ILO第34号条約）」など，一貫して，国家が職業紹介事業を独占することを重視し，他方，民営の事業については廃止することを目指してきた（ILO第34号条約：日本は未批准）。

このようなILOの方針は，戦後も引き継がれる。まず，第2次世界大戦後の復興のさなか，1948年のILO総会においては，「職業安定組織の構成に関する条約（ILO第88号条約）」が採択された。同条約は，加盟国に対して無料の公共職業安定機関を設置・運営することを義務づけるものであった（日本は1953年に批准）。さらに翌1949年には，このILO第88号条約を補完するものとして，「有料職業紹介所に関する条約（ILO第96号条約）」が採択され，民営職業紹介は原則として禁止される（日本は1956年に批准）。もっとも，同条約では，従前の第34号条約を修正し，民営職業紹介事業について単に廃止を目指すのではなく，国家による職業紹介制度が確立するまでの間は，国家の監督のもとで暫定的に維持するという考え方が支持されている（第2部）。つまり，民営職業紹介事業については，漸進的な廃止（progressive abolition）が目指されたのである。当時の国際的情勢は，「完全雇用」を目標に掲げ，国家に職業紹介事業を独占させることでその実現を図ること，それまでの暫定的な期間に限り，民営での職業紹介事業も例外的に許容するというものであった。

一方，日本においては，戦後，GHQの占領政策の一環として，労働の民主化が重点課題とされた。法制度としても，新憲法が目指す職業選択の自由（憲法22条1項）を実現するために，労働市場のあり方をめぐる基本法として，第1回国会（1947年）において職安法が制定された[3]。職安法の立法趣旨は，政府の提案理

---

[3] 終戦直後の職安法制については，労働省編『労働行政史（戦後の労働行政）』（労働法令協会，1969年），法政大学大原社会問題研究所編著『日本労働年鑑 第55集（1985年版）』，馬渡淳一郎『労働市場法の改革』（日本評論社，2003年），高梨昌『詳解 労働者派遣法（第3版）』（エイデル研究所，2007年）57頁以下，濱口桂一郎「労務サービスの法政策」季労216号（2007年）113頁参照。

由によると次のようなものである。すなわち,「終戦迄の職業行政は,……労務の動員配置を目的として行われていた（ところ），職業行政本来の目的は,国民に対して奉仕すること（にあり），憲法の改正をみた今日,その憲法で定められました基本的人権の尊重が,今日実現されなければ（ならず,従来の労務の統制配置を目的とする）職業紹介法をやめまして,あらたに新憲法の精神に則るところの法律を制定する必要」がある [（ ）内は著者注][4]。

こうした考え方から,職安法は,政府に「無料で公共に奉仕する公共職業安定所を設置する」ことを義務づけ（旧8条），労働力の需給調整は国家が独占的に担うこととした。同法のもとで,民間の営利職業紹介事業は,「美術,音楽,演芸その他特別の技術を必要とする職業に従事する者の職業をあっ旋することを目的とする」場合で,労働大臣の許可を得た場合に限って認められていた（旧32条）。これは,前述した当時の国際的動向とも軌を一にするものであったと評価できる。

2　職安法44条

労働者派遣との関係では,職安法が労働者供給事業をほぼ全面的に禁止した点が重要である（44条）。労働者供給とは,「供給契約に基づいて労働者を他人の指揮命令を受けて労働に従事させること」である（旧5条,現4条6項）。戦前には,このような労働者供給事業が,「人夫供給業,人夫斡旋業,あるいは労力請負業等といわれ,わが国経済社会の底辺に広く行われていた。すなわち,臨時的な作業,常用労働者でできないような危険な作業または常用労働者がきらうような作業のため,工場事業場等の求めに応じて所属の労働者を供給し,就労せしめることを業としていたもので,とくに土建,荷役,運送,鉱山,雑役等の方面に行われていた」とされる[5]。

職安法は,このような労働者供給事業を,例外的に,労働組合が労働大臣（現：厚生労働大臣）の許可を得て無料で行う場合（職安法45条）のほかは全面的に禁止し,供給元に対する罰則を定めて厳格に規制している[6]。さらに,規制の実効

4）　第1回衆議院労働委員会会議録・第8号（昭和22年8月15日）［米窪国務大臣発言］。
5）　労働省編・前掲注3書1204頁。なお,当時の実態については,西成田豊『近代日本の労務供給請負業』（ミネルヴァ書房,2015年）も参照。
6）　なお,職安法45条は,当初は,労組法上の労働組合による労働者供給事業のみを許容していた。しかし,現行法では,労働組合「等」による労働者供給事業が認められている。したがって現在で

性を確保するために，1948年の改正で，現行法と同様，「労働者供給事業を行い，又はその労働者供給事業を行う者から供給される労働者を自らの指揮命令の下に労働させ（る）」ことが禁止され（44条，45条，64条），労働力を実際に利用する供給先（ユーザー）にも罰則が科されることとなった。

こうした厳格な規制の目的は，労働者供給事業が封建的な身分関係を前提とするという考え方のもとで，強制労働や供給事業者による不当な中間搾取を禁止することにある。すなわちGHQは，「労働者供給事業は封建的な雇用慣習の残滓ともいうべきものであって，個人の自由と人格の尊重を基本原理とする新憲法の精神に反するものであり，労働の民主化を阻害する」と考えており[7]，政府の立場も同様であった。労働者供給事業を全面的に禁止する理由を，政府は次のように説明する。すなわち，職安法は，「新憲法の趣旨に基づきまして，個人活動の自由を尊重し，弊害のない限り広く職業紹介事業，労働者の募集活動を認めると同時に，弊害あるものに対しては従来よりも罰則を相当強化」している。これは労働者保護の趣旨にほかならないが，同様の趣旨から，職安法44条は，「他人の勤労の上に存立する労働者供給事業を禁止」するものである。すなわち，法律で認められる（＝労働組合による無料の労働者供給）ほか，「従来多く行われてきた労働者供給事業は，中間搾取を行い，労働者に不当な圧迫を加える例が少なくないのに鑑み……，労働の民主化の精神から，全面的にこれを禁止」するのである[8]。

このような考え方は，「何人も，法律に基いて許される場合の外，業として他人の就業に介入して利益を得てはならない」と規定する労基法6条や，強制労働を禁止する同法5条とともに，戦後労働法制の出発点であるといってよいだろう。

3 戦後労働法制の特徴

戦後労働法制は，強制労働や第三者による中間搾取を防止することに主眼をおいていた。とりわけ労働者供給事業を原則的に禁止することは，戦後の職安法に

　　　は，労組法上の労働組合のほか，非現業公務員の職員団体や労働者の経済的地位の向上を図ることを主目的とする労働団体も，許可を得て，労働者供給事業を行うことができる。職安法45条に基づく労組労供の実態については，伊藤彰信「労働者供給事業の歩みと課題・展望（上・下）」労旬1702号（2009年）36頁，1704号（2009年）26頁を参照。

7）　労働省職業安定局編『職業安定法・職業訓練法・緊急失業対策法―労働法コンメンタール4』（労務行政研究所，1960年）208頁。

8）　衆議院・前掲注4会議録［米窪国務大臣発言］。

おける最大の特徴という指摘もある。そして，職安法44条のもとでは，労働者派遣のような間接雇用，すなわち自己の雇用する労働者を派遣先の指揮命令に服させることも禁止対象とされた。外部労働市場におけるマッチング手段を規制する職安法は，直接雇用を雇用の原則的形態に位置づけるものであったと評価できる。

他方，労働法制を全体としてみても，直接雇用を前提にした法整備が図られた。まず，1947年に制定された労基法は，憲法27条2項をうけて，適用事業（旧8条）における「使用者」(11条)を対象に公法的な規制を課すと同時に，労働条件について最低基準を設定するものである(13条)。また，憲法28条で保障される労働三権を具体化する労組法も，労働者と契約の相手方である使用者との対等性の確保を目的とするもので，基本的には，二当事者の関係を念頭においている（1条参照）。

さらに，判例法理も，二当事者の契約関係の継続を尊重する方向で展開されてきた。まず，解雇権濫用法理によって，判例上，解雇に合理的理由が必要とされるようになった。すなわち民法627条によると，期間の定めのない労働契約は労使双方がいつでも（時期や理由を問わず）解約できるところ，1950年代には，下級審において使用者の解雇を制限するものが登場する。その後，最高裁もこうした考え方を支持し，判例法理によって，解雇には「客観的に合理的な理由」が求められるようになった。しかも，判例法理は，合理性を欠く解雇を権利濫用（民法1条3項）として無効とすることで，労働者の職場復帰を企図するものであった（雇用の存続保護）。この解雇権濫用法理は，労使当事者の長期・安定的な関係を法的にも尊重し，これをサポートするものであると評価できよう。

次に，企業内部での労働者の処遇をめぐる判例法理にも，雇用関係が長期間継続することを前提にした配慮がみてとれる。たとえば，就業規則の合理的変更法理である。最高裁は，「新たな就業規則の作成又は変更によって，既得の権利を奪い，労働者に不利益な労働条件を一方的に課することは，原則として，許されない」としつつ，「労働条件の集合的処理，特にその統一的かつ画一的な決定を建前とする就業規則の性質からいつて，当該規則条項が合理的なものであるかぎ

9）濱口・前掲注3論文119頁。
10）日本食塩製造事件（最二小判昭和50年4月25日民集29巻4号456頁），高知放送事件（最二小判昭和52年1月31日労判268号17頁）など。

り，個々の労働者において，これに同意しないことを理由として，その適用を拒否することは許されない」との判例法理（就業規則の合理的変更法理）を定立した[11]。

この合理的変更法理をめぐっては，その理論的正統性や「合理性」の判断基準をめぐる学説上の争いがある[12]。ただ実質的な機能に着目すると，就業規則の合理的変更法理が，企業組織内部での労働力利用の柔軟性を担保するものとなっていることに，異論はないであろう[13]。同様の考え方は，採用時の同意や就業規則の規定等を根拠として，企業に広範な裁量を認める配転法理等にもみてとれる。

このように，戦後労働法制は，少なくとも1970年代半ば以降，最近にいたるまでは，制定法はもちろん判例法理としても，解雇権濫用法理や就業規則の合理的変更法理，配転命令権の濫用法理など，直接雇用による長期安定的な雇用関係を中心に発展してきたと評価してよいであろう[14]。そこでは，長期雇用を前提とするいわゆる正社員の処遇について，雇用の存続保護を重視しつつ（解雇権濫用法理），企業グループを含む組織内部（＝内部労働市場）での法的柔軟性を保つことでバランスが図られてきた（就業規則の合理的変更法理など）。

4　業務処理請負業の登場

しかしながら，こうした法制度の充実とは別に，企業には，景気の変動をはじめとして，事業を運営する上で雇用調整を図ることに対するニーズがある。こうしたニーズは，直接雇用について，解雇規制を中心に労働力の需給調整に対する制限が強化されるなかで，いわゆる社外工など，雇用主と実際の労働力の利用者が異なるケースなどでは，脱法行為を惹起させ得るものでもある[15]。そして，すで

---

11)　秋北バス事件（最大判昭和43年12月25日民集22巻13号3459頁）。
12)　学説については，さしあたり，大内伸哉『労働条件変更法理の再構成』（有斐閣，1999年），荒木尚志『雇用システムと労働条件変更法理』（有斐閣，2001年）など。
13)　現在では，解雇権濫用法理や合理的変更法理の考え方が，労契法（平成20年施行）のなかで規定されている。
14)　この点については，濱口桂一郎『新しい労働社会―雇用システムの再構築へ』（岩波書店，2009年），同「21世紀の労働社会はどこに向かうか？」季刊労働者の権利283号（2010年）15頁も参照。濱口氏は1970年代半ばから1990年代半ばにかけての時代を，「企業主義の時代」と総括される。
15)　本工だけでなく直接雇用される臨時工に対する規制が強化されるにつれて，社外工の利用が拡大した実態については，さしあたり，松岡三郎「社外工の法律上の問題点―若干の実態からみた」月間労働問題2号（1958年）35頁，石井照久＝有泉亨編『労働法体系5』（有斐閣，1963年）157頁［近藤正三］を参照。

に1960年代には，アメリカのマンパワー社に代表されるような「業務処理請負業」が，職安法の禁止する労働者供給事業に該当し得るものとして問題視されていた[16]。

「業務処理請負業」のような派遣的形態の事業は，事業者が，発注元企業と請負形式での業務処理を約定し，自己の雇用する労働者を発注元企業のもとで就労させるという点に特徴がある。これは，形式的には請負であっても，労働者が現実に雇用される企業とは別の企業（発注元）で就労することから，労働者供給事業に類似する面を有していた。もちろん，契約形式が請負であるというだけで職安法の規制を逃れることはできず，派遣先（発注元）企業が外部労働者に対して「指揮命令」を行う場合には，違法な労働者供給事業に該当する可能性が高い（職安法4条6項，同施行規則4条）。

しかし，業務処理請負業において，発注元の具体的な指示のあり方は，業種等に応じて多様な形態がありえるなかで，たとえば，発注者としての注文の指示と個別具体的な指揮命令との区別が曖昧なように，ある指示を指揮命令と一律に断じることが困難な側面もある。また，当時の背景事情として，①GHQによる占領当時から，かつては労務供給事業とされていた派出婦供給事業が「有料職業紹介事業」に位置づけを変更されながらも引き続き許容されていたこと，②同様に，占領政策の終結後には，職安法施行規則4条が改正され製造業で「協力会社」の社外工を利用することについて，労働者供給事業とみなさない取扱いが広まっていたことがある。この時期の労働行政について，近年では，「現実の政策は，概念的には労働者供給事業に該当し得るものであっても実質的に違法性がないと判断されれば，このようないささか場当たり的な手段によって認めてきた」と評価されている[17]。

さらに，業務処理請負業が広がる背景には，オイル・ショック後の労働市場の変化，技術革新やサービス経済化の進展，女性の労働参加の高まりなどの事情も

---

[16] 当時の社外工や業務処理請負業の実態については，さしあたり，大山吉雄「下請制の発展と社外工制度」日本労働法学会誌12号（1958年）114頁，井上明「社外工制度の実態―ある企業の分析を中心に」季労33号（1959年）163頁，山本潔「臨時工・社外工の配置」大河内一男ほか編『現代労働問題講座（第1巻）雇用と雇用政策』（有斐閣，1966年）224頁以下，大野喜美「『労働者派遣事業』の創設と不安定就業労働者」季労116号（1980年）134頁を参照。

[17] 濱口桂一郎「いわゆる偽装請負と黙示の雇用契約―松下プラズマディスプレイ事件」NBL885号（2008年）20頁。

あった。つまり，労働市場の需給という観点からすると，企業は業務処理請負業を必要とし，他方，労働者側にも，（程度や評価はわかれるにせよ）いわゆる典型的な正社員とは異なる，非正社員として就労することを選択する者が増えたという背景事情があったのである。

　前述のように，解雇規制を中心に労働力の需給調整に制限が加えられている法制度のもとでは，景気変動などに対応するために，企業にとって非正社員を利用するニーズが高まると考えられる。こうして，正社員とは別に，たとえば有期労働者やパートタイマーといった非正社員としての雇用管理制度が整備され，労働力の量的な需給調整が図られることとなる。この点，日本では有期労働契約を利用すること自体に特段の制限はない。また，不当な長期拘束を排除する目的から，個々の契約の最長期間は制限されてきたものの（労基法14条），更新による延長は，これを拒否する自由がある以上，労働者を不当に拘束するものでないとして認められている[18]。このような法制度のもとでは，有期雇用の反覆継続により労働力を恒常的に確保しながら，需要に応じて，契約期間の満了を理由に雇用関係を終了させる「雇止め」が特に問題となる。

　この問題に関して，判例は，前述の解雇権濫用法理にあわせるかたちで，有期雇用に対しても一定の雇用の存続保護を図ってきた。すなわち，有期労働契約が反覆継続したケースにおいて，使用者は，当該雇用関係が実質的にみて期間の定めのない労働契約に基づくものと同視できる場合や（東芝柳町工場事件[19]），そうでなくとも，労働者が契約更新に合理的な期待を有する場合には（日立メディコ事件[20]），雇止めに合理性が求められ，これを欠く場合には雇用関係は継続している

---

18) 個々の有期労働契約の最長期間については，現在，労基法14条で一般的には3年とされており，また3年に満たない期間途中でも，1年が経過した後には労働者の退職の自由が保障されている（労基法137条）。これに対して，更新を含めた通算期間の観点からの法規制は，2012年に労契法18条が創設されるまで特に存在しなかった。

19) 最一小判昭和49年7月22日民集28巻5号927頁。この事件では，2ヵ月の有期労働契約を5回ないし23回にわたって更新していたものの，更新手続きが不明確であったケースで，有期労働契約は「あたかも期間の定めのない契約と実質的に異ならない状態で存在していたものといわなければならず，本件各雇止めの意思表示は……実質において解雇の意思表示にあたる」とし，解雇に関する法理を類推すべきとして，雇用の存続保護が図られている。

20) 最一小判昭和61年12月4日判時1221号134頁。この事件では，2ヵ月の有期労働契約を5回にわたって更新していたものの，各契約の満了1週間前に更新手続きを履践していたケースで，まず，「期間の定めのない労働契約が存在する場合と実質的に異ならない関係が生じたということもできない」とされた。しかし，当該労働者が「季節的労務や特定物の製作のような臨時的作業のために

ものとみなされている(現在の労契法19条)。たしかに,判例の立場によると,「雇止め法理」が適用されるとしても,期間の定めのない労働者と比較した場合には,雇用保障の程度には差違があると考えられている[21]。しかし,それでもなお,有期雇用の反覆継続後の雇止めに対して一定の法的保護が図られた点は,解雇規制とのバランスを考える上では重要であろう。

要するに,判例法理により,期間の定めのない労働契約では解雇に合理的理由が必要とされ,他方,有期雇用の場合であっても,それが反覆継続するようなケースなどでは,雇止めが一定範囲で制限されてきた。そうすると,企業としては,労働者を直接雇用せずに,企業外の労働力を請負形式によって利用することが,法的リスクを回避するうえで魅力的なものとなる。業務処理請負事業が拡大した要因のひとつには,このような事情もあったものと推察できる。そして,前述のように,このような請負形式による就労は,発注元による「指揮命令」を伴わなければ職安法の規制の対象外とされる点で,いわばグレーゾーンにあった。

一方で,行政機関に対しては,派遣的形態で現実に就労している労働者から,派遣期間中の解雇の問題,派遣先(発注元)による契約料不払いのため労働者に賃金が支払われないという問題,派遣先での実際の就業条件が派遣元で示されたものと異なるという問題など,労働者保護に関わる苦情が寄せられており,抜本的な対策が必要とされる状況にあった[22]。

II 派遣的就労と労働契約論——「使用者」概念の拡大

このような状況のなかで,派遣的就労をめぐっては,事業場内下請のケースを典型として学説や裁判例が展開された。その中心的な問題は,派遣的就労の法律関係,つまり,労働者・派遣元・派遣先という三者の関係を法的にいかにして構

雇用されるものではなく,その雇用関係はある程度の継続が期待されていた」として,解雇に関する法理を類推すべきとし,「期間満了後における使用者と労働者間の法律関係は従前の労働契約が更新されたのと同様の法律関係となる」と判示されている。
21) 前述の日立メディコ事件では,解雇に関する法理を類推しながらも,当該労働者の「雇用関係は比較的簡易な採用手続で締結された短期的有期契約を前提とするものである以上,雇止めの効力を判断すべき基準は,いわゆる終身雇用の期待の下に期間の定めのない労働契約を締結しているいわゆる本工を解雇する場合とはおのずから合理的な差異がある」として,結論としても雇止めの適法性が認められている。
22) 高梨・前掲注3書122頁。

成するのか，とりわけ，労働力の実際の利用者である派遣先の責任をどのように考えるのか，という点であった。

学説には，三者関係において，派遣元あるいは派遣先のいずれか片方との間でのみ労働契約上の責任を認めるものがある一方で，契約関係の有無にかかわらず，派遣元のほか派遣先の責任を同時に模索するものなど様々な立場があった。以下で概観しておこう。[23]

1 転貸借説・事務管理説

初期の学説では，民法の規定を類推して派遣先の責任を追及することが模索された。転貸借説[24]や事務管理説[25]である。

転貸借説とは，民法613条の転貸借に関する規定を類推適用することで，派遣先に，労働者への賃金支払を義務づける立場である。民法613条によると，転借人は，賃貸人に対して直接的に義務を負う。転貸借説は，これを派遣的就労関係にあてはめる。すなわち，派遣先企業（転借人）は，派遣労働者（労働力の賃貸人）に対して，使用者として直接の義務を負うとするのである。

同様に，事務管理説は，事務管理の規定（民法697条以下）を類推適用する。事務管理には，契約のないケースで契約がある場合と同様の法的効果を認める側面がある。たとえば現行の民法702条をみると，「管理者は，本人のために有益な費用を支出したときは，本人に対し，その償還を請求することができる」。事務管理説は，このような事務管理の特徴に着目し，それを派遣的就労における三者関係にあてはめ，派遣先と派遣労働者との間に，労働契約関係と類似した効果（賃金請求権や損害賠償請求権）が生じるとする。

しかし，転貸借説や事務管理説に対しては，労働者が自由で独立した法的人格であることを無視するものとの批判がある。さらに，これらの説で，労働者と派

---

23) 学説の分類・整理については，主として，大沼邦博「事業場内下請労働者の法的地位（上・中・下）」労判363号，365号，367号（1981年）による。なお，本多淳亮「派遣労働者と派遣先企業の法律関係」季労120号（1981年）21頁以下，豊川義明「派遣労働者の実態と労働契約関係」日本労働法学会誌59号（1982年）71頁以下，川口実「特殊雇用関係―臨時工・社外工・パートタイマー（労働法実務体系15巻）』（総合労働研究所，1974年）151頁以下の整理，および，萬井隆令「労働者派遣と労働契約論―派遣元と派遣労働者との契約の性格について」龍谷法学28巻1号（1995年）17頁以下の分析も参照。

24) 後藤清「社外工の労働法上の地位」季労26号（1957年）6頁。

25) 後藤清「下請労働者と受入企業との法律関係」労旬922号（1977年）10頁。

遣元との契約関係が有効であることを前提とする点については，派遣元の介在を中間搾取とみる立場（後述）からの批判があった。[26]

2 中間搾取排除説

　以上のような民法の規定を類推する立場とは別に，同時期には，三者関係における派遣元の介在を中間搾取とみる立場が登場していた。中間搾取排除説[27]や労務供給事業排除説[28]である。これらの説は，派遣元と派遣先との企業間の契約（業務処理請負契約など）と，派遣元と労働者との労働契約とは，職安法44条や労基法6条，民法90条に基づき，いずれも違法，無効とする。そのうえで，これらの説は，派遣先と労働者との間に実質的な使用従属関係が存在することに着目して，直接的な労働契約の成立を認めることを試みる。

　もっとも，労働契約の成立を認める根拠については，論者によりニュアンスがある。すなわち，まず，「親会社構内の下請業者はいわゆる労務者供給事業を営み，いったん労務者の供給を行った後は自ら親会社の労務管理組織内に組み入れられ社外工の労務管理の委任を受諾していわゆる親会社の労務担当者の一人となる……。したがって社外工は親会社に直接雇入れ（られ）た労働者たる地位をもつ」とする立場がある。[29]

　これに対して，親会社と労働者との間には，「すくなくとも労働者が労務を提供し親会社がこれを受領している関係があった以上，反対の意思表示がないかぎり，労働契約の締結につき黙示の承諾があったとみられてよい」との立場もある。これは，契約成立の根拠を黙示の同意に求めるものであり，黙示の労働契約説（後述）の考え方を先駆的に示すものと評価されている。[30]

3 事実的労働契約関係説

　次に，派遣先が労働者に対し直接に指揮命令をしている事実に着目して，派遣

---

26) 浅井清信「社外工―団体交渉権」季労62号（1966年）131頁，本多淳亮「事業場内下請労働者の実態と法的地位」労旬902号（1976年）11頁。
27) 森長栄三郎「社外工について」日本労働法学会誌12号（1958年）130頁以下。
28) 浅井・前掲注26論文130頁，島田信義「社外工をめぐる法律問題」労働経済旬報421号（1959年）10頁。
29) 浅井・前掲注26論文131頁。
30) 大沼・前掲注23論文(中) 6頁。

先の使用者としての責任を模索する立場がある。事実関係説や事実的労働契約関係説である。

事実関係説は，労基法や労組法が，その適用要件として明確な労働契約の成立を必ずしも必要とせず，実質的な使用従属関係があれば適用される点に着目する。これらの説は，下請関係にある子会社のケースを念頭に，下請労働者の労働条件について親会社が実質的に決定しており，労務遂行に際しても下請労働者に自ら指揮命令している場合には，親会社と下請労働者との間に実質的な使用従属関係があるとする。そして，この使用従属関係を「事実上の労働関係」[31]や「労働契約なき労働関係」[32]とし，親会社の責任を追及するのである。

もっとも，事実関係説が，労基法あるいは労組法上の「使用者」責任と，労働契約の当事者としての「使用者」責任との関係について，どのように理解しているのかは明確でないなかで，両者の問題は明確に区別すべきとの批判がある[33]。

事実的労働契約関係説[34]や客観的労働契約成立説[35]は，このような批判に応えたものといえる。これらの説は，前述の事実関係説と同様に使用従属の事実を重視しつつ，そこから直接的に労働契約関係の成立を認める立場である。事実的労働契約関係説によると，三者関係における企業間の（請負）契約は，職安法44条違反として無効となる。さらに，下請企業と労働者との労働契約も，労働者供給による不当な中間搾取を図る不法な動機に基づくものとみなされ，強行法規ないし公序違反として無効となる。そして，「契約を成立させようとする両当事者の意思の合致が存在しないけれども，契約が有効に成立し存在している場合と同様の社会類型的関係または容態が客観的事実として存在するならば，契約が有効に成立し存在している場合と同様の法的効果をこれに与える」べきとされる[36]。

要するに，事実的労働契約関係説は，「使用従属関係という実体が存する以上，

---

31) 松岡・前掲注15論文，同「社外工の法律問題」日本鉄鋼連盟編『技術革新下の労働と労働法』172頁以下。同旨の立場として，阿久沢亀夫「臨時工・社外工」日本労働法学会編『労働法講座6巻』（有斐閣，1958年）1616頁以下。
32) 山本吉人「企業における雇用形態」ジュリスト531号（1981年）18頁。
33) 本多・前掲注23論文，大沼・前掲注23論文など。
34) 本多・前掲注23論文，中山和久「労働者・使用者概念と労働契約」岸井貞男ほか著『労働契約の研究：本多淳亮先生還暦記念』（法律文化社，1986年）31頁。
35) 小室豊允「使用者概念論の展開と課題（下）―親会社の労働契約責任」労旬934=935号（1977年）58頁。
36) 本多・前掲注23論文。

当事者の合意いかんにかかわらず，そこに労働契約関係があると認定され，労働法上の保護が与えられなければならない」とする点に特徴がある。同様に，客観的労働契約成立説も，生存権の理念を根拠として，労働契約関係は意思を媒介とせず，派遣先と派遣労働者との使用従属関係から客観的に成立するとする。

しかし，これらの説に対しては，次のような批判がある。批判は，①事実的契約関係の理論を用いること，②当事者意思によらずに労働関係の拘束力を認めることに向けられる。①の批判は，事実的契約関係の理論は，本来，将来にわたる労働関係の存続を基礎づけるものではないとの批判である。すなわち同理論は，労働契約の成立に瑕疵があり，契約を無効ないし取り消すことができるケースで，事実上存在した過去の関係を，有効な労働契約に基づき形成されたものとして法的に処理するものである。これは，過去の労働関係については遡求効を認めない点に特徴があり，将来の契約関係を基礎づけるものではないとの批判である。他方，②の批判は，そもそも，「他人の指揮監督の下で従属労働を提供するという関係は，当事者の意思（＝契約）を媒介とすることなしには生じえないとする近代法の根本原則との関係で，本質的に問題」があるというものである。[37]

4　準労働契約説

このほか，労働関係に固有の特徴である指揮命令を，派遣先が代位行使していると理解する立場がある。指揮命令権代位行使説（準労働契約説）である[38]。この説は，派遣元が派遣労働者との労働契約により取得した指揮命令権を，派遣先が派遣元との契約を通じて代位行使すると評価する。そして同説によると，代位行使の結果，派遣先にも労働契約上の連帯責任が生じると主張される。以下で確認しておこう。

この説は，まず，「派遣先企業が行使している指揮命令権がたんに仕事の発注者としての指揮命令の範囲を越え，下請労働者の提供する労務それ自体に対して，すなわち労働契約上の使用者と同性質の指揮命令であるかぎり，それは派遣元企業がその労働者との間で締結した労働契約を通じて取得した使用者としての指揮

---

37)　高木紘一「社外工・下請労働者の雇用実態と労働法上の地位」季労110号（1978年）49頁，今野順夫「労務供給下請労働者と受入企業との労働契約関係」労旬995号（1980年）44頁。なお，幾代通＝広中俊雄編『新版注釈民法(16)』（有斐閣，1989年）20頁［幾代通］も同旨。

38)　岸井貞男『不当労働行為の法理論』（総合労働研究所，1978年）248頁。

命令権を請負契約を通じて代位行使しているものにほかならない」とする。そのうえで、指揮命令権の行使に伴う「なんらかの労働契約上の責任が発生するとみるべき」との立場から、労働者と派遣先との間で、「法律的に意味あるなんらかの労働関係」(準労働契約関係) が成立していると解するのである。

そして、以上の帰結として、「下請労働者を正規の従業員と異ならない使用従属関係のもとにおいた以上、少なくとも派遣先企業は下請労働者が派遣元企業に対して有する労働契約上の権利について連帯責任を負うべき」とされる。具体的には、賃金はもちろん、「派遣先企業の指揮命令に従って労務を提供するという地位についても、(派遣先企業が) 正当な事由なくそのような地位を奪えば、労働契約上の使用者と連帯して使用者としての責任を負担しなければならない」とされる[39]。

しかし、この説に対しては、発注元会社の連帯責任は、下請企業が労働者に対して負う労働契約上の義務の範囲に限定され、労働者にとって十分な法的救済が図れないとの批判がある[40]。また、「代位行使」の法的な意味が不明確である点や、そもそも、発注元会社が下請企業の指揮命令権を代位行使するとの理解そのものに対する批判もある。すなわち、「下請企業と受入企業とは使用者としての機能を分かちあっているとみる方が、下請労働関係の実態にふさわしく、また下請業者と受入企業との連帯責任を導き出しうる」との批判である[41]。

5 黙示の労働契約説

以上の諸説は、派遣先の意思を重視することなく、むしろ客観的な事実から、派遣先に法的責任を課すことを試みるものであった。しかし、このような考え方に対しては、契約関係を当事者の意思によらずに擬制することは、契約の本質に反するとの批判があった。このような考え方により、当事者意思から派遣先に責任を課す試みが、黙示の労働契約説である。

もっとも、この立場のなかでも、労働契約成立における当事者意思をどのように確定するのかという点で、ニュアンスがある点に注意を要する。すなわち、黙

---

[39] 同上。
[40] 大沼・前掲注23論文(中)10頁。
[41] 後藤清「事業場内下請労働者と事実的契約関係説」窪田隼人編『法と権利4 (民商78巻臨時増刊)―末川博先生追悼論集』(1978年) 433頁。

示的な労働契約の成立についても，派遣先の主観的意思は重視すべきでないとの主張があり，これは前述の使用従属関係を重視する立場，とりわけ事実的労働契約関係説に近いものである。[42]この立場は，労働契約は生存権に立脚した保護の対象であるとして，市民的自由の原理とは区別すべきとの考え方を基礎とする。裁判例をみると，派遣先との間で労働契約関係が肯定されたケースでは，黙示の労働契約を根拠としている点で一致するが，そこでも，当事者意思を具体的にどのように確定するかは様々である。[43]

Ⅲ 直用中心主義

このように，派遣法の成立以前において，学説・裁判例では，典型的には労働者が発注元の事業場内で就労するケースで，当該三者関係をどのように理解するかという点で，様々な立場がみられた。それに加えて，労働者派遣との関係でより重要なのが，直接雇用を雇用の大原則とする考え方（直用原則ないし直用中心主義）である。この直用中心主義は，現在でも，労働者派遣をどのように位置づけるのかという点で，根本的な対立を生じさせる要因となっている。この直用中心主義に詳しく言及するものとして，ここでは，清正教授と脇田教授の見解，そして，派遣法成立後のものではあるが，毛塚教授の見解を確認しておこう。[44]

1 清正寛教授の見解

清正教授によると，直用原則の実定法上の根拠は，職安法44条に求められる。[45]

---

[42] たとえば，事実的労働契約関係説の主唱者であった本多教授は，後に，このような黙示の労働契約論を積極的に評価されている（本多・前掲注23論文22頁）。

[43] このような違いを反映した当時の代表的な裁判例として，サガテレビ事件がある（詳細は第4節Ⅲ3で検討する）。当時の裁判例の傾向を分析するものとして，さしあたり，渡辺章「労働者派遣事業をめぐる労使紛争―法改正の動向と判例の検討」労判352号（1981年）19頁。

[44] 直用中心主義については，以上のほか，西谷敏「派遣法改正の基本的視点」労旬1694号（2009年）6頁以下，萬井隆令「労働者派遣法における期間制限の意義」龍谷法学42巻1号（2009年）5頁，矢部恒夫「労働者派遣法」日本労働法学会誌103号（2004年）117頁，根本到「職安法44条，労基法6条と労働者派遣法の関係」和田肇ほか編『労働者派遣と法』（日本評論社，2013年）56頁も参照。

[45] 以下の叙述は，清正寛「雇用保障法における『直接雇用の法理』―労働者供給事業禁止法理の再検討」林迪広ほか著『社会法の現代的課題―林迪広先生還暦祝賀論文集』（法律文化社，1983年）275頁以下による。

すなわち同教授によると，職安法44条の立法趣旨は，前近代的雇用慣行，とりわけ強制労働や中間搾取等の弊害の排除を目的とするものであったが，その現代的な意義は異なるとされる。その論理は次のようなものである。

　まず，職安法は，1947年の制定当時（同年12月施行）には，供給元に対する規制を課すにとどまっていたが，翌1948年の改正（同年6月施行）で供給先に対しても規制を課すこととなった。これは別の見方をすると，供給先に現実の労働力の利用者としての責任を課したものともいえる。当時の行政実務をみても，供給先の責任が重視されている。

　すなわち，1948年2月の労働省職業安定局長による通達をみると，違法な労働者供給事業と認められるケースにおいて，①労働者は原則として従来の供給先において常用または臨時の直用労働者とすること，②従来の供給先に直用化できないときは，その労働者を公共職業安定所に登録して，積極的に適職の斡旋を行い，就職を確保すること，③従来の労働者供給業者が，供給事業以外の事業を持っていてそれに専従する場合，労働者をその専属労働者にすることなどが，指導方針として示されている。

　清正教授によると，「この通達の基本となっているのは被供給労働者の供給先における直用化すなわち直接雇用の要請である。このことは，前近代的雇用慣行の排除という立法趣旨から制定された職安法44条の労働者供給事業禁止の法理が，その施行後間もなく，労働者供給事業禁止の実効性確保のためには，労働者供給業者側の規制だけでは不十分であり，さらに，供給先での直接雇用をも要請せざるをえないということを示したもの」である。そして，1948年の職安法改正を「法理的にみれば，労働者供給事業の利用者＝企業の労働力利用形態選択の自由という市民法上の自由の制約を意味するものであり，労働者供給事業禁止の法理が，単なる前近代的雇用慣行の排除という枠をこえて，市民法上の自由の制約を予定する労働法原理に立脚したことを示した点で重要」である。

　それでは，このような直用原則は，職安法44条によってのみ基礎づけられるのであろうか。この点，清正教授は次のように主張される。すなわち，「労働者の

46）　同様の指摘として，菊池高志「労働契約考(2)―範囲・当事者」労判347号（1980年）15頁。なお，鎌田耕一「労働者供給事業禁止規定の立法趣旨と意義」労旬1108号（1984年）62頁も参照。
47）　昭和23年2月5日職発第81号。行政による指導方針の変遷については，濱口・前掲注3論文113頁も参照。

雇用保障という観点からみるとき，労働者は使用従属関係にある相手方＝企業・事業主に直接雇用され，そこに雇用関係が形成されることによって，安定的雇用を確保できるのである。この意味で，直接雇用は雇用保障を支える前提条件であり，労働権からの規範的要請であると解すべきである。職安法44条はこの労働権に基づく『直接雇用の法理』を確認し具体化した規定であると理解」される。

2 脇田滋教授の見解

次に，職安法44条を重視しつつも，労基法6条および憲法25条や27条等のほか，「使用者責任の免脱」の防止という実質的な理由を根拠に掲げ直用原則を主張するものとして，脇田教授の見解を，少し長くなるが引用しておこう。[48]

脇田教授によると，「派遣労働関係の蔓延という状況の中で無視されがちな労働法上の基本原則は，『雇用関係』と『使用関係』の分離の禁止，または，雇用主責任と使用者責任の分裂の禁止ということである。すなわち，労働者を直接に指揮命令して労働をさせることによって労働の提供を享受する者が当該労働者と事実上の使用関係に立つだけでなく労働契約上の使用者（『雇用主』）の地位に立つ意思を有するとみなすという原理であり，労働の提供によって最大の利益を享受しながら最小の負担で済まそうとして労働法，社会保障法，税法などに定められた様々な使用者の責任を免脱しようとすることを許さず，労働法的正義の要請からその違反に対しては免脱の効果が存在しない状態，いいかえれば労働者に対する使用者としてのすべての責任を負担させるという原理である」。

そして，「この原理は，憲法25条，27条さらには『公正かつ良好な労働条件を享受する権利』を保障した国際人権規約（A規約）第7条などに理念的根拠を求めることができる。実定法の中では，事実上の使用関係に基づいて『労働者』概念を捉える労働基準法第9条や，事実上の支配関係を重視して『使用者』概念を捉える労働組合法第7条，下請関係を含めて『事業者』という面から安全衛生上の使用者責任を拡大する労働安全衛生法の諸規定がこの雇用主責任と使用者責任の分裂を禁止していると考えられる」。「とりわけ，職安法第44条と労働基準法第6条は，右の雇用関係と使用関係の分離それ自体を違法なものとして禁止してい

---

48) 脇田滋『労働法の規制緩和と公正雇用保障―労働者派遣法運用の総括と課題』（法律文化社，1995年）39頁，同「派遣労働者と受入会社間の労働契約関係―サガテレビ事件」季労130号（1983年）197頁。

るということを重視する必要がある。職安法第44条は，……派遣先企業の労働力利用の自由を制限し，派遣労働者に対して派遣先企業にすべての使用者責任を課したものと積極的に解釈する必要がある」。

「その理由は第1に，職安法第44条は，その関連労働者の多くが最も保護を欠いた部分であるということである。一連の判例で申請人となっている労働者の多くは最も低い労働条件で働く不安定雇用労働者である。したがって，同条の解釈にあたっては最大限の生存権的な配慮と不公正な労働条件を強制して利益享受を図る者に対する強い法的非難が前提にされなければならない」。「第2の理由は，派遣労働関係それ自体が使用者責任の免脱を狙ったものと考えられる余地がきわめて大きいということである。そこには，法人格が別であることや，業務委託契約の存在など実体を隠す仮装的性格があるので，形式的な意思解釈では実体を捉えられない」。

このような主張の背景には，とりわけ，戦後のILO第88号条約（職業安定組織の構成に関する条約），同第96号条約（有料職業紹介所に関する条約）において，公的職業紹介の原則が確認されていること，それにより，「間接雇用の一つの形態であった民営職業紹介に厳しい規制を加える」ことで直接雇用を原則とした，という考え方がある。そして，この直用原則は，日本では，「GHQによっても推進され，労働関係民主化の重要な内容として，主に職業安定行政の確立と民営の有料職業紹介所の規制によって具体化されることとなった」と理解される。こうした立場からすると，1948年の職安法改正は，労働者供給事業の禁止に加えて，労働者供給の受入をも禁止することで，直用主義を厳格化したものとされる。「そこには，労働関係の成立にかかわって不当な搾取的弊害が生ずることと，間接雇用による使用者責任の免脱についての鋭い反省がうかがわれる」。

そして，脇田教授によると，このような直用原則は，使用者責任の免脱を防止し，不安定雇用形態を規制する点で，労働法上のもっとも重要な基本原則に位置づけられる。したがって，立法論としても，雇用と使用とを分離しつつ，派遣元にすべての責任を負わせ，派遣先の使用者としての責任を縮小することは，「労働法の基本原則それ自体を大きく改変するものであって，労働政策を法律によっ

---

49) 以上の点につき，脇田・前掲注48［判批：サガテレビ事件］197頁。
50) 以上の点につき，脇田・前掲注48書39頁。

て進めるという政策立法の限界を越える疑いがきわめて強い」と批判される。

3　毛塚勝利教授の見解

　このほか，職安法44条や労基法6条ではなく，民法623条や同625条から，直接雇用の原則を主張する立場がある。[51]この主張は比較的に最近のものであるが，理論的にみると，派遣法の成立とは関わりがないことから，ここで内容を確認しておこう。

　毛塚教授によると，職安法44条は，「違法な第三者労働力の利用を禁止したものではあっても，第三者労働力の利用一般に関して直接言及するものではない。中間搾取の禁止を定めた労基法6条も，業としての他人の就業に介在して中間搾取をすることを禁止したもので，結果的に直接雇用の促進をねらったものとはいえるが，これだけで，直接雇用の原則を示した規定とまで読むことには難」がある。

　そのうえで，直接雇用の原則は，「民法623条が，『雇用は，当事者の一方が相手方に対して労働に従事することを約し，相手方がこれに対してその報酬を与えることを約することによって，その効力を生ずる』と，二当事者間の双務有償契約を原則としたうえで，民法625条が『使用者は，労働者の承諾を得なければ，その権利を第三者に譲り渡すことができない』と規定しているところにみるべき」とされる。同教授の理解によると，「雇用契約の一身専属性は，使用者は他者の労働力を利用する場合は，それを提供する労働者と直接的に契約を締結する義務を負う，雇用主の直接雇用の原則でもある。民法がこのような直接雇用（二当事者間契約）を雇用契約の原則とするのは，これが，雇用契約の支配的類型である」からであり，「労基法6条および職安法44条が法律で許容される場合を除き三者間労働契約関係を禁止するのは，三者間労務提供関係が，労働者の利益を損ねる蓋然性をもつからである」。

　こうした前提のもとで，毛塚教授は，「直接雇用の原則の例外である三者間労働関係により第三者労働力を利用する者には，その利用の形式や方法が適法・適正であることに留意して利用すること」を求め，派遣先の信義則上の義務として，第三者労働力（他社労働者）の「適正利用義務」を負うと主張される。この適正

---

51)　毛塚勝利「偽装請負・違法派遣と受入企業の雇用責任―松下プラズマディスプレイ（パスコ）事件高裁判決にみる『黙示の労働契約』論の意義と課題」労判966号（2008年）5頁。

利用義務の具体的内容として，労働力の「利用者は，当該利用契約を締結する際には，どのような法的根拠に基づくものであるか，送出元がそのような契約を締結する資格を持つかを確認することであり，当該契約の履行過程においても，当該利用契約において自ら負う法律上契約上の義務を適正に履行することはもちろん，送出元が当該契約を適法・適正に履行しているかを確認すること」があげられる。

そして，その効果としては，①義務違反は利用者の過失を推認させることから，労働者が損害賠償責任を追及する際に証明責任を軽減すること，②当該受入契約が無効となるときに発生する「黙示の労働契約」の成否を判断する際に，当該受入契約が有効なときに認められる法的事実をもって，その成立を妨げる事実として主張・抗弁することを信義則上認めないこと，があげられる。さらに②については，義務違反の効果として直ちに受入先に雇用責任が転嫁されるわけではなく，請負企業（あるいは派遣元）が独自の事業体としての基盤を持ち，労働者を期間の定めなく雇用し，雇用保険等の負担に遺漏がない場合には，受入先との黙示の労働契約の成立を否定する余地があるとされる。

前述の2つの見解と毛塚教授の見解とを比較すると，前者が，職安法や労基法を根拠に直用原則を導こうとしていたのに対して，後者は，市民法の理論を用いており，直用原則から導かれる具体的な法的効果も柔軟である点に特徴がある。

Ⅳ 小　括

以上，派遣法成立以前の状況をまとめると，次のようである。まず，職安法は，制定当時から，二当事者の直接雇用関係を雇用の原則的形態と捉え，第三者が就労に介入することを厳格に禁じてきた。同法のもとでは，派遣的就労についても，労働者供給事業に該当するものとして刑事罰の対象となった。同様に，労働法制を全体としてみても，労基法などの制定法のほか，判例法理としても，解雇権濫用法理や就業規則の合理的変更法理など，二当事者間の，長期安定的な雇用関係を尊重する枠組みが整備されてきた。それとあわせて，企業の人事制度でも，新卒定期採用，年功的処遇，配転によるキャリア形成，定年制度など，長期安定的な雇用関係を志向する制度設計が図られてきた。さらに，多くの労働組合も，正社員の処遇改善に運動の主軸をおいていたといってよい。要するに，立法政策，

判例法理，人事制度のいずれでも，正社員の雇用の存続保護を重視しつつ，内部労働市場における労働力の質的な柔軟性が尊重されてきた。

しかし他方で，企業は，労働力の量的な柔軟性については，解雇規制の及ばない非正社員（有期労働者）を直接雇用するか，業務処理請負を利用することで対応した。この点，日本では，有期労働契約に対しても，雇止め法理による雇用の存続保護により，解雇規制との調整が図られている。しかし，少なくとも，有期労働契約の利用事由の制限等はなく，また，仮に雇止め法理が適用される場合であっても，一般の解雇と比較すると，雇止めの合理性は広く肯定されている。

こうした法制度のなかで，同一企業内では，正社員間で比較的に平等な処遇が実現する反面，同一企業内の正社員と非正社員，あるいは正社員と外部の労働者との処遇格差は，契約自由の帰結として，原則として規制の対象外であった。そして，すでに1960年代には，職安法の考え方とは別に，厳密には違法な労働者供給事業に該当するような派遣的就労形態が登場していたことが確認されている。

学説では，三者間の就労関係をどのように理解すべきか，多様な立場が主張された。そこでは，実際の就労先である「派遣先」に対して，どのような理論構成で法的責任を追及するのかが模索された。とりわけ，労働者と派遣先との労働契約関係を認めるかどうかでは争いがあり，仮に派遣先との直接的な契約関係を認める場合には，主として派遣元や派遣先の当事者意思をどのように位置づけるのかが問題となった。そして，こうした「使用者」概念の拡大につれて，「労働契約論の混乱」と呼ばれる理論状況が生じることとなる。[52] さらに，労働法の原則論としても，職安法44条や労基法6条などを根拠として，間接雇用を原理的に否定し，「直接雇用の原則」を主張する学説もみられるところである。

一方，裁判例をみると，三者関係において派遣先と労働者との契約関係が認められたケースでは，黙示の労働契約説に拠る点で一致する（詳細は第4節Ⅲを参照）。しかし，具体的な意思解釈の次元では，事実的労働契約関係説と同様に，使用従属の事実から直接的に契約関係を認めるケースもみられるなど，裁判例においても，三者関係をどのように理解すべきかは一様でなかった。[53]

---

52) 馬渡淳一郎『三者間労務供給契約の研究―労働者派遣法時代の労働契約論』（総合労働研究所，1992年）19頁，中山・前掲注34論文33頁等。

53) 三者間契約関係の多様性については，吉村臨兵「偽装請負と三者間契約関係―広範囲に潜在する派遣類似の契約関係」季労217号（2007年）86頁も参照。

このように，現実に職安法と抵触する派遣的就労が広がりを見せているなかで，それを，職安法をはじめとする労働法制とどのように整合的に理解するのかという点で，学説・裁判例ともに混迷をきわめており，派遣的就労の位置づけについては，抜本的な解決が必要とされる状況にあったといえる。

第2節　労働者派遣制度の変遷

I　労働者派遣の制度化

以上のような状況のなかで，激しい批判を受けつつも，1985年には労働者派遣法が成立する[54]。同法は，間接雇用を合法的に認めるものであり，従来の，直接雇用を前提に展開されてきた労働法制との理論的な整合性や，派遣労働者の現実の保護のあり方について，様々な検討を要するものとなった。さらに同法は，その後も頻繁に改正を重ね，とりわけ1999年の改正や2015年の改正のように，法規制の根幹に関わるような抜本的な改正もある。

労働者派遣法の現代的役割を明らかにするという本書の問題関心から，以下では，派遣法の成立に至る経緯とその後の改正内容，および近年の労働者派遣をめぐる統計資料を概観する。

1　制定の経緯

前述のように，すでに1960年代には，職安法に抵触し得る「業務処理請負業」の存在が認識されていたが，行政による抜本的な対応はなされていない状況にあった。こうしたなかで，派遣法成立の契機となったのが，行政管理庁（現：総務省）による1978年の「勧告」である。以後，派遣法が制定されるまでに，約7年間の議論が重ねられた。

1978年に，行政管理庁は，労働省（当時）に対して「民営職業紹介事業等の指導監督に関する行政監察結果に基づく勧告」を行った。この勧告は，当時の雇用社会において，経営効率化の一環として，事務処理や情報処理等の特定の業務を

---

[54]　当時の批判状況については，「労働者派遣法に反対する労働法学者の声明」労旬1118号（1985年）36頁，総評弁護団「労働者派遣法案に対する意見書」労旬1119号（1985年）37頁，民主法律協会「労働者派遣法案に反対する意見書」労旬1121号（1985年）9頁の各反対声明を参照。

積極的に外部に委託する傾向がみられること，そうした需要に伴って，業務処理請負業が増加していることを指摘する。そして，これらの事業は，①産業界の多様な需要に応えており，②厳しい雇用情勢下にある中高年齢者等に対して，現に就労機会を与えているなど，無視できない役割を果たしていること，③しかし他方で，事業の運営実態からみて「労働者供給事業」に類似し，職安法に抵触する側面があることを指摘する。そのうえで，同勧告は，労働省に対し，「業務処理請負事業に係る需要の動向，当該事業の運営形態，労働者の労働条件等の実態を十分に把握の上，業務処理請負事業に対する指導・規制の在り方について検討する」ことを勧告したのである。

この勧告を受けて，労働省は，職業安定局長の私的諮問機関として「労働力需給システム研究会」（座長：高梨昌・信州大学教授）を設置し，同研究会は，1980年に「今後の労働力需給システムのあり方についての提言」(以下，「提言」)を職業安定局長に提出した。これは，当時の職業紹介制度をめぐる問題点を分析し，民営職業紹介事業の見直しとならんで，「相手方の需要に応じて，自己の雇用する労働者を派遣し，その相手方に使用させること」を目的とする「労働者派遣事業」の制度化を提言するものであった。

派遣的事業が増加する背景として，「提言」は，労働力の需要面では，①経営の合理化に対する要請，②職業の専門化や人件費の節約など労務管理の合理化の要請をあげ，他方，労働力の供給面では，③パートタイム勤務を希望する者の増加や，専門的な知識や職能を発揮できる雇用機会を求める者の増加をあげている。その一方で「提言」は，三者関係のもつ性格から，④派遣労働者の雇用が不安定

---

55) 勧告のなかでは，次のような指摘がみられる。すなわち，労働者供給事業に対する規制は，本来，強制労働や中間搾取等の弊害を防止するものであったが，その後，産業構造や労働者の社会的地位が変化した当時において，業務処理請負事業に対して一律にこれを適用することは実際的でない，との指摘である。

56) ただし，労働者側の需要に対する評価は一面的に過ぎるとの批判が存在するなど，当時から評価がわかれている。この点については，松林和夫「労働者派遣事業制度化問題の検討―職業安定法との関係を中心にして」日本労働法学会誌59号 (1982年) 39頁，竹下英男「派遣労働者と職安法改正問題」青木宗也先生還暦記念論文集刊行委員会編『労働基準法の課題と展望―青木宗也先生還暦記念論文集』(日本評論社，1984年) 90頁以下。また，現に派遣的就労に従事する労働者が数多く存在するなかで，こうした評価の違いは，派遣的就業を一定の規制のもとで容認して当該労働者の保護を図るべきか，あるいは，職安法44条の趣旨を徹底する立場から，監督行政の強化等によって対処すべきか，という立場の違いも生じさせている（日本労働法学会誌59号 (1982年) 所収の第62回大会シンポジウムにおける各発言を参照）。

になりやすいこと，⑤使用者の責任が不明確となりがちであることなどの問題点も指摘し，「問題点を除去し，派遣労働者の労働条件，雇用環境の向上を図る観点から一定の公的規制を加えた上で労働者派遣事業を労働力需給システムの一つとして制度的に確立していく必要がある」と結論づけている。このように，「提言」は，高度経済成長の過程で起きた労働市場の構造変動により，派遣的就労が実態として広がっていることを重視している。そのうえで「提言」は，こうした実態は職安法の制定当初に想定されたものでなく，もはや職安法で一律に規制することは適切でない，という基本認識のもとで，新たな立法の必要性を指摘したのであった。[57]

このような「提言」を受けて，労働省は，「業務処理請負事業実態調査」を実施するとともに，「労働者派遣事業調査会」を発足させ，労働者派遣事業について，労働力需給システムのなかでの位置づけ，制度のあり方，制度化を図る場合の問題等について，調査・検討に着手する。ここで注目されるのは，提言が，労働者派遣を労働力需給システムの一部として積極的に位置づけている点である。これは，労働力の需給マッチングについて，国家（公共職業安定所）が独占することを放棄し，市場メカニズムの活用が期待されたという点で，戦後の職業安定法制（労働市場政策）における基本的な方向を改めるものであった。[58]

2 1985年法の内容

こうした背景のなかで成立した派遣法は，労働者派遣事業を，一般労働者派遣事業と特定労働者派遣事業の2つのタイプに分類し，許可（一般）または届出（特定）による事業への参入規制を設けるとともに，派遣対象業務についても限定していた。

(1) 労働者派遣の定義

まず，派遣法における労働者派遣とは，「自己の雇用する労働者を，当該雇用

---

[57] 高梨昌「労働者派遣事業と職安法改正問題」季労120号（1981年）61頁。なお，立法時には，労働組合による労働者供給事業（職安法45条）についても廃止し，派遣法で統合することも検討されたが，労組側の強い反対によって見送られている。

[58] たとえば，片岡教授は，派遣事業の制度化について戦後以来の労働法の原則の修正と転換を意味するものと評される（片岡昇「労働者派遣法と『労働者派遣』の概念」法学論叢118巻4＝6号（1986年）13頁以下）。

関係の下に，かつ，他人の指揮命令を受けて，当該他人のために労働に従事させること」と定義される（派遣法2条1号）。派遣法制定に至る経緯からすると，制定にあわせて，職安法の労働者供給の定義も変更された点は重要であろう。すなわち，労働者派遣（派遣法2条1号）に該当するものは，職安法の労働者供給に含まれないことが明確にされている（職安法4条6項）。[59][60]

(2) 労働者派遣事業の区別

このような派遣法の第1の特徴は，労働者派遣事業を，特定労働者派遣事業と一般労働者派遣事業との2つのタイプに区別し，事業への参入規制を設けたことである。この点，特定労働者派遣事業とは，「その事業の派遣労働者……が常時雇用される労働者のみである労働者派遣事業」を指し，それ以外のものが一般労働者派遣事業となる（派遣法旧2条4号，5号）。

まず，後者の一般労働者派遣事業は，いわゆる「登録型派遣」と呼ばれているものであり，企業間で労働者派遣契約が締結されるごとに，派遣元が事前に登録した候補者のなかから派遣労働者を選択し，その都度，当該登録者との間で労働契約を締結するタイプである。登録型派遣においては，労働契約はある特定の労働者派遣契約の存在を前提とし，通常は，労働契約の債務の本旨は，ある特定の派遣先で就労することだと考えられる。これと関連して，登録型派遣においては，派遣期間と労働契約の期間とが一致する。あるいは，労働者派遣契約の中途解約のケースなど，（期間満了までは雇用が保障されるはずの）有期雇用であったとしても，登録型派遣の場合には労働者の雇用は不安定となり得る。登録型の場合，派遣先での仕事がなくなれば，労働契約の目的も達し得なくなるからである。こうして，派遣法は，登録型派遣については，派遣元事業者が労働大臣（現：厚生労

---

59) なお，職安法制との関係では，当時はまだ，有料職業紹介事業が原則的に禁止されており（旧32条），例外的に，「美術，音楽，演芸その他特別の技術を必要とする職業に従事する者の職業をあっ旋することを目的とする職業紹介事業について，労働大臣の許可を得て行う場合は，この限りでない」（同条但書）とされ，具体的には，わずか27業務で有料職業紹介事業が認められるにとどまっていた。有料職業紹介事業をめぐる職安法の改正と，労働者派遣制度の立法化構想との関係については，大宮五郎「職業紹介制度の改正」季労116号（1980年）128頁を参照。

60) 現在の職安法4条6項によると，「この法律において『労働者供給』とは，供給契約に基づいて労働者を他人の指揮命令を受けて労働に従事させることをいい，（労働者派遣法）第2条第1号に規定する労働者派遣に該当するものを含まない」。職安法と派遣法との適用関係をめぐる学説上の争いについては，第3節IIを参照。

働大臣)の許可を取得することを義務づけていた(派遣法旧5条)。

　これに対して,特定労働者派遣事業は,派遣元で常時雇用される労働者(特定の労働者)を必要に応じて派遣するという点で,ある個別の労働者派遣契約を前提とするものではなく,「常用型派遣」とも呼ばれている。この点,同事業において,派遣元と労働者との労働契約に着目すると,契約に期間の定めがないケースのほか,有期労働契約が反覆継続している,あるいはその見込みがあるケースも含まれる。本来,両者は解雇規制の適用の有無という点で質的に大きく異なるものである。しかし,立法者はこれを区別することなく,常用型派遣であれば登録型派遣と比較すれば労働者の雇用が安定すると考えて,事業主が欠格事由に該当しない限りは,労働大臣への届出だけで事業を行うことを認めることとした(派遣法旧16条)。

　このように,一般労働者派遣事業と特定労働者派遣事業とで規制が異なるのは,労働者保護の点で,規制の必要性の程度が異なると考えられたためである。これは,派遣法制定前の,業務処理請負業に対する実態調査を反映したものでもあった。すなわち調査によると,当時,ビル・メンテナンス業や警備保安業のように,常用労働者が派遣され,しかも派遣先から独立した請負に近いものがある一方で,事務サービスや旅行の添乗サービスのように,臨時的・一時的な就労が多く,かつ派遣先による指揮命令が日常的に行われているものが存在することも認識され

---

61) 趣旨説明によると,一般労働者派遣事業については,「雇用の安定という見地」から,労働者供給事業や職業紹介事業と同様に,「適切な雇用の確保のための事業ができるかどうかの審査」が必要とされている(第102回衆議院社会労働委員会議録・第15号(昭和60年4月16日)[政府委員発言])。実際の許可基準としては,財産的基礎に係る要件(資産額や現金・預金の額)のほか,適切な雇用管理能力の有否に係る基準など,きわめて詳細な定めが置かれている(厚生労働省「労働者派遣事業関係業務取扱要領」を参照)。

62) 趣旨説明によると,特定労働者派遣事業については,「既に雇用の安定というものは一応図られて(いる)。しかし,その派遣の仕方が,果たしてこの派遣業法にいう適切な形で行われて(いる)かどうかについてのチェックをするための仕組み」が必要との観点から,届出制とされている(同上)。

63) 労働者派遣事業について,当初はすべて許可制とすることも検討されたが,最終的には規制を区別することとなった。なお,許可制度について,派遣元事業者の過去の犯罪歴等を考慮する点は(6条,7条参照),建設労務下請制度においてすでに施行されていた「建設労働者の雇用の改善等に関する法律」のアナロジーとして構想され,また,ドイツの労働者派遣制度にも影響を受けたものとされる(小室豊允「派遣労働者の諸問題」日本労働法学会誌59号(1982年)17頁。高梨昌『建設産業の労使関係』(東洋経済新報社,1978年)も参照)。

ていた。立法者は，これらに同じ規制を課すことは不適切と考えたのである。当時の諸外国の法制度をみると，いわゆる登録型派遣のみが認められる例（フランス）や，逆に，常用型派遣のみを許容する例（ドイツ）もあった。これに対して日本では，事業の許可と届出という手続上の違いはあるものの，いずれも認められた。

　ただし，前述のように，日本法における登録型と常用型との区別については，派遣労働契約の期間の定めの有無，あるいは契約期間の長短と直結しない点に注意しなければならない。この点，立法の契機となった「提言」では，派遣労働者の労働契約を原則として期間の定めのないものとすることも検討されたが，採用されていない。また，特定労働者派遣事業のなかで有期雇用の反覆継続のケースも含めることについては，反覆継続という事後的な司法判断を，事前の行政判断の基準としている点で相当に問題がある。このような問題を含みつつ，労働者派遣法において，一般労働者派遣事業と特定労働者派遣事業との区別は，労働者派遣「事業」の形態に着目した，監督上の区別にすぎないという点に特徴がある。そして，このような事業の区別は，2015年の法改正で許可制に統一されるまで長らく維持されてきた。

　許可や届出に関わる法律問題として，本書の問題関心からすると，派遣元がこうした手続きを怠った場合に，三者間の法律関係がどうなるのかが重要である。まず，派遣法では，無許可の派遣には1年以下の懲役又は100万円以下の罰金刑が（59条），届出のない派遣の場合には，6ヵ月以下の懲役又は30万円以下の罰金

---

64)　調査結果については，労働法令通信39巻2号（1986年）12頁に所収。
65)　たとえば，定義上も明らかであるように，特定労働者派遣事業は「派遣労働者……が常時雇用される労働者のみである労働者派遣事業」であるので，極端にいえば，1人でも（短期の）有期雇用による派遣労働者が含まれているケースであれば，たとえそれ以外の全労働者が期間の定めなく雇用されている場合であっても，事業区分としては「一般」ということになる。一方，特定労働者派遣事業の「常時雇用される」とは，無期雇用の場合に限られず，有期雇用を反覆継続する場合やその見込みがある場合も含まれ，労働契約の期間の定めの有無とは一致しない。
66)　この点については，濱口桂一郎「労働者派遣システムを再考する(2)―登録型派遣の本質」時の法令1811号（2008年）32頁も参照。
67)　ただし例外的に，2004年の高年齢者雇用安定法の改正により，シルバー人材センターについては，届出のみで一般労働者派遣事業を営むことが認められてきた（高年法42条5項）。なお，シルバー人材センターとは，「定年退職者その他の高年齢退職者」と「臨時的かつ短期的なもの又はその他の軽易な業務」とのマッチングを図ることを目的として，都道府県知事が指定する法人である（高年法41条参照）。

刑が科されていた（旧60条）。しかし，この場合に，私法上，三者間の契約関係がどうなるかについて明文の規定はなく，解釈に委ねられていた。その後の裁判例では，こうしたケースでも三者間の契約関係が直ちに無効とは解されておらず，当事者意思等から別途の判断がされている。あとで検討するように，学説では，違法派遣のケースで派遣先との間で黙示の労働契約を肯定する有力説があるが，裁判例では支持されていない。つまり，許可義務や届出義務違反の事実は，公法的にはともかく，私法上の解釈基準として機能するものではなかった。

(3) 派遣対象業務の区別

　派遣法の第2の特徴は，一定の特別な知識や技術，経験を要する業務のみを，労働者派遣の対象業務としたことである。こうした対象業務による区分も，比較法的にはめずらしい日本法の特徴である。

　1985年の労働者派遣法では，派遣対象業務は次のように規定されていた。第1に，旧4条1項では，派遣が禁止される業務として，港湾運送業務，建設業務が明示され，それに続けて，「その他その業務の実施の適正を確保するためには業として行う労働者派遣……により派遣労働者に従事させることが適当でないと認められる業務として政令で定める業務」があげられていた（原始ネガティブリスト業務）。

　そのうえで，第2に，政令により，派遣が許容される業務が列挙されていた（当初は13業務）。この派遣可能業務は，①その業務を迅速かつ的確に遂行するために専門的な知識，技術又は経験を必要とする業務と（旧4条1項1号），②その業務に従事する労働者について，就業形態，雇用形態等の特殊性により，特別の雇用管理を行う必要があると認められる業務（同2号）とが想定されていた。そして，これらの対象業務外への労働者派遣については，派遣元に対する刑事罰が科されていた（旧59条）。

　こうした規制の基本的な考え方は，労働者派遣は，「労働力の需給の迅速かつ

---

68)　裁判例の傾向については，中山慈夫「偽装請負と黙示の労働契約―松下プラズマディスプレー事件高裁判決を契機として」山口浩一郎ほか編『経営と労働法務の理論と実務―安西愈先生古稀記念論文集』（中央経済社，2009年）。

69)　あとで検討するように，現在では派遣対象業務が原則自由化されているが，ネガティブリスト業務への派遣については，派遣元に対する罰則が残されているほか（4条1項，59条参照），派遣先がこうした労働力を利用することも禁止されている（4条3項）。

的確な結合を図る機能を有する反面，弊害の発生も懸念されるところであり，これらの事情を総合的に勘案して対象業務を決定する必要があ」るというものである[70]。では，ここでいう「弊害」とは，どのようなものであろうか。この点については，大別して，①派遣労働者の法的地位が不安定になるという問題と（派遣労働者の保護という視点），②間接雇用が長期安定的な雇用慣行に悪影響を及ぼすという問題（派遣先で直接雇用される労働者の利益保護という視点）とが考えられるが，派遣法は主に②の点で対象業務を制限したのである。

すなわち，派遣法の趣旨説明をみると，今後とも「長期雇用慣行の尊重」を雇用政策の基本に据えることを再三確認したうえで，「常用労働者の代替が促進されることのないよう，その対象業務について，その業務に従事する労働者の就業形態あるいは雇用形態の特性から，通常の企業活動においてキャリア形成を図りつつ昇進，昇格させるという雇用慣行が一般には認められないような業務について認めていく，あるいはまた専門的な知識，技術などを必要とする業務に限って認めていく」こと，「制度の運用に当たって雇用慣行を考慮するよう配慮」する規定を設けることが示されている[71]。要するに，対象業務を制限した目的は，企業内部の労働市場との競合を防止することで従来の雇用慣行との調和を図るという，立法政策的なものであった[72]。

こうして具体的な対象業務としては，施行令で13業務が列挙され（ポジティブリスト方式）[73]，さらに，施行直後の1986年10月には，政令が改正されて3業務（機械設計，放送機器等操作，放送番組等の演出）が追加され，合計16業務となった。

---

70) 労働省職業安定局編『人材派遣法の実務解説』（労務行政研究所，1985年）51頁。これに対して，諸外国の例に見られるように，業務の性質や労働者の個別事情から臨時的・一時的な必要がある場合にのみ派遣を認めるという立法政策については，「実務上そのチェックが不可能であること等から採用しない」との立場がとられている（労働省『労働者派遣事業問題調査会資料集』243頁）。

71) 衆議院・前掲注61会議録［政府委員発言］。具体的な規定としては，派遣法旧25条において，労働「大臣は，労働者派遣事業に係るこの法律の規定の運用に当たつては，労働者の職業生活の全期間にわたるその能力の有効な発揮及びその雇用の安定に資すると認められる雇用慣行を考慮するとともに，労働者派遣事業による労働力の需給の調整が職業安定法に定める他の労働力の需給の調整に関する制度に基づくものとの調和の下に行われるように配慮」すべきことが規定されていた。

72) 香川孝三「労働者派遣法の評価と見直しの視点」季労150号（1989年）101頁，高梨昌「労働者派遣法の原点へ帰れ」大原社会問題研究所雑誌604号（2009年）2頁。

73) 具体的には，①ソフトウェア開発，②事務用機器操作，③通訳・翻訳・速記，④秘書，⑤ファイリング，⑥調査，⑦財務処理，⑧取引文書作成，⑨デモンストレーション，⑩添乗，⑪建設物清掃，⑫建築設備運転・点検・整備，⑬案内・受付・駐車場管理等の業務である。

(4) 派遣期間の制限

　派遣法の第3の特徴は，派遣期間を制限したことである。これは，対象業種の制限と同様に，派遣が，従来の長期安定的な雇用慣行に悪影響を及ぼすことが懸念されたためである。具体的には，派遣期間は，ソフトウェア開発で1年，それ以外の業務については9ヵ月に限定された[74]。こうした期間制限は，労働大臣の告示に基づく行政指導を中心とするものであった[75]。これに対して，いわゆるビル・メンテナンス業務については[76]，常用雇用形態がすでに定着していたことを理由に，派遣期間は特に制限されなかった。

　このような規制について，当初は，派遣期間の長期化はそもそも問題とされていなかったが，審議過程で，派遣先で直接雇用される労働者との「常用代替防止」の観点から，（更新を認めながらも）派遣期間を制限することが検討された経緯があり，最終的には，対象業務に応じて派遣期間を告示で定めることで落ち着いている。法律で期間制限を定めない理由は，政府委員によると次のようである[77]。すなわち，派遣期間を一律に制限した場合，第1に，当該派遣労働者の雇用の安定が害されるおそれがあること，第2に，期間を制限する場合には，期間満了の直前に派遣を一旦中断し，再度，派遣を受け入れるケースが考えられ，制度の実効確保の上で問題が残るというものである。そしてここでも，「常用代替防止」については，原則として対象業務の限定により対処することが妥当と指摘されていた。

II　労働者派遣法の変遷

1　1990年の制度改正

　次に，1985年の労働者派遣法がどのように改正されてきたのか，その変遷を確認しておこう。

---

74)　ソフトウェア開発は，開発に要する期間として1年が上限とされた。その他の業務が9ヵ月とされたのは，結婚退職によって生じる欠員を補充するのに相当と考えられる期間について，労使の主張を折半したものである。この点については，山本興一「労働者派遣法と労働組合―その成立までのかかわりから現在まで」季労157号（1990年）32頁参照。

75)　「労働者派遣法第26条第2項に基づき労働大臣が定める期間」（昭和61年労告第38号）。

76)　労働者派遣法施行令2条11号ないし13号。

77)　第102回衆議院社会労働委員会会議録・第15号（昭和60年4月16日）。

最初の改正は1990年であり，派遣先が講ずべき措置に関する「指針」の策定など，1985年法の枠組みを前提として，運用上の改善を図るものであった。改正のきっかけは，1985年の派遣法（1986年7月1日施行）において，施行から3年後の見直しが予定されていたことである。

　改正を検討した中央職業安定審議会では，労働者派遣について，産業界で有意義な役割を果たしていると評価しつつ，「現時点において現行制度の法的枠組みを変更すべき状況にはな（く）……，現行法の趣旨がより活かせるよう制度運用の改善を図り，制度の一層の定着を進めることが重要」とされた。こうした考え方から，1990年の制度改正は，政省令の改正にとどまるものであった。

　具体的には，派遣対象業務についての拡大や一部の定義変更，そして行政監督上の手続きの面で，若干の変更がなされた。本書との関係では，派遣期間の定めが変更された点が注目される。すなわち，派遣期間については，業務によって異なる扱いがなされていたところ，1990年の制度改正で，ビル・メンテナンス関係の業務を除き全業務で1年に統一された。これは，当時の労基法で，有期雇用の最長期間が1年とされていたこと，さらには，各種社会保険の適用について1年以上の雇用継続が要件とされていたことにあわせるものであった（なお，プロジェクトなどの有期事業に派遣する場合は，自動更新条項によって最長3年まで許容されることとなった）。

　もっとも，期間制限については，特に法律で明記されるわけでもないし，以前から更新による延長が認められていた。この点，1990年の制度改正に伴い，行政実務上は，一般労働者派遣事業者に対して，「合理的な理由なく同一の派遣労働者（期間の定めなく雇用されている者を除く）について就業の場所及び従事する業務が同一の労働者派遣を継続して3年を超えて行わない」よう指導されることとなった。つまり，更新による延長を認めつつも，「一般」のうち有期雇用の者に

---

78) 1990年の改正内容については，安西愈「労働者派遣法をめぐる当局の課題」季労157号（1990年）18頁，労働省職業安定局民間需給調整事業室「派遣先指針の策定と制度・運用の改正」季労157号（1990年）66頁に詳しい。
79) 労働者派遣法附則旧4項。
80) 派遣対象業務については，博覧会でのコンパニオンや，旅行における送迎サービスの一部について，政令の既存の号を一部改正することで拡大が図られた（平成2年政令第267号）。
81) 平成2年労告第83号。なお，ビル・メンテナンス業務については，従来通り，派遣期間の制限はないものとされた。

ついては，派遣期間を3年以内とすることが要請されたのである。

2　1994年の制度改正

続く1994年の制度改正は，高年齢者に関する特例を定めるものであった。当時，労働省では，人口の急速な高齢化を背景として，高年齢者の雇用対策の拡充が検討されていた。高年齢者は，他の年齢層と比較して雇用情勢が厳しく，また，個々人で健康状態や体力の差が大きいために，多様な就労形態を用意する必要がある。このような考え方から，労働者派遣事業を活用することで，当時の一般的な定年年齢である60歳以降の高年齢者について，雇用機会を拡大することが期待されたのである。

具体的には，高年齢者雇用安定法の改正により，労働者派遣事業について特例が設けられた[82]。すなわち，60歳以上の高年齢者については，港湾運送業務，建設業務，警備業務（原始ネガティブリスト業務），そして，物の製造の業務（以下，製造業）以外の業務について，労働者派遣事業を行うことが認められたのである[83]。これは，当時の派遣法が派遣対象業務を限定していた（ポジティブリスト方式）ことと比べると，高年齢者に限定するとはいえ，禁止業務以外での派遣を一般に認めるという点で画期的なものであった（ネガティブリスト方式）。他方，このような派遣については，派遣先の常用雇用労働者への代替を防止するために，1年

---

82)　正式名称は，「高年齢者等の雇用の安定等に関する法律」。

83)　なお，しばしば誤解のあるところであるが，派遣法が制定当初から製造業（製造業の直接生産工程に従事する業務）への労働者派遣を禁止してきたのは，製造現場における危険が考慮されたのではない点には注意を要する。製造業で派遣が禁止されたのは，まず，従前から下請関係による需給調整が図られており，労働者派遣の対象とすべきでないとの考え方がある（衆議院・前掲注61会議録参照）。すなわち，製造業の一部にみられる「労務下請企業については，雇用管理や経営の近代化が不十分であるため，労働者供給事業との関連が問題とされてきた面が強く，労働者派遣事業の対象分野とするよりも，請負企業として成り立ち得るような体質強化及び雇用管理の近代化を図る」必要があるとの考え方に基づいていた（労働省『労働者派遣事業問題調査会資料集』242頁）。それと同時に，法案が衆議院で可決された際の附帯決議では，「特に，製造業の直接生産工程に従事する業務については，労働者派遣事業の対象とはしないこと」とされるが，その趣旨としては，「我が国の雇用慣行との調和に十分留意し，常用雇用労働者の代替を促すこととならないよう，十分配慮すべき」というものであり，ここでは「常用代替の防止」という目的が前面に出されている。そして形式面でも，製造業への派遣禁止は，派遣法そのものに基づく絶対的な禁止業務（警備業など）とは異なり，適用対象業務の問題として扱われてきたものである（この点に対する批判として，井上英夫「『労働者派遣法』の施行をめぐる動向と問題点」日本労働法学会誌68号（1986年）120頁参照）。

の上限期間が定められた。

3　1996年の制度改正

続く1996年の派遣法改正は，主に対象業務の拡大を図るものであった。改正の背景として，①1990年の改正当時から，概ね5年後の再検討が予定されていたこと，②1994年7月5日の閣議で，規制緩和の一環として派遣対象業務を見直す決定がされたこと[84]，③労働者派遣事業に関して，労働者からの苦情や相談件数が増加していたことなどが指摘される[85]。改正内容は次のようである。

第1に，政令改正により，派遣対象業務として，従来の16業務に書籍等の制作・編集など新たに11の業務が追加された[86]。このうち，添乗の業務は政令の既存の号を修正する形で追加されたため，1996年改正後の派遣対象業務の種類は26業務（以下，政令26業務）となった。

第2に，育児・介護休業取得者の代替要員として必要な場合には，港湾運送業務，建設業務，警備業務以外の業務について，派遣が認められた（派遣法40条の2）。これは，前述の高年齢者に対する特例（1994年改正）と同様に，対象業務についてネガティブリスト方式を採用するものであった。他方，派遣期間については，派遣労働者が派遣先の常用雇用労働者へ代替することを防止するために，1年の上限期間が定められた（派遣法旧40条の3）[87][88]。

4　1999年の制度改正[89]

(1)　改正の経緯

さらに，労働者派遣法は1999年にも改正されている。この改正は，派遣法の規

---

84)　「今後における規制緩和の推進等について」（1994年7月5日閣議決定）。
85)　高梨・前掲注3書200頁。
86)　新たに追加された11業務の内訳は，①研究開発，②事業の実施体制に関する企画立案，③書籍等の制作および編集，④広告デザイン，⑤インテリアコーディネーター，⑥アナウンサー，⑦OAインストラクション，⑧テレマーケティングの営業，⑨セールスエンジニアの営業，⑩放送番組等における大道具・小道具，⑪手配旅行における添乗の業務である。
87)　ただし，製造業（製造業の直接生産工程に従事する業務）への派遣については，高年齢者を派遣する場合の特例では禁止される一方で，1996年の制度改正（育児・介護休業取得者への代替派遣）の禁止対象とはされていない。
88)　常用代替防止目的については，第136回参議院労働委員会会議録・第7号（平成8年4月26日）［政府委員発言］参照。
89)　1999年改正の概要については，労働省職業安定局民間需給調整事業室「改正労働者派遣法と今後

第 2 節　労働者派遣制度の変遷　57

制枠組みを大きく変更したものであるので，以下では，改正経緯も含め詳しくみておこう。

　当時の政府内では，行政改革委員会が設置され（1994年），各種の規制緩和の推進や官民の役割分担のあり方が検討されていた。同委員会は，1995年12月14日の「規制緩和の推進に関する第1次意見」において，労働者派遣事業の派遣対象業務について原則として自由化（ネガティブリスト化）することを提言した。しかし，この提言内容については，1996年の改正で反映することは時間的に困難であったこともあり，同年の改正後も継続して検討されることとなった。

　一方，国際的な動向をみると，労働力の需給システムをめぐる基本的な考え方が大きく変化している。すなわち，国際的には，労働市場の変化を背景として，ILO 第96号条約の意義が疑問視される状況にあった。すでに触れたように，同条約は，民営の有料職業紹介事業から生ずる中間搾取等の弊害を除去することを目的とするものである。同条約のもとで，加盟国は，民営の有料職業紹介所を漸進的に廃止するか（第2部），または権限ある公的機関による監督，事業許可，料金規制等のもとでのみ，存続させることを認められた（第3部。日本は第3部を選択）。

　しかし，同条約の採択から半世紀が過ぎ，労働市場をとりまく状況が大きく変化するなかで，労働力の受給マッチングにおいて，労働者派遣をはじめとする民間のシステムが大きな役割を果たしていると認識されるようになっていた[90]。そして，1997年のILO第85回総会では，労働力の需給調整システムの発展を求める世界的な潮流を受け，第96号条約に代えて，「民営職業仲介事業所に関する条約（第181号条約）」が採択されている（日本は，1999年に批准）[91]。

　ILO第181号条約は，「民営職業仲介事業所（private employment agency）」の活動を認めたうえで，公共の職業安定機関と民営の職業仲介事業所との協力促進

　　の行政課題」季労190＝191号（1999年）43頁，同「改正労働者派遣法の概要」労働法令通信52巻23号（1999年）8頁。
90)　この点については，馬渡淳一郎「ILO96号条約見直しの背景と今後の方向」労旬1389号（1996年）6頁，同「ILO有料職業紹介所（改正）条約（第96号）の再検討」姫路法学16＝17号（1995年）8頁，鎌田耕一「国際機関における職業紹介制度見直しの動向」日本労働研究雑誌437号（1996年）21頁。
91)　同条約の意義・内容，その後に派遣労働市場が拡大した状況については，ILO, Private employment agencies, temporary agency workers and their contribution to the labour market, 2009 も参照。

を求めている。派遣労働との関係では，同条約が，労働者派遣を民営職業仲介事業に含めた点が重要である（1条1項(b)号参照）。そして同条約は，船員の募集および職業紹介を除き「すべての種類の労働者及びすべての部門の経済活動について適用」される（2条）。これは，当時の日本の派遣法が，派遣対象を26業務に制限していたことと対照的であった。要するに，ILO第181号条約は，国家が（原則として）労働力の需給マッチングを独占するという従前の方針を180度転換して，労働者派遣を，労働力の需給調整を担うものとして積極的に位置づけたのである。

このように，国内での規制緩和の提言と，労働力の需給システムをめぐる国際的な議論が大きく変化するなかで，労働者派遣制度を含めた労働市場政策は，大転換が図られることとなる。[92]派遣法の改正に際しては，とりわけ対象業務の拡大や派遣期間をめぐり，労使で激しい対立が生じた。労働者派遣が通常の直接雇用に代替すること（常用代替）が危惧されたからであった。この点，1997年12月24日の民間労働力需給制度小委員会（座長：諏訪康雄・法政大学教授）による報告[93]は，ネガティブリスト方式により派遣対象業務を拡大すること，他方で，派遣期間を制限することにより常用雇用との調整を図る方向性を示すものであった。改正法においても，この報告の内容が反映されている。[94][95]

(2) 改正の内容
① 派遣対象業務の自由化

1999年改正で最も重要なのは，派遣対象業務について原則として自由化された

---

92) ただし，ILO第181号条約を批准することと，対象業務の自由化を図ることとを関連づける点に対しては，当初から批判もあった（中野麻美「派遣労働に関するヨーロッパ調査の概略」労旬1453号（1999年）60頁等）。
93) 「労働者派遣事業の見直しの基本的方向について」（1997年12月24日）。
94) なお，同年には職安法も改正され，有料職業紹介事業が許される業務について，従来のポジティブリスト方式からネガティブリスト方式への転換が図られている。この点については，労働省職業安定局民間需給調整事業室「改正職業安定法の概要」労働法令通信52巻23号（1999年）12頁，同「労働市場法制の在り方と改正職業安定法」季労190＝191号（1999年）12頁を，当時の問題状況については，土田道夫「改正職業安定法の意義と課題」日本労働研究雑誌475号（2000年）36頁，小井土有治「新たな雇用システムの光と影」季労190＝191号（1999年）64頁を参照。
95) 諏訪教授によると，ILO第181号条約を批准する前後では，労働市場に対する法的規制の原則は，20世紀型と21世紀型と区別し得るほどの大転換が図られた。他方で，基本原理の転換が図られても，法における「イナーシャ（慣性の法則）」により，関連する法制度や実務担当者の考え方を一度に変えることは困難であった，とも指摘される（諏訪・前掲注1論文76頁）。

点である(ネガティブリスト方式への転換)[96]。従来でも,高年齢者の派遣や,育児・介護休業取得者の一時的な代替としての派遣に限っては,順次,ネガティブリスト方式が採用されていたが,1999年の改正はこれを原則化したのである。ただし,新たに解禁された業務(以下,自由化業務)については,あとで見るように,従来の政令26業務とは異なる規制が課されることとなった(したがって,対象業務の区別がその後も重要であった点には注意を要する)。

こうした法改正によって,労働者派遣が禁止される業務は,主として,①港湾運送業務,②建設業務のほか,③警備業務など政令で定められる業務(原始ネガティブリスト業務)のみとなった(派遣法4条1項)。また,附則の第4項において,製造業(製造業の直接生産工程に従事する業務)への派遣についても,「当分の間」禁止されることとなった[97]。この点,製造業への派遣が,本則でなく附則で,しかも暫定的に禁止されたのは,製造業務への常用代替による影響を避けるための「政策的な配慮」であった[98]。

もっとも,同年の改正によっても,原始ネガティブリスト業務への派遣では派遣元に対する罰則も残されているほか,次でみるように,自由化業務と従来の政令26業務とでは,派遣期間の点で規制が異なる。さらに,派遣禁止業務については,次のように複雑な規制となっている。すなわち,労働者派遣法は,まず,4条1項で派遣禁止業務を定めている(建設業務,港湾運送業務,警備業務)。同様に,同条1項3号に基づく施行令のなかでも,派遣禁止業務が列挙されている(医師,薬剤師,救急救命士など)[99]。さらに,弁護士や司法書士などのいわゆる士業のように,業務の趣旨から派遣が禁止される場合もあるほか,「人事労務管理関係のうち,派遣先において団体交渉又は労働基準法に規定する協定の締結等のた

---

96) なお,ほぼ同時期の1998年には,労基法が改正され,同法の適用対象事業を列挙する方式(旧8条)から,現在の包括適用方式へと変更されている。しかし,このことは,派遣対象業務の自由化とは直接の関係はないようである。

97) なお,製造業務については,従来通り,育児・介護休業取得者の代替要員としての派遣は認められ,さらに,産前産後休業取得者のケースも追加的に許されることとなった(平成11年労働省令第44号)。

98) この点については,濱口・前掲注17[判批:松下プラズマディスプレイ事件]のほか,小嶌典明「労働市場の規制改革―職業安定法・労働者派遣法改正の評価」八代尚宏編『社会的規制の経済分析』(日本経済新聞社,2000年)も参照。

99) 労働者派遣事業の適正な運営の確保及び派遣労働者の就業条件の整備等に関する法律施行令。禁止業務については,1条ないし2条を参照。

めの労使協議の際に使用者側の直接当事者として行う業務」については，派遣を行わないことが派遣事業の許可条件とされている。[100]

このように，派遣対象業務が原則として自由化されたとはいえ，現在なお労働者派遣が禁止される業務も多く，その法的根拠も一様でない。ただ，少なくとも，労働者派遣法は1999年の改正によって，対象業務に関して，(1)原始ネガティブリスト業務，(2)政令26業務，(3)それ以外の自由化業務とで規制を区別することとなった。

この点，(1)のうち，特に派遣法の制定時から法律で明確に禁止されてきた港湾運送業務や建設業務に着目すると，労働者派遣が禁止された理由は，それぞれ特別の雇用調整制度（港湾労働法や建設雇用改善法など）があることであった。[101]これに対して，(2)や(3)の業務で対象業務を区別した目的は，派遣労働者による常用代替を防止することで，既存の雇用慣行との調和を図ることにある。同様に，製造業への労働者派遣が禁止されたのも，当時すでに，重層的下請関係を典型とする請負事業が定着していたという理由による。言い換えると，こうした派遣対象業務の区別は，業務の危険性等を考慮したものではないし，業務の専門性に着目する場合であっても，派遣労働者の交渉力の程度（対等性）等が考慮されたわけではない。[102]

要するに，労働者派遣法が派遣対象業務を限定したのは，個々の派遣労働者の保護の必要性というよりは，従来の法制度や派遣先の雇用慣行（＝正社員中心の雇用慣行）に配慮するためであり，立法政策上の目的による。そして，対象業務の区別は，次でみる派遣期間に対する規制のあり方とも密接に関係している。

---

100) 対象業務の区別についてそれぞれ問題状況は異なるが，本書の問題関心から，以下では中核的な業務区分についてのみ検討する。

101) 高梨昌「人材派遣業の立法化構想—とりまとめにいたる経緯と争点」ジュリスト831号（1985年）8頁。第102回参議院社会労働委員会会議録・第25号（昭和60年6月6日）も参照。また，警備業務が労働者派遣の対象から除外されたのは，警備業務は請負によって実現できるという理由のほか，監督官庁である警察庁が強く反対したことが背景にある（第102回衆議院社会労働委員会会議録・第15号（昭和60年4月16日）の加藤職安局長発言のほか，乗本正名「警備業の現状と労働者派遣業問題」ジュリスト831号（1985年）40頁。

102) 和田肇「雇用形態の多様化と労働法政策」法時80巻12号（2008年）4頁は，立法者の意図として，対象業務を専門的知識と経験を要する専門職に限定することで，労働者の交渉力を確保することにあったと紹介するが，立法経緯に照らせば疑問と言わざるを得ない。

② 新たな期間制限の登場

1985年の派遣法では、派遣期間に上限はなかったが、行政実務では派遣可能な13業務について業務ごとに上限を定めた指導をしてきた。この取扱いは、1990年には、ビル・メンテナンス業を除き上限期間を1年とすることで統一されるが、それぞれ契約更新によって延長することは、自動更新でない限りは認められていた。

これに対して、1999年の改正では、対象業務の拡大に伴って、派遣が従来の長期安定的な雇用慣行に悪影響を及ぼすことが懸念された。こうして、常用代替を防止するという観点から、新たに拡大された自由化業務については、派遣先は同一業務での派遣労働者の受入を、原則として1年に制限されることとなった（派遣法旧40条の2第1項本文）。

この新たな期間制限は、①更新や派遣労働者の交代による延長を認めないだけでなく、②派遣先の業務が同一である限り、派遣元を変更したケースであっても期間を通算するというものであり、従来の政令26業務における期間制限とは質的に異なるものと評価できる。そして、このような期間制限の考え方は、2015年の法改正まで長らく維持されてきた。[103]

これに対して、従来の政令26業務については、業務の特性から常用代替のおそれが少ないという理由で、基本的には改正前の取扱いが維持された（同1項1号）。この点、従来の取扱いをみると、政令26業務について法律で上限の定めはないものの、行政指導により業務ごとに労働者派遣契約の上限期間が定められ、（自動更新でなければ）更新も認められるものの、一般労働者派遣事業において労働契約に期間の定めがあるケースでは、最長3年とする取扱いがされていた。そして、行政実務では、3年を超えるケースで派遣元での常用雇用化が目指されてきた。[104]

こうした従来の実務と比較すると、1999年改正では、3年を超えるケースで、

---

103) 自由化業務における期間制限が常用代替防止を狙いとする点については、小嶌典明「求められる派遣スタッフのための規制改革」日本労働研究雑誌489号（2001年）14頁。

104) 小嶌典明「派遣期間の制限に関する覚書―いわゆる3年の期間制限とは何か」阪大法学52巻3＝4号（2002年）123頁、同「派遣先による派遣労働者の直接雇用―正すべき誤解」阪大法学59巻1号（2009年）1頁参照。小嶌教授は、このような期間制限は「法令に直接の根拠を持たない行政指導」として批判される。安西愈『新・労働者派遣法の法律実務』（総合労働研究所、2000年）376頁以下も参照。なお、前述のように、厳密には、政令26業務のすべてで3年の期間制限があったわけではない（この点を強調するものとして、小嶌・前掲注98論文も参照）。

派遣先での直用化を指導することとなった点で異なる部分もあるが，基本的な考え方（特定労働者派遣事業，あるいは一般労働者派遣事業であっても労働契約に期間の定めがないケースでは更新を自由に認める点など）は維持されている。こうして，自由化業務と政令26業務とでは，派遣先の雇用慣行に与える影響についての評価の違いにより，大きく異なる規制が展開された[105]。

同様の考え方から，1999年改正では，期間制限について新たな例外も設けられている。すなわち，①事業の開始，転換，拡大，縮小または廃止のための業務で，一定の期間内に完了することが予定されている場合（＝有期プロジェクト業務），②派遣先の常用労働者の産前産後休業，あるいは育児休業取得の際に一時的に代替するための派遣については，期間制限の対象外とされた（同１項２号以下）。

こうした期間制限については，上限期間に違反した場合に，どのような法律問題が生じるのか分析を要する。まず，期間制限の遵守は，派遣元と派遣先の双方に義務づけられている（派遣法35条の２，旧40条の２）。その実効性を確保するために，次のような規制も新たに設けられた。第１に，労働者派遣契約の締結に際し，派遣先は，期間制限に抵触する日を派遣元に対して通知することを義務づけられ，派遣元は，通知がない場合には，派遣契約を締結してはならない（派遣法旧35条の２）。第２に，実際に派遣期間を超えて派遣を行う場合には，派遣元に罰則が科された。第３に，派遣先が期間制限に違反した場合には，労働大臣（当時）が派遣先に対して派遣労働者の雇入れを勧告し，派遣先が勧告に従わない場合には企業名を公表することとなった（派遣法旧49条の２）。同様に，派遣先には，１年以上継続して労働者派遣を利用し，同一業務で労働者を新たに雇い入れる場合に，派遣労働者を優先する努力義務が新設された（派遣法旧40条の３）。このような勧告制度や努力義務は，派遣労働者の保護という観点からすると強力な規制とはいえないが，その背景には，派遣先の「採用の自由」への配慮がある[106]。

---

105) ただし，実務上は，こうした法規制を免れるために，契約では政令26業務（たとえば，ファイリング業務や事務用機器操作）と称しながら，実態としてはこれらに該当しない業務が行われている問題が指摘されてきた。この点に対する厚生労働省の対応については，平成22年２月８日職発0208号『「政令26業務派遣適正化プラン」の実施について』。その影響については，小林徹「労働者派遣専門26業務適正化プランの影響」佐藤博樹＝大木栄一編『人材サービス産業の新しい役割』（有斐閣，2014年）177頁が参考となる。なお，2015年改正時の統計調査では，政令28業務（2012年に２業務追加）で就労する派遣労働者の割合は４割に達していた（厚生労働省「労働者派遣事業の平成26年６月１日現在の状況」（2015年３月公表））。

106) 立法理由をみると，たとえば勧告制度について，派遣先に採用の自由があるなかで，「特定のこ

ところで，そもそもこのような派遣「期間」は，どのように算定されるのだろうか。派遣法旧40条の2によると，「派遣先は，当該派遣先の事業所その他派遣就業の場所ごとの同一の業務……について，派遣元事業主から派遣可能期間を超える期間継続して労働者派遣の役務の提供を受けてはならない」。つまり，派遣期間が問題となるのは，派遣先の業務（派遣先の組織の最小単位）が同一である場合に限られる。この業務の同一性については，派遣先指針で判断基準が定められていた（派遣先指針旧第2の14）。[107]

他方，派遣元に対する規制をみると，「派遣元事業主は，派遣先が当該派遣元事業主から労働者派遣の役務の提供を受けたならば第40条の2第1項の規定に抵触することとなる場合には，当該抵触することとなる最初の日以降継続して労働者派遣を行つてはならない」（派遣法35条の2）。要するに，派遣期間の算定は，あくまで派遣先の業務の同一性に着目するものとなっており，個々の労働者の派遣期間は重視されていなかった。

したがって，たとえば，自由化業務で派遣期間の上限（当時は1年）が問題となるのは，①ある労働者の継続派遣期間が1年を超える場合，②複数の派遣労働者が交代して派遣されるケースで，派遣受入期間の合計が1年を超える場合，③ある派遣元からの労働者派遣が終了したあとで，別の派遣元から（従前と同一のまたは異なる）労働者が派遣され，その合計期間が1年を超える場合などである。これに対して，(a)ある特定の労働者が，A会社に11ヵ月派遣され，その後，B会社に11ヵ月派遣されるケースや（派遣先変更のケース），(b)ある労働者がA会社のc業務に11ヵ月派遣され，引き続き，A会社のd業務に同期間派遣されるようなケースでは（派遣先の業務が変更されたケース），いずれも派遣上限期間は問題とならない。

このように，派遣期間の算定において，派遣先の業務の同一性が重要である一

の人を採用しろ，あるいはみなし雇用だというところについてまで強制をするということが果たして日本の法制度にかなうものかどうか。あるいは，雇用という長い契約関係においてそういう雇用の強制というものがあって雇用関係が円滑にいくものかどうか。そういった点については大いに議論の余地が」あるとしつつ，「雇用の強制ということについて，あるいはみなしということについて，必ずしも現時点で社会的なコンセンサスが得られているともなかなか考えにくい。こういった状況から，雇用の勧告というのはどうもぎりぎりの調整規定」であると説明されている（第145回参議院労働・社会政策委員会会議録・第12号（平成11年6月8日）〔政府委員発言〕）。

107）「派遣先が講ずべき措置に関する指針」（平成11年労告第138号）。

方で，個々の労働者が，派遣労働者としてどれだけ継続的に就労しているのかは，問題とならないケースもある。このことは，いわゆる「クーリング期間」をみると，いっそう明確となる。派遣先指針によると，労働者派遣に中断があるケースでも中断期間が「3月を超えない場合には，当該派遣先は，……継続して労働者派遣の役務の提供を受けているものとみな」される（旧第2の14(3)）。言い換えれば，3ヵ月以上の中断期間があれば期間算定は新たに開始されることとなる。

この点，学説では，単に3ヵ月という期間を機械的に考慮するのでなく，業務内容の実質的な継続性を重視すべきとの指摘もある。ただ，より重要なのは，このようなクーリング期間を考慮する際にも，派遣先の同一業務での受入期間が問題となるにとどまり，個々の派遣労働者の就労期間とは直結しないという点であろう。つまり，自由化業務に対する期間制限は，派遣労働者の雇用の安定化を図るよりも，派遣先での常用代替の防止を主眼とすることで，派遣先で直接雇用される労働者の利益保護を優先するものであった。

③ その他の改正点

以上のほか，1999年の改正では，派遣先による派遣労働者の事前面接など，派遣先が派遣労働者を特定する行為（特定行為）が，努力義務としてではあるが禁止された（派遣法旧26条7項）。これは，特定行為は，派遣元でなく派遣先が労働者を選別することにつながり，労働者派遣事業の趣旨に反するとの考え方による。

また，自由化業務での派遣上限期間（1年）については，法施行後に特例も設けられている。すなわち，中高年齢者臨時特例措置として，再就職が厳しい状況にある45歳以上の中高年齢者については，2002年1月から2005年3月末までの間，派遣期間の制限が3年に延長されていた（雇用対策臨時特例法5条）。

---

108) なお，政令26業務における直接雇用の申込義務については，派遣労働者が同一であることが要件とされていた（派遣法旧40条の5）。

109) 大橋範雄『派遣労働と人間の尊厳―使用者責任と均等待遇原則を中心に』（法律文化社，2007年）30頁，同「派遣法改正にあたっての提言」大原社会問題研究所雑誌605号（2009年）1頁など。なお，比較的最近の行政解釈も，単に3ヵ月の期間をあけて再び派遣労働者の受入を予定するのは「法の趣旨に反する」としており，同旨の立場のようである（平成20年9月26日職発0926001号「いわゆる『2009年問題』への対応について」）。

110) 第145回衆議院本会議会議録・第23号（平成11年4月15日）。

111) 正式名称は，「経済社会の急速な変化に対応して行う中高年齢者の円滑な再就職の促進，雇用の機会の創出等を図るための雇用保険法等の臨時の特例措置に関する法律」である。なお，45歳とい

(3) 1999年改正の特徴

　1999年の法改正では，派遣対象業務について，いわゆるポジティブリスト方式からネガティブリスト方式への大転換が図られている。他方で，常用代替の防止をめぐる問題については，新たに派遣が許されるようになった「自由化業務」で派遣期間を制限することによって，これまでとは異なるアプローチで常用代替の防止を図ることが企図された。

　このような目的からすると，派遣期間を制限したうえで，そこで規制対象となる具体的な期間（当時は1年）を算定する際に，同一労働者の通算での派遣期間ではなく，派遣労働者を交代した場合や派遣元を変更した場合も含めて，派遣先での同一業務での受入期間に着目してきたことは，制度の理念として一貫する。ただ，こうした規制は，派遣労働者の雇用の安定性に対する配慮には欠けており，実際に期間制限に抵触する場合に，派遣労働者をどのように扱うべきかが問題となる。そこで，新たな期間制限のもとでは，当該時点で就労していた派遣労働者を，派遣先での直接雇用へと誘導する努力義務を設けることで，常用代替の防止目的と派遣労働者の保護との調和を図ることが目指されることとなったのである。

5　2003年の制度改正

　1999年改正の労働者派遣法は，施行3年後の見直しを予定していた（附則9条）。さらに，2003年の制度改正の背景としては，内閣府に設置された総合規制改革会議による「規制改革推進3か年計画（改定）」（2002年3月29日に閣議決定）の提言が重要である。この計画においては，医療，教育，環境などを含む広範な規制改革が対象とされており，労働分野に関わる事項として，職業紹介事業や労働者派遣事業の規制緩和なども含まれていた。労働者派遣については，①期間制限の撤廃も含め派遣期間の延長を検討すること，②対象業務について，製造業への派遣を解禁することを含め拡大を検討することなどが必要とされていた。

　こうして改正された派遣法では，対象業務がさらに拡大され，派遣期間の上限が延長または撤廃された。さらに，労働者派遣のうち，新たに，派遣元が派遣労働者を派遣先に対して紹介する「紹介予定派遣」（許可基準の見直しにより実質的

　う年齢を基準とすることには，当時すでに，若年者の失業が増大していたことなどから疑問が呈されていた（菅野和夫『新・雇用社会の法』（有斐閣，2002年）287頁）。

には2000年から容認されていた）も制度化されている。改正の詳細は次のようである[112]。

　第1に，いわゆる政令26業務の期間制限が撤廃された。この点，たしかに同改正によっても，労働者派遣契約には派遣期間の定めを記載する必要がある（26条1項4号）。このことは政令26業務についても同様である。しかし，2003年の改正では，政令26業務については更新を認めることで，期間制限がないことが改めて確認された[113]。これは，従来，政令26業務には法律上の期間制限がないにもかかわらず，一部について，行政指導によって更新を含め最長3年に制限されていた実務を改めるものである。ただし，期間制限は撤廃されたものの，派遣期間が3年以上に及んでおり派遣先が当該業務で労働者を採用するときには，当該派遣労働者に対して優先的に雇用契約を申し込むことが義務づけられた（派遣法旧40条の5）。

　なお，期間制限と関連して，従来，有期プロジェクト業務や，産前産後休業あるいは育児休業を取得する労働者への代替的派遣については，期間制限の対象外とされていた。2003年改正では，これらに加えて，介護休業取得者への代替派遣や，派遣対象業務の日数が派遣先の常用労働者の所定労働日数に比べ相当程度少ない業務（日数限定業務）について，期間制限の対象外とされることとなった[114]。

　第2に，政令26業務以外の自由化業務についても，派遣上限期間が1年から3年に延長された。しかし同時に，1年を超える派遣期間を定めようとするときには，派遣先は，事業場の過半数代表の意見を聴くことを義務づけられた（派遣法旧40条の2第4項）。これは，派遣期間が長期化することにより，派遣先で直接雇用される労働者に影響が及ぶことを考慮したものである。一方で，派遣労働者の直用化を図るための規定も強化されている。すなわち，1999年の改正で導入された努力義務（1年間以上にわたり労働者派遣を利用し，同一業務で労働者を新たに雇

---

112) 2003年改正の概要については，辻勝浩「職業安定法・労働者派遣法の一部改正」ジュリスト1284号（2003年）92頁，安西愈「改正労働者派遣法の問題点と実務上の対応をめぐって」季労204号（2004年）2頁等を参照。

113) 厳密には，政令26業務における期間制限の撤廃は次のようなものである。まず，労働者派遣契約で定める派遣期間の定めについては，政令26業務の多くで最長3年とされた。ただ，法改正によって，その更新は許されることが確認されている（派遣法旧40条の2第2項1号，旧26条2項，平成2年労告第83号，平成15年厚告第447号。詳細については，2015年改正以前の，厚生労働省「労働者派遣事業関係業務取扱要領」を参照）。

114) 日数限定業務とは，その業務が1ヵ月間に行われる日数が，派遣先の通常の労働者の所定労働日数の半分以下かつ10日以下の業務である（平成15年厚労告第446号参照）。

い入れる場合の優先雇用）に加えて，新たに，派遣期間と抵触する場合に，派遣先が派遣労働者に対して雇用契約の申込みをする義務が新設された（派遣法旧40条の4）。

　第3に，従来，政令で認められていた「紹介予定派遣」が，法律で制度化された。紹介予定派遣とは，「労働者派遣のうち，……労働者派遣の役務の提供の開始前又は開始後に，当該労働者派遣に係る派遣労働者及び……派遣先……について，職業安定法その他の法律の規定による許可を受けて，又は届出をして，職業紹介を行い，又は行うことを予定してするもの」である（現在の派遣法2条4号）。これは，派遣労働者の直用化を図ることでいわゆる「Temp to Perm」を目指すものといえ，労働者派遣としての側面と，職業紹介としての側面とがある。このように，紹介予定派遣には他の労働者派遣と異なる性質があるために，指針により，派遣期間は最長6ヵ月に制限された。さらに，紹介予定派遣については，派遣先が派遣労働者と事前に面接することが認められた。これは，通常の労働者派遣事業において，派遣労働者を特定する行為が努力義務として禁止されていることとは対照的である（現在の派遣法26条6項参照）。

　第4に，2003年改正では，派遣対象業務の拡大（ネガティブリストの縮小）も図られている。まず，1999年改正時の附則で「当分の間」禁止されていた，製造業への派遣が解禁された（なお，施行後3年間は派遣期間を1年に制限された）。さらに，医療業務への派遣も，紹介予定派遣に限定して解禁されることとなった。[115] すなわち，産前産後休業または育児・介護休業取得者への代替派遣や，離島などの「へき地」医療への労働者派遣について，例外が認められることとなった。さらに，地方の医師不足への対応策として，労働者派遣制度を利用した医師の活用が積極的に位置づけられることとなる。[116] なお，これに関連して，その後2006年の政令の改正によって，医療業務の一部では紹介予定派遣に限らず派遣が認められることとなる。[117]

---

115) 紹介予定派遣でのみ認められた理由は，業務の性質上，チームワークが重要であり，派遣先が派遣労働者（医療スタッフ）を特定することが不可欠と考えられたためである。詳細は，医療分野における規制改革に関する検討会「医療機関への医療資格者の労働者派遣について」（2003年6月18日）参照。

116) 厚生労働省「緊急臨時的医師派遣システムの実施について」（平成19年7月20日医政発第0720005号）。

117) 平成18年政令第47号。

さらに同時期には，派遣法について，一方で経済団体や政府の規制改革会議などから規制改革（緩和）が求められ，他方で，労働団体や日本労働弁護団などからは，論者によりニュアンスは異なるものの，労働者派遣を臨時的・一時的なものに限定すること，登録型派遣を禁止すること等が求められていた[118]。また，当時は，労働者派遣の市場規模が拡大する一方で，製造業務への派遣におけるいわゆる「2009年問題」[120]への対応も迫られる状況にあった[119]。いずれにしても，2003年の法改正およびその後の政省令等の改正では，主として事業規制としての変更が図られたものの，それが派遣労働者の労働条件についてどのような影響を及ぼすかについては，それまでと同様に十分な配慮がなされたとは言い難いものであった。

6　2012年の制度改正──立法政策の動揺

こうした法制度のもとで，裁判例では，派遣法とは別の一般法理に基づいて，派遣労働者の雇用保障をいかに図るのかという労働契約上の問題をめぐり，派遣元だけでなく派遣先の責任を問うものが多発することとなる。特に，いわゆる登録型派遣の場合には，派遣先と派遣元での労働者派遣契約の解消に伴って，派遣労働者が派遣元から解雇や雇止めされることも珍しくない。

この場合に，理論的には解雇規制等によって派遣元で雇用保障が図られるべき

118）　規制改革・民間開放推進会議「規制改革・民間開放の推進に関する第3次答申」（2006年12月25日），規制改革会議「規制改革推進のための第2次答申―規制の集中改革プログラム」（2007年12月25日），同「中間とりまとめ―年末答申に向けての問題提起」（2008年7月2日），同「規制改革推進のための第3次答申―規制の集中改革プログラム」（2008年12月22日），日本経団連「労働市場改革～リアリティーのある改革に向けて～」（2008年3月21日）。また，より広い視点から労働市場改革の重要性を説くものとして，同「産業構造の将来像―新しい時代を『つくる』戦略」（2010年1月19日）など。

119）　連合「労働者派遣法見直しに関する連合の考え方」（2007年9月13日），日本労働弁護団「労働者派遣法改正を求めるアピール」（2008年3月26日）。なお，こうした規制強化については，一部の経済学者からも主張されていた（高梨昌「雇用政策に問われている課題」ジュリスト1377号（2009年）41頁）。

120）　2009年問題とは，次のようなものである。前述のように，製造業への派遣は2003年の法改正（2004年3月1日施行）による解禁後3年間は，上限期間を1年に制限されていた。つまり，2007年3月からは上限期間が3年に延長されるところ，実際にはその1年前から派遣の受入を開始し，その後2年間，延長する企業がみられた。このような企業では，2009年3月に一斉に派遣上限期間に抵触することになり，その後，派遣労働者をどのように取り扱うかが問題となった。この点については，平成20年9月26日職発0926001号「いわゆる『2009年問題』への対応について」（労働法令通信2159号（2008年）所収）も参照。

ことになるが，現実には，有期労働契約の中途解約のような法的規制の比較的に厳格なケースを別にすれば（労契法17条も参照），多くのケースで解雇や雇止めが適法とされている。こうしたなか，裁判例では，主として黙示の労働契約を根拠として派遣労働者が派遣先に対して地位確認を請求し，あるいは派遣先の不法行為責任を問うものが多発する。また，集団法の領域でも，派遣労働者が加入する労働組合が，当該労働者の「直接雇用」や「雇用喪失問題の解決」を掲げて団体交渉を求めた場合に，派遣先が法的にみてこれに応じる義務があるか否かが争われる状況にあった。

　こうして，2008年7月に，「今後の労働者派遣制度の在り方に関する研究会」による報告書（以下，研究会報告）が発表された[121]。そこでは，労働者派遣制度の基本的な位置づけから，個別的な制度のあり方にいたるまで，包括的かつ具体的な方向性が示されていた。この間，特に，いわゆるリーマン・ショックに起因する「派遣切り」が社会的にも関心を集め，当時の野党各党が派遣法の規制強化を求めるなかで，政府としても法改正を先送りし難い状況にあった[122]。そして，上記の報告書の内容に沿うかたちで「法律案要綱」が作成され，同年11月4日には派遣法改正が閣議決定されていた[123]。ところが，結局これが実現する前に，2009年夏の政権交代を経て，民主党政権のもと，2012年には上記の要綱とは異なるかたちで派遣法の大幅な規制強化が図られることになる。

　1985年の解禁以来，労働者派遣についての立法政策で概ね規制緩和が続けられてきたことと対比すると，同改正は大きな転換を目指すものであった[124]。同年の改

121）　厚生労働省「今後の労働者派遣制度の在り方に関する研究会」報告書（2008年7月28日）。なお，同研究会は，厚生労働省内において学識者を中心に設置されたものである（座長：鎌田耕一・東洋大学教授）。

122）　2009年夏の政権交代以前の与党（自民，公明党）案については，与党新雇用対策に関するプロジェクトチーム「労働者派遣制度の見直しに関する提言」（2008年7月8日）参照。当時の野党各党の改正案については，労旬1676号（2008年）28頁以下に所収。

123）　この点については，与党新雇用対策に関するプロジェクトチーム「労働者派遣制度の見直しに関する提言」（2008年7月8日），厚生労働省「今後の労働者派遣制度の在り方の論点について（たたき台）」（2008年8月28日），「労働者派遣事業の適正な運営の確保及び派遣労働者の就業条件の整備等に関する法律等の一部を改正する法律案要綱（以下，法律案要綱）」も参照。

124）　なお，同年の改正以前にも，いわゆるリーマン・ショックを契機として，2008年には施行規則の改正や新たな指針の策定といった法改正を伴わない範囲で，一定の事業規制の強化が図られていた。たとえば，日雇派遣については，就業条件の明示等のほか，派遣元と派遣先が，労働者派遣契約について「可能な限り長く定める等，日雇派遣労働者の雇用の安定を図るために必要な配慮をす

正内容は多岐にわたるが，主として，①労働契約の期間が30日以内のいわゆる日雇派遣の制限，②グループ企業内での派遣や離職者派遣の制限，③派遣元によるマージン率の公開，④事業許可についての欠格事由の整備，⑤違法派遣のケースにおける派遣先の直接雇用申込みみなし規制の創設，⑥賃金の均衡に関する法規制の導入などであった。[125]

このうち①として，日々または30日以内の期間を定めて雇用する労働者派遣が原則として禁止され，例外として，「適正な雇用管理に支障を及ぼすおそれがないと認められる業務」，および「雇用機会の確保が特に困難な場合」等で政令で定めるもののみ許容されることとなった（現在の派遣法35条の4）。この2種類の例外のうち，前者としては，いわゆる政令26業務のうち17.5業務が，後者については，(a)60歳以上の高年齢者，(b)昼間学生，(c)副業として日雇派遣に従事する者，(d)主たる生計者でない者とされた。そして，たとえば副業として日雇派遣を行うか否かの基準として，生業の収入額または世帯収入額が年間で500万円を超えること等が，政省令によって定められている。

次に，いわゆる常用代替を防止するために，グループ企業内の派遣会社が当該グループ企業に派遣する人員の割合について，派遣就業に係る総労働時間の8割以下にすべきとされた（派遣法23条の2）。この対象となる「関係派遣先」の範囲や派遣割合の算定方法については，省令に委ねられている。[126]また，同様の考え方から，ある職場を退職して1年以内の労働者については，当該法人に派遣労働者として派遣することが禁止される。ただし，定年退職者のように，「雇用の機会の確保が特に困難であり，その雇用の継続等を図る必要があると認められる者」は，例外として厚生労働省令で認められるという仕組みである。

さらに，同年の改正では，一定の違法派遣の場合には，派遣先が派遣労働者に

ること」等が求められていた（厚生労働省「日雇派遣労働者の雇用の安定等を図るために派遣元事業主及び派遣先が講ずべき措置に関する指針」（平成20年厚労告第36号））。また，一般労働者派遣事業を行う派遣元に対する資産要件の厳格化が図られていた（厚生労働省「一般労働者派遣事業の許可基準の見直しについて」（平成21年5月18日。労旬1698号（2009年）所収））。

125 　2012年の派遣法改正の問題点については，拙稿「改正労働者派遣法をめぐる諸問題―施行後の抜本的再検討に向けて」季労237号（2012年）29頁も参照。

126 　具体的に省令では，会計基準をもとに，グループ派遣先への派遣時間数から算定することとされる。なお，この算定に際して，60歳以上の高年齢者による派遣時間は除外されている（詳細は，厚生労働省「労働者派遣事業関係業務取扱要領」参照）。

対して労働契約の申込みをしたものとみなし,派遣労働者を派遣先で直用化することが私法上も義務づけられた(2015年10月施行)。従来でも,派遣労働者と派遣先との間で労働契約の締結について明示または黙示の同意が認められるケース,あるいは,派遣元の法人格を派遣先が濫用しているケースのように,法人格否認の法理が適用されるケースであれば,理論的には直用化が図られる余地はあるが,いずれもきわめて限定的な場合に限られる。[127]これに対して,2012年の改正法では,従前の公法的な申込義務を改め,「みなし規制」という民事上の規制手法を用いて派遣先での採用を義務づけることで,労働契約の締結段階における合意原則を大きく修正するものとなっている。

具体的に,派遣先が労働契約の締結を申し込んだものとして「みなし規制」が適用されるのは,①港湾運送業,建設業,警備業等の派遣禁止業務で派遣労働者を受け入れた場合,②事業の許可または届出手続きを履践した派遣元事業主以外から派遣労働者を受け入れた場合,③派遣期間の制限に違反した場合,④いわゆる偽装請負(派遣法上の諸規制に違反して,請負形式でありながら発注者が指揮命令を行う場合)という違法行為のケースを広く対象に含めることが目指された。

同改正では,1985年以来の法律の名称が変更され,目的としても,「派遣労働者の保護」が明示されることとなった(1条参照)。しかし,とりわけ期間制限違反に対する制裁を強化した点からは,従来の派遣法の根底にある常用代替防止という基本理念を堅持する立場がうかがえる。

他方で,たとえば日雇派遣の制限や,派遣元での無期雇用への転換促進の努力義務(旧30条)など,一部の規制からは,派遣労働者の個々の労働契約に着目した規制を展開する考え方も看取され,いわば,常用代替防止目的と派遣労働者の保護との両面から,法規制の根幹部分で二重構造がみられた。そのうえ同改正については,いわゆる登録型派遣,製造業務派遣,派遣期間等のあり方について,施行1年経過後を目途に労働政策審議会での議論を開始すべき旨,さらには,政令26業務や期間制限のあり方等について「速やかに」見直しの検討を始めるべきとの附帯決議があり,2015年10月の完全施行を待たずに早晩見直しの対象となることは明らかであった。

---

127) 派遣労働者と派遣先との間で黙示の労働契約の成立を否定した代表例として,パナソニックプラズマディスプレイ〔パスコ〕事件(最二小判平成21年12月18日民集63巻10号2754頁)。

7 2015年の制度改正（現行法）

　こうして民主党政権下で2012年4月に施行されたばかりの派遣法は，上の「申込みみなし規制」について2015年10月の施行を待ちつつも，すでに2012年10月には，厚生労働省内において学識経験者からなる研究会が設置され，再検討の対象となる。その内容は，2013年8月に「今後の労働者派遣制度の在り方に関する研究会報告書」として取りまとめられ，その後，労働政策審議会での議論を経て，2014年3月11日付けで，再び，改正法案が第186回通常国会へ提出されることとなった。

　派遣先が違法に労働者派遣を利用した場合に，「みなし規制」によって，制裁として派遣労働者の直接雇用を義務づけるという2012年改正の重要部分が未施行ななかで，法案内容をめぐっては与野党の激しい対立が予想された。また，同国会では数多くの労働関連立法の審議が予定されており，国会情勢によっては審議未了で廃案となる可能性も少なくない状況にあった。さらに，このような状況下で，改正法案については，罰則に関しての量刑の記載ミスなど事務手続上の問題も見つかるなどして批判が強まり，結果的には，通常国会の会期終了によって廃案となっている。

　その後，2014年秋の第187回臨時国会でも同内容の法案が再提出されたが，こちらも衆議院の解散騒動のなかで廃案となった。しかし，その衆議院選挙で自民・公明の連立政権が大勝したことを受けて，安倍内閣は，2015年の第189回通常国会で同法案を再提出し，同法は施行日を2015年9月30日として成立している。改正法の内容は，これまでにない派遣法の骨格部分の変更も含め，きわめて大胆なもので注目に値する。[128]

(1) 事業区分の廃止

　まず，派遣事業について，従来の一般労働者派遣事業と特定労働者派遣事業という区別が廃止され，労働者派遣事業を営むには許可を必要とすることで統一されている（5条1項）。そもそも派遣法が当初から事業を区分し，一般労働者派遣事業（登録型）について許可を要件としつつ，特定労働者派遣事業（常用型）に

[128) 同改正に対する評価については，第6章第2節Ⅱを参照。なお，改正法に対しては，39項目にも及ぶ異例の附帯決議がある。

ついて届出制を採用してきたのは，「常時雇用される労働者」を派遣する同事業であれば，労働者の雇用の安定が図られており，派遣労働者の雇用管理を適正に行い得るか等の要件について事前の審査は不要との考え方による。

しかし，ここでいう「常時雇用」とは，労働者が期間の定めなしに雇用されている（したがって使用者からの一方的な労働契約の解消について解雇規制がそのまま適用される）場合のほか，有期雇用であっても，過去1年以上にわたり雇用を継続されてきた者，さらには，採用時から1年を超えて引き続き雇用されると「見込まれる」者までも対象とされていた。実際には，特定労働者派遣事業において有期雇用で雇用される者も相当数にのぼり，労働者の雇用が安定しているとは到底評価できない状況にあった。[129] そして，本来であれば派遣元で常用的に雇用確保がなされるべきであるにもかかわらず，その派遣元としての資産要件等もなく届出で足りる特定労働者派遣事業者に対する行政指導が多発し，業界団体からでさえも適正な法規制が求められるなかで，すべての労働者派遣事業が許可制とされた。[130]

(2) 対象業務区分の廃止と新たな期間制限

次に，1985年に労働者派遣が制度化されて以来の基本枠組みであった，派遣先の業務による区分も廃止されている。前述の通り，2015年の改正以前には，政令28業務（2012年改正に前後して，従来の政令26業務に2業務が追加されたもの）と自由化業務とで規制が大きく異なっていた。その根底には，いずれも，派遣労働者によって派遣先で直接雇用される労働者の雇用が浸食されることを防止するという，「常用代替防止」の考え方があった。

ただ，現実には，28業務で就労するものが約4割に達する状況にあった。[131] そして，政令28業務に該当するか否かの峻別が容易でなく予見可能性を欠き，違法なケースも多数みられること，また，そもそも業務区分による期間制限は妥当でな

---

129) ある調査によると，調査対象のなかで「特定」であっても無期雇用の労働者は28％にとどまっていた。なお，「特定」と「一般」をあわせると無期雇用の割合は17％となる（厚生労働省「平成24年 派遣労働者実態調査」（2013年9月公表））。

130) ただし，高年齢退職者のみを対象とするシルバー人材センターについては，従来と同じく，厚生労働大臣への届出のみで労働者派遣事業をすることが認められている（高年法42条5項）。

131) 厚生労働省「労働者派遣事業の平成26年6月1日現在の状況」（2015年3月公表）。

い等の批判があるなかで，こうした規制は撤廃されることとなった。

　これと関連して，改正法では，従来の派遣先の業務区分による期間制限を改めて，派遣期間のあり方については，①派遣先単位での期間制限と，②個人単位での期間制限とで規制を区別している。

① 派遣先単位での期間制限

　まず，派遣先単位での期間制限については，派遣先の同一の事業所その他派遣就業の場所ごとの業務において，派遣労働者を継続して受け入れることについて3年を上限とし，例外的に，派遣先が派遣先の過半数労働組合（過半数組合がなければ過半数代表者）から意見を聴取した場合に，最長3年ごとの延長を認めるというものである（40条の2）。

　派遣先が，派遣先の過半数組合等からの意見聴取なしに期間制限に違反した場合には，労働契約の「申込みみなし」制度による直用化の対象とされている（40条の6第1項）。もっとも，みなし規制の対象は，過半数組合等からの意見聴取手続きをしなかった場合にとどまり，同意までは必要でなく，派遣を継続利用するか否かの決定権はあくまでも派遣先（企業）にある。

　このような規制手法は，従前の派遣法40条の2第4項（派遣期間を原則1年としつつ例外的に3年まで認めるための要件）でもみられた[132]。しかし，従来の規制ではあくまで最長3年間に限って派遣利用が認められていたのとは異なり，新たな規制のもとでは，更新による上限が撤廃されている。その一方で，実際に派遣先が期間を延長する場合には，過半数組合等に対する説明義務が新たに課されており（40条の2第5項），手続的には規制が強化された面もある。

　とはいえ，従来，派遣法が政令28業務と自由化業務とを区別し，後者について派遣先の同一業務での受入期間を最長3年に限定してきたことと比較すると，──常用代替の防止を主眼に堅持されてきた──派遣先単位での期間制限については，派遣先の過半数組合等に対する意見聴取等の手続きを履践している限りで，2015年の改正によって実質的には撤廃されたに等しい。

---

[132]　もっとも，実際には派遣先の過半数代表等が積極的に意見を表明することは稀であり，「受入期間を延長してよい（41%）」や「特に意見が出されなかった（47%）」割合が大多数を占める一方で，「受入期間を延長すべきではない（1%）」とする割合はきわめて少数である（厚生労働省「労働者派遣の実態に関するアンケート調査」（2013年4月公表））。

② **個人単位での期間制限**

　これに対して，2015年の改正では，新たに個人単位での期間制限が設けられている。すなわち，派遣先は，派遣先の「事業所その他派遣就業の場所における組織単位ごとの業務」では，同一の派遣労働者を3年以上継続して受け入れることが禁止される（40条の3。35条の3も参照）。これに違反した場合には，派遣先が当該労働者に対して労働契約（直接雇用）の申込みをしたと「みなす」ことで，当該派遣労働者の直用化を図ることが目指されている（40条の6第1項）。同時に，派遣元に対しても，期間満了後に雇用継続を希望する派遣労働者について，雇用安定措置を講ずることが求められている（30条2項）。

　ここでいう派遣先の組織単位とは，「配置された労働者の業務の遂行を指揮命令する職務上の地位にある者が当該労働者の業務の配分に関して直接の権限を有するものとして厚生労働省令で定め」た労働者の配置区分であり（26条1項2号），具体的には，派遣元と派遣先との間における労働者派遣契約で規定される。

　このような「組織単位」という新たな概念は，前述の派遣先単位での期間制限とは異なって，（労働者派遣契約の内容を変更して）派遣労働者が派遣先で配置を変更されるようなケースであれば，期間制限の対象とならないことを意味している。他方で，同一の組織単位内においては，派遣上限期間である3年に満たない場合であったとしても，派遣元や派遣先に対して，「特定有期雇用派遣労働者等」を対象として，――たとえば同一業務で新規採用をする場合に，当該派遣労働者を優先的に扱う等の――雇用安定に関する措置を講じる義務や努力義務が課されている（30条）。

③ **期間制限に対する例外**

　さらに，この2種類の新たな期間制限に関しては，重要な例外がある。すなわち，①派遣元で期間の定めなく雇用される労働者（40条の2第1項1号），②雇用機会の確保が特に困難として厚生労働省令で定めた者（60歳以上の高年齢者等）（同項2号），③現在も期間制限の対象外である，日数限定業務や有期プロジェクト業務，育休代替業務等（同項3号〜5号）であれば，そもそも派遣期間に制限はない。

　このうち①は，個々の派遣労働者の労働契約に応じて規制を区別するものであり，特に注目される。前述のように，改正法では，従来の「一般労働者派遣事業」と「特定労働者派遣事業」との事業区分が廃止されている。同時に，派遣期

間に関して，派遣労働契約の期間の定めの有無――すなわち，労働契約に対する解雇規制の適用の違い――に応じた規制が展開されている点に着目すると，2015年の改正法は，真の意味で，「登録型」と「常用型」とで規制の再整理を図ろうとするものと評価できる。

こうした規制手法は，従来の期間制限が，――派遣先で直接雇用される労働者の利益を重視する意味での――常用代替防止目的から導入されてきた点と，決定的に異なる考え方を背景としている。2015年改正に際しての議論では，常用代替防止の考え方を維持することが強調されているが[134]，その実質的な内容をみると，派遣先の直用労働者の利益を重視する従来型の規制から，派遣労働者個人の労働条件（契約）に着目した規制へと，基本思想の大転換があるといってよい。

(3) その他の改正点

以上のほか，2015年の改正では，派遣労働者のキャリア・アップや派遣労働者と派遣先の直用労働者との均衡処遇を推進することを目的として，派遣元や派遣先に対して種々の説明を義務づけるほか（31条の2），教育訓練の実施や派遣先の福利厚生施設の利用機会の付与等に関して，配慮義務が定められている（40条）。特に派遣元には，派遣労働者が段階的かつ体系的に技能や知識を習得できるように，教育訓練を実施することが義務づけられている（30条の2）。さらに，社会保険に未加入の場合には，派遣元は，派遣先に対してだけでなく（35条1項4号），派遣労働者に対してもその理由を通知しなければならない（31条の2第1項，則27条の2）。

他方で，直近の改正法（民主党政権下での2012年改正）の施行から十分な期間が経過していないことへの配慮からか，2015年の改正法は，2012年改正で新たに導入された諸規制については正面からの検討を加えていない[135]。たとえば，労働契約の期間が30日以内の日雇派遣の禁止については，教育訓練の充実により労働災害

---

133) なお，総務省の労働力調査（2014年平均。表番号Ⅱ-9）によると，①の無期雇用の労働者は20万人程度である。

134) 第189回衆議院厚生労働委員会会議録・第26号（平成27年6月19日）［塩崎国務大臣発言］および，同第19号（平成27年6月2日）［鎌田耕一・政府参考人発言］など。

135) 労働政策審議会の建議でも，2012年改正法の規定については，「施行状況についての情報の蓄積を図りつつ，見直しについて引き続き当審議会において検討を行うことが適当」とされていた（「労働者派遣制度の改正について（報告書）」2014年1月29日）。

を防ぐこと，そして，日雇派遣が例外的に許容される年収要件の見直しなど，法改正を伴わないレベルでの対応を今後検討していくにとどめる中途半端な内容となっている。

III 労働者派遣の実態

　2015年の法改正により，労働者派遣に対する規制の根幹部分が変更されており，その影響については今後慎重に見きわめていく必要がある。事業規制の根幹に変更がある以上，今後は，統計の対象事項についても大きく変化せざるを得ないであろう。

　とはいえ，これまで日本の労働者派遣が，現実にはどのように活用されてきたのかを分析することは，同改正の適否や今後の法制度のあり方を検討する上でも有用であろう。そこで最後に，労働者派遣の利用状況について，厚生労働省がまとめた事業報告[136]と，日本人材派遣協会による調査[137]を中心に，最近の統計調査の結果をみておこう。

1　市場規模・売上

　厚生労働省の統計によると，2013年度における一般労働者派遣事業と特定労働者派遣事業の売上高は，「一般労働者派遣事業」で約3兆6千億円（対前年度比3.4％減），「特定労働者派遣事業」では1兆5千億円（同1.0％減）となっている。

　時系列でみると，1999年の派遣対象業務の自由化と，2003年に製造業務への派遣が解禁されたことを境に市場規模が拡大したものが，その後のリーマン・ショックで縮小している様子がうかがえる[138]。

---

136)　厚生労働省「平成25年度　労働者派遣事業報告書の集計結果」（2015年3月公表）。
137)　日本人材派遣協会「労働者派遣事業統計調査」（2014年）。
138)　ただし，派遣市場が拡大したとしても，たとえば，従来は製造業務での派遣利用が禁止されていたため業務処理請負等が利用されていたものが，法改正にあわせて派遣へと転換した可能性などには留意が必要である。行政当局もこうした（転換）指導を行ってきたし，筆者が参加した調査でも，このことは確認されている（詳細は，社団法人日本労務研究会『業務請負に雇用される労働者の実態とその保護の在り方に関する調査研究報告書』（2007年），佐野嘉秀「なぜ労働者派遣が禁止されている業務があるのか」日本労働研究雑誌585号（2009年）70頁等を参照）。

〔図表2〕　労働者派遣の市場規模の推移

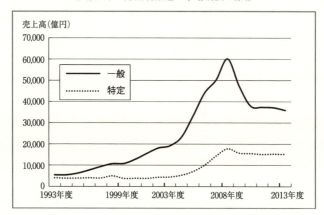

2　労働者

　派遣労働者に着目すると，まず，性別では，男性（46%）と女性（54%）で，過去10年間で男性の割合が急速に高まっている[139]。労働者派遣に対する社会からの批判は，従来の男性正社員，つまり典型的には世帯主であった労働者の非正規化（非典型化）の状況を反映しているのかもしれない[140]。

　次に，派遣労働者数（常用換算）の推移をみると，1999年度には39.4万人であったものが，2013年度には126万人にまで増加している。つまり，市場規模の拡大とあわせて，派遣労働者も急増しているといってよい。「一般」と「特定」とでみると，2013年度には，「一般」事業者のもとで常用雇用される労働者は52万人であり，他方，それ以外の労働者は46万人であった。なお，登録者数は172万人である。一方，「特定」事業者のもとでの労働者数は28万人であった。

　労働者は，なぜ，派遣就労を選ぶのだろうか。厚生労働省の調査では，他の非典型雇用と比較して，派遣労働者には，「正社員として働ける会社がなかった」割合が高いこと，一方，「自分の都合のよい時間に働ける」などポジティブな理由の割合が低い。それと同時に，派遣労働者は，「別の会社で働きたい（27%）」

---

139)　厚生労働省「平成26年　就業形態の多様化に関する総合実態調査」（2015年11月4日）。
140)　この点については，野田進「『働きながらの貧困』と労働法の課題」労旬1687＝1688号（2009年）6頁も参照。

割合や，「他の就業形態に変わりたい（56%）」割合が，非正社員のなかでも高い傾向にある。特に派遣労働者のうち約半数は正社員化を希望しており，その理由として，「正社員の方が雇用が安定しているから（84

〔図表3〕 現在の就業形態を選んだ理由

	自分の都合のよい時間に働けるから	家計の補助・学費等を得たいから	正社員として働ける会社がなかったから
非正社員全体	38%	31%	18%
パート	50%	36%	12%
派遣	18%	15%	38%

厚労省「平成26年 就業形態の多様化に関する総合実態調査」

%）」，次いで，「より多くの収入を得たいから（70%）」，「より経験を深め，視野を広げたいから（24%）」と続く。

一方，派遣先が派遣労働者を受け入れる理由（複数回答）は，「即戦力，能力のある人材を確保するため（35%）」，「正社員を確保できないため（33%）」，「臨時・季節的業務量の変化に対応するため（29%）」と続き，「賃金以外の労務コストの節約のため（17%）」や「賃金の節約のため（14%）」などは必ずしも多くはない。

3 派遣元の事業規模等

派遣元の事業規模や，派遣元1社あたりの派遣労働者数は，次のようである。〔図表4〕は，売上高からみた派遣元事業所の分布である。「一般」と「特定」の双方で，売上高1億円未満の事業所が半数以上を占めている。特に，「特定」では，小規模な派遣元事業所が多いことが指摘できる。

〔図表4〕 派遣元の売上高（事業所数）

	一般	特定
10億円以上	587（4%）	124（0.5%）
5億〜10億円	1,035（8%）	224（0.8%）
1億〜5億円	4,874（36%）	2,948（11%）
5,000万〜1億円	1,913（14%）	3,112（11%）
1,000万〜5,000万円	3,114（23%）	10,794（39%）
1,000万円未満	1,962（15%）	10,293（37%）
合計	13,485件	27,495件

厚労省「平成25年度 労働者派遣事業報告書の集計結果」

次に，派遣元1社あたりの，派遣労働者数をみておこう。調査対象期間（2013年度）に派遣実績のあった派遣元のうち，1事業所あたりの派遣労働者の平均人数は，次のようである。まず，「一般」では，派遣元1事業所あたり，常用雇用される労働者は39人であり，それ以外の労働者が34人である。なお，登録者数に

着目すると，派遣元事業所あたりの平均は96人である。一方，「特定」の場合，派遣元1事業所あたりの労働者数は10人で，「一般」と「特定」では開きがある。

他方，派遣元1事業所あたり，どの程度の数の派遣先と取引関係にあるのかを，確認しておこう。派遣元1事業所あたりの派遣先件数をみると，「一般」では52件であり，「特定」では4件となっている。後者では，同一の派遣先と継続的な取引関係があることが推察される。他方，「一般」と「特定」のいずれでも，年間を通じて派遣実績がない事業所も相当数にのぼる（一般で25%，特定で51%）。

4　業務別の動向

2015年の法改正により，派遣対象業務に関する規制は大きく変更されている。それ以前には，いわゆる政令28業務と自由化業務で区別され，前者については期間制限がないなど，業務によって規制が区別されてきた。こうした規制は現在では原則として撤廃されているが，前述のように，日雇派遣の禁止に対する例外としての17.5業務など，一部で業務の区分が残されている面もある。

従来の政令28業務のなかでは，事務用機器操作が5割弱を占めており（48%），次いで，財務関係（12%），情報処理システム開発（4%）と続く。[141] これに対して，労働者がどのような産業に派遣されているかをみると，製造業（29%），卸売・小売業（14%），情報通信業（11%）が上位を占めているが，ほかにも広い産業分野で派遣就労が浸透している状況がうかがえる。[142]

5　派遣料金

派遣料金とは，労働者派遣（企業間での労働力に関する取引）の対価として，労働者派遣契約に基づいて派遣先が派遣元に支払う料金である。労働時間を8時間に換算した平均でみると，派遣料金は，「一般」で17,017円，「特定」で23,678円である。

このうち，政令28業務について，「一般」と「特定」で区別してみると次のようである。まず，「一般」では，ソフトウェア開発（24,944円），事業の実施体制の企画・立案（23,740円），セールスエンジニアの営業等（23,035円），機械設計

---

141) 厚労省・前掲注136報告，日本人材派遣協会・前掲注137調査。
142) 厚労省・前掲注129調査。

(22,713円)と続く。これに対して、「特定」では、事業の実施体制の企画・立案(32,457円)、セールスエンジニアの営業等(31,526円)、ソフトウェア開発(30,251円)と続く。

　派遣料金については、①「一般」と「特定」で、全業務平均で約1.4倍の違いがあること、②28業務で区別した場合には、料金が高額となる業務について一定の傾向があること、③同一の業務であっても「一般」と「特定」で料金額に開きがあることが指摘できる。

6　賃金・付加給付等

　派遣労働者の賃金（8時間換算）については、次のようである。まず、「一般」についてみると、全労働者の平均は11,688円である。これを政令28業務の業務別にみると、事業の実施体制の企画・立案(16,207円)、セールスエンジニアの営業等(15,695円)、アナウンサー(15,056円)、ソフトウェア開発(14,803円)と続く。他方、「特定」についてみると、全労働者の平均は15,492円である。政令28業務の業務別では、事業の実施体制の企画・立案(21,047円)、セールスエンジニアの営業等(20,681円)、ソフトウェア開発(18,489円)、調査(18,080円)と続く。

　賃金については、①「一般」と「特定」とで一定の格差がある点（約1.3倍）、②業務別にみた場合に、賃金水準が高くなる業務につき一定の傾向がある点で、前述の派遣料金における傾向と概ね符合する。③一方で、派遣料金と比較すると、「一般」と「特定」との格差は相対的に小さくなっており、派遣元のいわゆるマージン率も「特定」で高いことがわかる。

　なお、別の調査によると、派遣労働者の賃金額の平均は時給換算で1,495円(男性)であり、正社員と比較すると、男女間での格差や、年齢による格差はわずかである。[143]この水準は、直接雇用の短時間労働者(男性)の平均時給(1,095円)よりは高い。また、単純比較はできないものの、大卒初任給(月額20万円)を上回るものの、[144]男性正社員の平均月額賃金(33万円)と比較すると大きな格差もみられ、雇用継続による昇給の違いが賃金格差の要因となっていると推察される。と

---

[143]　同上。
[144]　厚生労働省「平成25年　賃金構造基本統計調査」(2014年2月公表)。なお、派遣労働者の最終学歴は、高校(38%)、大学(26%)、短大・高専(15%)、専修学校(14%)と続く。

はいえ、派遣労働者のなかでも、この賃金水準に不満なものが35％いる一方で、「どちらとも言えない（27％）」あるいは「満足している（35％）」労働者の割合も相当数にのぼる。

7　雇用契約の期間等

最後に、派遣労働契約の期間については、〔図表5〕のグラフのようである。[145]

〔図表5-1〕　一　般

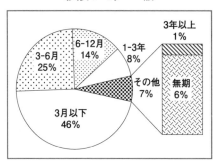

〔図表5-2〕　特　定

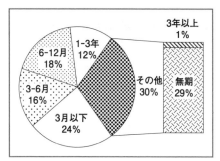

調査によると、「一般」では3ヵ月以下の短期のものが全体の約半数を占めているが、「特定」では労働契約に期間の定めのないものも約3割に及ぶなど傾向に大きな違いがある。他方で、これまで派遣労働者として就業した期間を通算した場合には、両者で顕著な格差はみられず、「5～10年未満（27％）」、「3～5年未満（18％）」、「10年以上（15％）」と、比較的に長期間となっている。ただし、労働者がこれまで派遣された先の件数でみると、1か所であった割合が最も高くなっている（43％）。労働者派遣のなかには、短期的な需要と長期的な需要とで市場が異なる可能性があること、および、後者のなかには、ある特定の労働者が特定の派遣先で継続的に就労している場合もあり得ることが示唆されている。

さらに、注目すべき点として、派遣労働者の派遣先に対する要望をみると、「一般」と「特定」ともに「派遣契約期間を長くしてほしい（38％）」割合が最も高く、派遣元に対する要望としても、継続した仕事の確保（43％）や中途解約時の他の派遣先の確保（26％）が上位を占めるなど、派遣就労の継続に対する希望

---

145)　厚労省・前掲注129調査。

が少なくない。また，派遣労働者の将来の希望をみても，派遣先での正社員化を望むものと，「派遣労働者として働きたい」ものの割合が，いずれも43％で拮抗しており，後者のなかでは，「常用雇用型の派遣」を希望するものの割合が8割を超える状況にある。つまり，派遣労働者のなかには，必ずしも直用化や正社員化を望んでいるものばかりでない状況がみてとれる。[146]

IV 小　括

　以上，日本における労働者派遣をとりまく諸制度の沿革や変遷，そして現在の市場動向を確認した。

　まず，1985年の労働者派遣法は，事業の許可または届出による参入規制を設けるとともに，派遣対象業務を13に限定するなど，細部にわたる事業規制のもとで労働者派遣を認めるものであった。労働者派遣法には，①職安法44条で全面的に禁止されてきた労働者供給事業の一部を解禁しつつ，労働者保護を図る側面と（派遣労働者の保護），②間接雇用が，従来の長期安定的な雇用慣行へ与える弊害を軽減する側面（派遣先の正社員の利益保護）とがある。①の典型的な規定として，派遣法44条以下では，労基法や労働安全衛生法上の責任配分の明確化が図られている。このほか，事業への参入規制も，基本的には①に属すると考えられる。これらの規制の多くは現在でも維持されている。他方，1985年の労働者派遣法で派遣対象業務が限定され，行政実務で派遣期間が制限されていたのは，派遣労働者の保護というよりは，②の派遣先で直接雇用される正社員の利益保護という意味合いが強い。

　もっとも，こうした規制は，対象業務の拡大などで徐々に変化してきている。まず，対象業務や期間制限の点では，派遣法の制定直後から規制緩和が続けられてきた。ただ，注目されるのは，そもそも対象業務の制限について，①一部の例外を除くと，労働者保護の観点から業務の危険性や有害性を問題視する考え方は希薄であること，②対象業務における専門性に着目する場合であっても，派遣労働者個人の能力や交渉力ではなく，派遣先の雇用慣行に与える影響（常用代替）

---

146)　なお，同調査では，「派遣社員ではなくパートなどの正社員以外の就業形態で働きたい」ものの割合は，わずか4％である。

を最小限にすることが重視されている点である。1999年の改正以前において，高年齢者の派遣あるいは育児・介護休業取得者への代替派遣を中心に規制緩和が進められてきたのも，その意味で整合的といえる。

　こうしてみると，1999年の改正により，派遣対象業務が原則として自由となった点は重要であろう。対象業務の自由化は，常用代替を一気に加速させる可能性があるからである。しかし，同改正では，新たな自由化業務について，派遣期間を法律で制限することで常用代替を防止することも目指されている。つまり，1999年の改正以降も，労働者派遣法の根底には，派遣先で直接雇用される正社員の利益を重視する考え方がある。ただし，特に1999年以降の改正では，派遣労働者の保護が強化されてきているのも事実である。具体的には，期間制限に対応するかたちで派遣先に直接雇用の申込義務が課された点などは，派遣労働者を直接雇用へと誘導することで，「派遣先の正社員の利益」と「派遣労働者の利益」との調整を図ろうとするものと評価できる。

　他方，派遣法は，制定以来，派遣労働者の労働条件について，法律で明確に基準を定めてこなかった。派遣上限期間についても，まずは派遣先での（派遣労働者や派遣元の交代も含めた）同一業務での受入の総期間が重要なのであって，個々の労働契約の期間が直接に規制されるわけではない。労働条件については，派遣元や派遣先に対する「指針」があるにとどまる。そして，たとえば派遣期間に対する規制のように，法律で上限を厳格に定めつつ，指針では個々の労働契約の期間が長期となるよう配慮を求めるなど，規制の目的や理念として一貫しているかどうか疑わしいものもあった。派遣期間の制限を維持・徹底することと，派遣労働者の雇用の安定を図ることとは，はたしてどのような関係にあるのか。

　このような理論的課題を残しながらも，近年，労働者派遣事業は急速に拡大してきた。調査によると，派遣労働者の労働条件に関して，事業区分に応じて労働条件の差がみられたほか，特に重要な点として，派遣労働者は必ずしも直用化や正社員化を望むものばかりではなく，今後，常用的な派遣就労を希望するものも少なくない。このことは，今後の立法政策を考える上でも無視できないであろう。

　こうした状況下で，2015年の法改正では，従来の規制体系を抜本的に改めて，派遣法制定以来の常用代替防止目的は大幅に後退し，派遣労働契約の期間の定めに応じて規制を異ならせる手法が採用されている。

第3節　労働者派遣の位置づけ

　すでに指摘したように，労働者派遣の解禁は戦後職安法制の方向を転換するものであり，現在もなお，その位置づけについて激しい争いがある。本節では，その中心である，労働者派遣制度と労働者供給事業（職安法44条）との関係，および中間搾取を禁止する労基法6条との関係について検討する。

I　間接雇用としての労働者派遣

　派遣法2条1号によると，労働者派遣とは，「自己の雇用する労働者を，当該雇用関係の下に，かつ，他人の指揮命令を受けて，当該他人のために労働に従事させることをいい，当該他人に対し当該労働者を当該他人に雇用させることを約してするものを含まない」ものと定義される。[147] すでに検討したように，派遣法の制定以前には，派遣的就労形態を法的にどのように構成するかにつき様々な立場があった。これに対して派遣法は，労働者派遣について，雇用（労働契約）と使用（指揮命令）とが分離する間接雇用であることを明確化した。以下，その内容をみておこう。

　第1に，派遣法によると，「他人の指揮命令を受けて，当該他人のために労働に従事させる」ことも，派遣元との雇用関係に基づき行われ得ることが明確にされている。派遣法の制定前には，職安法のもとで雇用と使用が分離することは厳格に禁止されてきた。そして，学説および一部の裁判例では，労働者と派遣先（発注元）との間に事実として使用従属関係がある場合に，労働契約が存在するものと推定したり，より直接的に労働契約の成立を擬制する解釈論が展開されてきた。これは，たとえば労基法等の強行法規の適用問題において，当事者意思でなく，使用従属関係の事実が決定的に重要となることとも整合的であるし，私法上の契約関係の存否の判断についても，間接雇用が否定されていた当時の状況下

---

147)　労働者派遣における私法的な権利義務関係の基本構造については，山川隆一「労働者派遣関係の法的構造―私法上の権利義務の観点から」野川忍ほか編『変貌する雇用・就労モデルと労働法の課題』（商事法務，2015年）373頁が示唆に富む。

では，解釈論上の工夫として評価すべきかもしれない。

　もっとも，使用従属の事実から直接に労働契約の成立を認める考え方は，当時においても支配的なものではなかった。この点，労働契約も契約である以上，当事者意思と無関係であることはありえない。サガテレビ事件・高裁判決が述べるように，「特定の当事者間に事実上使用従属関係が存在するということは，その間に労働契約が成立していることを推測させる一応の徴表」であるとしても，直ちに契約関係が存在するとまではいえないのである。

　たしかに，学説では，派遣元が自ら労働力を処分しない点で，派遣元と労働者との契約関係を労働契約の範疇に含めない可能性に言及するものがある。すなわち，「労働契約の一方当事者である派遣元事業主での就労を当初から予定せず，第三者の派遣先事業主のために，またその指揮監督を受けての労務提供を前提とする契約がはたして労働契約として成立し得るか，派遣先事業主が派遣労働者との労働契約に基づくことなく，これを指揮監督して労務に服させることが近代法の原則との関係で許されるかという理論上の疑問」が呈されている。しかし，雇用と使用とが分離しているとしても，労働者と派遣元とが合意した場合に，契約が成立することを否定する説得的な理由はない。問題は，それを「労働契約」と評価するかどうかであるが，少なくとも派遣法はそれを肯定したのである。

　こうして派遣法では，雇用と使用の分離が合法化され，しかも，そうした就労も労働契約に基づくことが前提とされている。派遣法のもとでは，派遣労働者は，派遣元との間に労働契約関係はあるものの，派遣先との間では指揮命令関係があるにとどまる。つまり，理論的には，労働者派遣は，派遣先との間で直接的な労働契約関係を創設するものでない点で，職業紹介とは区別される。

---

148)　福岡高判昭和58年6月7日労判410号29頁。
149)　高木紘一「労働契約の法的性質」西村健一郎ほか著『労働法講義3　労働者保護法（新版）』（有斐閣，1990年）63頁，脇田・前掲注48書287頁，小室・前掲63論文20頁。
150)　下井隆史「派遣労働の法律関係」ジュリスト894号（1987年）34頁も参照。
151)　裁判例のなかには，派遣先のインセンティブ制度に基づき報酬支払がされていたケースで，これを派遣元からの賃金と評価せずに，派遣先が派遣元を通じて支払ったものにすぎないとし，制度廃止に伴う労働者の差額請求を棄却したものがある（ジェイエスキューブほか事件・東京地判平成21年3月10日労経速2042号20頁）。しかし，こうした考え方は，労働者派遣制度の本来の趣旨からすると相当に疑問がある。
152)　ただし，特に登録型の派遣で，しかも派遣期間が長期間となる場合には，派遣元との指揮命令関係が希薄となるために，職業紹介と労働者派遣との区別が困難となり得る。この点については，片岡・前掲注58論文。

第2に，派遣先に「雇用させることを約してするもの」については，労働者派遣に含まれない。これは，いわゆる在籍出向において，労働者が出向元および出向先との二重の（あるいは部分的な）労働契約関係にあるという理解を前提として，在籍出向と労働者派遣とを区別するための規定である。この点，在籍出向については，法律上の明確な定義があるわけではないし，「労働者派遣」という新たな制度を創設する際には，派遣先との（二重の，あるいは部分的な）契約関係を認めるような立法化も可能であったはずである。実際，派遣元および派遣先との「二重の労働契約関係」を認めるべきとの考え方は，法律の制定以前にも主張されていたし，法施行後の解釈論や立法論でもこうした主張がある。派遣法が，労働者と派遣先との労働契約関係を明確に否定したのは，どのような理由によるのか。

　この点，派遣法の立法作業に深く携わった高梨教授によると，次のように説明されている。すなわち，派遣先との契約関係を認めると，①派遣元との労働契約が形骸化する可能性が高いこと，②派遣元と派遣先の双方が雇用主となり，雇用主の責任が不明確になること，③派遣先との契約関係の創設は，職業紹介によって可能であるし，その方が労働者保護に資するということから，派遣先との契約関係は明確に否定されたのである。

　こうして，労働者派遣は，間接雇用である点で職業紹介と区別され，労働者と派遣元との間でのみ労働契約関係を認める点で出向とも区別される。

---

153)　菅野和夫『労働法（第10版）』（弘文堂，2012年）257頁，荒木尚志『労働法（第2版）』（有斐閣，2013年）489頁，下井隆史『労働基準法（第4版）』（有斐閣，2007年）142頁，土田道夫『労働契約法』（有斐閣，2008年）696頁等。

154)　労契法の制定過程でも，「出向」の多様性を考慮して，その定義や要件についての立法化が見送られている。この点については，厚生労働省「今後の労働契約法制の在り方に関する研究会」報告書（2005年9月17日）も参照。なお，出向と労働者供給との関係をめぐる議論については，さしあたり，萬井隆令「『出向』と『労働者供給』の概念上の混迷の淵源について」労旬1685号（2008年）6頁を参照。

155)　派遣法制定以前のものとして，松林和夫「労働者派遣事業制度化問題の検討―職業安定法との関係を中心にして」日本労働法学会誌59号（1982年）44頁，外尾健一「労働者派遣事業法制化の問題点」ジュリスト831号（1985年）23頁。派遣法を前提とした解釈・立法論として，小室・前掲注63論文20頁，中島正雄「派遣労働者と労働者保護法制」日本労働法学会誌68号（1986年）97頁参照。

156)　高梨・前掲注3書275頁。

II 派遣法の成立と「労働者供給事業」概念の縮小

次に，労働者派遣法の成立により，職安法の「労働者供給事業」の概念がどのように変化したのかを確認しておこう。第1節で検討したように，日本では，戦後，GHQの強力な指導のもとで，労働者供給事業が厳しく規制されてきた。すなわち，労働者供給事業は，労働組合が労働大臣の許可を得て無料で行う場合のほかは，全面的に禁止されてきたのであり，現在でいう労働者派遣も規制対象に含まれていた（職安法44条，45条）。そして，職安法44条の規制内容をみると，供給元と供給先の双方に刑事罰を科す厳格なものとなっている（同64条）。

1 派遣法単独適用説

しかし，派遣法の制定にあわせて職安法が改正され，「労働者派遣」は労働者供給事業に該当しないことが明確化されたことで，「労働者供給事業」が問題となる余地は大幅に縮小されている（職安法4条6項）。

派遣法上の労働者派遣とは，「自己の雇用する労働者を，当該雇用関係の下に，かつ，他人の指揮命令を受けて，当該他人のために労働に従事させること」である。つまり，現在では，供給元と労働者との間に労働契約関係が認められるケースであれば，労働者派遣の定義を充たすために，もはや労働者供給事業には該当せず職安法の適用もない。こうして，派遣法の「労働者派遣」と職安法の「労働者供給」とを区別して考える立場が主張されている（以下，派遣法単独適用説とする）。[157] 派遣法単独適用説によると，ある就業形態が派遣法の諸規制に違反するようなケースで，同法に基づいた民事・刑事上の責任問題は生ずるとしても，職安法違反が問題となることはない。この点，職安法と派遣法とで具体的な規制内容を比較すると，責任主体の点で，次のような大きな違いがある。

まず，派遣法では，派遣元に対する種々の罰則は規定されているものの，派遣先に対する罰則は，管理台帳を作成しない場合や，厚生労働大臣に対する虚偽報告の場合など，概ね行政上の重大な手続き違反のケースに限定されている。派遣法

---

[157] 菅野・前掲注153書262頁，荒木・前掲注153書489頁，水町勇一郎『労働法（第5版）』（有斐閣，2014年）342頁，安西愈『労働者派遣法の法律実務』（総合労働研究所，1986年）141頁など。

では，派遣先に対して法律の履行を強制する手段としては行政指導が中心となる。

これに対して職安法の労働者供給事業に該当すれば，供給元だけでなく供給先も刑事責任を負う（職安法64条9号）。派遣法の施行により職安法44条が適用されないケースが増えると，「派遣元には零細企業が多く，逆に派遣先には大企業が多いという実情に照らせば，……違法派遣を刑罰をもって禁圧することの実効性に格段の差を生じさせる」[158]可能性があることは否定できない。[159]

2　職安法重畳適用説

こうして学説では，派遣法でいう「労働者派遣」とは，派遣法の諸規制を遵守した適法なものに限定すべきであって，それ以外のケースでは，派遣法と同時に職安法の規制にも違反するとの立場がある（以下，職安法重畳適用説とする）。[160]同説は，第1に，法体系として，派遣法が職安法の特別法に位置づけられること，そして第2に，職安法の理念は，派遣法の施行後にも普遍で社会的妥当性を有することを根拠とする。たとえば萬井教授は，[161]「労働者派遣」に該当する限り職安法違反は生じないとする考え方（派遣法単独適用説）に対して，形式主義の概念

---

158) 萬井隆令「労働者派遣と労働者保護法制―労働者派遣・労働者供給・出向の概念をめぐって」『法と民主主義の現代的課題―龍谷大学法学部創立20周年記念論文集』（有斐閣，1989年）464頁。

159) さらに，たとえば浜村教授の指摘によると，派遣事業に対する指導監督について，従来は公共職業安定所が行ってきたところ，①職安職員は労働基準監督官と異なり司法警察官としての職務権限がないこと，②職業紹介業務を同時に担うことから，企業はいわば顧客に該当する構造にあり，実効性ある指導監督を行うことが組織構造上難しいという問題もあった（浜村彰「改正労働者派遣法の検討」労旬1554号（2003年）22頁）。なお，この指導監督業務について，製造業への派遣解禁に伴う2004年度からは，労基法に関する指導監督との連携強化などを目的に都道府県労働局に移管されている。

160) 代表的なものとして，萬井・前掲注158論文，同「偽装請負における業者従業員と発注元との労働契約関係の成否について」労旬1694号（2009年）17頁，同「労務提供に関わる三者間関係の概念について―労働者供給・派遣・出向の概念と相互の関連」日本労働法学会誌114号（2009年）70頁，萬井隆令＝山崎友香「『労働者供給』の概念―労働者派遣法制定を契機とする労働省による解釈の変更とその問題点」労旬1557号（2003年）6頁のほか，浜村彰「違法な労働者供給・労働者派遣と労働契約関係―高砂香料工業事件鑑定意見書」法学志林98巻1号（2001年）143頁，「座談会　第二次朝日放送事件」労旬1659号（2007年）19頁［脇田滋発言］，豊川義明＝森信雄「『派遣』労働者の派遣先企業に対する法的地位―第2次朝日放送事件を素材に」季労214号（2006年）181頁など。なお，派遣元との実体的な労働契約関係の有無により立場を分ける折衷的な立場もあるが，これは派遣元（または請負業者）との労働契約の性質決定の問題であり，基本的には派遣法単独適用説に収斂されるものと解される。

161) 萬井・前掲注158論文のほか，同『労働契約締結の法理』（有斐閣，1997年）332頁も参照。

法学的な解釈であると批判される。

　このような批判は，職安法44条の立法趣旨をどのように理解するのかという点とも関係している。萬井教授によれば，職安法44条の立法趣旨は，単に労働ボスの支配する前近代的雇用慣行を否定することに尽きず，「労働者が，その自発的意思によるのではなく，労働者供給事業者の命令ないしその指示に従って，受動的に就労先が定められることとなる結果，当該労働者自身の意に反してでも労働者供給事業者の定めた労務に就かざるを得なくなるという事態を事前に防止すること」にあり，これは別の見方をすれば，「供給先が自ら指揮命令して労働者を労働させながら，使用者としての法的責任を免れようとするのを禁止することである」。[162]

　これに対して，馬渡教授は，派遣法単独適用説の立場から，職安法44条の立法趣旨に，供給先の使用者責任の潜脱防止目的まで含めることを批判される。同教授によると，このような理解は，職安法の制定時の規制が，「もともと供給行為のみを対象としていたという歴史的経緯からみると，立法趣旨の換骨奪胎」である。[163] こうした主張の背景には，「一般の商品については，生産者と消費者が市場で直接取引するのは，きわめて稀で素朴な場合にかぎられ，現代では卸小売商などの複雑な市場組織を通じて取引されるのが普通である。労働力についてのみ素朴な直接取引を強制すること，しかもその市場を国営単一市場に限ることは，当初においては歴史的事情から正当性を認められたとしても，今日では甚だしく経済社会の実態から遊離した政策である」との考え方がある。[164] この批判に対し，萬井教授は，供給先に対する規制の創設（1948年の職安法改正）は，「むしろ法律の発展とみるべき」と再反論されている。[165]

　こうした理解を前提として，萬井教授は，派遣法が労働者派遣を合法化した点についても，あくまで例外的に認めたものにすぎず，「職安法44条は労働権の実現を展望する雇用保障法制の一環として，『適正かつ安定的な雇用の確保のため

　162）　萬井・前掲注158論文465頁。職安法44条の立法趣旨をこのように解する立場として，ほかにも，松林・前掲注155論文29頁，清正・前掲注45論文276頁，鎌田・前掲注46論文73頁などがある。
　163）　馬渡淳一郎「労働者派遣事業と労働契約」山口経済学雑誌34巻6号（1985年）14頁，同・前掲注52書55頁も参照。
　164）　馬渡淳一郎「労働者派遣法と三者間労務供給契約―その労働法理論のフロンティア」季労157号（1990年）6頁。
　165）　萬井・前掲注158論文465頁。

の重要な制度』であり，労使関係は労働者の実質的に自由な意思を媒介にして成立し存続することができるべきものだ，という理念そのものは，労働者派遣法の成立によっても変わることなく維持されている」とされる。さらに，萬井教授は，このような解釈が実質的にも妥当であるとされる。すなわち同教授によると，「法律上，もともと労働者派遣の対象となり得ない業務についても，ただ派遣の形式をとりさえすれば派遣法違反だけが問われ，職安法44条違反は成立しない，といった結論が社会的に相当だとも考えられない」とされる。[166]

　このような立場は，要するに，間接雇用である労働者派遣は，職安法制の例外として，派遣法の諸規制に適合してはじめて許容されるとする考え方である。法律のサンクションに着目するならば，この立場によると，派遣法違反のケースでは，派遣法上の諸規制のほか職安法の規制も及ぶということになる。やや敷衍すると，職安法重畳適用説の立場は，「直接雇用を雇用の原則的形態とする直用中心主義は（第１節参照），派遣法の制定以後も維持されるべき」と考える立場だといってもよい。

3　裁判例
(1)　裁判例の特徴

　第１節で検討したように，労働者派遣法が成立する前には，実態として蔓延している三者間での労務提供関係を法的にどのように理解するのかは一様でなかった。また，派遣法の制定後にも，派遣法と職安法との関係をめぐっては激しい争いがある。

　派遣法制定後の裁判例をみると，労働者と派遣元との間で労働契約が締結されているケースでは，職安法違反が問題となったものは例外的である。あるいは，職安法には労働者を名宛人とした効力規定がない以上，民事裁判を通して権利を実現する際に，労働者としては，派遣法の適用を前提とした主張をせざるを得ないのかもしれない。

　たしかに学説では，従来，職安法44条違反の事実を黙示の労働契約の成否と関連づける解釈論が展開されてきた。たとえば，職安法違反あるいは公序（民法90条）違反を理由に三者間の契約関係を無効としたり，信義則（民法１条２項）によ

---

166)　萬井・前掲注161書332頁。

り派遣先（発注元）の抗弁を制限する考え方である。しかしながら，実際の裁判例をみる限り，労働者と派遣先との契約関係が認められたケースでは，少なくとも黙示の同意を根拠とすることで一致している。具体的な判断のなかで，職安法違反の事実がどのように関係するのかははっきりしない。つまり，裁判上の問題に限れば，労働者が，当該三者関係を「労働者派遣」でなく「労働者供給」であると主張する積極的な意味は弱いといえる。そのためもあってか，裁判例では，そもそも労働者が職安法違反の主張すらしないケースも少なくない。

(2) パナソニックプラズマディスプレイ〔パスコ〕事件
① 事件の概要

しかし，最近のパナソニックプラズマディスプレイ〔パスコ〕事件では，原告労働者と請負企業との間で明確に労働契約関係が存在したケースで，一審判決では[167]，派遣法を適用したうえでその解釈等が問題となったのに対して，控訴審判決では[168]，職安法44条との抵触が問題とされ，結論としても，原告労働者と派遣先（発注元）企業との間で労働契約関係の成立を認めるという正反対の判断がなされた。

この控訴審判決に対して派遣先が上告をした。その後，経済情勢が急速に悪化し，いわゆるリーマン・ショックに伴う「派遣切り」が社会問題となるなかで同事件は関心を集め，また，法的にみても，職安法と派遣法との適用関係をめぐる初めての最高裁判決として注目された。2009年末の判決で，最高裁は高裁判決の立場を明確に否定し，判例上は，派遣法と職安法との関係をめぐる問題に決着がついたといってよい[169]。一審，控訴審の判断を含めて以下で詳しく検討しておこう[170]。

本件で，原告Xは，2004年1月に訴外A社と労働契約を締結し，A社と被告Y

---

167) 大阪地判平成19年4月26日労判941号5頁。
168) 大阪高判平成20年4月25日労判960号5頁。
169) 最二小判平成21年12月18日民集63巻10号2754頁。さらに，その後の下級審では，労働者と実際の就労先（発注元や派遣先）との黙示の労働契約の成否や，その前提となる三者間での契約関係の有効性を判断するうえで，職安法44条や労基法6条違反の事実を重視しないものも登場してきている（日本電信電話ほか事件・京都地判平成22年3月23日労経速2072号3頁，DNPファインオプトロニクス事件・さいたま地判平成27年3月25日LEX/DB：25540330など）。
170) 同事件については，拙稿「派遣期間の制限・申込義務と派遣労働者の保護―松下プラズマディスプレイ（パスコ）事件が示唆するもの」季労220号（2008年）176頁も参照。

社との業務請負契約に基づいて，Y社工場内で製造業の現場作業に従事していた。製造ラインにおいては，Y社の親会社であるM社からの出向労働者が，Xを含むA社従業員に指揮命令をしていた（いわゆる「偽装請負」）。この点，A社が労働者派遣事業の許可取得または届出をしていたかどうかは明らかでなく，さらに当時においては，そもそも製造業務への労働者派遣には特別な規制があった。すなわち，Xが従事した製造業務は，2004年3月までは派遣禁止業務であり，同月以後，上限期間を1年として解禁されたという事情がある（その後，2007年3月からは，他の自由化業務と同様に最長3年となっている）。

Xは，2005年4月頃から，直接あるいは労働組合を通してY社に対し直接雇用を申し入れ，さらに，前述した「偽装請負」の実態を所轄の労働局に申告した。これを受けて，同年7月4日に所轄労働局が是正指導したところ，A社は業務請負から撤退した。そして同月21日以後は，訴外B社が，Y社との間で労働者派遣契約を締結し，製造業務への労働力の提供を続けていた。A社の撤退に伴い，Xが再びY社に直接雇用を求めY社はこれに応じたが，その契約内容には期間の点などで争いがある。Y社の主張によると，Xとの雇用関係は期間満了によって2006年1月末で終了している。本件は，XがY社に対して，そもそも派遣的就労をしていた当時から黙示的に労働契約が成立していた，あるいは，仮にそうでなくとも，労働者派遣法に基づいて労働契約が成立していたなどと主張し，Y社の従業員としての地位確認を求めて提訴したものである。

② **一審判決**

一審判決では，まずはXと派遣先であるY社間での黙示の労働契約の成否が検討された。大阪地裁は，「Xに対する指揮命令は，Y社が行っていたと認めることができる」としながら，しかし，「雇用契約の本質は，労働を提供し，その対価として賃金を得る関係にあるが，労働の提供の場において，XとY社との間に指揮命令関係があるといっても，その間に，賃金の支払関係がない場合は，両者の間に雇用契約関係があるとはいえない。……本件では，XはA社との間で雇用契約を締結し，A社から賃金を支給されていた」とする。

そして「Y社とA社との間に資本関係などは認められず，Y社とA社が実質的に一体であると認めるに足りる証拠もない」として，「上述した関係の実質は，A社とY社が……派遣契約を締結し，同契約に基づき，A社との間で雇用契約を

締結していたXが，Y社に派遣されていた状態というべきである。しかし，そのような状態が継続したからといって，XとY社との間に黙示の雇用契約が成立することにはならない」とした。

そのうえで一審では，労働者派遣法に基づいた，派遣先の直接雇用の申込義務（派遣法旧40条の3以下）の解釈が争点となった。この点，「XとY社との関係が，A社とY社との派遣契約に基づく，Y社を派遣先，Xを派遣労働者とする関係であると解する以上，Y社としては，一定の条件のもと，労働者派遣法に基づき，Xに対し，直接雇用する義務が生じる……。しかし，労働者派遣法は，申込の義務を課してはいるが，直ちに，雇用契約の申込があったのと同じ効果までを生じさせるものとは考えられず……，（同義務違反の場合に）指導，助言，是正勧告，公表などの措置が加えられることはあっても，直接雇用契約の申込が実際にない以上，直接の雇用契約が締結されると解することはできない」と判示されている。

要するに，一審判決では，まず，A社－Y社間の契約関係について，形式的には「業務請負契約」であったにもかかわらず，その実質が「労働者派遣」に該当すると判断されている。そして，X-Y社間の黙示の労働契約の成否についても，「偽装請負」の実態は特に重視されていない。また，派遣法上の直接雇用の申込義務については，判旨はそれを公法上の取締規定と解して，私法上の効力を否定している。[171]

③ **控訴審判決**

これに対して，大阪高裁は，職安法44条および労基法6条との抵触を理由として，三者間の契約関係（派遣元と派遣先との間での業務請負契約，および労働者と派遣元との間での労働契約）を，いずれも公序に反し無効とした。[172] その論理は次の

---

171) 裁判例で政令28業務（当時の26業務）における直用申込義務（派遣法旧40条の5）について私法効を明確に否定するものとして，三洋アクア事件（名古屋地一宮支判平成21年8月4日労経速2052号29頁）がある。なお，パナソニックプラズマディスプレイ〔パスコ〕事件の最高裁判決では，この問題に直接触れられていないが，紛争の経緯からすると，申込義務の私法効を否定する立場（少なくとも肯定する立場ではない）とみてよいだろう。

172) 控訴審判決に対する評釈として，毛塚・前掲注51［判批］，濱口・前掲注17［判批］，中山・前掲注68論文のほか，野田進「松下プラズマディスプレイ（パスコ）事件」法政研究75巻2号（2008年）515頁，「特集 松下PDP事件・大阪高裁判決を読んで」労旬1682号（2008年）6頁以下などがある。

ようなものである。

　まず判旨は，職安法4条6項の労働者供給には，労働者派遣は含まれず，派遣法に適合する就業形態は職安法44条に抵触しないことを確認する。しかし，Xの就労実態からすると，「(A社・Y社間の請負契約は) A社がXを他人であるY社の指揮命令を受けてY社のために労働に従事させる労働者供給契約というべきであり，X・A社間の契約は，上記目的達成のための契約と認めることができる」。

　さらに，「仮に，前者を労働者派遣契約，後者を派遣労働契約と見得るとしても，(当時において)……労働者派遣事業を，臨時的・一時的な労働力の迅速・的確な需給調整を図るための一般的なシステムとする一方，労働者に対する不当な支配や中間搾取等の危険が顕在化するおそれなどが認められる業務分野については労働者派遣事業を認めるべきでないとの労働者保護等の観点から，物の製造の業務への労働者派遣及び受入は一律に禁止され……(る等の状況にあり)，各契約はそもそも同法に適合した労働者派遣足り得ないものである」。以上のように述べて，判旨は，このような業務請負契約，あるいは労働者派遣契約は，「いずれにしろ，脱法的な労働者供給契約として，職業安定法44条及び中間搾取を禁じた労働基準法6条に違反し……，民法90条により無効」であるとした。

　そのうえで同判決は，「無効である前記各契約にもかかわらず継続した……実体関係を法的に根拠づけ得るのは，両者の使用従属関係，賃金支払関係，労務提供関係等の関係から客観的に推認される……(労働者と派遣先との間における)労働契約のほかなく，両者の間には黙示の労働契約の成立が認められるというべき」として，XとY社との間で直接の労働契約の存在を認めたのである。以上のほか，控訴審では，派遣法上の直接雇用の申込義務についても検討されている。この点，「Y社・A社間の契約は労働者供給契約，X・A社間の契約は同目的達成のための契約であって，労働者派遣法に適合した労働者派遣がなされていない無効のものであるから，同法40条の4の適用があることを前提にX・Y社間において当然に同条に基づき直接雇用申込義務が生じると解することは困難」である。

　要するに，控訴審判決では，公序(民法90条)の判断においてではあるが，形式的に派遣法2条1号の労働者派遣に該当するケースで，当該関係は，実質的にみると職安法44条の労働者供給事業にあたると評価されたのである。そして控訴審では，各契約が無効であることを前提に，当該三者関係を適法化し得る法形式として，XとY社との間で黙示的に労働契約が成立したものと評価している。こ

れは，一審判決が，当事者の客観的な意思表示から黙示の労働契約の成立を否定しつつ，一方で，派遣法の適用を前提として，同法に基づく申込義務の解釈を論じたこととは，基本的な考え方を異にしている。こうした違いは，学説の議論状況とあいまって，派遣法の成立後において，派遣法と職安法とがどのような関係にあるのかという基礎的な問題ですら，明確でない状況にあったことを示すものといえよう。

④ 最高裁判決

もっとも，その後の最高裁判決では高裁判決の立場が否定されたことで，派遣法の施行から四半世紀がたち，ようやく，判例上は派遣法と職安法との抵触問題について決着がついたといってよい。

まず，最高裁は，「請負契約においては，請負人は注文者に対して仕事完成義務を負うが，請負人に雇用されている労働者に対する具体的な作業の指揮命令は専ら請負人にゆだねられている。よって，請負人による労働者に対する指揮命令がなく，注文者がその場屋内において労働者に直接具体的な指揮命令をして作業を行わせているような場合には，たとい請負人と注文者との間において請負契約という法形式が採られていたとしても，これを請負契約と評価することはできない」とし，いわゆる偽装請負のケースであっても，派遣法の諸規制が適用されることを確認する。すなわち，「注文者と労働者との間に雇用契約が締結されていないのであれば，上記三者間の関係は，労働者派遣法2条1号にいう労働者派遣に該当する」。そして重要な点として，最高裁は，「このような労働者派遣も，それが労働者派遣である以上は，職業安定法4条6項にいう労働者供給に該当する余地はない」として，職安法と派遣法を重畳的に適用することを明確に否定している。

そのうえで，派遣労働者の法的地位については，たとえ派遣法違反のケースであっても，「労働者派遣法の趣旨及びその取締法規としての性質，さらには派遣労働者を保護する必要性等」から，「特段の事情のない限り，そのことだけによっては派遣労働者と派遣元との間の雇用契約が無効になることはない」として，派遣元（または請負会社）との労働契約が有効に存続することを原則とする。一方，労働者と派遣先との間での労働契約関係の成否については，労働者が派遣元で採用される際に派遣先による関与がなかったこと，賃金額を決定しているのが

派遣元であること，さらには，派遣元が一定の限度で労働者の配置など就業態様を決定し得る地位にあったこと等を考慮して，派遣先との間で黙示の労働契約が成立したとの原告Ｘ側の主張を退けている。

　こうしてみると，現行制度のもとで，①労働者が派遣元と労働契約を締結し，派遣元と派遣先との間での労働者派遣契約に基づいて，派遣先の事業所内で就労しているケース，②あるいは，業務処理請負という形式のもとで，やはり発注者の事業所内で就労しているケースを典型として，どのようなタイプのものであったとしても，派遣先（発注者）が労働者を直接に雇用するのでなく，あくまでも外部の労働力として受け入れる意図を有しており，かつ，当該労働者が派遣元（請負企業）との間で明示的に労働契約を締結しているといった場合には，たとえ派遣先や発注者が当該労働者に直接に指揮命令をしているケースであったとしても，黙示の労働契約を根拠として，派遣先（発注者）との間で労働契約の成立を認めることは不可能に近いといってよい。

4　考　察

　このような判例の立場に対しては，高裁判決を支持した学説からの厳しい批判がある[173]。そこで，以下では，この問題を詳細に検討しておくことにしよう。労働者派遣法にいう「労働者派遣」とは，どのようなものか。それは，派遣法の諸規制にしたがう適法なものに限定され，派遣法違反の場合には，同時に職安法違反も問題となり，さらには派遣先との間で黙示の労働契約を基礎づけるのであろうか。

　この点については，次のように解すべきである。まず，結論を先に述べておこう。私見によると，現在では，形式的に労働者派遣の定義（派遣法2条1号）を充たす場合には，もはや「労働者供給」事業との抵触（職安法44条違反）の問題は生じない。その理由は，(1)文理解釈，(2)職安法44条の立法趣旨，(3)派遣法の立法趣旨に求められる。具体的には次のようである。

---

173)　最近の代表的な批判例として，萬井隆令「偽装請負，違法派遣と刑事的規制」龍谷法学46巻4号（2014年）899頁。なお，本件の最高裁判決以降で派遣先との間で黙示の労働契約の成立が認められた例外的な事案として，マツダ防府工場事件（山口地判平成25年3月13日労判1070号6頁。控訴後に和解）があるが，同判決の理論的な問題点については，さしあたり，山本陽大「違法な労働者派遣と黙示の労働契約の成否」日本労働法学会誌122号（2013年）167頁を参照。

(1) 文理解釈
① 派遣法・職安法の定義規定

まず，派遣法や職安法における，「労働者派遣」や「労働者供給」の定義を確認しておこう。派遣法2条1号は，労働者派遣について，「自己の雇用する労働者を，当該雇用関係の下に，かつ，他人の指揮命令を受けて，当該他人のために労働に従事させることをいい，当該他人に対し当該労働者を当該他人に雇用させることを約してするものを含まない」と定義する。この文言からすると，派遣法は，「労働者派遣」の概念を価値中立的に定めており，同法の各規制にしたがうものだけに限定する考え方はみられない。文理解釈としては，派遣元と雇用関係にある場合には，原則として（つまり，派遣先との間で当該労働者を雇用させることを約する場合を除き），「労働者派遣」に該当することになる。

次に，職安法をみると，労働者供給の定義として，「この法律において『労働者供給』とは，供給契約に基づいて労働者を他人の指揮命令を受けて労働に従事させることをいい……（派遣法）第2条第1号に規定する労働者派遣に該当するものを含まない」（4条6項）。つまり，職安法では，労働者供給の定義からわざわざ労働者派遣が除外されている。

② 個別の条文の解釈問題

次に，このような定義のもとで，派遣法が「労働者派遣」の範囲をどのように予定しているかについて，個別の規定を手がかりに確認しておこう。

まず，派遣法4条をみると，港湾労働や建設業務などの派遣禁止業務が定められている（原始ネガティブリスト業務）。そして派遣禁止業務への派遣には，罰則規定もある（59条）。そうすると，派遣法は，違法派遣も「労働者派遣」に該当することを前提に，派遣禁止業務や罰則等を規定したと解するのが自然である。同様に，派遣法24条の2によると，「労働者派遣の役務の提供を受ける者は，派遣元事業主以外の労働者派遣事業を行う事業主から，労働者派遣の役務の提供を受けてはならない」。この規定は，派遣先に対して，無許可または無届出（2015年改正以前）の事業主からの派遣労働者の受入を禁止するものであるが，ここでも，「労働者派遣」に違法なものを含む考え方がみられる。[174]

---

174) なお，派遣法38条は，労働者派遣のなかには業として行われないものがあることを示しているにすぎず，業としての派遣について，派遣元事業主でない者が行うことを認めるものではない。

要するに，派遣法の個別条文の文理解釈からすると，「労働者派遣」は価値中立的な概念であって，適法・違法なもので区別されないことは明らかといえる。このことは，前述の派遣法4条や同法24条の2のほか，典型的には，派遣法違反として罰則の適用が予定されるすべての規定にあてはまる。

　これとは逆に，派遣法の「労働者派遣」を適法なものだけに限定し，それ以外の場合は職安法で禁止された労働者供給事業に該当するとすると，職安法上の定義を無視した上で派遣法と職安法との重畳適用を認めない限り，論理的には，「派遣法違反のケースで派遣法による是正が図れない」という奇妙な結論が生じる。前述のパナソニックプラズマディスプレイ〔パスコ〕事件においても，大阪高裁は，当該関係が「労働者派遣」に該当することを認めなかった帰結として，派遣法に基づいた派遣先による直接雇用の申込義務（派遣法旧40条の4）を否定するかのような判断をしている。しかし，これは，派遣法の立法趣旨，すなわち個々の規制を通して労働者派遣事業の適正化を図るという目的（1条参照）と整合しない。派遣法の各規制に「違反」する事実から，翻って「労働者派遣」に該当するかどうかを画定していくという手法は，法解釈の方法として難点がある。

③　職安法重畳適用説の問題点

　そうすると，職安法重畳適用説には，次のような問題点があることがわかる。
　職安法重畳適用説は，「労働者派遣」を適法なものに限定し，それ以外の場合に職安法44条との抵触を主張する。同説によれば，派遣法の諸規制のうち，無許可や無届出（2015年改正以前）での派遣，派遣禁止業務への派遣，派遣上限期間を超えた場合などで，当該関係はもはや「労働者派遣」ではなく「労働者供給」事業と評価される[175]。もっとも，職安法重畳適用説の立場では，職安法違反とともに，派遣法違反についても問題とされる。同説は，派遣法違反との関係では，派遣法上の「労働者派遣」概念について（違法なものも含め）広範に解している[176]。すなわち，職安法重畳適用説は，①派遣法の諸規制を及ぼすために「労働者派遣」（派遣法2条1号）を広範に解しつつ，②他方で，労働者供給事業の範囲を画

---

[175] たとえば萬井・前掲注158論文467頁，同・前掲注160論文のほか，沼田雅之「労務供給の多様化と直接雇用の原則」日本労働法学会誌112号（2008年）35頁など。

[176] この点で，先ほどのパナソニックプラズマディスプレイ〔パスコ〕事件・控訴審判決は，直用申込義務の解釈について，職安法重畳適用説とは異なる立場といえるかもしれない。

する職安法の定義（4条6項）との関係では，同じ派遣法上の労働者派遣について，派遣法の諸規制に従う適法なものに限定する。

しかし，このように，職安法と派遣法とで，「労働者派遣」の概念に異なる意味をもたせる解釈については，職安法4条6項の文言からは相当な無理がある。職安法4条6項をみれば，職安法の労働者派遣と派遣法上の労働者派遣とは，同一の概念であると解することが自然であろう。

これに対して職安法重畳適用説は，職安法で禁止される「労働者供給」が派遣法で例外的に許容されたという，労働者派遣制度の沿革を重視する。しかし，①派遣法が職安法で禁止された労働者供給事業の一部を合法化したことと，②新たな立法である派遣法の適用範囲の問題とは，論理的に無関係である。そして，「職安法の趣旨が普遍的である」との主張だけでは，派遣法の定義を充たす場合に，「後法が先法に優先する」という法の大原則が妥当しない根拠として十分でない。ましてや，職安法44条違反に罰則があることも考慮すれば，罪刑法定主義の観点からも労働者供給事業の定義や概念は明確でなければならないが，職安法重畳適用説はこの要請に十分に応えていない。

以上の諸点からすると，文理解釈としては，派遣法単独適用説の考え方，すなわち，「労働者派遣」には適法なものだけでなく違法なものも含め，労働者派遣の定義を充たす場合にはもはや職安法44条違反は問題とならないと解すべきであろう。

(2) 職安法44条の立法趣旨

次に，職安法44条の立法趣旨を確認しておこう。派遣法単独適用説と職安法重畳適用説とでは，職安法44条の立法趣旨，あるいはその現代的な意義をめぐっても争いがある。すでに検討したように（第1節Ⅰ），職安法44条の当初の立法目的は，戦前に広くみられた労働ボスを典型とする封建的な雇用慣行を排除し，労働の民主化を図ることである点に争いはないであろう。では，それに加えて，職安法には（職安法重畳適用説が主張するように），労働力の実際の利用者である供給先の使用者責任の潜脱の防止，という目的も含まれていたのだろうか。

この点について，まず，職安法の立法理由からは，こうした考え方はうかがえない。また，派遣法単独適用説の立場から主張されるように，職安法の制定当時

---

177) 立法理由については，衆議院・前掲注4会議録［米窪国務大臣発言］を参照。

には，供給元に対してのみ規制が課されていた点が注目される。これは，立法者が，労働者供給事業に関して，供給先よりも供給元の責任を問題視していたことを示すものといってよい。

たしかに職安法は，施行直後の1948年改正により，供給先に対しても規制を及ぼすこととなった。しかし，その主たる目的は，労働者供給「事業」を禁止する規制の実効性を確保することにあるとみるべきだろう。すなわち，同改正の背景には，供給元に対する規制だけでは，行政庁に違法な労働者供給事業を利用している供給先の調査権限がないために，効果的な禁止措置を講じることができないとの問題認識があった。そして，封建的な「労働者供給事業」を問題視する考え方はみられる反面，供給先の使用者責任の潜脱防止という目的があったかどうかは定かでない。改正の主たる目的は，あくまで労働ボスを実効的に排除することにあり，供給先に対する規制の創設は，そのための手段を強化したにすぎないともいえる。実際にも，労働者供給事業に対する規制が強化されたために，経営者の多くが従来のボス制度に替えて直用化に切り替えたこと，そして，結果的に労働の民主化が促進されたと指摘されている。

そうすると，職安法44条の立法者意思は，たとえ1948年の改正を考慮するとしても，まずは「労働の民主化」を図ることにあり，とりわけ不当な供給元＝労働ボスを排除することにあったといってよいだろう。たしかに1948年の法改正には，実質的には，供給先企業の法的責任の潜脱を防止する機能があるが，それは法改正の目的というより結果にすぎないと解すべきである。

さらに，このような考え方に拠らず，もし仮に，職安法44条に，労働力の利用者（供給先）による使用者責任の潜脱防止という目的が含まれていたとしても，次の点に注意が必要である。すなわち，少なくとも職安法の立法当時においては，現在のように，解雇規制を中心とした長期雇用慣行を尊重するような法状況にはなかったという点である。むしろ法は，労働条件の最低基準を定めるほかは，労働関係の「契約化」を奨励するものであった，といってもよいであろう。そして，そのようななかでの供給先の「利用者責任」とは，現在のような，高度の「使用者責任」と異質のものである可能性が高い。たしかに，時代の変化に伴って，あ

---

178) 労働省編・前掲注3書1173頁。
179) 労働省編・前掲注3書1207頁。

る法律の目的や現代的な意義を問い続けることは，解釈法学の重要な使命といえる。しかし，法律の改正論や立法論としては，まずは関連諸法のオリジナルな目的を中心に検討すべきであろう。それによって，立法レベルでの法の欠缺や，新立法に期待される役割が明確となるからである。

このように，職安法44条の立法趣旨として，労働ボスを典型とするような封建的雇用慣行を打破する目的があることは明確である。これに対して，使用者責任の潜脱の防止という目的は，職安法の立法趣旨でない可能性が高い。あるいは，仮に，立法目的に含まれていたとしても，その前提は，現在の状況とは大きく異なるものである。そうすると，職安法44条の立法趣旨を拡大解釈し，新たな立法である労働者派遣法の解釈問題に用いることは，適切でないだろう。

(3) 派遣法の立法趣旨

さらに，この問題を考えるうえでは，なによりも派遣法の立法者意思が重要となる。現時点での評価はともかくとして，歴史的な事実としては，同法が労働者供給事業の一部を合法化したことは明らかだからである[180]。

まず，派遣法制定の契機となった1980年の「提言」によると，たしかに新法が必要とされる理由として，三者関係のもつ性格から，派遣労働者の雇用が不安定になりやすいことや，使用者の責任が不明確となりがちであることが指摘されていた[181]。これらは，職安法に基礎を置きながらも，労働者保護の目的を達成するために，新たに派遣法で特別な規制を強化した可能性を示唆するものである。

しかし同時に，「提言」は，産業界や労働者のニーズを活かして労働市場における労働力の需給マッチングを図るという，新制度の積極的な面も指摘していた。また，そもそも「提言」のきっかけとなった「勧告」では[182]，産業構造や労働者の社会的地位が変化しているなかで，間接雇用を職安法で一律に禁止することは不適切との認識が明確に示されていた。このことは，先ほどとは逆に，派遣法によって職安法の適用が排除され，間接雇用に対して全く新たな規制体系が設けられた可能性を示唆するものである。

---

180) この点については，萩沢清彦「人材派遣業法と雇用形態」季労136号（1985年）49頁参照。
181) 労働力需給システム研究会「今後の労働力需給システムのあり方についての提言」(1980年)。詳細は第2節Ⅰ1を参照。
182) 行政管理庁「民営職業紹介事業等の指導監督に関する行政監察結果に基づく勧告」(1978年)。

派遣法の目的規定（1条）をみると，職安法と「相まつて労働力の需給の適正な調整を図るため労働者派遣事業の適正な運営の確保に関する措置を講ずる」ことが示されている。そして，派遣法の規定には，職安法を原則視するような文言はみられない。派遣法の立法者意思としては，すでに触れた派遣労働者の保護についても，派遣法の枠内で対処することが想定されていたといってよいだろう。[183]
この問題と関連して，馬渡教授は，「派遣法を検討するとき，半世紀近くも前の，前近代的雇用慣行が多分に残っており，かつ産業が壊滅的状態にあった時代の法制度を金科玉条として，それからの離反を批判するだけでは，今日の用をなさない」とされるが，もっともな指摘といえる。[184]

⑷　小　　括

　以上の検討からすると，派遣法や職安法の文理解釈，立法者意思のいずれの点からも，派遣法単独適用説の考え方が適切ということになる。
　第1に，派遣法の条文をみると，派遣法は派遣元と労働契約関係にあるものを広く「労働者派遣」に含めており，こうした「労働者派遣」に対して種々の規制を課す構造になっている。また，職安法においては，そのような「労働者派遣」が労働者供給に該当しないことが明確にされている。
　第2に，職安法44条の立法趣旨は，労働ボスを排除して「労働の民主化」を図ることであって，派遣先に使用者責任を負わせることは，少なくとも立法当時の中心的な目的とは解されない。また，仮にこの目的を包含するとしても，解雇権濫用法理など，職安法施行後に他の労働法制が充実・拡大してきたことは，労働者供給事業を全面的に禁止した職安法制定当時の状況と大きく異なるものであろう。
　第3に，派遣法の立法時において，立法者は，労働市場における労働力の需給マッチングという，労働者派遣のポジティブな側面に着目していた。そこでは，従来の職安法の規制が普遍的であるという発想はみられず，むしろ職安法の規制が時代のニーズに反するとの考え方がみてとれる。

---

183)　したがって，この立法目的にあわせてそれ以前の行政解釈が変更されるのも当然のことであり，それを「労働者供給概念の歪曲」（萬井＝山崎・前掲注160論文15頁）というのは筋違いである。
184)　馬渡・前掲注52書96頁。同旨，諏訪康雄「職安体制の課題」日本労働研究雑誌364号（1990年）100頁。

以上の点からすると，派遣法の施行後には，もはや派遣法上の諸規制の解釈や射程が問題となることはあっても，派遣法2条の定義を充たす限り，職安法44条で禁止される労働者供給事業との抵触問題は生じないと解すべきである。現在，間接雇用が職安法44条違反として問題となるのは，労働者と派遣元との間に雇用関係がないなかで派遣的就労が行われているケース（典型的には二重派遣の場合），あるいは，派遣先に「雇用させることを約してする」ケース（典型的には，いわゆる在籍出向に該当する場合）に限定される。こうして，労働者派遣法は，直接雇用を原理的に重視する法的な基盤を失わせたといってよいだろう。

たしかに，このような考え方とそれがもたらす結論は，派遣法が職安法で全面的に禁止された労働者供給事業の一部を適法化した歴史的経緯からすると，社会的に妥当でないとの批判もある。[185] しかし，民主主義国家である日本において，国会は，「国権の最高機関であつて，国の唯一の立法機関である」（憲法41条）。そうすると，原理的にみると，労働者派遣法という新立法も，少なくとも立法当時は「社会的」に支持されていた，ともいえる。[186] そして，派遣法の制定後，「労働者派遣」や「労働者供給」の概念を変更する法改正は行われていない。

そうすると，現行法の解釈論としても，派遣法の定義（2条1号）に該当する限り，職安法44条は問題とならないと解すべきであろう。さらに，現在では，労働者派遣という間接雇用が法的に認められ，それが実態としても普及していることを考慮するならば，職安法重畳適用説の背景にある直用中心主義についても疑念が生じるのである。この問題を考えるために，次に，労働者派遣と労基法6条との関係を分析する。

---

185) 萬井・前掲注161書332頁。
186) これに対して，派遣法の立法プロセスに疑問を呈する立場もある（たとえば，片岡曻「労働者派遣法をめぐる問題点」窪田隼人ほか著『現代における法の理論と実践―黒瀬正三郎先生傘寿祝賀論文集』（法律文化社，1986年）21頁以下，伊藤博義『雇用形態の多様化と労働法』（信山社，1996年）331頁以下，脇田・前掲注48書105頁以下等）。そこでは，派遣法の立法過程における特徴の一つとして，諸問機関における審議が長期化した一方で，国会審議が異例に短期間であったことが指摘される。また，近年でも，労働法の立法過程そのものが変容してきており，派遣法の制定過程などはその徴表であったとの指摘もある（この点については，中村圭介「逸脱？それとも変容？―労働政策策定過程をめぐって」日本労働研究雑誌571号（2008年），濱口桂一郎「労働立法プロセスと三者構成原則」日本労働研究雑誌571号（2008年）等）。なお，労働政策立法のあり方については，日本労働研究雑誌579号（2008年）所収の各論文も参照。

III　労働者派遣と中間搾取（労基法6条）

1　労基法6条の立法趣旨

　労基法6条によると，「何人も，法律に基いて許される場合の外，業として他人の就業に介入して利益を得てはならない」。このような中間搾取の禁止については，終戦後，労基法を立案する労務法制審議委員会・第1回総会（1946年7月22日）において，すでに，末弘博士が立法化の必要性を指摘されていた。しかし，この規制は，その後しばらくは草案に盛り込まれず，具体案として登場するのは第7次案（同年10月30日）である。その直接のきっかけは，労働側委員の主張に基づくものとされる。なお，同時期には，労基法の「使用者」の定義に関する規定案（10条）のなかでも，「間接使用」の問題が議論されていた。ただ，中間搾取や間接雇用をめぐり，労基法全体としてどのような議論がなされたのかについては，現存する資料からは明らかでない。では，労基法6条の立法趣旨は，どのようなものだろうか。

　まず，立法過程における，厚生省（当時）の解説をみておこう。それによると，「労働関係の開始，存続は，共に労働者，労働組合及び使用者の直接雇用に於て之を決定するを理想とする。然し労働需給の状況により，之か開始を尽く直接関係に期待することは不可能であるから，国は職業紹介法を設けて之が便宜の供与と弊害の取締りに当るのであるが，労働関係の存続について第三者が介在することは弊害のみ多くこれを必要とする事由は全くない。この条文は，労働関係の開始，存続に関する理想を示すと共に職業紹介法の分野の外に在る弊害を禁止することをねらひとする」。そして，同条違反となる具体的なケースとして，「無許可で労働者を募集するもの，保有手当を受ける募集人，繰越手当を受ける納屋頭，無免許の労務供給業者等」があげられている。

---

187)　同条の立法過程については，渡辺章（編集代表）『日本立法資料全集第51巻 労働基準法［昭和22年］(1)』(信山社，1996年)，同・第52巻（1998年），同・第53巻（1997年），同・第54巻（1997年）を参照。
188)　以上の点につき，渡辺編・前掲注187書（第52巻）80頁，102頁［土田道夫］。
189)　厚生省労政局労働保護課「労働基準法案解説及び質疑応答」（第92回帝国議会提案）。その内容については，渡辺編・前掲注187書（第53巻）132頁に所収。

このような考え方は，労基法施行後の通達でも再確認されている[190]。すなわち，労基法6条の立法趣旨として，「新憲法の個人の人格の尊重，基本的人権の確立の趣旨に則り，我国の労働関係に残存する封建的弊習たる親分子分の従属関係や労働者の人格を無視した賃金の頭ハネ等の絶滅を期するものである。労働関係の開始存続は，共に労働者又は労働組合と使用者との直接関係に於て，之を決定するのを理想とする」ことが指摘されている。

2 間接雇用と労基法6条

このような立法趣旨を根拠として，学説では，戦後の職安法制とならび，直用主義の規範的根拠として労基法6条があげられることがある[191]。この点，すでに検討したように，歴史的にみると，職安法は労働者供給事業を厳格に規制してきたし，職業紹介事業についても，1999年の改正以前は国家が独占することが原則であった。現在でも，労働者供給事業については，職安法44条違反とならび，労基法6条違反も問題となり得る[192]。それでは，労働者派遣は，労基法6条のもとで許容されるのか。

まず，現在では，あらゆる「労働者派遣」が労基法6条に違反する，と主張する立場はみられないようである。この点，少なくとも労働者派遣が適法である場合には，「法律に基いて許される場合」として，労基法6条違反は問題とならないと考えられる[193]。

問題は，派遣法の諸規制にしたがわない「労働者派遣」が，労基法6条違反となるかどうかである。すでに検討したように，私見によると，派遣法でいう「労働者派遣」には，同法の諸規制に違反するものも含まれる。つまり，派遣法2条1号の「労働者派遣」について，職安法44条との関係で抵触問題は生じない。しかし，労基法6条との関係については別の検討が必要となる。派遣法の規制に違反する「労働者派遣」が，「法律に基いて許される場合」(労基法6条)とはいえない可能性があるからである。

この点，労働者派遣が中間搾取に該当するとする見解に対し，派遣法の制定に

---

190) 昭和23年3月2日基発381号。
191) 最近では，沼田・前掲注175論文など。
192) 東京大学労働法研究会編『注釈労働基準法(上巻)』(有斐閣，2003年) 132頁 [諏訪康雄]。
193) 同上。

携わった高梨教授は，次のように疑問視される。すなわち，「もともと，中間搾取とかピンハネといわれる現象は，手配師などによる人夫供給業で戦前までは顕著にみられたもので，仕事先から賃金を代理受領して，その上前をハネル行為を指す。こうした現象は，今日では，例外的にはともかく，ほとんどみられなくなっており，またピンハネ行為を行ないうる経済的基盤も全くない」。同教授は，同様の考え方から，派遣元の介在が不当利得であるとの主張に対しても疑問を呈されている。[194]

行政解釈では，「派遣元と労働者との間の労働契約関係及び派遣先と労働者との間の指揮命令関係を合わせたものが全体として当該労働者の労働関係となるものであり，したがって派遣元による労働者の派遣は，労働関係の外にある第三者が他人の労働関係に介入するものではな」いとされる。[195]

このような考え方は，労働者派遣法が間接雇用を合法化していることを考えると，適切な解釈である。派遣関係においては，労働者と派遣元との間で明示的に労働契約が存在し，派遣元を第三者と評価することは困難である。派遣法をみても，派遣元が「搾取」の主体であるとは考えられていない。[196] たしかに立法論としては，マージン規制などで派遣元の利益を制限することも検討の余地がある。しかし，これは，派遣元が得るべき利益と労働者の賃金水準との利益調整の問題であって，労基法6条が中間搾取を全面的に禁止していることとは考え方を異にする。労基法6条の解釈としては，派遣法違反のケースでも，派遣元が労働者と労働契約を締結する「当事者」と評価できる限りは，中間搾取の問題は生じないと考えるべきであろう。

これに対して，労働者派遣事業は，法形式上「法律に基いて許され」，あるいは「第三者（他人）」の介入とは解せないとしても，労基法6条の中間搾取禁止の趣旨に実質的に抵触しているとの立場もある。[197] しかし，間接雇用が立法で明確

---

[194] 高梨・前掲注101論文10頁。なお，この点に対する批判として，さしあたり，脇田滋『「労働者派遣法」と派遣労働者の保護』荒木誠之ほか著『現代の生存権―法理と制度　荒木誠之先生還暦祝賀論文集』（法律文化社，1986年）291頁を参照。

[195] 昭和61年6月6日基発333号，昭和63年3月14日基発150号，平成11年3月31日基発168号。なお，同旨のことは，派遣法制定時の国会答弁でも確認されていた（第102回衆議院社会労働委員会会議録・第15号（昭和60年4月16日）の寺園労基局長発言を参照）。

[196] 反対の立場として，片岡・前掲注186論文46頁。最近では，根本・前掲注44論文など。

[197] 萬井・前掲注158論文450頁，金子征史＝西谷敏編『労働基準法（第4版）―基本法コンメンタール』（日本評論社，1999年）22頁［今野順夫］参照。

に認められているなかで，刑事罰を伴う法規定の解釈に際し，実質論のみに依拠して議論を展開すること，とりわけ，間接雇用が全面的に禁止されていた派遣法制定以前の法解釈をそのまま援用することは適切でない。

このように，労働者派遣法の施行後には，間接雇用は，もはや職安法44条の労働者供給事業にも，労基法6条の中間搾取にも該当しないと考えられる。つまり，労働者派遣をめぐる法律問題として，派遣法上の諸規制および一般法理の解釈が決定的に重要となる。

第4節　派遣労働者の雇用保障をめぐる問題

それでは，以上のような法制度のもとで，派遣労働者はどのように保護されているのであろうか。まずは，派遣労働者の雇用保障をめぐる問題について検討しておこう。

派遣法のなかでは，派遣労働者の雇用保障に関する規制はわずかにとどまる。労働者派遣の間接雇用としての性格からすると，派遣先が労働者派遣契約を解消するケースで労働者の処遇は大きな影響を受ける可能性が高い。この点，派遣法では，労働者派遣契約において「派遣労働者の新たな就業の機会の確保，派遣労働者に対する休業手当……等の支払に要する費用を確保するための当該費用の負担に関する措置その他の労働者派遣契約の解除に当たって講ずる派遣労働者の雇用の安定を図るために必要な措置に関する事項」を定めることとされる（26条1項8号）。

また，2012年の法改正により「労働者派遣の役務の提供を受ける者は，その者の都合による労働者派遣契約の解除に当たっては，当該労働者派遣に係る派遣労働者の新たな就業の機会の確保，労働者派遣をする事業主による当該派遣労働者に対する休業手当等の支払に要する費用を確保するための当該費用の負担その他の当該派遣労働者の雇用の安定を図るために必要な措置を講じなければならない」（29条の2）。当初の派遣元指針では，「派遣労働者の新たな就業機会の確保」が定められていたにすぎなかったものが，2008年の秋以降，経済情勢が急速に悪化するなかで，派遣労働者に対する保護が確認・強化され，さらに，現在では上の内容で立法化されている。

もっとも，こうした規制の基本的な考え方は，労働者派遣契約を中途解約する

際に，派遣元と派遣先の双方に対して派遣労働者の就労先の確保を求めながら，それができないときのリスク負担については，労働者派遣契約で定めることを求めるものである。具体的に，派遣先の事情で契約が解消されるケースでは，労働者に対して派遣元が使用者としての責任を負い，他方で，その責任によって生じる費用負担について派遣先が派遣元に対して賠償することが目指されている。また，このような規制が私法上いかなる効力をもつのかについては，措置義務としての性格や，規制の内容が抽象的であることをふまえれば，これらの規制は，不法行為に関する考慮要素とはなりえても，労働者の請求権を構成できるほどの効力規定とは解されない。

I　労働者派遣契約に対する解消制限

　こうしたなか，これまでの裁判例では，派遣先と派遣元という企業間での労働者派遣契約の解約については原則として自由であって，それをふまえた上で，労働者に対する派遣元の解雇（雇止め）の合理性のみが争われるケースが一般的であった。ただ，理論的には，企業間での労働者派遣契約の解約自体を法的に制限することによって，結果として派遣労働者の雇用確保を図るアプローチもあり得る。この点，現行法のもとでは，企業間で労働者派遣契約を解約することに対しては，派遣法27条の規制が及ぶほかは，契約自由の範疇にある[198]。換言すれば，労働者派遣契約をいかなる場合に解約するかについては，当事者の約定で自由に定めることができ，それを欠く場合にはじめて民法の一般原則による（解除権に関する民法540条以下を参照）。

　しかし，学説では，たとえば，「労働者派遣契約は派遣元と派遣先の契約であって労働契約ではないが『雇用労働』に関わる契約ではあるから，その解消もしくは更新拒否には合理的理由を要する（それが欠けていれば権利濫用で無効にな

---

[198]　なお，これとは別に，いわゆる内部告発をした派遣労働者を保護することを目的として，公益通報者保護法においても一定の範囲で労働者派遣契約の解消が制限されている。すなわち，公益通報をしたことを理由として労働者派遣契約を解除することや（4条），派遣先が，派遣労働者の交代を求めることその他不利益な取扱いをすることが（5条2項），禁止されている。しかし，これらは公益通報という限定されたケースを特別に対象としたものであるため，本書では詳しく検討しない。

る)」との試論が示され[199]、立法論としてもこうした主張がある[200]。まずは、こうした労働者派遣契約の解消を制限する余地について検討しておこう。

　派遣法27条によると、派遣先は、「派遣労働者の国籍、信条、性別、社会的身分、派遣労働者が労働組合の正当な行為をしたこと等を理由として、労働者派遣契約を解除してはならない」。派遣元と派遣先との間で締結される労働者派遣契約は、企業間の取引契約であって、資本主義経済体制のもとでは契約自由が広く妥当すべき性格のものといえる。このことは、契約の内容面だけでなく、締結や解消をめぐる場面でも異ならない。しかし、派遣労働契約では、取引対象が労働力である点で生身の派遣労働者の処遇にも直結し得ることから、特別な規制が課されているのである。これまでの裁判例で、派遣法27条違反が争われたケースはきわめて稀であるが、学説では、同条が単なる公法上の規定にとどまらず、一定の私法的効力を有すること（したがって、これに違反する契約解除に法的効力は認められないこと）に争いはないと思われる。問題は、ここでいう私法効の具体的な内容である。

　派遣法27条について、①企業間での労働者派遣契約を派遣先が解約することについて制限する意味での私法効と、②派遣元による、派遣労働者に対する解雇の効力問題とは一応区別され、①について、同条に違反する解約告知は無効と解すべきである。労働者派遣契約の解約について、法定の解除権のほか（民法540条以下）、約定により解約事由を定めることも契約自由の範疇にある。しかし、こうした約定に対しても公序による制約があるのは当然であり、それに反する条項および権利行使は無効と解される。そして、派遣法27条の規制内容からすると、同条は公序の一部を明示化したものと評価すべきであり、これに反する解除権の行使は、公序違反（民法90条）ないし権利濫用（民法1条3項）として認められないというべきである。

　問題は、その場合の派遣元による解雇が当然に無効となるかどうかである（前記②）。この点に関する裁判例はきわめて少ないが、最近のトルコ航空ほか〔派遣客室乗務員〕事件では、派遣労働者らが正当な組合活動を行ったことを理由とし

---

199) 下井・前掲注153書157頁。
200) 有田謙司「労働者派遣契約の中途解除・派遣労働者の解雇問題と指針等の改正の意義と問題点」労旬1698号（2009年）33頁など。

た労働者派遣契約の解除を，派遣法27条違反として無効とするとともに，同解除が有効であることを前提とした派遣元による有期労働契約の中途解約も，その前提を欠き無効とされている（なお，その後の雇止めは適法とされている[201]）。

　この点，派遣法27条で規定される解除事由の制限は，その文言からも例示列挙と解されるところ，派遣先が法所定の事由を直接の理由として契約解除をするケースならばともかく，実際の紛争では，これとは別の解約事由がただ形式的に示される場合が多いと考えられる。たとえば，実際には労働組合の活動を嫌悪しての解除であるにもかかわらず，業務の見直し等を理由とするといった具合である。そうすると，企業間での労働者派遣契約の解約が有効か否かについて，派遣元が一義的に判断することは不可能に近い。

　それにもかかわらず，これが結果として無効となる場合に派遣元での解雇までも当然に無効となるとすれば，派遣元にとって予見可能性を欠く点で問題がある。とはいえ，法的にみると，派遣元としては，事後的であれ労働者派遣契約の解約の有効性を争い，それが無効となれば，派遣先に対して対価請求ないし賃金または休業手当に相当する額以上の損害賠償請求をなし得ることをふまえれば，前記②の効力について①の有効性と直結させる立場も，不当とまではいえないだろう。[202]

　ただし，派遣法27条は，派遣先を名宛人としており，派遣先が一定の差別的な理由に基づき労働者派遣契約を一方的に解除すること（のみ）を禁止している点で，その射程は限定的といってよい。たとえば，労働者派遣契約を派遣先と派遣元との合意によって解約する場合には，もはや規制の対象外にあり，契約関係は適法に終了すると解される。[203] この点，企業間で労働者派遣契約を合意解約する場合にも，派遣法27条違反となり得ると解する立場もあるが[204]，「違反である」ことの法的帰結については明らかでない。そして，法的にみると，解除権の行使による一方的な契約解除と，当事者の合意に基づく契約関係の解消とは全く次元を異

---

201) トルコ航空ほか〔派遣客室乗務員〕事件（東京地判平成24年12月5日労判1068号32頁）。
202) 問題類型は異なるが，たとえば，ユニオン・ショップ協定に基づく解雇のケースで，（使用者が介入すること自体が法的に制限される）労働組合による組合員に対する除名処分が結果的に無効となった場合に，使用者の労働者に対する解雇も無効となるようなケースと比べれば，予見可能性を欠くことによる使用者のリスクはより小さいとの評価も可能であろう。
203) これに対して，行政実務では，合意解約のケースであっても法27条の規制対象になるとの立場が採用されている（厚生労働省「労働者派遣事業関係業務取扱要領」（平成27年9月）148頁）。
204) 高梨・前掲注3書431頁。

にするものであって，私的自治の原則のもとでは，当事者が解除に合意している場合になお，国家が当該契約関係の継続を強制することについては，相当に強度の正統性と明確な規制が必要である。派遣法27条はこうした規制には該当せず，労働者派遣契約が合意によって解消されたケースでは，（意思表示に瑕疵がある場合を除けば）派遣元が派遣先に対して，事後になって，契約が有効に存続していることを前提に対価ないし損害賠償を請求することは認められない。

　ただし，これらの合意解約の場合にも，派遣元において，労働者に対する解雇の有効性が別途問題となることは言うまでもない。派遣労働者の雇用維持が困難となった原因が，労働者派遣契約の合意解約に起因する場合には，企業間での合意解約の適法性は問題とならないとしても，派遣労働者との関係では，派遣元は本来応ずる必要のない合意に応じたものとして，派遣労働者の雇用確保に関するリスクを引き受けたものと解すべきである。そして，派遣元での解雇の有効性を判断する際にも，労働者派遣契約の合意解約に至る経緯が，強行規定である派遣法27条の趣旨に照らして差別的と評価し得るか否か——換言すれば，派遣元として，同意を法的に拒否し得る余地がどの程度あったのか——も，重要な考慮要素となると解される（この問題は，次で検討する派遣元の雇用責任の問題である）。

　とはいえ，派遣法27条に基づいて労働者派遣契約の解消が制約されるのは，あくまでも一定の差別的な場合に限定され，経営上の事由に基づく労働力の需給調整であれば規制対象とはならない。また，前述のように，同条は派遣先による解除権の行使を一定範囲で制限しているものの，派遣先と派遣元との間で労働者派遣契約を合意解約するような場合には，もはや規制の対象に含まれない。そうすると，このアプローチによって派遣労働者の雇用が守られるケースは限定的であると考えられる。現行制度のもとでは，たとえば前述の学説が示唆する「雇用労働に関わる」というだけでは，企業間での労働者派遣契約の解約一般あるいは更新拒否一般について合理的理由を必要とする根拠としては，不十分と言わざるを得ない。立法論としても，企業間での労働者派遣契約の解消について原則的に規制を課していくことは，労働契約の当事者である派遣元の責任とは別に，外部労働市場における企業間での労働力の需給調整に原則的に制約を課すことを意味しており，労働者派遣についてのみ特別に規制を課すことは，制度全体のバランスを欠き妥当ではなかろう。そうすると，この問題に対するアプローチとしては，派遣先での直用化問題を別にすると，派遣元での解雇・雇止めの適否が中心となる。

II 派遣元での雇用保障

1 労働契約における期間設定の意味

　派遣労働者が雇用を喪失したケースで，派遣元における地位確認請求が認容された場合であれば，仮に現実に派遣先がなく就労ができなかったとしても，派遣労働者が賃金等の請求権を有するかどうかの問題は，民法536条2項（特約がない場合）や労基法26条の解釈に委ねられる。そして，派遣元での雇用保障の問題を考えるうえでは，労働契約における期間の定めの有無が一つのポイントとなる。労働契約は，期間の定めのある有期雇用（有期労働契約）と，期間の定めのない無期雇用（無期労働契約）とで区別することができ，雇用保障の面では法規制が大きく異なっているからである。

　まず，無期雇用について，民法では，労働契約の両当事者は，2週間前の予告（解約告知）さえすれば，特段の理由を問わずに労働契約を解約することが認められている（民法627条）。しかし現在では，このうち使用者からの解約告知（解雇）については，解約事由の面でも，予告期間の面でも大幅に修正が図られている（労契法16条，労基法20条参照）。特に解約事由について，労契法16条によると，「解雇は，客観的に合理的な理由を欠き，社会通念上相当であると認められない場合は，その権利を濫用したものとして，無効」となる。したがって，使用者が合理的理由なしに労働者を解雇した場合，法的には，労働契約関係は存続することとなり，労働者は単なる金銭補償ではなく，労働者としての地位の確認および解雇期間中のバック・ペイを求めることができる。

---

205) 実際にこの点が問題となった裁判例として，三都企画建設事件（大阪地判平成18年1月6日労判913号49頁）や，浜野マネキン紹介所事件（東京地判平成20年9月9日労経速2025号21頁）が参考となる。これらの事件では，派遣先の要求によって期間途中に派遣関係が終了したケースで，民法536条2項に基づく賃金請求や労基法26条に基づく休業手当の支払いが問題となった。また，裁判例のなかには，有期雇用では，当該契約期間内の雇用継続およびそれに伴う賃金債権の維持について期待を持つことに高い合理性があるとして，就業規則や労働契約の規定（平均賃金の6割の定め）を重視することなく，期間満了時までの賃金全額の支払いを命じるものがある（いすゞ自動車〔雇止め〕事件・東京高判平成27年3月26日労判1121号52頁）。帰責性の判断をめぐる解釈問題については，山川隆一「派遣就労の中止要求と賃金・休業手当─浜野マネキン紹介所事件」ジュリスト1387号（2009年）186頁も参照。なお，使用者の責めに帰すべき事由による休業に関して，就業規則等で労基法26条に基づく手当の支払いを事前に定めておくことは，派遣事業の許可基準の1つとなっている。

これに対して，有期雇用については，合意によって期間を定めた以上，両当事者について当該期間内での中途解約が厳格に制限される一方で（民法628条），期間が満了した場合には，特段の意思表示なしに契約関係は当然に終了することが原則である。この点，両当事者の合意があれば契約を更新することは妨げられないが，各更新はあくまで合意に基づく以上，ある時点でいずれか一方が反対した場合には，契約は更新されず，当該契約関係は期間の満了とともに自動的に終了することとなる。そして，日本では，有期雇用の利用事由の面で特段の正当性は必要とされておらず，ある労働契約に期間を定めるか否かは，当事者が自由に決めることができる。[206]

もっとも，有期雇用が反覆継続したのちに使用者が更新を拒絶する「雇止め」については，判例法理によって一定の制約が課されてきた（現在の労契法19条）。また，2012年の労契法改正によって，雇止めのケース以外にも，有期雇用の更新による総期間が5年を超える場合に，労働者の請求に応じて，無期雇用へと転換する仕組みが導入されている（労契法18条）。

有期雇用に対するこうした規制は，特に有期雇用の反覆継続的な利用に一定の制約を課すことによって，解雇規制との均衡を図ることに狙いがある。しかし，それでもなお，無期雇用であれば原則的に解雇規制が及んでくることと対比すれば，有期雇用と無期雇用との間で法的保護の程度には大きな差があるといってよい。このことは，派遣労働契約の場合にも原則として同じであると考えられるので，以下でそれぞれ区別して検討する。

2　無期雇用の場合

まず，派遣労働契約に期間の定めがない場合には，派遣労働者に対しても，労契法16条の規制がそのまま及ぶ。すなわち，解雇には「客観的に合理的」な理由を要し，「社会通念上相当」であることが求められる点で，一般的な直接雇用される労働者の場合と異ならない。この場合，仮にある派遣先での就労を継続することが不可能になったとしても，それだけでは，派遣元による解雇の合理性は認

---

[206] 労基法14条では，労働契約に期間を定める場合に，契約期間は原則として3年以内に制限される。これは，有期労働契約が当該の契約期間内において両当事者を拘束することに鑑みて，不当な人身拘束から労働者を保護することが狙いであって（労基法137条も参照），ある有期労働契約を合意に基づいて更新し，両当事者の関係が結果として3年を超えること自体は特に制限されない。

められないと考えられる。派遣元には，整理解雇の4要素（①人員削減の必要性，②解雇回避の努力義務，③被解雇者選定の合理性，④手続きの相当性）に照らし，解雇回避努力義務の一環として当該労働者を他の派遣先へ派遣することなどが求められよう。

この類型の代表的な裁判例として，シーテック事件がある[207]。同事件は，派遣元と期間の定めのない労働契約を締結した原告労働者が，自動車エンジニアとして（2015年改正以前の政令28業務のうち「研究開発」業務に該当する），継続的に複数の派遣先で就労してきたなかで，ある時点の派遣先であったA社の急激な需要変動で労働者派遣契約が更新されず，それに伴って派遣元から解雇されたという事案である。

裁判所は，前述の整理解雇の4要素に即して，まず，人員削減の必要性については，派遣元の利益が大きなマイナス計上となっていること，月毎の売上高が減少していることや，待機社員が増加しているという事実を指摘し，切迫性について検討の余地はあるものの人員削減の必要性自体は否定し難いとする。

次に，解雇回避努力の点では，派遣元が間接部門で希望退職者を募集し，技術社員の一時帰休を実施し，新規採用の中止を決定し，事務消耗品の購入を禁止し，時間外労働の削減などにより経費を削減し，また，利益がない場合であっても派遣先との契約を締結する方針で契約数を増やす努力をしていたことを指摘する。しかし他方で，原告を含む技術社員に対しては，派遣元は希望退職の募集も行わないまま，待機社員となった全員を対象に整理解雇を実施したところ，そもそも整理解雇に際して派遣元が削減目標を定めていたかも明らかではないとする。そして，派遣元ですでに一定数の人員削減が行われてきた事実をふまえ，さらに整理解雇を実施する必要性について真摯に検討していないことを指摘し，これらの事情からすれば，整理解雇を回避する努力を十分に尽くしていないとした。

また，人選の合理性の点でも，派遣元が待機社員となった技術社員を順次解雇の対象としており，各技術社員の有する技術や経歴等について検討した形跡がないことを指摘する。そして，原告については，派遣先で一定の高い評価が得られていたことに言及し，こうした勤務状況，技術や経歴等について一切検討することなく，待機社員になるという事実のみをもって整理解雇の対象としたことにつ

---

207) 横浜地判平成24年3月29日労判1056号81頁。

いて，客観的な合理性を有さないとした。

　最後に，手続きの相当性について，この事件で原告労働者は，解雇以前には訴外Ｃ労働組合に加入していたところ（解雇後は脱退して，訴外Ｄ労働組合に加入している），派遣元とＣ組合との間では解雇に先立ち一定の交渉が行われていたこと，派遣元が待機社員に対して整理解雇に関する説明会を開催したこと等を指摘し，こうした対応が明らかに相当性を欠くとまではいえないとした。

　こうして同事件では，整理解雇の有効性について，人員削減の必要性と手続きの相当性は認められたものの，派遣元の解雇回避の努力と被解雇者選定の合理性を欠く点が重視されて，結論的に解雇は無効であるとして，派遣労働者の派遣元に対する地位確認請求が認容されている。

　同種の事件として，テクノプロ・エンジニアリング事件がある。[208]この事件も，派遣労働者が派遣元と期間の定めのない労働契約を締結し，13年間にわたって複数の派遣先で就労してきたところ，ある派遣先との労働者派遣契約の期間満了に伴って派遣元で整理解雇された事案である。裁判所は，やはり整理解雇の4要素に照らして，①切迫した人員削減の必要性がないこと，②希望退職者を募集しないなど解雇回避の努力が不十分であること，③自己都合退職をしない待機労働者の全員を対象に，それまでの就業状況等を一切考慮しない人選基準も不合理であることを指摘して，解雇を無効とした原判決が控訴審でも維持されている。

　また，ジョブアクセスほか事件の控訴審でも，原審で，当該労働契約の解釈として，派遣先での「職務（労務）を遂行することを内容とするもので，当該職務が存在する限りでの」無期の労働契約とされたのとは異なり，控訴審では，就労先として特定の派遣先に限定しない無期の労働契約であったと評価され，ある派遣先の需要変動に応じた派遣元での整理解雇について，4要素のいずれについても消極的に評価して解雇が無効とされている。[209]

　ところで，間接雇用である労働者派遣において，ある派遣先での就労が困難となった場合には，理論的には，派遣元での解雇の合理性について広範に認めるべきとの考え方も十分にあり得るところである。たとえば，ジョブアクセスほか事件・前掲の一審判決などは，こうした考え方を背景としたものと推察される。

　208）横浜地判平成23年1月25日判時2102号151頁，東京高判平成23年9月29日判例集未登載。
　209）東京地判平成22年5月28日労判1013号69頁，東京高判平成22年12月15日労判1019号5頁。

しかし，これまでの裁判例の趨勢をみる限り，派遣労働者の雇用保障をめぐる問題のうち，労働者が派遣元との間で期間の定めのない労働契約を締結しており，かつ，労働契約上，複数の派遣先での就労を予定しているケースでは，仮に，ある特定の労働者派遣契約が解消された場合であっても，派遣元での解雇については一般的な整理解雇の問題として処理がなされ，結論としても解雇無効となることは珍しいものではない。これは，見方を変えれば，派遣労働契約においても，契約解釈によって複数の派遣先での就労が予定されるものと評価できる場合には，直接雇用の場合と同様に，いわゆる整理解雇に関する法理が十分に機能する余地があることを示唆している。

もっとも，現行制度のもとで具体的な解釈の次元では，そもそも派遣労働契約に期間の定めがないと評価できるケースは，必ずしも多くないと考えられる。すなわち，少なくとも2015年改正以前の労働者派遣制度のもとでは，労働者派遣は臨時的・一時的なものと位置づけられてきたために，長期間におよぶ派遣は認められてこなかった。そして，労働契約の期間の定めの有無についても，労働契約で明示されている場合であればともかく，それがなければ，実際に派遣されない待機期間の有無やその間の賃金保障に関する約定の存否が重要になると考えられるが，これらが認められるケースは稀であろう。労働契約の期間の定めが不明確な場合に，こうした待機期間等の約定を欠く労働契約は，契約解釈を通して有期雇用と判断されることが多いと推察される。

3 有期雇用の場合

そして，待機期間等の設定がなく，派遣先がそもそも限定されており，労働契約にも当該の労働者派遣契約の期間をふまえた期間が設定されている場合となると，労働者の雇用保障をめぐる法的問題について事情が異なってくる。この点，有期労働契約のなかには，暦日によって期間を定める労働契約のほか（確定期限），ある特定の仕事が完了することによって終了する労働契約（労基法14条も参照），さらには，たとえば病気休職者の復帰など一定のイベントが生じた場合に終了する労働契約（不確定期限）のいずれも含まれる。

もっとも，前述のように，このように労働契約に期間が設定されている場合でも，①労働契約の期間満了以前の中途解約のケースと，②有期雇用が反覆継続している場合における，いわゆる雇止めのケースとでは法的規制のあり方が大きく

異なるので，それぞれ区別して検討しておこう。[210]

(1) 労働契約の中途解約のケース
① 労契法17条の意義

　労契法17条1項によると，期間の定めのある労働契約を，その途中で使用者が一方的に解約することは（中途解約），「やむを得ない事由がある場合」に限って許される。民法では，労働契約の各当事者に対して，中途解約をする場合に「やむを得ない事由」を求めているが（民法628条），労契法はこのうち使用者からの一方的な中途解約（解雇）を強行的に規制している。学説や裁判例では，この「やむを得ない事由」とは，使用者が期間の定めのない労働契約を解消する場合の「客観的に合理的な理由」（労契法16条）と比較して，より厳格なものとして理解されている。のみならず，たとえば当事者が事前に合意している場合であっても，中途解約に際して「やむを得ない事由」を不要とすることはできない。[211]

　この点，本来であれば，労働契約に期間の定めを付した場合に，当該期間を定めたことにいかなる意味を持たせるのかは，契約自由の原則のもとで，当事者が任意に決めるべきことである。有期雇用には，①労働契約の期間満了まで雇用を保障するという機能と，②期間満了によって当該契約関係が当然に終了するという機能とがあるが，他方で，労働契約に期間の定めのない無期雇用について解雇が規制されている現状のもとでは，多くの使用者は，②の機能を重視して有期雇用を利用するインセンティブがある。つまり，あらゆる有期雇用について，当事者が期間満了までの雇用保障を重視して期間を定めたとみることには，当事者の純粋な意思解釈としては無理があろう。[212]

　とはいえ，解雇規制をはじめ雇用の存続保護を重視する法体系のもとでの規制

---

210) なお，2012年の改正によって，派遣元には，有期労働者に対して雇用安定を図るべき旨の努力義務が課されていた（30条）。この規定は，2015年の法改正で「特定有期雇用派遣労働者等（派遣先の同一の組織単位内で1年以上継続して派遣される見込みの有期労働者等）」に対象を変更しつつ，内容面では強化された面があるが（同条），あくまで公法的な規制としての側面が強く，また形式面でも努力義務にとどまるものであるために，裁判規範として機能する余地はほとんどない。そこで以下では，特に必要がある場合を除いてこの規定については検討しない。
211) 荒木尚志＝菅野和夫＝山川隆一『詳説　労働契約法（第2版）』（弘文堂，2014年）169頁，菅野・前掲注153書234頁，土田・前掲注153書679頁など。
212) たとえば，学生のアルバイトで労働契約に期間の定めがあるケースなどでは，両当事者ともに，期間満了までの拘束や雇用保障など念頭にないケースが少なくないものと思われる。

のバランスを考えると，立法政策として有期雇用の雇用保障機能（①）を尊重し，それに反する合意を制限することにも十分な理由がある。そして，労契法17条1項の立法経緯や同条が強行規定であることもふまえると，有期雇用については，仮に当事者が期間満了までの雇用保障機能を重視していなかったとしても，やはり，期間満了までは雇用の継続を図ることが原則とみるべきである。

このことは派遣労働契約の場合であっても同じであり，実際の裁判例をみても，派遣先で需要が減少したことを理由に労働者派遣契約が解消され，それに伴って派遣元が派遣労働契約を中途解約したケースで，「やむを得ない事由」を厳格に解釈するものがみられる[213]。これらの事案では，当該派遣関係が，2015年改正以前の派遣法の枠組みでいう登録型（一般労働者派遣事業）に基づくものなのか，それとも常用型（特定労働者派遣事業）での労働者派遣によるものかという点は重視されておらず，むしろ，有期雇用とは期間満了までの雇用保障を約するものであるとの理解を前提として，中途解約（解雇）の効力が否定されている。前述した労契法17条1項の趣旨からすると，こうした立場も基本的に支持されるべきであろう。

② 「やむを得ない事由」の解釈問題

もっとも，理論的にみると，有期雇用の解約事由が厳格化されているとはいえ，中途解約の余地そのものは残されている。使用者の中途解約には「やむを得ない事由」を必ず要するといえるが（労契法17条1項の強行法規性），ある事案において具体的に「やむを得ない事由」の有無を判断する際には，労働契約における当事者意思（契約目的）も重要な考慮要素となろう。その結果，労働者派遣契約が終了し現実の就労先がなくなったという事実は，労働契約を中途解約する「やむを得ない事由」に該当するとみる余地もあり，特に，いわゆる整理解雇の4要素との関係が問題となり得る。

労働者派遣契約の解消に伴い有期労働契約も中途解約されるケースについて，

---

213) 資生堂ほか1社事件（横浜地判平成26年7月10日労判1103号23頁），アウトソーシング事件（津地判平成22年11月5日労判1016号5頁），ワークプライズ〔仮処分〕事件（福井地決平成21年7月23日労判984号88頁［ダ］），プレミアライン〔仮処分〕事件（宇都宮地栃木支決平成21年4月28日労判982号5頁），ニューレイバー〔仮処分〕事件（横浜地決平成21年3月30日労判985号91頁［ダ］）など。

学説では，労契法17条の「やむを得ない事由」の判断として整理解雇法理を用いること自体に否定的な立場がある。すなわち同条は，「雇用期間の定めがある場合，期間中の雇用保障の程度は期間の定めのない労働契約より強度であるということを意味するにとどまり『やむを得ない事由』が解雇権濫用法理の延長線上にあり，それに内包されたより厳しい要件であること」を意味しないとし，「判例上用いられる整理解雇の4要件は，企業内で人材を育成し，長期的な雇用を保障する，いわゆる正社員に対する解雇を主に想定したものであるから，4要件では雇用期間の持つ意味は考慮されていない」。……「結局，経営上の理由による期間途中の解雇については，期間中の雇用保障という観点から有期労働契約に即した『やむを得ない事由』の判断要素を考えるべき」との立場である。

裁判例のなかでも，ニューレイバー〔仮処分〕事件[215]や，社団法人キャリアセンター中国事件[216]のように，整理解雇に関する法理を明確には用いないままに，有期労働契約を中途解約する「やむを得ない事由」の有無を検討し，いずれも解雇（中途解約）を無効としたものがある。

この点，整理解雇の4要素とは，使用者による解雇権の行使が権利濫用か否かを判断する際の指標であって，4つの要素自体は合理的なものとして裁判例が蓄積されてきた。この各要素が，権利濫用の有無を判断する際の4つの代表的な留意点を示したものとみれば，これを全面的に排除することは不合理であるし，また，厳格に4要件説の立場による場合でなければ，中途解約のケースで考慮要素から排除する実益もない。たしかに，上の立場が指摘するように，従来の事案の多くが典型的な「正社員」を対象としてきたことをふまえれば，それと異なる雇用形態の場合に，労働需要が失われたことを理由とする（ジョブ・レス）解雇や雇止めの特徴をふまえた法理の微修正は必要であろう。しかし，その際にも，整理解雇の4要素を全面的に排除する必要はなく，事案に応じた修正を施しつつ，特に，雇用期間の途中で解雇しなければならないほどの「やむを得ない事由」があるか否かに重点を置いた判断をすることで足りると思われる。[217]

---

214) 中山慈夫「派遣契約の解除と登録型派遣労働者の解雇―アウトソーシング事件」ジュリスト1430号（2011年）96頁。
215) 横浜地決平成21年3月30日労判985号91頁〔ダ〕。
216) 広島地判平成21年11月20日労判998号35頁。
217) 前掲のニューレイバー〔仮処分〕事件でも，実質的な判断要素としては，人員削減の必要性や

実際，これまでの裁判例でも，企業間での労働者派遣契約の終了（期間満了または中途解約）に伴い労働契約が中途解約されたケースで，整理解雇の 4 要素に即して，「やむを得ない事由」の有無を判断するものがある。たとえば，プレミアライン〔仮処分〕事件では，労働者派遣契約の解約に伴う有期労働契約の中途解約について，期間内に労働者を解雇する経営上の必要性がなく，希望退職者の募集や再就職先の斡旋等もなかったとして，無効とされている。同様に，ワークプライズ〔仮処分〕事件でも，労働者派遣契約の解約に伴う労働契約の中途解約のケースで，整理解雇の事実について使用者側の具体的な疎明を欠くとして，解雇が無効とされている。さらに，アウトソーシング事件では，「やむを得ない事由」の有無を判断する際に，整理解雇の 4 要素の点でより厳格に判断すべきとの立場のもとで，結論として解雇が無効とされている。

　以上要するに，理論的には，中途解約について「やむを得ない事情」が必要であるとしても，具体的に当該事情の存否を判断する際には，契約解釈を通じて解雇回避措置の範囲が縮小する可能性は十分にある。しかし，これまでの裁判例をみる限り，仮に労働者の現実の就労場所である派遣先が特定（限定）されており，当該の労働者派遣契約の終了に伴う場合であったとしても，労働契約に期間の定めがあるケースでは，その中途解約は容易には認められていない。ここでも，直接雇用される有期労働者の場合と同様に，派遣労働者の雇用保障について，労契法17条（およびその具体的な判断要素としての整理解雇法理）は一定の機能を果たしているといえよう。

(2)　期間満了による雇止めのケース
① 雇止めに対する法規制
　次に，期間途中での中途解約の場合ではなく，労働契約が反覆継続した後の雇止めのケースをめぐる裁判例をみると，現行派遣法での労働者派遣の位置づけを反映して，直接雇用の場合と明確に異なる判断が示されている。

　　解雇回避努力など整理解雇の 4 要素への配慮がみられる。そして同事件では，これに対する使用者側の具体的な疎明がないとして中途解約の効力が否定されている。
218)　宇都宮地栃木支決平成21年 4 月28日労判982号 5 頁。
219)　福井地決平成21年 7 月23日労判984号88頁。
220)　津地判平成22年11月 5 日労判1016号 5 頁。

まず，すでに詳細に検討したように，少なくとも2015年の改正以前において派遣法の根底にあった考え方は，政令28業務についてはその性質から，それ以外の自由化業務については派遣を臨時的・一時的なものに限定することにより，常用代替の防止を図るというものであった。一方，派遣労働者と派遣先で直接雇用される労働者との利益調整のあり方としては，いわゆる自由化業務について派遣期間を制限しつつ，上限期間と抵触する場合には，派遣先に派遣労働者に対する直接雇用の申込義務が課されてきた。

　ただし，2012年改正で派遣先の申込み「みなし」規定が導入（2015年10月施行）される以前には，派遣先による直接雇用の申込義務等については，法律の文言上，そして立法当時の議論からも明らかなように，具体的な地位確認請求ができるほどの私法上の効力は認められてこなかった。実際，裁判例のなかでも，直接雇用の申込義務から派遣労働者と派遣先との間で労働契約関係の成立を認めたものは，皆無であるといってよい。

　そこで以下では，派遣法で特別に創設された直接雇用の申込義務を離れて，一般法理の解釈問題を中心に検討を進めることとする。とりわけ重要なのは，ある派遣先で長期間の派遣就労が継続し，その後，何らかの事情によって労働者派遣契約が解消されるケースである。この場合，派遣労働者の処遇はどうなるのであろうか。

　一般論として，解雇規制によって労働力の需給調整に制限が課されている場合には，有期労働契約が反覆継続し，その後に雇止めをされるケースで，解雇規制とのバランスをどのように図るのかが問題となる。[221] この点，日本の判例法理によると，有期契約が，期間の定めのない労働契約と実質的に異ならない状態にある場合や（東芝柳町工場事件）、[222] そうでなくとも，当事者が雇用の継続を期待できる状況にある場合に（日立メディコ事件）、[223] 雇用の存続保護が図られてきた。

　これらの判例法理の考え方を整理したパナソニックプラズマディスプレイ〔パスコ〕事件・最高裁判決によると，「期間の定めのある雇用契約があたかも期間の定めのない契約と実質的に異ならない状態で存在している場合，又は，労働者

---

[221] 解雇規制のあり方と有期労働法制との関わりについては，さしあたり，大内伸哉編『有期労働契約の法理と政策―法と経済・比較法の知見をいかして』（弘文堂，2014年）を参照。
[222] 最一小判昭和49年7月22日民集28巻5号927頁。
[223] 最一小判昭和61年12月4日判時1221号134頁。

においてその期間満了後も雇用関係が継続されるものと期待することに合理性が認められる場合には，当該雇用契約の雇止めは，客観的に合理的な理由を欠き社会通念上相当であると認められないときには許されない」[224]。このように，有期労働契約であっても，一定のケースでは解雇権濫用法理が（類推）適用され，雇止めに「客観的で合理的な理由」が必要とされる（＝出口規制）。こうした判例法理は，現在では労契法19条として立法化されている。

派遣労働者の労働契約の相手方が派遣元であることからすると，派遣労働者の雇用保障をめぐる問題については，一般の直接雇用の場合と同様に，派遣元での解雇・雇止めの適否が問題となるはずである。ところが，裁判例のなかでは，日本の派遣法の特徴である「常用代替の防止目的」に言及することにより，直接雇用の場合とは法的に異なる評価をするものがある。すなわち，「雇止め制限法理」は，労働者派遣のケースにはそのまま妥当するとは考えられていない。これが問題となった代表例が，伊予銀行・いよぎんスタッフサービス事件と，マイスタッフ〔一橋出版〕事件である。以下でみておこう。

② 伊予銀行・いよぎんスタッフサービス事件[225]

伊予銀行・いよぎんスタッフサービス事件では，Y_1社（派遣元）の派遣労働者であるXがY_2銀行（派遣先）に派遣され，為替・預金業務等で13年あまりにわたって就労してきたところ，Y_2銀行が派遣労働者の受入を打ち切ったケースで，①XとY_2銀行との間での黙示の労働契約の成否や，②Y_1社による雇止めの適法性等が問題となった。

高松高裁は，①の黙示の労働契約の成否について，「派遣元と派遣労働者との間で雇用契約が存在する以上は，派遣労働者と派遣先との間で雇用契約締結の意思表示が合致したと認められる特段の事情が存在する場合や，派遣元と派遣先との間に法人格否認の法理が適用ないし準用される場合を除いては，派遣労働者と派遣先との間には，黙示的にも労働契約が成立する余地はない」として，否定している。黙示の労働契約をめぐるこのような判断については，他の裁判例と基本的に異ならない（詳細は後述）。

---

224) 最二小判平成21年12月18日民集63巻10号2754頁。
225) 高松高判平成18年5月18日労判921号33頁，最二小決平成21年3月27日労判991号14頁（不受理）。

むしろ，同事件でより注目すべきなのは，②の雇止めの適法性をめぐる判示部分である。高松高裁は，XがY₁社における，契約期間を6ヵ月とする登録型の派遣労働者であるとしたうえで，労働契約の「更新が反覆継続されてきたからといって，解雇権濫用の法理が類推適用される場合に当たると認めることはできない」とし，原判決の立場を維持している。この点，原判決は，「XがY₂銀行への派遣による雇用継続について強い期待を抱いていたことは明らか」としながらも，「労働者派遣法は，派遣労働者の雇用の安定だけでなく，常用代替防止，すなわち派遣先の常用労働者の雇用の安定をも立法目的とし，派遣期間の制限規定をおくなどして両目的の調和を図っているところ，同一労働者の同一事業所への派遣を長期間継続することによって派遣労働者の雇用の安定を図ることは，常用代替防止の観点から同法の予定するところではない」として，「Xの雇用継続に対する期待は，派遣法の趣旨に照らして，合理性を有さず，保護すべきものとはいえない」と判示していた。

以上要するに，同事件では，有期雇用の反覆継続後の期間満了に伴う雇止めについて，派遣的就労形態の場合には，派遣法の常用代替防止という趣旨をふまえて，労働者の雇用継続に対する期待の合理性を一律に否定することで，解雇権濫用法理の（類推）適用自体を否定するかのような判示がなされている。

③ マイスタッフ〔一橋出版〕事件[227]

同様に，マイスタッフ〔一橋出版〕事件では，Y₁社（派遣元）の派遣労働者であるXが，学術書・教科書の販売等を目的とするY₂社（派遣先）に派遣され，約2年間就労していたケースで，派遣中止に伴うY₁社の雇止めの適法性等が問題となった。

東京高裁は，まず，法人格否認の法理の適用や，XとY₂社との間での黙示の労働契約の成立について否定している。その上で派遣元であるY₁社における雇止めの適法性を検討し，当該契約関係は，Xが期間6ヵ月の有期契約を更新する派遣労働者であるとしたうえで，「労働者派遣法は，派遣労働者の雇用安定のみならず，派遣先の常用労働者の雇用安定も立法目的とし，派遣期間の制限規定を

---

226) 松山地判平成15年5月22日労判856号45頁。
227) 東京高判平成18年6月29日労判921号5頁，最一小決平成18年11月2日判例集未登載（不受理）。

設ける（派遣法40条の2）などして上記目的の調和を図っており，同一の労働者を同一の派遣先へ長期間継続して派遣することは常用代替防止の観点から本来同法の予定するところではないから，労働者派遣契約の存在を前提とする派遣労働契約について，派遣ではない通常の労働契約の場合と同様に雇用継続の期待に対する合理性を認めることは，一般的に困難」と判示した。

④　「常用代替の防止」目的と雇止め制限法理

　これらの裁判例の考え方を敷衍すれば，次のようになる。すなわち，直接雇用の場合とは異なり，外部労働力である労働者派遣については，派遣法のもとで臨時的・一時的に労働力を利用できるものとして制度化されたものであるから，仮に，結果的に派遣による就労期間が（違法に）長期化して，労働者と派遣元との間の有期労働契約が反覆継続しているとしても，そこで雇用の継続に対して期待を抱くことは不合理であり，法的保護に値しないということである。

　その結果，これらの裁判例では，派遣法の趣旨から「雇用継続に対する派遣労働者の合理的期待」が否定されている。そして，これら両事件の結論は，いずれも最高裁で維持されているほか，最近の下級審の裁判例でも同様の考え方がうかがえる。[228]

　この点，2015年の改正以前に派遣法の根底にあった「常用代替の防止」目的については，派遣先の直用労働者の利益を保護する観点から導入されたものであって，派遣労働者の利益と抵触するケースも十分にあり得る。筆者は，立法論としては，この常用代替防止目的を早急に改め，派遣労働者個人の保護に軸足を移した法規制に改めるべきと主張してきた（第6章）。そして，2015年の法改正では，こうした方向での改正が不十分ながらも実現している。ただ，従前の法制度において，派遣労働者が特定の派遣先で継続的に就労することには，常用代替防止の観点から制約が課されていたことは認めざるを得ない。端的に言えば，派遣労働者の雇用保障は，間接雇用に由来する派遣の普遍的な特徴に加えて，常用代替の防止という日本の派遣法の特異な目的から，より一層不安定とならざるを得ない構造となってきたのである。

228）　マイルストーン事件（東京地判平成22年8月27日労経速2085号25頁），トルコ航空ほか〔派遣客室乗務員〕事件（東京地判平成24年12月5日労判1068号32頁）など。

もっとも，派遣法でいう常用代替の防止目的と，派遣労働者が派遣元との労働契約関係の存続に関して有する期待が合理的かどうかという問題とは，理論的に別物である。学説では，信義則による補充的・修正的解釈の要請は直接雇用の労働契約のみならず派遣労働契約にも及ぶとして，派遣労働者の雇用継続に対する期待の合理性を直ちに否定するのでなく，それが認められるケースであれば解雇規制を類推適用する立場も有力に主張されている。[229]

　この問題について，立法論としてはともかく，従来の派遣法では，いわゆる政令28業務とそれ以外の自由化業務とで，常用代替をめぐる評価の違いから異なる規制が展開されてきたのであり，それに即した検討が必要であろう。[230]

　まず，派遣法の制定当初から派遣が認められ，その後に対象業務の拡大が図られてきた2015年改正以前の政令28業務（従来の26業務）については，派遣法の建前では，派遣対象業務の棲み分けにより，そもそも常用代替の問題は生じないはずである。政令28業務（当初は13業務）であれば，派遣先のいわゆる正社員と市場が異なるというのが派遣法の制定時からの考え方であった。そうすると，政令28業務では，派遣先で派遣労働者を継続的に受け入れること自体は何ら違法でなく，派遣元との関係でも，労働者の雇用継続に対する「期待の合理性」を判断する際に，派遣法でいう常用代替の防止目的からの制約を受ける理由はない。[231]

　一方，1999年の法改正で解禁された，いわゆる自由化業務での派遣については，派遣先は，原則1年，例外的に派遣先の過半数代表の意見を聴取した上で，最長

---

229)　小西國友「派遣労働契約の反覆更新と，解雇法理の類推適用の可否―伊予銀行・いよぎんスタッフサービス事件」ジュリスト1274号（2004年）210頁，富永晃一「派遣労働者と派遣先の黙示の労働契約と派遣元による雇止めの成否―マイスタッフ（一橋出版）事件」ジュリスト1330号（2007年）168頁，水町勇一郎『労働法（第5版）』（有斐閣，2014年）350頁。また，西谷敏『労働法（第2版）』（日本評論社，2013年）480頁も，派遣法の本来の趣旨に反して契約更新を繰り返し，派遣労働者を利用してきた派遣元が，突然派遣法の本来の趣旨を理由として雇止めを正当化しようとするのは，許されないとする。なお，伊予銀行・いよぎんスタッフサービス事件・前掲の上告審における今井裁判官の反対意見も参照。
230)　ただし私見によると，政令28業務と自由化業務とで規制を区別することには，そもそも規制自体に正統性がなく，派遣法の規制を複雑化した上に実効性にも欠けるという無用の規制であった（第6章）。立法論としては，これら業務の区分を原則としてなくしたうえで，常用代替をめぐる問題も含めて改めて検討すべきであり，2015年の改正ではそれが一部で実現している。
231)　この点，前掲の伊予銀行・いよぎんスタッフサービス事件は，当時の政令26業務での派遣に該当した可能性があり，仮にこれが認められれば常用代替防止目的はそもそも問題とならないのであるから，まずは26業務該当性の有無を検討すべき事案であったと思われる。

3年まで，同一業務での派遣利用が認められてきた（派遣法旧40条の2）。すなわち，自由化業務では，政令28業務のように業務を限定するのではなく，同一派遣先での最長受入期間を法律で制限するとともに，派遣を直接雇用へと誘導することが目指されてきた。自由化業務で，ある特定の派遣先での派遣を継続することは，「常用代替防止」という派遣先の直用労働者の利益を重視する観点から許されてこなかった。したがって，自由化業務において，派遣労働者がある特定の派遣先で継続的に使用されていたとしても，派遣法の枠組み（特に期間制限）に従った臨時的な派遣である限りは，派遣労働者が当該派遣先との関係を前提に，派遣元での雇用継続に対して期待を抱いたとしても，合理的とは評価できないだろう。

これに対して，自由化業務での派遣であっても，①派遣法の期間制限の枠組みから外れて，派遣が違法に継続しているケース，あるいは，②派遣法の枠組みに従っている場合であっても，派遣先を変更することで派遣元との労働契約関係が長期間に及んでいるケースとなれば，事情は異なってくる。

①のケースでも，当該派遣先との関係でみれば，たとえば所轄労働局による行政指導を契機とした違法状態の適法化を目的として，企業間での労働者派遣契約を解消することが（期間制限が重要であった当時の法制度上は）望ましいことは認めざるを得ない。しかし，派遣法でいう常用代替の防止目的と，派遣労働者が派遣元との労働契約関係の存続に関して有する期待が合理的かどうかという問題とは，理論的に別物である。特に期間制限違反のケースでは，派遣元との関係で，派遣労働者が雇用継続に対して有する期待の合理性を直ちに否定することは到底適切とはいえず，個々のケースでの事情（雇用継続を期待させる先行行為の有無，派遣先や派遣元における労働力を長期間にわたって利用する意図の有無等）に応じ，派遣元は労契法19条のもとで労働契約の更新を義務づけられる余地がある。このことは，②のケースにも当てはまる。

こうしてみると，2015年に法改正がされる以前の派遣労働関係において，常用代替防止目的から派遣労働者の雇用保障に関して特別な制約があるのは，①派遣法の期間制限の枠組みに従って，②自由化業務で行われる労働者派遣のうち，③派遣労働者が当該の特定の派遣先での就労のみを予定していたケースという，3つの要素を満たす極めて限定的な局面に限られる。

これに対して，政令28業務での派遣や，自由化業務でも，派遣法の期間制限に違反している場合（典型的には，いわゆる偽装請負のもとで期間制限に抵触してきた

ケース),あるいは,派遣法にしたがった適法な派遣労働関係であるとしても,派遣先を変更することで派遣元との労働契約関係が反覆継続しているケースとなれば,派遣労働者の雇用継続への期待が合理的か否かの判断に際し,常用代替防止目的は何ら影響がないものと解される。したがって,上の裁判例が,派遣法の常用代替防止目的に言及することで,広く一般に雇用継続への期待の合理性を否定している点には賛成できない。前述の3要素を満たす例外的なケースを別にすれば,一般の直接雇用の場合と同様に,個々の具体的事情を検討して,雇止め制限法理(労契法19条)が適用される余地もあると解すべきである。

さらに,2015年の法改正によって,派遣期間に対する規制そのものが抜本的に変更されており,従来の常用代替の防止という目的が大きく後退していることに照らせば,今後は,前述した裁判例の判断枠組みは当然に変更される——すなわち,直接雇用での有期雇用の場合と同様に判断される——べきであろう。

⑤ 雇止め制限法理の限界

とはいえ,従来の裁判例の立場を前提とすれば,雇止め制限法理によって派遣労働者の雇用の存続保護を図ることは相当に難しいし,そうでなくとも,労働者派遣を法制度のなかで臨時的・一時的なものとして位置づけてきた以上,派遣元での雇用継続の「期待」にも自ずと限界がある。[232]

学説では,労働契約においては,直接雇用が原則であることが法的にも求められているとの考え方を前提として,それに対する例外である労働者派遣については臨時的・一時的な場合に限定すべきとの立場から,期間制限に違反するなどの違法派遣のケースでは,派遣労働者と派遣先との間で直接雇用の関係を擬制すべきとの立場もある。[233] しかし,派遣法の成立によって,職業安定法が堅持してきた直用主義の原理的な正統性が失われる一方で,立法政策として,派遣法は派遣先で直接雇用される労働者の利益保護の観点も含めて常用代替の防止を目指してきた。そうすると,こうした立法政策の適否はともかくとして,裁判例の立場は,当時の法制度のもとではやむを得ない面もあった。

---

232) 同旨の指摘として,皆川宏之「労働者派遣をめぐる法的問題」日本労働研究雑誌582号(2009年)4頁など。
233) たとえば,脇田滋「伊予銀行・いよぎんスタッフサービス事件・最高裁上告不受理決定を批判する」労旬1705号(2009年)32頁。

この点，上記の裁判例では，派遣法の常用代替防止目的への言及に続けて，次のような判示部分があり注目される。すなわち，同事件で問題となった労働契約は，企業間での労働者派遣契約の存在を前提とするところ，「企業間の商取引である派遣契約に更新の期待権や更新義務を観念することはできないから」，派遣元と派遣先との間での労働者派遣契約は，その期間が満了し，更新がなされなかったことにより終了したとした上で，仮に，原告労働者と派遣元との労働契約が「期間の定めのない契約と実質的に異ならない状態で存在しているということができ，あるいは……原告の雇用継続に対する期待になお合理性を認める余地があるとしても」，当該労働契約の前提たる労働者派遣契約が期間満了により終了したという事情は，「当該雇用契約が終了となってもやむを得ないといえる合理的な理由に当たる」という点である。

　繰り返しになるが，2015年の改正以前においても，自由化業務での期間制限に抵触するような違法派遣のケースで，派遣法の常用代替防止目的から直ちに労契法19条でいう期待の合理性を否定することには，問題がある。他方で，予備的に雇止めの適法性を検討した上で，労働者派遣契約の終了に伴う派遣元での雇止めを当然に適法とした判旨は，要するに，派遣労働関係において，労働契約で特定の派遣先での就労のみを予定している場合には，期間満了による雇止めはもちろん，仮に労働契約に明確な（暦日による）期間の定めがない場合であったとしても，解雇規制によって派遣労働者の雇用保障を図ることの難しさを示唆している。

　たとえば，最近のトルコ航空ほか〔派遣客室乗務員〕事件では[234]，派遣法の常用代替防止目的に言及し，予備的に雇止めの適法性判断をするという，いよぎん事件と同様の立場によりながらも，後者については当然に適法とするのでなく，当該事件の事実関係をふまえた，より実質的な判断がなされている。そして同事件でも，①当該労働契約では，当初からある特定の派遣先での就労を予定していたこと，②企業間での労働者派遣契約が更新される見込みがなかったこと，③派遣元が原告労働者らの一部に対して，不十分ながらも，代わりとなり得る派遣先を提示していたこと，④派遣元の取引関係からすれば，代替となり得る派遣先は容易に見出せないことを指摘し，結論として，期間満了による雇止めが適法とされている。

---

[234]　東京地判平成24年12月5日労判1068号32頁。

また，やや事案が異なるものとして，アデコ〔雇止め〕事件がある[235]。同事件では，ある派遣先での管理的業務に従事するために派遣元で採用された労働者が，有期労働契約に基づいて約2年間就労していた。ところが，当該労働者の経験不足や適格性の欠如が問題化するなかで，派遣先による減員要請に伴って派遣元で雇止めされたという事案である。この事件では，最後の契約更新時に，いわゆる不更新条項が設定されたケースで，その後の雇止めについて雇用継続に対する期待の合理性が否定されている。

　労契法19条によると，①有期雇用の雇止めについて，実質的にみて，期間の定めのない労働契約に対して解雇により「労働契約を終了させることと社会通念上同視」できる場合，②または，「当該有期労働契約の契約期間の満了時に当該有期労働契約が更新されるものと期待することについて合理的な理由がある」場合には，無期雇用における解雇に合理性が求められる（労契法16条）のと同様に，雇止めが制限されることで雇用の存続保護が図られる。しかし，とりわけ派遣労働関係においては，裁判例をみる限り，期間満了による雇止めのケースで，派遣労働者による地位確認請求の多くが否定されている。

4　派遣条項（自動終了条項）の有効性

　こうしてみると，派遣労働者の雇用保障をめぐっては，2015年改正以前の労働者派遣法でいう常用代替防止目的とは無関係に，間接雇用である労働者派遣の構造的な特徴や，それを前提とした当事者の意思解釈を媒介して，直接雇用の場合とは異なる特別な制約があり得ることが示唆されている。

　そもそも派遣労働契約の解釈として，ある派遣先での就労が終了した後に，現実に派遣のない待機期間中にも賃金を支払うことを特別に約定しているような場合でない限り，当該契約は，ある特定の派遣先での就労を前提としているとみるのが素直な解釈であろう。このことがもっとも鮮明化するのが，仮に労働契約で明示的な約定がある場合であれば，企業間での労働者派遣契約の終了に伴って，派遣労働契約も当然に終了すると解する余地はあるか，という労働契約の「派遣条項（自動終了条項）」をめぐる問題である[236]。

---

235)　大阪地判平成19年6月29日労判962号70頁。
236)　第4章で検討するように，オランダではこうした派遣条項の効力について，一定の範囲で明示的に認められている。

この問題について，たとえば，ジョブアクセスほか事件の第１審では[237]，当該労働契約の解釈として，派遣先であるＡ社での「職務（労務）を遂行することを内容とするもので，当該職務が存在する限りでの『期間の定めのない』労働契約であると解するのが相当」として，派遣先の消滅（解散）に伴って，原告労働者と派遣元との労働契約も終了するとされている。同様に，マイルストーン事件・前掲でも，明示の特約等のないケースで，「登録型有期労働契約の場合，派遣期間と雇用契約期間が直結しているため，労働者派遣が終了すれば雇用契約も当然に終了する」として，企業間での労働者派遣契約の期間満了にあわせた派遣元での雇止めが適法とされている。

　他方で，これまでの裁判例の多くでは，こうした労働契約の終了を解雇（または雇止め）の問題として扱い，労働契約を当然に終了させることには慎重である。たとえば前掲のジョブアクセスほか事件の控訴審でも[238]，当該労働契約の解釈として，特定の派遣先で就労するという就労先について限定のない無期の労働契約であると評価し直すことで，労働者派遣契約の終了により労働契約が当然に終了するとの原審を修正するとともに，派遣元による解雇の合理性についても否定して労働者の地位確認請求を認容している。

　もっとも，これまでの事案では，労働契約において，企業間での労働者派遣契約の終了に伴って派遣労働契約も当然に終了する旨の，労働契約上の明確な合意（規定）があるわけでもない。たとえば，社団法人キャリアセンター中国事件では[239]，自動終了に関する明示の同意がないケースで，黙示の同意を認定することには慎重であるべきとし，同事件でも結論として否定するという構成となっており，自動終了に関する契約条項の有効性自体は正面から論じられていない。現時点で事案の蓄積がないこともあり，この問題に対する裁判例の立場は不明確な状況にある。

　それでは，理論的にみた場合に，仮にこうした「派遣条項」が明示的に設けられていたとすると，その効力を認める余地はあるのだろうか。前述のように[240]，派

---

237) 東京地判平成22年5月28日労判1013号69頁。
238) 東京高判平成22年12月15日労判1019号5頁。
239) 広島地判平成21年11月20日労判998号35頁。
240) この問題に関連して，安西愈『新版 労働者派遣法の法律実務（下巻）』（労働調査会，2008年）795頁は，派遣法では派遣労働者に対する就業条件の明示が義務づけられており（34条），当該規制

遣労働契約の解釈では，待機期間中における賃金保障を欠くなど，特定の派遣先での就労が労働契約の前提となっているのが一般的であるとして，さらに，仮にこうした派遣条項が適法と解される場合には，派遣労働者について，そもそも解雇や雇止めの合理性が問題となる余地は大幅に縮小する。同様のことは，一般の直接雇用の場合であっても理論的に問題となり得るが[241]，間接雇用である派遣労働関係においてはより先鋭化するのである。

学説では，第1に，こうした自動終了を認めることは，強行規定である労契法17条に違反するとの批判がある[242]。たしかに，労働契約を使用者が一方的に終了させる解雇であれば，労契法16条や17条の規制に服するのは当然といえる。しかし，派遣条項に基づく労働契約の終了は，少なくとも形式的には，当事者の個別同意または就業規則に基づく労働契約の終了事由によるのであって，使用者の一方的な権利行使とは次元を異にする。派遣条項が強行規定（解雇規制）に直ちに違反するとみることには，解釈論として無理がある。

他方，第2の批判として，自動終了を許容することは，「これまでの裁判例の立場に沿わないだけでなく，理論的にも，派遣先を介在させたり契約上職務を限定することによって恣意的に労働契約を終了させることを可能とし労働者を不安定な状況に置くもの（解雇法理の潜脱にあたるもの）として妥当でない」とするものがある[243]。この立場は，第1の批判とはニュアンスがやや異なって，派遣条項が強行規定たる解雇規制に実質的に抵触するとの問題認識のもと，従来の裁判例とのバランスからも，解雇規制を適用していくことを正当とする立場である。

たしかに，派遣労働関係において「派遣条項」の有効性を認めることは，実質的にみると解雇規制と抵触することは否定できない。しかし，現実に就労していた派遣先での就労継続が困難となるケースで，労働契約を終了させること自体に

　　　に則して労基法20条に準じ30日分の賃金を支払うことが事前に明示されているような場合には，労働者派遣契約の終了に伴う派遣元での雇止めを原則的に適法とすべきとする。
241) 典型的には，有期雇用で一定の事業完了を目的としているケースが考えられるし（労基法14条も参照），無期雇用であっても，職種や勤務地について明確に特定されているケースとなると，その再編に伴う労働契約の自動終了の可否については検討の余地がある。
242) 仲琦「派遣契約の中途解除による派遣労働者の解雇―社団法人キャリアセンター中国事件」ジュリスト1421号（2011年）127頁。
243) 水町勇一郎「派遣業務の消滅による派遣労働者の労働契約の終了―ジョブアクセスほか事件」ジュリスト1422号（2011年）145頁。

は一定の合理性がある。このことは，労働者がそうした事情を十分に認識した上で労働契約を締結している場合には，より一層妥当する。労働契約において職務を限定すること自体は不合理なことではないし，その場合に就労先の喪失を理由に雇用関係を終了させることも，直ちに恣意的とまでは評価できないと思われる。

また，従前の裁判例が否定的であるとはいっても，これまでの事案では，労働契約で明確な約定がないなかでの自動終了の可否が争われたケースが大多数であり，仮に明確な合意（契約条項）に基づき，かつ，上記のように労働者も十分な認識を有している場合についてまで，自動終了の効力を当然に否定する立場が確立しているわけではない。そして，たとえば，労働者が私傷病や事故欠勤により長期間休職し，当該休職期間が満了した後に自動退職するという制度，あるいは，ある一定年齢に達した労働者を自動的に退職させるという定年退職制度など，労働契約の終了をめぐっても，解雇規制に服さない，約定された終了事由による労働契約の自動終了の余地があることと対比すれば，労働者派遣の場合にも，こうした条項を直ちに全面的に無効とする必然性はない。

むしろ，このような自動終了について，就業規則の合理性（労契法7条）を認めるための要件，あるいは，個別同意によって自動終了が約定されている場合には，当該条項を公序（民法90条）に照らして有効とみるための要件を検討していくべきであろう。この点，たとえば定年制であれば，労働者の機会の平等と，人事の刷新や定年までの雇用機会の確保といった実質的な合理性から有効と解され，また，休職期間の満了による自動退職制度であれば，それまでの解雇猶予措置としての面から制度の合理性が肯定されている。これらと比べれば，派遣労働契約における派遣条項に「猶予措置」としての側面はなく，より一層の慎重な考慮が必要であろう。

私見によると，派遣元が労働力の需給マッチングを適性に図り得る真正な登録型派遣（真正登録型）であれば，派遣条項の効力を認める余地がある。ただし，今後の立法政策としてはともかく，現時点でこれらに該当するのは，あくまで例外的な場合といえる（詳細は第6章第2節Ⅳを参照）。すなわち，現行法のもとでは，現実に問題となる紛争の多くで派遣条項は無効となり，派遣元による解雇または雇止めの問題となるところ，派遣先の喪失という点で，特に，いわゆる整理解雇の4要素に照らした判断が求められる。

III 派遣先への雇用責任の転嫁

1 直接雇用の申込義務

　第2節で概観したように，日本の労働者派遣法は，派遣を臨時的・一時的なものに限定するという「常用代替の防止」を基本軸として規制を展開してきた。派遣法は，当初は対象業務を13業務に限定し，派遣先で直接雇用される労働者とは市場の異なる業務でのみ派遣利用を許容することで，この「常用代替の防止」を目指していた。他方，1999年に対象業務が原則として自由化されてからは，この新たな自由化業務について，今度は，派遣期間を制限することによって上記の目的が堅持されてきた。もっとも，「常用代替の防止」を貫徹すると，派遣元，派遣先，そして派遣労働者という当事者のニーズが合致している場合であっても，ある特定の派遣先で継続的に就労することは法的に認められず，このことはかえって派遣労働者の雇用の不安定化をもたらす可能性がある。典型的には，派遣期間の制限に抵触し，所轄労働局からの是正指導を受けた場合に，派遣先が当該関係の適法化を図るために労働者派遣契約を解消するようなケースである。

　この問題に関連して，派遣法では，期間制限と抵触する場合に，派遣先に対して派遣労働者への直接雇用の申込義務を課すことで，派遣労働者の雇用の安定と，常用代替防止目的との調和を図ることが企図されてきた。以下では，この直接雇用の申込義務をめぐる法的問題を検討する。なお，2012年および2015年と相次ぐ法改正によって，この直用化をめぐる規制は根幹部分から変更されているが，まずは，現行制度の前身である申込義務の内容を押さえることとする。2015年の改正以前において，派遣法でいう直接雇用の申込義務には，努力義務も含めていくつかの類型があったが，以下では実際の紛争で最も問題となってきた派遣法旧40条の4の申込義務を検討対象とする。

(1)　申込義務の発生要件

　派遣法旧40条の2第1項本文によると，「派遣先は，当該派遣先の事業所その他派遣就業の場所ごとの同一の業務……について，派遣元事業主から派遣可能期間を超える期間継続して労働者派遣の役務の提供を受けてはならない」。これが，いわゆる自由化業務に対する期間制限であった。

そして，派遣法旧35条の2によると，「派遣元事業主は，派遣先が当該派遣元事業主から労働者派遣の役務の提供を受けたならば第40条の2第1項の規定に抵触することとなる場合には，当該抵触することとなる最初の日以降継続して労働者派遣を行つてはならない」（第1項）。また，「派遣元事業主は，前項の当該抵触することとなる最初の日の1月前の日から当該抵触することとなる最初の日の前日までの間に，厚生労働省令で定める方法により，当該抵触することとなる最初の日以降継続して労働者派遣を行わない旨を当該派遣先及び当該労働者派遣に係る派遣労働者に通知しなければならない」（第2項）。

その上で，派遣法旧40条の4によると，「派遣先は，第35条の2第2項の規定による通知を受けた場合において，当該労働者派遣の役務の提供を受けたならば第40条の2第1項の規定に抵触することとなる最初の日以降継続して第35条の2第2項の規定による通知を受けた派遣労働者を使用しようとするときは，当該抵触することとなる最初の日の前日までに，当該派遣労働者であつて当該派遣先に雇用されることを希望するものに対し，労働契約の申込みをしなければならない」とされていた。

非常に複雑な構造であるが，上の諸規制の文言からすると，2015年の改正以前において派遣先による直接雇用の申込義務が発生する要件としては，派遣先が，①期間制限に抵触する旨の「通知」を派遣元から受けること，②派遣上限期間に抵触した後も派遣労働者を使用しようとすること，③労働者が直接雇用を希望することが必要だと考えられる[244]。また，解釈論としては，④ここでいう「派遣先」とは労働者派遣法の枠組みにしたがったものに限定され，いわゆる偽装請負のケースのように，単に「労働者派遣の役務の提供を受ける者」は含まれないとみる余地もある[245]。

---

[244] この点については，小嶌典明「派遣先による派遣労働者の直接雇用―正すべき誤解」阪大法学59巻1号（2009年）1頁，同「採用の自由とその制約―求められる慎重な議論」阪大法学59巻3＝4号（2009年）125頁。なお，反対の立場として，萬井隆令「労働者派遣法における期間制限の意義」龍谷法学42巻1号（2009年）5頁も参照。

[245] たとえば中労委は，直接雇用の申込義務の位置づけに関連して，いわゆる「偽装請負」のケースである東海市事件（平成25年1月25日）や近畿地方整備局事件（平成26年3月5日）において，こうした解釈を採用している。ここでの詳述は控えるが，たとえば労働者派遣と請負との区分基準を示す厚生労働省の「労働者派遣事業と請負により行われる事業との区分に関する基準」（昭和61年労告37号，平成24年厚労告518号）からも明らかなように，たとえ許可や届出といった形式要件

(2) 申込義務の内容

　上記の申込義務の発生要件について，どのように理解するかについては様々な立場がある。ただ，これまでの裁判例は，①の「通知」がない場合に申込義務の発生を否定する立場で概ね一致しており，行政解釈も同様である[246]。このような立場を前提にすれば，派遣元による抵触日の通知を欠くような現実の多くの紛争事例では，そもそも派遣先に申込義務は発生せず，こうした規制自体が空文化することになる点で批判もあろうが，ここでは詳しくは検討しない。

　本書の問題関心からより重要と考えられるのは，上記の要件をどのように緩やかに解するにしても，派遣先に生じるのは，結局のところ公法的な観点からの，直接雇用の「申込義務」にとどまっていたという点である。つまり，労働者派遣法は，少なくとも明文の規定では，派遣労働者と派遣先との労働契約関係の成立や，派遣先の「申込」を擬制してこなかった。そして同条違反の効果もまた，厚生労働大臣による勧告や企業名の公表等が予定されるにとどまっていた（旧49条の2）。これは，たとえばドイツ法で，従来，派遣上限期間を超える違法派遣のケースで，私法的にも派遣先との間で直接の労働契約の成立が明示的に擬制されていたことと比較すると（ただし現在は前提となる期間制限自体に変遷がみられる），相当に緩やかな規制であるといえる。

　裁判例をみると，たとえばパナソニックプラズマディスプレイ〔パスコ〕事件の大阪地裁判決では[247]，派遣先による「直接雇用契約の申込が実際にない以上，直接の雇用契約が締結されると解することはできない」とされている。派遣法40条の4を公法上の取締規定と解して，私法的な効力を否定したのである。これは，行政解釈と同様の立場であるとともに，多数説とも一致する[248]。では，このような

　　を満たさなくとも，派遣元が「労働者派遣元事業主」に該当することがある。そこでは，いわゆる偽装請負のケースも含めて，実質的に労働者派遣に該当する場合には当然に期間制限等の対象となることが想定されている。これに対応する派遣法上の「派遣先」と「労働者派遣の役務の提供を受ける者」という区別についても，後者は，①業としない労働者派遣や，②派遣元事業主以外からの（許可等を得ない違法な）派遣のケースを想定するものではあるが，ここから「派遣先」概念をあえて限定する解釈には，派遣法の規制を遵守しない受入企業の法的責任を回避することにつながり問題がある。

246) 労務行政研究所編『労働者派遣法』（労務行政，2013年）490頁，厚生労働省『労働者派遣事業関係業務取扱要領』（平成26年4月）235頁。
247) 大阪地判平成19年4月26日労判941号5頁。
248) 学説として，土田・前掲注153書707頁など。

解釈は適切といえるのか。次で検討しよう。

(3) 申込義務の法的意義
① 私法効を否定すべき根拠――採用の自由を中心に

　直接雇用の申込義務については，派遣先の「採用の自由」との関係が問題となる。[249] 採用の自由は，経済活動の自由の一環として憲法で保障されている重要な原則である（三菱樹脂事件[250]）。また，本来は他人同士である使用者と労働者が，労働契約に基づいて様々な法的責任を負うのは，自らの意思で契約を締結したからにほかならない。責任の根拠を契約（合意）に求める以上，国家が法によって契約締結の自由に介入すること，とりわけ契約の締結自体を強制するという手法で介入することに対しては，特に慎重な姿勢が必要である。さらに，日本の労働法体系のもとで，採用後の解雇全般に合理的理由が必要とされ，労働力の需給調整に制限が加えられていること（労契法16条），そして解雇規制の内容として，合理性のない解雇を無効として契約関係の継続を強制する処理がされていること（単に金銭補償の問題にとどまらないこと）も併せて考えれば，使用者にとって，雇用の入口段階での「採用の自由」は，実質的にもきわめて重要な意義を有することになる。

　たしかに，現行法のもとでも，使用者が有する採用の自由が無制約に認められているわけではない。たとえば，男女雇用機会均等法5条や雇用対策法10条，障害者雇用促進法などでみられるように，一定の差別禁止や雇用政策的な目的によって「採用の自由」は制限されている。しかし，これらの規制が「採用の自由」をどのように制約しているのかに着目すると，法は個別の求職者に（採用）請求権を与えておらず，したがって使用者は特定の求職者の雇入れを強制されず，せいぜい損害賠償の問題が生じるにとどまる。例外として，労組法7条違反の不当労働行為のケースで，労働委員会の救済命令として雇入れを命じる理論的余地はあるが，これは，労働委員会に与えられた裁量権の問題であって，採用を希望する者がいきなり裁判所で労働契約上の地位を確認できる性質のものではない。そ

---

　249) この点については，小嶌・前掲注244論文（阪大法学59巻3＝4号）125頁，および，同「採用の自由とその制約(続)派遣法改正案の批判的検討」阪大法学60巻2号（2010年）1頁も参照。
　250) 最大判昭和48年12月12日民集27巻11号1536頁。

うすると，労働者派遣で特定の派遣労働者について派遣先での直用化を擬制するような立法政策を導入する場合には，他の法制度以上に明確な根拠が必要となるはずである。

また，仮に派遣労働者と派遣先との間で直接の契約関係を擬制する場合には，新たな労働条件の水準をどのように設定するのかも問題となる。日本においては，労働契約の重要な要素である賃金の決定方法でさえも，企業ごとに，あるいは同一企業内であってもたとえば正社員と非正社員とで大きく異なっている。さらに，同一企業のいわゆる正社員間で現に従事している職務まで同一である場合でさえも，勤続年数を含め，当該企業内で形成された（あるいは将来の）キャリアという属人的な要素に応じて，処遇は大きく異なるのが通例である。こうした格差は，正社員について企業内部での配置・昇進を前提にするという雇用システムと密接に関連するものであり，産業別での労働条件決定のもと特定のポストで労働者を採用し，当該ポストについて職務給制度が普及している欧米諸国とは，前提となる事情が大きく異なる点といえる。こうした状況下では，仮に契約関係を擬制する場合にも，具体的な労働条件の水準を確定することは容易なことではない。これまで派遣法が労働者と派遣先との間で直用関係を擬制しなかったのは，それが当事者意思に反するとして社会的コンセンサスを得られないこと，および，新たな労働条件について依るべき基準がないとの理由であった。[251]

たしかに，派遣法違反の是正措置として，もっぱら行政指導等に委ね，派遣労働者が自ら裁判で争う余地を認めないのでは，規制の実効性確保という点で疑問がないわけではない。[252] また，「採用の自由」に対する立法による制限に関連して，

---

251) 第156回衆議院厚生労働委員会会議録・第14号（平成15年5月14日）。この点，三洋アクア事件（名古屋地一宮支判平成21年8月4日労経速2052号29頁）では，派遣法旧40条の5について，「直ちに雇用契約の申込みがあったと同じ効果が［を］生じさせ，派遣労働者に雇用請求権を付与したと……するには疑問」とし，その理由として，「派遣法は，上記雇用契約の申入れを規定するにあたって，労働条件に関する実体的な規定や，当事者間における労働条件の調整に関する調整手続に関する規定を欠いているので，雇用契約の申入れがあったとみなしても，労働条件を確定せず，労働条件が定まった雇用契約の締結を認めることができないので，当事者間の抜本的な権利関係は解決されず」司法上の審理対象になじまないとしている。

252) この点，いわゆるリーマン・ショックの時期には，派遣法違反である「偽装請負」が社会問題となるなかで，厚生労働省は指導を強化する傾向にあった。たとえば，平成19年7月から平成20年3月までの間で，派遣上限期間の違反に関する指導として，①請負事業者に対して指導が行われたケースでは，指導件数522件（労働者数12,744人）のうち1,211人（9.5％）が発注元で直用化され

2012年の法改正により，従来の雇止め制限法理の立法化に加えて，有期雇用が反覆継続するなど一定の要件を満たす場合に，労働者の申出に応じて，使用者が当該申出を承諾したとみなす規定が新設されている（労契法18条，19条）。この新たな規制は，使用者の「採用の自由」を直接に制限し，ある特定の労働者との間で労働契約締結の強制を図るものである。

　しかし，こうした規制の正統性はひとまず置くとして，「みなし」効果が生じる要件について法律で具体的に設定したうえで，労働者の申込みに対して「使用者は……当該申込みを承諾したものとみなす」というかたちで，明確に私法的な効力を認める規制となっており，従来の派遣法での申込義務とは基本的に異なっている点も参考となろう。労働者派遣法には，労基法13条のように法違反のケースで直律的効力を定める規定はない。個別の条文に明確に私法的な効力を定める規定がない以上，（2012年の改正法が2015年10月に施行される以前の状況下において）派遣法の申込義務から契約締結まで擬制するような解釈には賛同し得ない。

　これに対して，学説では，一般条項である信義則（民法1条3項，労契法3条4項）や公序（民法90条）を媒介して，実質的にみれば，従来の派遣法上も申込義務に私法的な効力を認めようとする主張もあるので，ここで検討しておこう。具体的な効果面に着目すると，学説は，労働者と派遣先との間で黙示的な労働契約の成立を認めるものと，申込義務を手がかりとして派遣先の損害賠償責任を導くものとで区別できる。

② **申込みを実質的に擬制する立場**

　派遣先による申込みが私法的にも擬制される（2015年10月）以前の法状況のもとで，解釈により，派遣先の申込みを実質的に擬制する最近の代表的な立場とし

　　ており，②労働者派遣事業における派遣元や派遣先に対して指導が行われたケースでは，指導件数96件（労働者数1,629人）のうち1,088人（66.8％）が派遣先で直用化されている（詳細は，厚生労働省「偽装請負等に対する是正指導後の労働者の雇用状況等」，同「現下の厳しい雇用失業情勢を踏まえた労働者派遣契約の解除等に係る指導に当たっての労働者の雇用の安定の確保について」（平成20年11月28日職発第1128002号）。

253）　ただし，労基法13条の補充項について，法が特別に創設したものと解するのか，当然のことを単に確認した規定と解するのかでは争いがある（東京大学労働法研究会編『注釈労働基準法（上巻）』（有斐閣，2003年）268頁［大内伸哉］）。なお，労働立法における公法と私法との関係については，西谷敏「労働法規の私法的効力―高年齢者雇用安定法の解釈をめぐって」法時80巻8号（2008年）80頁も参照。

て，前述の毛塚教授の主張を検討する（同説の詳細は，第1節III）[254]。

この主張の要点は，民法623条や625条を根拠に直接雇用の原則を導き，それに反する雇用については，労働力の利用者に信義則上の「適正利用義務」があるとして，特に重大な派遣法違反があり企業間での労働力の取引契約が無効となるようなケースで，当該労働者と派遣先との間での黙示の労働契約の成否を判断する際に，派遣先の主張・抗弁を制限することにある。これは，あくまで黙示の同意を法的根拠としている点では，派遣法の申込義務と直結するものではない。しかし，実際に考慮されているのは労働者の一方的な希望のみであって，派遣先の意思は顧みられていないことからすると，実質的には申込義務の私法効を認めるのに等しい主張といってよい。

この点，一般に，信義則には矛盾行為の禁止という考え方が含まれていることからすると，派遣先の主張・抗弁を制限するというだけであれば，まず形式論として，「適正利用義務」という新たな中間概念をわざわざ措定する必要があるかどうかは疑問である。付随義務の範囲を安易に拡大することは，当該義務とまた別の義務との関係性をめぐる問題，すなわち他の同種義務との重複や調整，あるいは他の権利義務との矛盾や衝突を生じさせ，かえって法的義務の内容の希薄化をもたらし，法の履行確保という点でも問題がある[255]。

そして，より重要な点として，「適正利用義務」あるいは信義則を直接の根拠に，派遣先の主張や抗弁を制限するという効果を仮に認めるとしても，そのことが，なぜ，黙示の労働契約の成立に繋がるのかがはっきりしない。毛塚教授は，黙示の労働契約論が規範的解釈であることを強調されており，おそらく，何らかの価値判断を含む解釈をすべきとの趣旨であると思われるが，はたしてこれで十分な理由といえるかは疑問である。前述の「採用の自由」の重要性やそれに対する諸制度における制限の仕組みをふまえれば，派遣法で定める期間制限違反の事実があるというだけで，当事者が明確に反対しているにもかかわらず，一般条項

---

254) 毛塚勝利「偽装請負・違法派遣と受入企業の雇用責任—松下プラズマディスプレイ（パスコ）事件高裁判決にみる『黙示の労働契約』論の意義と課題」労判966号（2008年）5頁。なお，同様の考え方により，派遣先での継続利用の事実からより直接に黙示の労働契約の成立を模索する立場もある（代表例として，浜村彰「改正労働者派遣法の検討」労旬1554号（2003年）28頁）。

255) この点については，中嶋士元也「労働関係上の付随的権利義務に関する感想的素描」土田道夫ほか（編集代表）『労働関係法の現代的展開—中嶋士元也先生還暦記念論集』（信山社，2004年）159頁以下も参照。

を媒介に労働契約の成立意思までも実質的に擬制する根拠としては，あまりにも薄弱ではなかろうか。

　さらに，そもそもこの主張の根底にある，直接雇用が原則であることを当然視する考え方や，その法的根拠にも疑問がある。民法623条で規定される雇用関係は，派遣元と派遣労働者との間でもみられるものであり，間接雇用を否定する法的根拠としては不十分である。また，民法625条では，労働者の承諾があれば，使用者は第三者に対して労働契約上の権利を譲渡することも認められており，労働者派遣もこうした雇用形態の一種であるといってよい。民法の起草過程をみても，立法者は雇用と賃貸借とをパラレルにとらえ，民法625条については，転貸借のケースと同様に，使用者が有する権利の一部のみを第三者に移転する場合も想定した議論がされていた[257]。そうすると，民法の解釈として，労働契約の当事者と指揮命令の当事者とを常に一致させるべきとすることには相当な無理がある。たしかに，労働契約の当事者と指揮命令者とが異なるケースでは，労働者の地位が不安定となる可能性がある。しかし，だからこそ，派遣法では，労働者本人の同意を確実なものとするための規制が設けられているのである（派遣法32条）。

　なお，民法623条が二当事者間の契約関係を念頭に置いており，また，現実にも労働契約の多くが労働者と使用者の二当事者間で展開されているという事情は，契約の解釈準則となる可能性は十分にある。すなわち，ある複数の当事者間で役務提供と対価の支払いがなされている場合に，関係当事者の表示意思が不明確なケースであれば，民法623条が典型的には二当事者の関係を想定していることを手がかりとして，当該関係についても，労働者と実際の就労先との二当事者の関係を前提にしたものと評価する余地はある。しかし，それは当事者意思に反しない範囲での解釈準則にとどまり，明示的な意思表示がなされている場合にそれを無視する根拠とはなりえず，ましてや，雇用と使用の分離を一律に否定する法規

---

256)　なお，派遣先による指揮命令の法的根拠については，派遣元が指揮命令権を譲渡したとみるか，委任したとみるかなど争いがあるが，ここでは立ち入らない。本書の関心からポイントとなるのは，民法625条では，当事者の合意によって，使用者の権限の全部または一部を第三者に委ねることが許容されている点である。なお，派遣先に指揮命令権があることと，労働者が派遣先に対して直接に労務提供義務を負うこととが一致しない点については，山川・前掲注147論文373頁が示唆に富む。

257)　法務大臣官房・司法法制調査部監修『法典調査会・民法議事速記録四〔日本近代立法資料叢書４〕』（商事法務研究会，1984年）。詳細は，土田道夫編『債権法改正と労働法』（商事法務，2012年）44頁以下［本庄淳志／大内伸哉］を参照。

範とみることなどできない。

　この学説は，信義則という一般条項を根拠とする以上，理論的な可能性を完全には否定できないものである。しかしながら，上に述べた点，および労働契約の成立というきわめて重要な場面で，当事者意思をあまりにも無視した解釈として賛成できない。

③　申込義務を手がかりに損害賠償責任を認める立場

　次に，学説では，「労働法上の公序」を根拠として，申込義務違反のケースで，派遣先の損害賠償責任を肯定する立場もある。その理論的な根拠づけについて具体的には明らかにされていないが，この立場は，実質的にみると派遣労働者の派遣就労継続への期待（権）を保護しようとするものと評価できる。

　このような立場も，先ほどと同様に，不法行為法または信義則という一般条項を根拠とする以上は，理論的な可能性を完全に否定できる性格のものではない。また，効果面で損害賠償責任に限定するのであれば，前述の「採用の自由」との衝突の程度は雇用関係の強制を義務づけるのに比べれば僅かにとどまる。ただ，そうであるとしても，たとえば，申込義務違反によって派遣労働者が被る損害とは何かがはっきりしないし，派遣法でいう期間制限に抵触するとはいえ，派遣労働者と派遣元との契約関係がなお継続している点をどのように評価するのか，あるいは，派遣元による抵触日の通知など，派遣法で申込義務が発生するための諸要件について，私法上の判断でどこまで考慮するのかという問題があり，派遣先に損害賠償責任を帰責させるための具体的な要件も効果も全く明らかにされていない。

　また，そもそも派遣先は，派遣期間の上限と抵触する場合には，派遣関係を適法に終了させることができるし，繰り返すように，2015年改正以前の派遣法における期間制限の趣旨が，派遣先の雇用慣行への影響を防止するという意味での常用代替防止の観点から導入されていたことからすると，こうした終了はむしろ望ましいものとさえいえる。とりわけ自由化業務についてみると，ある特定の派遣先が，長期間にわたり労働者派遣を継続利用することは，労働者派遣法が予定するものではない（伊予銀行・いよぎんスタッフサービス事件・前掲も参照）。一方，従来

258）　勝亦啓文「派遣労働者の保護―派遣元・派遣先の法的責任と課題」季労211号（2005年）52頁。

の政令28業務では事情が異なるという反論の余地もある。しかし，自由化業務と政令28業務とで規制が異なるのは，28業務については，いわゆるメンバーシップ型雇用のなかでの正社員が従事するのとは異なる業務であること等から，そもそも派遣先で直接雇用される労働者との代替が生じないとの考え方が背景にあった。つまり，両者で規制が異なるのは，派遣先の雇用慣行への影響がどの程度であるかという評価の違いにすぎず，常用代替の防止を図るという法の基本的な立場に差違はないとみるべきだろう。[259] いずれにしても，派遣法は，少なくとも自由化業務において，労働者派遣を臨時的・一時的なものに限るべきとの規制を展開してきたのであり，このことは派遣法改正に際しての各「研究会報告」でもくり返し確認されている。[260]

そうすると，仮に，ある派遣労働者が派遣就労の継続に対して期待を有していたとしても，自由化業務について，期間制限の本来の意義は無視できないと解される。さらに，上記の常用代替防止を図る観点から，2015年改正以前の法制度のもとで，派遣期間の算定は派遣先の同一業務での受入期間によるのであって，労働者個人の就労期間とは区別されていた点にも注意が必要である。たとえば，期間制限に抵触するケースのなかには，派遣労働者が交代を繰り返した場合も含まれるが，こうした点を無視して結論として一括りに損害賠償責任を導くのは，まず結論ありきという議論であって法律論としていささか乱暴というほかない。

これらの事情を考慮すれば，従来，派遣先が仮に申込義務に違反しているケースであっても，それだけで損害賠償責任が生じることはないというべきである。ただし，冒頭で述べたとおり，直接雇用の申込義務や期間制限など派遣法の規制をひとまず離れて，個々の事情によっては，一般法理のもとで派遣労働者に対する損害賠償責任が認められる余地はあるので，以下でみておこう。

2 損害賠償をめぐる問題

派遣労働者が派遣元で雇用を喪失した場合に，派遣元または派遣先に対して損

---

259) たとえば，政令28業務についても，厳密には派遣期間の定めは最長3年であり，その更新が許されてきたにすぎない。そして，3年が経過したあとに派遣先が同一業務で新規採用をするケースでは，派遣労働者に対して直接雇用を申し込む義務が課されていた。つまり，派遣期間の問題も残されていた点には注意を要する。
260) 政府答弁も同様の立場である（第169回衆議院予算委員会会議録・第5号参照）。

害賠償請求が認められるかという点について，裁判例の立場ははっきりしない。この点，たとえば労働組合に対する差別的な意図や，あるいは労働者の人格権を侵害する言動など，派遣先または派遣元の明確な害意を伴って派遣労働者が雇用を喪失したケースであれば，不法行為責任（慰謝料請求）が認められるのは当然である。[261] 問題は，雇用喪失，あるいは派遣法に違反していること自体から，直ちに（または，ただ形式的に信義則等を媒介として）不法行為責任を認め得るか否かである。

否定例として，たとえば，日本トムソン事件・控訴審がある。[262] 同事件では，出向，請負，労働者派遣と形態を変更しながらも，実質的には違法な労働者派遣が5年超にわたって継続した後に，派遣先が派遣労働者を一旦は直接雇用したものの，その後になされた雇止めの適法性が争われた（地位確認請求はいずれも棄却されている）。控訴審では，派遣法の趣旨や労働者派遣の社会的な有用性を指摘したうえで，「非許容業務でないのに派遣労働者を受け入れ，許容期間を超えて派遣労働者を受け入れるという労働者派遣法違反の事実があったからといって，直ちに不法行為上の違法があるとはいい難」いとして，慰謝料請求を認容した一審判決が修正されている。[263]

また，マイルストーン事件・前掲は，約6ヵ月の有期雇用を2年半にわたり更新継続し，実質的には同一の派遣先で，当初は秘書として（政令28業務に該当），その後は秘書を含む複合業務に従事していたところ，派遣先からの「区切りの良いところで」の期間満了による交代要請に伴って，派遣元で雇止めされた事案である。原告労働者は，派遣元に対して不法行為に基づく損害賠償を求めたところ，判旨は，①派遣法の常用代替防止目的からすると，労働者の雇用継続に対する期待には合理性がないとし，民法709条の「法律上保護される利益」への該当性を否定するとともに，②予備的に，仮に雇用継続に対する期待が合理的であったと

---

261) このような例として，たとえば，伊予銀行・いよぎんスタッフサービス事件・前掲や，テー・ピー・エスサービス事件（名古屋地判平成20年7月16日労判965号85頁［ダ］LEX/DB：28142094）などがある。また，派遣労働者を一旦は有期で直接雇用した後に雇止めしたケースで，慰謝料請求のみ認容されたパナソニックプラズマディスプレイ〔パスコ〕事件・前掲も類似の事案といえる。

262) 大阪高判平成23年9月30日労判1039号20頁，最二小決平成24年7月13日労判1050号97頁（不受理）。

263) 同種の事案として，ダイキン工業事件（大阪地判平成24年11月1日労判1070号142頁）も参照。

しても，登録型派遣では労働者派遣契約の終了により労働契約も当然に終了するとして，派遣元の不法行為責任を否定している。これらの裁判例は，派遣元に対する地位確認請求が否定されたケースと同様の論理で，損害賠償請求についても，原則的に否定する立場といえる。

　他方，損害賠償請求が認容された事例として，まず，派遣元と派遣先の双方の責任を認めたものとして，三菱電機ほか〔派遣労働者・解雇〕事件がある[264]。同事件で原告労働者らは，労働者派遣契約の更新からわずか10日後に，派遣先が契約を解除したことを契機に労働契約を中途解約されている。判旨は，派遣元や派遣先が，派遣法違反から直ちに共同不法行為責任を負うとの主張は退けている。また，本件での労働者派遣契約の打切りは，いわゆるリーマン・ショックのなかで相当の必要性があり，新たな派遣先の斡旋等が容易でなく，そもそも派遣労働者の雇用責任については派遣元が負うべきことを指摘する。しかし，それでもなお，派遣先による契約解除の時期や態様を重視し，派遣労働者の「雇用の維持又は安定に対する合理的な期待をいたずらに損なうことがないようにするとの信義則上の配慮を欠いたもの」と判示して，派遣元だけでなく派遣先も連帯して責任を負うとして慰謝料請求を認容している。

　また，派遣先に対する請求が認められた他の例として，パナソニックエコシステムズ〔派遣労働〕事件[265]は，派遣先での需要が減少したことにより労働者派遣契約が更新されず，それに伴って派遣労働者が派遣元で雇止めされた事案である。この事件では，自由化業務で期間制限に違反して派遣が継続していたケースで，派遣元に対しての請求はない。一方，派遣先に対する慰謝料請求については，違法状態の解消を図るための恣意的な打ち切りで，説明を尽くしていないとして認容した一審の結論が，高裁，最高裁ともに維持されている。

　同様に，日本トムソン事件・前掲の第一審では，派遣先が期間制限等を無視して「漫然と派遣労働を継続したのであるから，これは，法が許容する場合に限って三者間労働関係を認めている労働関係法規の趣旨に反する」として，雇止めをした使用者（従前の派遣先）に対する慰謝料請求が認容されていた。ただし，こ

---

264)　名古屋高判平成25年1月25日労判1084号63頁，名古屋地判平成23年11月2日労判1040号5頁，最一小決平成25年10月17日判例集未登載（不受理）。
265)　名古屋地判平成23年4月28日労判1032号19頁，名古屋高判平成24年2月10日労判1054号76頁，最二小決平成24年10月12日労判1056号97頁〔ダ〕（不受理）。

のような立場は，結局のところ派遣法違反から直ちに不法行為責任を認めるに等しく，理論的に重大な問題があるところ，控訴審では，慰謝料請求も否定されたことは前述した。[266]

さらに別の肯定例として，雇止めに際し，労働契約の当事者である派遣元の損害賠償責任を否定しつつ，派遣先の不法行為責任のみを肯定したものとして，積水ハウスほか〔派遣労働〕事件がある。[267] 同事件は，ある派遣労働者が，3ヵ月ごとに合計15回，約3年8ヵ月にわたって有期労働契約を反覆更新して，同一派遣先で政令28業務（事務用機器操作）での派遣業務に従事していたところ，労働者派遣契約の期間満了に伴って派遣元でも雇止めされた事案である。判旨は，派遣先の所長が，派遣は一旦終了するが3ヵ月後に再び派遣として受け入れる旨の発言をしており，また，派遣元においては代替となる派遣先を模索していたというケースで，派遣先に対する慰謝料請求のみ認容している。

3 黙示の労働契約

以上のように，派遣労働者が雇用を喪失した場合に，派遣元や派遣先が損害賠償責任を負うかという点について，裁判例の立場ははっきりしない。もっとも，実際の紛争においては，損害賠償（のみ）を求めるものは少数派であって，その多くでは，解雇・雇止め等の適法性を争って派遣元での雇用保障が求められ，あるいはそれ以上に，派遣先に対して直接雇用の関係にある旨の地位確認の請求がなされている。

派遣労働者をはじめ構内下請企業の従業員など，ユーザー企業からすると外部の労働者が，典型的には派遣先での労働需要の減少に伴って派遣元から解雇や雇止めをされる場合に，派遣先に対して地位の確認を求める方法として，黙示の労働契約の成立を主張することがある。この点，契約関係を当事者の意思によらずに擬制することは，契約の本質に反するとの批判があることをふまえ，当事者意思から派遣先に責任を課す試みが黙示の労働契約説と呼ばれる考え方であった。

裁判例をみると，派遣法が制定される以前から，労働者と派遣先（発注元）との間での直接の契約関係が結論的に肯定されたケースでは，黙示の労働契約を根

---

[266] 派遣法の期間制限や申込義務への違反から損害賠償責任を認めることの問題点については，拙稿「派遣先での直用化をめぐる諸問題」季労231号（2010年）26頁も参照。
[267] 大阪地判平成23年1月26日労判1025号24頁。

拠としている点で一致している。しかし，裁判例においても，当事者意思を具体的に評価する手法は様々である。このような違いを反映した代表的な裁判例として，派遣の解禁以前に一般論を示したサガテレビ事件と，最近のパナソニックプラズマディスプレイ〔パスコ〕事件をみておこう。

(1) サガテレビ事件

　サガテレビ事件では，労働者派遣法が成立する以前，すなわち派遣的就労がそもそも禁止されていた時代に，現実に指揮命令を行っていた企業（派遣先）と労働者との間で黙示の労働契約の成否が争われた。同事件では，地裁判決と高裁判決とで，同じ認定事実のもとで黙示の労働契約の成否が検討されたが，法的評価の違いにより正反対の結論となった点が注目される。
　事実の概要は次のようである。労働者Ｘら（申請人，被控訴人）は，訴外Ａ社の従業員として，民間テレビ放送会社Ｙ社（被申請人，控訴人）に派遣され，Ｙ社屋内で就労していた。Ｘらは，Ｙ社の従業員で構成される労働組合からの支援を受けて，自らも労働組合を結成し，Ａ社に対して処遇改善等を求める活動をしていた。Ａ社は，Ｘらの活動が激しくなった昭和50年6月にＹ社との業務委託契約を解除し，Ｘらに対しては解雇を通告した。その後，Ｙ社は，訴外Ｂ社との間で新たに業務委託契約を締結して当該業務を継続していた。本件は，Ｘらが，従前の派遣先であるＹ社との間に明示または黙示の労働契約が成立していると主張して，Ｙ社の従業員としての地位確認を求めたものである。

① 一審判決

　一審である佐賀地裁判決は次のように述べて，請求を認容した。[268]
　すなわち，「言うまでもなく憲法は国民の生存権的基本権を広範囲にわたって保障し，その中に勤労の権利（27条）が規定されている。これらから読みとれる憲法の理念・精神は，私人どおしの法律関係を律するに際しても尊重され，指導理念とさるべきである。……伝統的・古典的な契約理論即ち意思表示理論は自由・平等・独立の法主体たる私人どおしの交渉を前提にしているのに対し，現実の社会における労務を供給する契約の法主体たる私人どおしは，決して右のよう

---

[268] 佐賀地判昭和55年9月5日労判352号62頁。

な前提関係にないことが圧倒的である。このように，使用者と労働者の力関係に差がある場合，そのことを無視することは相当でない。しかも，この力関係において優位にある使用者（側）に職安法44条違反……があるとした場合，使用者の有する社会的・道義的責任との関連で，労働者の生存権がより保障される方向で，逆にいえば，使用者の社会的・道義的責任が正しく追及され，不正が是正される方向で，伝統的な意思表示理論の修正が妥当とされる場合もありえ」る。

具体的には，Y社には，Xらとの間で「労働契約を締結するという意思は認められないどころか，それを否定する意思が貫徹していた」としながらも，「しかし，それは法形式上のものにすぎず，実態はXらとの間に使用従属関係が存在するもの，即ち労働契約が存在すると評価される方がより自然であり，しかも，右の法形式そのものがA社とY社間の業務委託契約を基本に据えていたところ，同契約は……職安法44条に違反し，公序良俗に反するものであった」などとする。

そして，Y社は「Xらの労働契約締結の申込みを黙示的に承諾」していたとして，Y社（派遣先）とX（労働者）らの間で労働契約関係を肯定した。このように，一審判決は，派遣先が労働者と労働契約を締結することを明示的に拒否していたにもかかわらず，使用従属関係の実態を重視して，規範的な解釈により黙示の労働契約の成立を認めた点に特徴がある。

② 控訴審判決

これに対して控訴審では，伝統的な意思表示理論から労働契約の成立を否定するという，理論的にも，結論的にも，正反対の判断がされている。[269] 控訴審も，労働契約が一般の契約と同様に契約締結者の意思表示の合致によって成立するとした点で，一審判決と変わりはない。しかし控訴審では，XらがA社（派遣元）との間で明確に労働契約を締結していたこと，他方でY社（派遣先）との間では明示の労働契約を締結していないことが重視された。

すなわち，労働契約は，「労働者と使用者との間に強弱の差はあれ何らかの程度においていわゆる使用従属関係を生じさせるものであるから，特定の当事者間に事実上使用従属関係が存在するということは，その間に労働契約が成立していることを推測させる一応の徴表であると言えないことはない。しかし，企業がその

---

269) 福岡高判昭和58年6月7日労判410号29頁。

業務を行うについて必要な労働力を獲得する手段は，直接個々の労働者との間に労働契約を締結することに限定されているわけではなく，広く外注と称せられる種々の方法が存するのが実情であって，その場合においても個々の労働者の労働力は何らかの意味でその業務組織に組み込まれるか少くともその業務活動を分担することとなるから，その限度では労働者と使用者との間に強弱の差はあっても何らか事実上の使用従属関係を生ずることがあるものというべきである。従って，当事者間の意思の合致を全く問題とすることなしに，単に使用従属関係が形成されているという一事をもって直ちに労働契約が成立したとすることはできない」。

しかし，「労働契約といえども，もとより黙示の意思の合致によっても成立しうるものであるから，事業場内下請労働者（派遣労働者）の如く，外形上親企業（派遣先企業）の正規の従業員と殆んど差異のない形で労務を提供し，したがって，派遣先企業との間に事実上の使用従属関係が存在し，しかも，派遣元企業がそもそも企業としての独自性を有しないとか，企業としての独立性を欠いていて派遣先企業の労務担当の代行機関と同一視しうるものである等その存在が形式的名目的なものに過ぎず，かつ，派遣先企業が派遣労働者の賃金額その他の労働条件を決定していると認めるべき事情のあるときには，派遣労働者と派遣先企業との間に黙示の労働契約が締結されたものと認めうべき余地がある」。

控訴審は，このように述べた上で事案を具体的に検討し，本件では派遣元が形骸化していた等の事実は認められないとして，結論として，Y社（派遣先）とX（労働者）らとの間での労働契約関係の成立を否定した。

③ サガテレビ事件の評価

このような判旨をめぐっては，当時，理論面と結論面のそれぞれで評価がわかれ激しい対立があった。控訴審に賛成する立場は，要するに，労働契約は意思表示の合致によって成立する，という考え方を徹底するものである。この立場によると，派遣先との間で事実上の使用従属関係があるとしても，それは「労働契約が成立していることを推測させる一応の徴表」[270]にすぎない。言い換えると，黙示

---

[270] 控訴審のような考え方により一審判決に反対する立場として，山口浩一郎「事業場内下請における派遣労働者と派遣先企業との雇用関係の存否」判時1013号（1981年）193頁［判例評論273号47頁］，菅野和夫「派遣労働者と派遣先会社との黙示の労働契約が認められないとされた事例」季刊実務民事法5号（1984年）248頁，和田肇「派遣労働者と派遣先企業間における労働契約関係の成否」ジュリスト754号（1981年）120頁など。

の労働契約の成否は、派遣先の主観的な意思も含めて総合的に検討されるべきというもので、契約原理に照らせば論理は明快である。

こうした考え方は、ほぼ同時期のブリティッシュ・エアウェイズ・ボード事件でも、より端的に指摘されていた。すなわち同事件では、派遣元が職安法44条や労基法6条違反の有罪判決を受けていることを前提としつつも、私法上の問題としては、労働者と派遣先との間で黙示の労働契約が成立するとの労働者側の主張を退け、職安法違反の事実についても、単に「労働者供給者と労働者との間に実質的な契約関係が何もないことを示す一つの資料となることがあるだけである」と論じている。[271]

他方、一審判決を支持する立場からは、派遣先がXらとの直接の契約関係を拒否する意思を有していたとしても、控訴審には、それを労働法上の原則から評価する視点を欠くと批判される。この立場によると、「派遣元企業が形式的名目的な存在であることは、黙示の契約成立の十分条件的な要素であると言えるが、必要条件的な要素ではない」とされ、また、「派遣労働に伴う三面関係が派遣先企業による関連労働法規上の使用者責任を免脱する意図が内包されていることを認識し脱法的行為を許さない」ことが必要とされる。[272]

(2) パナソニックプラズマディスプレイ〔パスコ〕事件

しかし、黙示の労働契約の成否をめぐる問題についても、前述のパナソニックプラズマディスプレイ〔パスコ〕事件・最高裁判決[273]により、裁判実務の立場はほぼ固まったと言ってよい状況にある。そこでは、原告労働者と派遣元（請負企業）との間で明確に労働契約関係が存在していたケースで、控訴審（大阪高裁）

---

271) 東京地判昭和54年11月29日労判332号28頁。
272) 脇田滋「派遣労働者と受入会社間の労働契約関係」季労130号（1983年）191頁以下。控訴審判決に対する批判として、大沼邦博「事業場内下請労働者の法的地位（上・中・下）」労判363号、365号、367号（1981年）、砂山克彦「事業場内下請労働者と労働契約関係—サガテレビ事件」労判414号（1983年）16頁など。こうした主張の背景には、一審判決が従来の黙示的契約の理論ないし意思表示の理論に反省を加えつつ、生存権保障の理念に立って実体を評価するという態度をとったことを積極的に評価する考え方がある。なお、一審判決の評価については、本多淳亮「事業場内下請労働者の法的地位をめぐる最近動向」労旬1011号（1980年）4頁も参照。本多教授は、一審判決が派遣元と労働者との契約関係を無効とせずに、結果として二重の契約関係を認めたことに疑問を呈しながらも、派遣元との契約関係については、労働者と派遣先（発注企業）との間の労働契約関係に比べてウェイトが低いものとした点で、正当な判示であると支持されている。
273) 最二小判平成21年12月18日民集63巻10号2754頁。

判決では、職安法44条との抵触が問題とされ、結論としても、原告労働者と派遣先（発注元）との間で黙示の労働契約関係の成立を認める異例の判断が示されたが、最高裁は、派遣先である会社側の上告を認め高裁判決を破棄している。

その詳細についてはすでに検討したが、最高裁判決の立場を前提にすると、派遣先（発注元）が労働者を直接に雇用するのでなく、あくまでも外部の労働力として受け入れる明確な意図を有しており、かつ、当該労働者が派遣元（請負企業）との間で明示的に労働契約を締結しているといった場合には、黙示の労働契約を根拠として、派遣先との間で労働契約の成立を認めることは不可能に近いといってよい。実際、その後の無数の裁判例では、こうした立場から黙示の労働契約の成立が否定されている。

---

274) 大阪高判平成20年4月25日労判960号5頁。
275) なお、派遣先の指揮命令権の位置づけ等について再整理したうえで、サガテレビ事件およびパナソニックプラズマディスプレイ〔パスコ〕事件の枠組みから、黙示の労働契約の判断に際して、派遣先が労働義務の相手方とされていると評価できるか否かも考慮要素となると指摘するものとして、山川・前掲注147論文も参照。
276) たとえば、日本精工〔外国人派遣労働者〕事件（最三小決平成27年3月3日判例集未登載［不受理］、東京高判平成25年10月24日 LEX/DB：25541162）、パナソニック〔旧PEDJ〕ほか1社事件（最二小決平成27年1月23日判例集未登載［不受理］、名古屋高金沢支判平成25年5月22日労判1118号62頁、三菱電機ほか〔派遣労働者・解雇〕事件（最一小決平成25年10月17日判例集未登載［不受理］、名古屋高判平成25年1月25日労判1084号63頁）、パナソニックエコシステムズ〔派遣労働〕事件（最二小決平成24年10月12日労判1056号97頁［不受理］、名古屋高判平成24年2月10日労判1054号76頁）、日本トムソン事件（最二小決平成24年7月13日労判1050号97頁［不受理］、大阪高判平成23年9月30日労判1039号20頁）、東レリサーチセンター事件（最三小決平成24年2月28日判例集未登載［不受理］、大阪高判平成23年2月8日判例集未登載）、日産自動車ほか〔派遣社員雇止め等〕事件（東京高判平成27年9月10日 LEX/DB：25541206）、いすゞ自動車〔雇止め〕事件（東京高判平成27年3月26日労判1121号52頁）、ジェコー〔日研総業〕事件（東京高判平成26年6月4日労経速2217号16頁）、ルネサスセミコンダクタ九州山口・NECロジスティックス・日本通運事件（福岡高判平成25年10月28日 LEX/DB：25502216）、テレビ西日本事件（福岡高判平成24年10月29日労旬1786号61頁）、パナソニック電工事件（名古屋高判平成24年4月20日裁判所Webサイト）、日本化薬事件（大阪高判平成23年10月25日判例集未登載）、NTT西日本アセットプランニング事件（大阪高判平成23年10月6日判例集未登載）、日産自動車〔アデコ〕事件（東京地判平成27年7月15日 LEX/DB：25540824）、DNPファインオプトロニクス事件（さいたま地判平成27年3月25日 LEX/DB：25540330）、資生堂ほか1社事件（横浜地判平成26年7月10日労判1103号23頁）、日本赤十字社〔スタッフサービス〕事件（東京地判平成26年4月23日労経速2219号3頁）、アンデンほか1社事件（名古屋地岡崎支判平成26年4月14日労判1102号48頁）、NSKステアリングシステムズ事件（前橋地判平成25年7月17日 LEX/DB：25501536）、トルコ航空ほか〔派遣客室乗務員〕事件（東京地判平成24年12月5日労判1068号32頁）、ダイキン工業事件（大阪地判平成24年11月1日労判1070号142頁）、クボタ事件（大阪地判平成23年10月31日労経速2129号3頁）、イナテック事件（名古屋地岡崎支判平成23年3月28日労経速2106号3頁）、積水ハウスほか〔派遣労働〕事件（大阪地判平成23年1月26日判時1025号24頁）など。

このような考え方や裁判例の立場に対しては根強い批判がある。しかし，派遣法に違反すること等を理由に，当事者の明示の意思表示を歪めてまで黙示的な「意思解釈」と称して規範的な解釈をすることは，ある種の価値判断の押しつけであって，もはや意思解釈として妥当とはいえず，裁判例の立場は支持されるべきである。

4　直接雇用申込みみなし制度

(1)　規制内容（2012年改正）

これまで検討したように，従来の制度のもとでは，派遣労働者の雇用保障をめぐる責任問題を派遣先に転嫁することには，相当に高いハードルがあった。また，派遣元においても，派遣労働者の雇用保障を図るためには，直接雇用の労働者に比べて困難な面があることは否定できない。こうしたなか，特に2008年のいわゆるリーマン・ショックに前後して，大きな景気変動のなか，派遣労働者の雇用が著しく不安定であることが社会的に問題視されるようになった。

そして，政権交代を経た民主党政権のもとで，2012年の派遣法改正では，従来の公法的な観点からの直接雇用の申込義務を改め，派遣先が一定の違法行為を行った場合には，その時点において，派遣先から当該派遣労働者に対し，その時点における当該派遣労働者に係る労働条件と同一の労働条件を内容とする労働契約の申込みをしたとみなす規制が導入されている（派遣法40条の6。2015年10月1日施行）[277]。従来の法制度では，派遣期間の制限に抵触する場合を対象として，派遣元から派遣先に対して，派遣停止の「通知」があることが申込義務の発生要件とされていたが，改正法でこのような縛りはない。ただし例外として，派遣先がこれら各行為に該当することを知らず，かつ，知らなかったことにつき無過失のときはこの限りでないものとされる。

直接雇用の申込義務は，派遣法の規制の実効性確保を目的とするが（前掲通達），その対象となる違法行為とは，具体的には，①港湾運送業，建設業，警備業といった派遣禁止業務で派遣を利用した場合（4条3項違反），②派遣元事業主以外から派遣労働者を受け入れた場合（24条の2違反），③派遣期間に制限がある

---

[277]　この「みなし規定」には私法効があり，その個別具体的な判断は裁判所に委ねられるが，制度の趣旨および行政解釈として通達も公表されている（平成27年7月10日職発0710第4号「労働契約申込みみなし制度について」）。

業務について期間制限に違反して派遣労働者を受け入れた場合（40条の2第1項違反），④さらには，派遣法等の適用を免れる目的で，請負その他労働者派遣以外の名目で契約を締結し，役務の提供を受けた場合が想定されていた。

　そして，これら各違法行為の終了した日から1年以内は，派遣先は直接雇用の申込みについて撤回することを許されず，派遣労働者が承諾の意思表示をした場合には，派遣先との間で労働契約が締結されたものとみなされる。[278]

　派遣先が新たに申し込んだとみなされる労働契約の内容については，「その時点における当該派遣労働者に係る労働条件と同一の労働条件」が維持される。[279] 換言すれば，派遣先で直接雇用された同種労働者の労働条件水準となるわけではない。労働契約の期間についても同様であり，当該労働者は派遣先で無期雇用として直接雇用されるわけではなく，派遣元との労働契約で定めた期間の定めが維持される。[280] また，労契法18条の無期転換ルールとの関係について，通達では，「同一の使用者」についての算定を前提とする同条の趣旨に照らし派遣元での就労期間は原則として通算されないとするが，この点には争いが予想される。[281]

　さらに改正法では，派遣先が国や地方公共団体等の機関である場合についても，

---

278) 前掲通達によると，派遣先は違法行為が行われた日ごとに，それぞれ違法行為につき善意無過失でない限り労働契約の申込みをしているものとみなされる。そして，違法行為が継続する場合，労働者は最新の申込みに限らず各申込みを自由に選択のうえ承諾をすることができる。労働者が事前に承諾しない旨の意思表示をしていても公序違反で無効である一方，事後的にこうした意思表示をすることは認められるが，その後に違法行為が継続すると，派遣先は新たに労働契約の申込みをしたものとみなされる。

279) こうした観点から，派遣元は，派遣先に対して当該労働者の労働条件に関する情報提供を義務づけられる（40条の6第4項）。

280) 前掲の通達では，①労働契約に始期と終期が定められている場合はその始期と終期となること，②他方で，単に「1年間」としているなど始期と終期が定められていない場合には労働契約の始期等に係る黙示の合意等をふまえて判断することが示唆されている。こうした解釈には批判もあろうが，「同一の労働条件を内容とする労働契約」を申し込んだとみなす改正法の文言や，派遣元や労働者が労働契約を締結した当時の意思を汲み，かつ，派遣先の（当初の）労働力利用に対する需要状況とも大きく乖離しない点で適切といえる。

281) たとえば，労契法18条の施行通達では，「同一の使用者」の解釈として，例外的に，「使用者が，就業実態が変わらないにもかかわらず，……無期転換申込権……の発生を免れる意図をもって，派遣形態や請負形態を偽装して，労働契約の当事者を形式的に他の使用者に切り替えた場合は，法を潜脱するものとして，同項の通算契約期間の計算上『同一の使用者』との労働契約が継続していると解される」とされているが（平成24年8月10日基発0810第2号），これに対しては，法人格否認の法理と比べて要件が曖昧である点や，通達で法律の文言を拡大解釈している点に批判がある（座談会「労働契約法改正―施行通達を斬る」経営法曹175号（2012年）9頁以下［中山慈夫発言など］）。

上記と同様の派遣法違反があるケースで、労働者の直用化を図るための何らかの措置を講じることが義務づけられている（40条の7）。

従来の公法的な規制としての直接雇用の申込義務とは異なり、改正法のもとでは、派遣先の意思とは無関係に、一定の違法派遣の場合には派遣労働者を派遣先で直接雇用することが私法上も義務づけられている。従来でも、派遣労働者と派遣先との間で黙示の同意が認められる場合、あるいは、（実際の適用例はないが理論的には）派遣元と派遣先との間で法人格否認の法理が適用されるようなケースでは例外的に直用化が図られる余地はあった。しかし、これがきわめて限定的であったことと対比すると、改正法は、派遣労働関係における労働契約の成立時の合意原則を大きく修正するものとなる。

(2) 申込みみなし規制の特徴と問題点
① 採用の自由との抵触問題

この直接雇用申込みのみなし規制については、2015年10月まで施行が延期されたとはいえ、相当に問題がある。当時の国会審議でも、こうした規制は派遣先の「採用の自由」や労働契約における合意原則との関係で問題があるという、ある意味で当然の指摘がなされていた。[282]

こうした批判に対する当時の厚生労働大臣の答弁では、みなし規制は、民事上のペナルティーとして直用化を義務づけるものであって採用の自由に反しないし、派遣先による申込みの意思表示があるとみなすにすぎないために、労働者側の意思は尊重され問題はないとされているが、いずれも到底説得的とは思われない。[283] たとえ民事上のペナルティーであっても、採用の自由と抵触することに何ら変わりはないし、ペナルティーというだけで規制が正当化されるわけではない。また、合意原則とは、常識的に考えて、労働者の一方的な意思だけでなく、その相手方である使用者の意思をも尊重すべきことを要請しており、労働者に選択権を保障しさえすれば抵触が生じないという性格のものではない。少なくとも、上記の大臣答弁は全くの無内容であると言わざるを得ない。

---

282) この問題に対し「採用の自由」を重視する観点からの批判として、小嶌・前掲注244論文および前掲注249論文。

283) 当時の小宮山大臣の答弁については、第179回衆議院厚生労働委員会会議録・第6号（平成23年12月7日）を参照。

この点，採用の自由への制約が認められる場合として，大内教授は，2012年に労契法18条（無期転換ルール）や派遣法のみなし規制が創設されるまでは，①採用差別を禁止する観点から高度の帰責性が認められるケースと，②純然たる新規採用ではなく労働者の雇用継続への合理的期待があるため，解雇規制のロジックを用いることができるケース（転移事例）があったとされる。そして，採用強制の正当性を考える際には，こうした採用の自由を法律その他により制約する第1段階と，それに対する制裁のあり方としての第2段階とで区別し，第2段階で採用強制まで認めることに対しては，採用の自由の中核に関わるとして特に慎重な姿勢を示される。そして同教授は，従来，第2段階で採用強制まで認められたのは上記②の転移事例であったことを指摘した上で，派遣法の直用みなし規制については，転移が認められる事情がなく，差別禁止規定に違反する帰責性もないなかで，これまでの「採用の自由」への制約論からの正当化は困難とされている。[284]

他方，鎌田教授は，みなし規制を，「違法状態の解消にあたって雇用が失われるおそれがあるために，派遣先に対して，既存の雇用関係と同一の労働条件を内容とする労働契約締結を強制する制度」と位置づけられる。そして，同制度の合憲性という文脈で，派遣労働者の社会経済的状況に照らせば公共の福祉に合致すると積極的に評価される。[285] しかし，まず検討されるべきなのは，派遣労働者の「既存の雇用関係」を犠牲にしてまで是正されるべき「違法状態」とは何か，そして，その規制枠組みを今後も維持すべきかという点であろう。みなし規制の当否は憲法問題にとどまるわけではなく，現行制度の枠組みを再検証することなしに，ただ上記の観点から採用の自由を大きく制約することについて，十分な理由があるとは到底思われない。

この点，私見においても，「採用の自由」や「合意原則」と抵触してもなお，法政策として，派遣労働者の直用化を義務づけることを一切否定するつもりはない。「採用の自由」への制約として採用強制まで認めることには慎重であるべきだが，仮に雇用が強制されたとしても，なお，合理的な理由があれば使用者は当

---

284) 大内伸哉「雇用強制についての法理論的検討」荒木尚志ほか編『労働法学の展望―菅野和夫先生古稀記念論集』（有斐閣，2013年）93頁。
285) 鎌田耕一「労働法における契約締結の強制―労働者派遣法における労働契約申込みみなし制度を中心に」山田省三ほか編『労働法理論変革への模索―毛塚勝利先生古稀記念』（信山社，2015年）551頁。

該労働者を解雇する途は残されている。つまり，採用強制といっても——特に上記の転移事例に該当する場合には——，実質的には，契約関係を一方的に解消することに対して合理性審査のフィルターをかけることを意味するにとどまり，それ自体が直ちに憲法違反となるとは考え難い。[286]

ここで重要となるのは，解雇が規制され労働力の需給調整が原則的に制約されるなかで，採用強制という私的自治を大きく修正するだけの規制について，実質的な正統性があるかどうかという視点である。[287]それでは，2012年の改正法が，ペナルティーとして直接雇用の申込みを義務づけてまで遵守を求める諸規制には，こうした正統性があるのだろうか。以下で検討する。

② みなし規制の正統性

この点，みなし規制の適用が予定されていたのは，①港湾運送業，建設業，警備業という派遣禁止業務で派遣を利用した場合，②派遣元事業主以外から派遣労働者を受け入れた場合，③派遣期間の制限に違反した場合，④いわゆる偽装請負等の違法行為があった場合が広く対象に含まれていた。しかしながら，私見によると，労働者派遣をとりまく状況が派遣法の制定当時から大きく変化してきているなかで，もはや，これらの前提となる規制自体に十分な合理性がなく，特に，派遣労働者の保護に資するか否かという観点から，改めてその要否を吟味されてしかるべきものであった。[288]

第1に，①の原始ネガティブリスト業務への派遣は，派遣法の制定当時から禁止されてきたものであるが，その沿革からすると，この規制は必ずしも派遣労働者の保護という観点から導入されたものではない。むしろ，派遣法でこれら事業への派遣が禁止されているのは，労働者派遣という新たな事業を合法化するにあたって，事業規制の棲み分けが図られたにすぎない（第2節II 4(2)①）。

---

286) 他方，差別禁止の観点から採用の自由が制約される場合には，同時に，雇用の出口についても厳格な解雇規制が及ぶことが通常であると考えられる。こうしたなかで採用強制という効果まで認めることには，特に慎重であるべきであろう。

287) また，違法状態の是正を図るペナルティーという視点自体についても，既存の法規制の履行確保に重点を置く一方で（違法状態の除去にとどまり），派遣労働者の雇用の安定をいかに図るかという，より重要であるはずの積極的な視点が希薄となる点で問題があるように思われる。

288) 拙稿「改正労働者派遣法をめぐる諸問題—施行後の抜本的再検討に向けて」季労237号（2012年）22頁。

この点，現在でも，港湾労働や建設業においては特別な雇用管理が必要との観点から，港湾労働法や建設労働者雇用改善法が整備されている。そして，これらの特別法のなかでは，港湾労働者派遣事業，あるいは建設業務労働者の就業機会確保事業として，常用的な労働者については特別な要件のもとで派遣的就労が認められている[289]。要するに，原始ネガティブリスト業務のうち，少なくとも建設業と港湾運送業では一定の間接雇用も認められることをふまえれば，派遣法でこれら事業への派遣が禁止されているとしても，それに違反するペナルティーとして，直ちに採用の自由や合意原則を大きく修正する根拠に乏しい[290]。

第2に，②派遣先が派遣元事業主以外から派遣労働者を受け入れた場合について，当時の法制度のもとでは，労働者派遣事業には許可（一般労働者派遣事業）または届出（特定労働者派遣事業）が必要とされており，派遣先がこうした手続きを欠く事業主から派遣労働者を受け入れることは，たしかに事業規制の根幹に関わる重大な違法行為である。他方で，個々の派遣労働者の保護という視点からみた場合には，実質的な労働条件がどの程度の水準で担保されているのかによって規制を異ならせるべきであり，それと無関係に，単に行政上の手続きの履践状況によって直用化を義務づけることに十分な合理性があるとはいえない。

また，企業外部の労働力利用のうち，いわゆる業務処理請負については何ら法的規制がない一方で，当該関係が，ひとたび労働者派遣に基づくものと評価されると法的規制が大きく異なる現行制度のもとで，両者の区別は派遣先による指揮命令の有無という非常に曖昧な基準による。こうしてみると，派遣法の諸規制について派遣労働者の保護との関連性が不明確ななかで，派遣法上の許可や届出の有無といった形式面を極端に重視することは，他に何らかの実質的な理由がない限り，立法政策としてバランスを欠くと言わざるを得ない。

第3に，③派遣期間の制限に違反している場合について，期間に着目をして労働者の直用化を志向することも法政策として十分検討に値する。ただし，その前提として，そもそも2015年改正以前の派遣法がどのような観点から派遣期間に制限を課してきたのか，そして，その考え方を今後も維持すべきかという検証が不

---

289) 港湾労働法12条以下，建設労働者雇用改善法31条以下。
290) また，法律の規制体系という形式面でも，現在のような事業法による棲み分けを前提とするのならば，これらの事業での派遣利用については，派遣法のなかで直用化を義務づけるのでなく，それぞれの特別法において直用化の要否を検討することが一貫するであろう。

可欠であった。これまでにも指摘した通り，自由化業務における派遣期間の制限は，派遣先で直接雇用される労働者の代替防止を基本的な考えとして展開されてきたものであって，派遣労働者個人を保護する観点から設けられたものではない。その名残を端的に示すのが，派遣期間を算定する際に派遣先の同一業務での派遣受入期間が重視されるにとどまり，個々の派遣労働者の派遣期間は原則として（同一派遣労働者の派遣期間が，結果的に派遣受入期間の上限と抵触する場合でなければ）問題とならないという点である。

　2012年の改正でもこの期間算定の根本的な問題は残されていたのであって，たとえば，期間に制限のある自由化業務で派遣を受け入れる場合に，派遣先の同一業務での受入期間が3年を超えれば派遣先による申込み「みなし規制」の対象となる。ただし，この3年間のうちで派遣労働者が交代をしたケースを念頭に置けば，改正法で直接雇用の申込みの「みなし規制」の対象となるのは，個々の派遣労働者の就労期間とは無関係に，3年を超えた時点（派遣先の同一業務での受入上限期間を超過した時点）でたまたま派遣されていた労働者に限定される。

　その一方で，ある特定の派遣労働者が，派遣先を転々と変更されて派遣就業を継続するような場合には，その総期間がどれだけ長期間にわたっているとしても，直接雇用の申込みみなし規制の対象には含まれない。ある労働者が同一派遣先の別業務に派遣される場合も同様である。派遣労働者の保護という観点から，一定期間の経過後に直用化を目指していくのであれば，本来，個々の派遣労働者の派遣就労期間にこそ着目すべきであって，派遣先の同一業務での受入期間のみ制限するという従来（および2012年改正法）の規制は，常用代替防止を強化するというならばともかく，個々の派遣労働者保護という観点から正当化できるものではない。

　もちろん，実務上は，同一労働者が継続的に派遣され，派遣先での派遣受入期間に抵触する場合──派遣先の同一業務での受入の総期間と，ある労働者の当該業務への派遣期間とが結果として一致する場合──も少なくない。しかし，法律上，あくまで派遣先の業務での受入期間のみが問題とされている点は，法の基本的なスタンスを示すものとして軽視できない。1999年改正により自由化業務で定められた派遣期間の制限は，あくまでも，常用代替の防止という目的から導入されたものであり，より率直に言えば，限られた労働力需要のなかで，派遣先で直接雇用される労働者と派遣労働者とで仕事の奪い合いとなり，派遣先の雇用慣行

に悪影響が生じることを法律の力で抑止しようとしたものであった。その背景には，それまでの直接雇用を中心とする長期安定的な雇用が望ましく，かつ，今後も基本的に維持すべき（できる）との考え方があり，当時の状況に照らせば，こうした目的から派遣先の業務に着目をして期間に制限を課したことも不合理とまではいえない。

　しかし，このように個人としての派遣労働者の労働条件を無視した規制は，長期安定雇用の理想を追求する裏側で，現実に就労している派遣労働者の保護という観点からはきわめて不十分であり，ときとして有害ですらある。派遣先の業務での受入期間を制限したことにより，派遣労働者としては，同一の派遣先で長期間にわたり適法に就労することが不可能になる。このことは，派遣労働者の雇用安定という面でも，あるいは継続的な就労を通じてスキル・アップを図っていくという点でも，派遣労働者にとってマイナスに作用するものといってよい。派遣労働者の保護を志向する2012年改正法の基本姿勢からすると，まずは，期間制限のあり方自体を再検証する必要があった。そして実際にも，──直接雇用の申込みみなし規制の施行を待たずに──2015年の法改正では，期間制限のあり方について抜本的な見直しが図られている（第2節Ⅱ7）。

　第4に，いわゆる偽装請負等の違法行為があった場合について，これまで繰り返し指摘されてきた通り，労働者派遣と業務処理請負との区別は，理念的には指揮命令の有無によってなされるものの，実務上の峻別はそれほど容易ではない。派遣先が故意に請負を偽装した場合や重過失が認められる場合であればともかく，2012年の改正法では，単なる過失のケースでもみなし規制を適用するものとされており，施行期限までに周知徹底をいかに図るとしても相当な混乱が予想される。[291] さらに，第2の点とも関連するが，違法派遣の場合にも派遣法に基づく規制が適用され，かつ，その内容として，単なる公法上の規制にとどまらず直用化という契約締結までも義務づけるものである以上，改正法は三者間での労務給付関係をめぐる実務に多大な影響を与えるものとなる。もちろん，こうした影響の大きさから，直ちに「みなし規制」の正統性が否定されるわけではない。しかし，この

---

291) 労働政策審議会での検討状況をみると，当初は，派遣先が「違法であることを知りながら」派遣労働者を受け入れている場合のみが「みなし規制」の対象となる予定であった。この点については，第140回労働政策審議会・職業安定分科会・労働力需給制度部会（2009年12月18日）の議論も参照。

問題は，企業活動における外部労働力の利用全般について，どのような方向を目指していくのかという根源的な問題と関わっているのであって，たとえば業務処理請負や在籍出向のようなケースも含めて，その規制の方向性を広く議論すべき性格のものである。

以上要するに，本来であれば，直接雇用のみなし申込みの対象となる現行の各規制，およびその背景にある派遣法の常用代替防止という基本的な理念の正当性が揺るぎないものである場合に初めて，規制の実効性確保という観点から，改めて「みなし規制」と「採用の自由」や「合意原則」との抵触問題を検討することが本筋といえる。しかし，2012年の改正法では，その前提部分について確信のないままに「みなし規制」の創設に踏み切りつつ，他方で，施行を2015年まで延期する安易な妥協をした点で，きわめて問題が多いものであった。[292]

③ みなし規制の影響

仮に2012年の改正法がそのまま施行された場合には，どのようなことが予想されたのであろうか。前述のように，みなし規制によって直用化される際の労働条件については，契約期間も含めて，派遣元との労働契約の水準がそのまま維持される。そうすると，派遣先としては，第1に，できるだけ短期の有期契約で雇用された派遣労働者を受け入れること，第2に，労働条件の水準としてもできるだけ低い派遣労働者を受け入れることが，みなし規制が適用され得るケースを想定した法的リスクの回避策となる。

現実には多くの場合に派遣元との関係で派遣先の交渉力が高いと考えられるなかで，これが，派遣労働者の雇用の存続保護や労働条件水準の維持改善にとってマイナスに作用する可能性はきわめて高い。改正法のもと，派遣先にとって派遣労働者の直用化というリスクが相当に高くなるなかで，労契法3条2項や17条2項および改正法での均衡処遇の理念（現在の30条の3）など絵に描いた餅に終わり，悪質な派遣元事業者による労働条件のダンピングを促すことにでもなれば，派遣労働者の保護法としては本末転倒である。

---

[292] さらに，国会質問でも指摘されていたように，労働契約の申出があったものとみなす期間を1年間としている点についても，現に働いている派遣労働者の保護（違法な派遣就業関係の適法化に伴う派遣労働者の不利益を防止すること）を目的とするならば，すでに退職した派遣労働者は含めずに，現役の派遣労働者のみを対象にすべきであろう。

④　公務労働法制との関係

　また，派遣労働者の直用化に関連して，2012年の改正法では，国や地方公共団体の機関が派遣労働者を受け入れるケースで，一定の法違反があった場合にも，派遣労働者の要望に基づき，「当該派遣労働者の雇用の安定を図る観点から，国家公務員法……その他関係法令の規定に基づく採用その他の適切な措置を講じ」る義務が課されている（40条の7第1項）。前述のみなし規制とは異なり，この規定によって，裁判を通じて個々の派遣労働者が派遣先（国や地方公共団体）に対して地位確認を請求できるとは解されないが，措置義務とはいえ，公務労働においても直用化を志向していることも注目すべき点であろう。[293]

　この点，やや様相は異なるものの，直接雇用の場合における非常勤職員の雇止めに関する裁判例をみると，非常勤職員は公法上の地位設定に由来し再任用は行政処分であるという考え方から，解雇権濫用法理の適用ないし類推適用を否定する立場で一貫している。[294] 労契法でも，一定の有期雇用を無期雇用へと転換していくことが目指されているものの，同法は公務員に対しては適用されない（労契法18条，22条参照）。非常勤職員が再任用を拒否された場合に，立法政策としてどのように救済を図っていくのかについては，基本軸そのものが定まっていない状況にある。

　これに対して，派遣法の領域では，これまでの通達でも，公務員が派遣労働者となること，および，国や地方公共団体が派遣先として派遣労働者を受け入れることの双方が認められてきた。[295] また，そもそも，民間企業の労働者と非常勤職員との就労実態に大差がないなかで，両者の労働法上の保護を大きく異ならせるだけの実質的な理由があるとは思われないし，ペナルティーによる直用化という点ではなおさら，労働契約に基づき就労する一般労働者と非常勤職員とで法規制が大きく異なることは望ましくない。つまり，改正法で非常勤職員のケースでも直用化をめざすことは，直用化を目指すという内容面での妥当性をひとまず置けば，

---

[293]　公務員の任用については，競争試験または選考の方法によって行うことが原則である（国公法36条，地公法17条等）。
[294]　大阪大学図書館事件（最一小判平成6年7月14日労判655号14頁）。解雇権濫用法理の適用を否定しつつ，国賠法に基づく慰謝料請求のみを認めたものとして，中野区〔非常勤保育士〕事件（東京高判平成19年11月28日労判951号47頁），最近では武蔵野市事件（東京地判平成23年11月9日労経速2132号3頁）など。
[295]　厚生労働省「労働者派遣事業関係業務取扱要領」（平成27年9月）18頁。

派遣法の規制体系としては一貫している。しかし他方で，国や地方自治体等で期間を定めて任用される職員および外部から派遣された労働力について，無期の中核的な職員との雇用保障のバランスをどのように図っていくのかは，今後，労働法制全体のなかで正面から検討すべき重要課題であって，労働者派遣制度における直用化という搦め手からの立法を通じて進めていくべき事柄ではないだろう。

(3) 2015年改正による実質的修正

もっとも，前述のように，このような直接雇用の申込みみなし規制については，2015年10月の施行を待つ段階で派遣法の根幹部分の改正が進められたために，当初の予定から実質的には大きく変更されて施行されることとなる。たしかに，2015年の改正法は，2012年の改正それ自体について正面から再検討するものではない。しかし，2015年の改正法を実質的にみると，派遣法の制定以来の規制枠組みを変更するものであって，そこでは，みなし規制の前提となる諸規制も抜本的に変更されている。

まず，改正法のもとでは，規制対象事項のうち，「派遣元事業主以外から派遣労働者を受け入れた場合」や，「派遣期間の制限違反」について，そもそも規制の根底部分が崩れていることは前述の通りである。すなわち，前者については，一般労働者派遣事業と特定労働者派遣事業の区別が廃止されて，許可・届出という制度そのものの見直しが行われているし，後者については，期間制限の概念が，従来型の常用代替防止を主眼に派遣先での受入期間に着目するものから，派遣労働者の保護を志向して労働者個人の派遣期間を重視するものへと根底から変更されている。このうち前者については，労働者派遣事業を許可制度に一本化したうえで，違反に対する制裁を強化する意味では，違法派遣の場合に直接雇用のみなし規制を用いることについても，2012年法と大きく矛盾するものではなく正当化の余地もあろう。しかし，後者については，規制の根幹部分で理念の転換がみられるのであって，みなし規制を維持することが妥当かどうかは特に慎重な検討を要する。

これまでの裁判例では，派遣元から期間制限を徒過してある派遣先へ継続的に派遣されてきた労働者が，いわゆる「派遣切り」によって雇用を喪失するケースで，主として，期間制限への違反があったことなどを手がかりとして，労働者保護のあり方が争われてきた。しかし，改正法では，そもそも期間制限が問題とな

るのは，有期雇用での派遣労働者のうち，同一労働者を派遣先の同一組織単位へ継続的に派遣してきた場合という，限定的な場面に限られている。そして前述の通り，この「組織単位」については，派遣労働者，および，派遣元，派遣先という当事者間の契約で自由に変更する余地がある。そうすると，今後，「みなし規制」の主な対象は，無許可の派遣元から派遣労働者を受け入れた場合や，いわゆる偽装請負のようなケースへと移行すると予想される。

ところが，肝心の規制対象はきわめて不透明なままで，派遣先での直用化の強制という契約原理を大幅に修正する制裁が予定されている。すなわち，いわゆる偽装請負を念頭におくとして，派遣法等の「適用を免れる目的で，請負その他労働者派遣以外の名目で契約を締結し，……労働者派遣の役務の提供を受ける」場合とは，どのような場合が該当するのか。また，例外的に派遣先が責任を免れ得るケースとして，このような「行為に該当することを知らず，かつ，知らなかったことにつき過失がなかつたとき」とは，いかなる場合を指すのか。

この点，2012年の改正時には，みなし規制を施行する際に具体的な基準を示すものとされ，これに関連した通達が出されている。そこでは，偽装請負類型での直用化については抑制的な姿勢がみてとれる。[296] 上記の状況をふまえれば，こうした姿勢そのものは評価できるが，偽装請負が問題となるケースの多くでは，派遣元が事業許可を得ていないものと推察されるなかで，実際問題としては派遣先での直用化が義務づけられる結論自体は変わらないであろう。

以上要するに，私見によると，2012年改正で導入された直接雇用申込みの「みなし規制」については，導入時に議論された派遣法の規制の根幹部分に大幅な変更が行われたなかで，再度，申込みみなし規制の当否や内容について慎重に検討すべきものである。とはいえ，現在の動向をみる限り，残念ながら，直近の改正においてこうした根本的な見直しがされる可能性は低い。このような2015年改正をふまえた労働者派遣制度の位置づけや今後の方向性については，比較法の分析をふまえたうえで，第6章で検討する。

---

296) 通達（前掲注277）では，偽装請負については派遣先の主体的な意思が介在するため，善意無過失に係る論点に加えて固有の論点があるとしたうえで，派遣法等の規定の適用を「免れる目的」を要件として明記した立法趣旨に鑑み，指揮命令等を行い偽装請負等の状態になっただけでは「偽装請負等の目的」を推定しないとされている。

IV　小括と今後の展望

　以上，派遣労働者に代表される外部労働力の利用に関連した個別法上の諸問題について，特に実務的にも理論的にも最重要論点である労働者の雇用保障をめぐる問題を中心として，現在までの立法動向および裁判例をふまえて分析・検討した。

　まず，立法に着目すると，日本では外部労働力の利用に関する基本法として労働者派遣法がある。しかし，同法が1985年に制定される以前には，そもそも職安法44条のもとで間接雇用が全面的に禁止されていたこともあり，派遣法の制定後にも，同法と職安法との規制がどのように関係するのかについて，基本的な理解の対立がある。その主眼とするところは，派遣法の規制枠組みに大きく違反する就労形態に対して，三者間での関係を法的にどのように理解するのかという争い，特に「黙示の労働契約」の成否をめぐる争いでもあった。

　この問題については，2009年のパナソニックプラズマディスプレイ〔パスコ〕事件・最高裁判決によって，判例上は一応の決着をみており，以後の裁判例は基本的に同判例の枠組みにしたがっている。それによると，①派遣法に違反する派遣的就労形態も同法上の労働者派遣に該当し，職安法44条違反とはならないこと（派遣法2条および職安法4条も参照），②労働者と派遣元との労働契約関係も原則として有効とみるべきこととなる。③そのうえで，労働者と派遣先との間での黙示の労働契約の成否について，従来，学説や一部の下級審では，意思解釈を規範的に行う立場もあったところ，最高裁はこれを明確に否定して，あくまで当事者の表示意思を尊重すべきことを確認している。

　換言すれば，仮に派遣法違反等の事実があったとしても，なお派遣先や派遣元，さらには労働者の意思表示は重要であって，法違反の事実を意思解釈のレベルでは反映しない立場が支持されたといってよい。このような立場からすると，解釈論によって，労働者と，実際の就労先である派遣先あるいは発注元企業との間で，黙示の労働契約の成立が認められる余地はほとんどなく，実際，その後の裁判例で黙示の労働契約の成立が認められたケースは皆無に等しい。

　同様に，2015年改正以前の派遣法では，派遣期間を制限するとともに，それに抵触する場合に，派遣先に対しては，抵触日の時点で就労している派遣労働者に

直接雇用の申込みを義務づけてきたが，同義務は第一義的には派遣先が国家に対して負う公法上の義務であって，派遣労働者個人が派遣先との間で私法的な労働契約関係の成立を主張する根拠とはならない。さらに同義務が生じる前提には，派遣元による抵触日通知の要件が課されるなど，要件面でも申込義務が活用される余地は大きく制限されていた。学説上は，派遣先による申込みを実質的にみれば擬制するような立場や，申込義務を手がかりとして派遣先の損害賠償責任を主張する立場もあるが，いずれも支持し得ない。こうして，派遣先に対して雇用責任を追及することについて，従来の制度上は相当に高いハードルが設定されてきた。

　もっとも，2012年の法改正によって，一定の違法派遣のケースでは，派遣先が派遣労働者に対して直接雇用の申込みをしたものと「みなす」規定が導入された。同改正内容が2015年10月に施行されることで，この問題をめぐる状況は一変することが予想された。ただ，現実には，この施行を待たずに派遣法の根幹部分の修正が図られる異例の状況のなかで（2015年改正），立法動向については引き続きフォローが必要である。この点，「みなし規制」という現行制度の基本を大きく変更する規制を導入する場合には，その前提となる派遣法で違法とされる行為類型についても再検討が必要であるところ，2012年の改正時にこうした配慮は全くみられない。他方，厳しい批判のなかでも成立した2015年改正法では，そもそも派遣法の根底部分での規制が変更されている。「みなし規制」についてはその前提が大きく揺らいでおり，その当否を早急に検討する必要があろう。

　なお，派遣労働者の雇用保障に関連して，企業間での労働力の取引（労働者派遣であれば労働者派遣契約，業務処理請負であれば当該請負契約）そのものを直接に制限して，たとえば労働者派遣契約の解消自体を規制するというアプローチもあり得るが，現行法での規制対象は例外的な場合にとどまるし，立法論としてもこの方向を拡大することは好ましくない（第4節Ⅰ）。

　他方で，2015年改正以前の法制度のもとで，派遣労働者を典型とする外部労働者の雇用保障が実際にどのように図られているのかをみると（第4節Ⅱ），第1に，①派遣労働契約に期間の定めがなく，②就労が予定される派遣先としても，ある特定の派遣先に依存するのではなくて複数の派遣先で就労することが予定されている場合には，直接雇用の場合と同様に，解雇規制が機能する余地は十分にある。この労働契約の特徴に着目をした，真の意味での「常用型派遣（真正な常用型派

遣)」については，間接雇用であることを理由として，派遣労働者の雇用保障をめぐって特別な法規制を課す正統性は乏しいといえそうである。

　第2に，上記の真の意味での「常用型派遣」とは異なる類型として，労働契約において，暦日や確定期限，契約期間の長さを示すことによって契約の存続期間が明示的に定められている場合，および，こうした意味での確定期間の定めはないものの，内容面で，ある特定の派遣先での派遣就労のみを予定しているタイプを，本書では「登録型派遣」と呼ぶこととする。これらは，いずれも有期労働契約の一類型か，少なくともそれと同視できるものであるところ，この登録型派遣の雇用保障をめぐる問題は，派遣労働契約の中途解約の問題と，有期労働契約の雇止めをめぐる問題に大別できる。このうち中途解約についてみると，たとえ派遣先から労働者派遣契約を中途解約された場合であったとしても，派遣元での労働契約の中途解約について，理論的にも，そして実際の裁判例上も厳格に制限されている。ここでも労働者派遣に対して特別に規制を課す正統性は乏しい。

　問題は，有期雇用の雇止めの場合，および形式的には暦日での契約期間の定めがなくとも，派遣先を限定したタイプにおける解雇の場合である。すなわち第3に，有期労働契約の期間満了に伴う雇止めについて，いわゆる常用代替防止目的を強調して法的保護を否定することは適切でない。2015年の改正以前においても，常用代替の防止目的が雇止めの適法性判断に影響するのは，①派遣法の期間制限の枠組みに従って，②自由化業務で行われる労働者派遣のうち，③派遣労働者が当該の特定の派遣先での就労のみを予定していたケースという，3つの要素を満たす極めて限定的な局面に限られるべきである。これに対して，政令28業務での派遣や，自由化業務でも，派遣法の期間制限に違反している場合（典型的には，いわゆる偽装請負のもとで期間制限を無視しているケース），あるいは，派遣法にしたがった適法な派遣労働関係であるものの，派遣先を変更することで派遣元との労働契約関係が反覆継続しているケースとなれば，派遣労働者の雇用継続への期待が合理的か否かの判断に際し，常用代替防止目的は何ら影響はなく，いくつかの裁判例はこれを区別していない点で問題がある。

　もっとも，これら常用代替防止という目的とは別に，間接雇用である労働者派遣の性格そのものにより，派遣労働者の「雇用継続に対する期待」の合理性には限界があることは否定できない。このことは，派遣労働関係において，労働契約で特定の派遣先での就労のみを予定している場合には，その労働契約の解釈を通

じて，期間満了による雇止めの場合はもちろん，仮に労働契約に暦日での期間の定めがない場合であったとしても，解雇規制によって雇用保障を図ることが難しいことを示唆している。この類型については，間接雇用としての労働者派遣と直接雇用の場合とでは法的保護の実態が大きく異なっており，派遣労働者の雇用保障に関して特別な規制枠組みを検討する必要性が特に高いといえよう。

この点，2012年の派遣法改正では，期間制限への違反など一定の違法行為が認められるケースで，派遣先が直接雇用の申込みをしたとみなす規制が導入されており，2015年改正による実質的な修正も含めて，その適否が問題となっている。

第5節　派遣労働条件の水準等に関する法規制

次に，労働者派遣法における，労働条件に関する他の規制をみておこう。

まず，派遣元は派遣労働者に対し，労基法15条で定めるほかにも，一定の労働条件明示義務を負う。具体的には，①派遣労働者が従事する業務の内容，②派遣先の名称等，③派遣労働者の指揮命令者に関する事項，④派遣期間等，⑤労働時間や休憩時間等，⑥安全衛生に関する事項，⑦苦情処理に関する事項，⑧派遣労働者の雇用の安定を図るために必要な措置に関する事項，⑨派遣期間に関して派遣先が期間制限に抵触する日などである（34条。31条の2も参照）。また，派遣労働条件については，企業間の労働者派遣契約でも定める必要がある（26条）。さらに2012年の改正により，派遣元には，派遣料金から賃金額を差し引いたいわゆる「マージン率」について事業報告等が義務づけられている（23条5項，34条の2等）。

次に，具体的な派遣労働条件に関して，労基法や労働安全衛生法等の労働法規制の責任配分に関する規定がある（44条以下）。この点，おおまかにいうと，派遣法では，まずは派遣元と派遣労働者との労働契約（就業規則）で労働条件の枠組みを定め，その枠内で派遣先が労働力を利用できる仕組みとなっている。たとえば，時間外労働における三六協定の締結主体は派遣元であるが（44条2項），同協定に違反する時間外労働が行われる場合には，派遣先を労基法上の使用者と「み

---

297)　ただし，学説上は反対の立場もある。たとえば，西谷敏=脇田滋編『派遣労働の法律と実務』（労働旬報社，1987年）143頁以下，近藤昭雄「労働者派遣法の適用をめぐる諸問題」季労140号（1986年）22頁など。

なし」て罰則等が適用される構造になっている。ただし，この場合にも，割増賃金の支払義務は労働契約の当事者たる派遣元にある。同様に，労災保険法上の責任を負うのも原則として派遣元であるが，派遣先は危険防止義務を負うほか（45条，41条），2012年に労災保険法が改正されて，実際の就労先である派遣先に対しても，労災事故に関する報告義務等が課されている（労災46条以下）。[298]

また，差別禁止規制に関連して，派遣元は，派遣労働者の労働契約の相手方として，労働法上のあらゆる差別禁止規制に服する。これに対して，派遣先は，実際の派遣就業の遂行に伴う範囲に限って規制の適用を受ける。たとえば，派遣先にも労基法3条（均等待遇）の適用はあるが，男女の「賃金」差別を禁止する同4条の適用はない。[299]このほか，前述のように，派遣先は「派遣労働者の国籍，信条，性別，社会的身分，派遣労働者が労働組合の正当な行為をしたこと等を理由として，労働者派遣契約を解除してはならない」（派遣法27条）。

以上のような諸規制とは性格が異なる民事上の効力規定として，派遣元は，派遣労働者あるいは派遣先との間で，派遣関係の終了後に派遣労働者が直用化されることを禁ずる契約を，正当な理由なく締結してはならない（33条）。[300]これは派遣先での直用化を促進することに狙いがある。

一方，こうした効力規定とは別に，派遣労働者の労働条件の水準に関しては，

---

298) こうした立法による規制のほか，派遣先は一般法理に基づいて安全配慮義務を負う。社外工に対する派遣先（発注元）の安全配慮義務を認めた裁判例として，たとえば，鹿島建設・大石塗装事件（最一小判昭和55年12月18日労判359号58頁），三菱重工業神戸造船所事件（最一小判平成3年4月11日労判590号14頁），アテスト〔ニコン熊谷製作所〕事件（東京高判平成21年7月28日労判990号50頁）等がある。また，派遣労働者が派遣先で直接雇用される労働者から暴行を受けたケースで，派遣先の使用者責任が問題となった裁判例として，ヨドバシカメラほか事件（東京高判平成18年3月8日労判910号90頁）がある。

299) なお，労基法3条については，派遣法上は派遣元と派遣先の双方が責任を負うとされる。この点，たとえば旧労働省の解説によると，労基法3条や同5条の適用問題について，「特例により，派遣元の使用者と派遣先の使用者の双方がこれらの規定に基づく義務を負うこととなるが，これは両者が連帯して義務を負うこととなるのではなく，それぞれがその権限の範囲内で別個の義務を負う」とされ，具体例として，3条の均等待遇のうち，賃金については派遣元のみが責任を負うとされている（労働省労働基準局監督課編著『新訂版 派遣労働者の労務管理』（労働基準調査会，1986年）67頁，同旨・昭和61年6月6日基発第333号）。

300) この規定が私法的効力を有することについては，ホクトエンジニアリング事件（東京地判平成9年11月26日判時1646号106頁）も参照。同事件では，企業間での労働者派遣契約のなかで，派遣労働者を直用化する際に違約金の支払いを義務づける条項があったケースで，派遣法33条に実質的に違反するとして当該条項が無効とされている。

2012年および2015年の改正により，派遣先で直接雇用される労働者との均衡処遇に関する配慮義務や努力義務も追加されている。まず，賃金について，派遣元は，①派遣先での同種業務で直接雇用される労働者の賃金水準との均衡を考慮しつつ，②同種業務に従事する一般の労働者の賃金水準，③または当該派遣労働者の職務の内容，職務の成果，意欲，能力もしくは経験等を勘案し，決定するように配慮しなければならない（30条の3）。決定に際して考慮対象とした事項について，派遣元は派遣労働者からの求めに応じて説明義務を負う（31条の2）。さらに，派遣労働者の福祉の増進に関する努力義務も規定される（30条の4）。

　さらに派遣先も，一定の教育訓練について派遣元からの求めに応じて派遣労働者に対しても実施する配慮義務や（40条2項），派遣先の福利厚生施設のうち「業務の円滑な遂行に資するものとして厚生労働省令で定めるもの」について，派遣労働者に対しても利用機会を与える配慮義務（同3項）等を負う。

　もっとも，こうした規制は，いずれも配慮義務や努力義務にとどまるものであって，ただちに私法上の具体的な請求権までも導き得るものではない。この点，一般論として，こうした義務であってもその内容に著しく反するような場合には，不法行為に基づく損害賠償責任が生じる余地は否定できない（民法709条参照）。とはいえ，上記の諸規制のうち，たとえば賃金についてみると，派遣先で直接雇用される労働者との均衡を考慮「しつつ」も（①），同種業務で就労する一般的な労働者の賃金水準（②），または，当該派遣労働者の職務の内容，職務の成果，意欲，能力もしくは経験等（③）が広く考慮すべき事項とされている。ここでは，性格の全く異なる①〜③について，どのような観点から考慮すべきか不明であるし，そもそも現在の実務でも，この内容から大きく外れるような賃金決定がなされるような事態は考えにくい。こうしたなかでは，2015年改正で賃金決定等に際して考慮した事項についての説明義務が追加されているとしても，それが実質的に機能することも期待できない。

　結局，2012年改正（および2015年改正）による新たな規制は，行為規範としても裁判規範としても無内容と言わざるを得ない。いずれにしても，労働者派遣法では，派遣労働者の労働条件について，派遣期間の点を別にすると，法律上，労働条件に関する実効的な規制は皆無に等しく，直接雇用による場合の労働条件と比較して特に厳しい規制があるわけではない。

第6節　集団的労働法上の問題

I　派遣法の規制

　第6節では，派遣労働をめぐる集団法上の問題について，本書の問題関心に則して簡単に整理しておこう。まず，労働者派遣法のなかで「労働組合」が登場するのは，27条（差別禁止規制）と40条の2（派遣期間に関する規制）である。このうち後者は，派遣先で直接雇用される労働者との利益調整を図るための規定であって，派遣労働者の保護に直結するものではない。すなわち派遣法40条の2第4項は，有期雇用での派遣について派遣期間が3年を超える場合に，派遣先に対して派遣先の過半数組合（過半数組合がない場合には過半数代表者）からの意見聴取を義務づけるものである。

　この点，外部労働力である派遣労働者の受入が，労組法上，派遣先と派遣先の労働組合との義務的団交事項といえるかについては，両論があり得る[301]。派遣労働者の受入が，直用労働者の労働条件に直ちに関係しないと評価できる可能性があるからである。このことは，労働者派遣が法律で臨時的・一時的なものに限定されている場合には，より一層妥当する。しかし，2015年の法改正で派遣を継続的に利用する余地が大幅に広がったなかでは，労組法上の解釈問題としても，派遣労働者の受入について，派遣先は派遣先の労働組合に対して団交応諾義務を負うと解すべきだろう。

　これに対して，派遣労働者の利益に関する規定として，派遣法では，派遣先における苦情処理等に関する事項が定められ，具体的には派遣先責任者が対応する

---

[301]　この点が争われた裁判例は見あたらないが，たとえば裁判例のなかには，新規採用予定者（非組合員）の賃金水準について義務的団交事項に含めたものがあり，参考となる。その論理は，①非組合員の労働条件に関する問題は，当然には義務的団交事項に含まれない。②しかし，それが将来にわたり組合員の労働条件，権利等に影響を及ぼす可能性が高く，組合員の労働条件に関わりが強い事項であれば義務的団交事項にあたるというものであり，この判断は最高裁でも維持されている（国・中労委〔根岸病院〕事件・最一小決平成20年3月27日中央労働時報1092号37頁，東京高判平成19年7月31日労判946号58頁）。こうした考え方に照らせば，派遣先の労働組合にとって，派遣労働者を受け入れるか否かも「将来にわたり組合員の労働条件，権利等に影響を及ぼす可能性が高く，組合員の労働条件に関わりが強い」と評価できれば，義務的団交事項に含まれるとの解釈も十分にあり得るだろう。

ことが予定されているにとどまる (41条3号)。つまり, 派遣労働者の団体交渉等の問題について, 派遣法に手がかりとなる規定はなく, 労組法の一般的な解釈に委ねられる。

II 派遣労働者の団体交渉権

1 派遣元に対する団交権

まず, 派遣労働者が新たに労働組合を結成するか, 既存の労働組合に加入する場合に, 派遣元に対して団体交渉権を有することは当然である。労組法7条2号によると,「使用者が雇用する労働者の代表者と団体交渉」を正当な理由なく拒むことは, 不当労働行為に該当する。この点, 派遣元は, 派遣労働者の契約相手方として基本的な労働条件を決定する立場にある。つまり, 派遣元は派遣労働者の労組法上の使用者であると同時に, 派遣労働者の労働条件に関する事柄の多くは, 派遣元の義務的団交事項に属する。

ただし, 派遣労働者の労働条件のなかには, たとえば日々の勤務割や労務提供の態様に関する事項など, 労働者派遣契約の範囲内で, 派遣先が具体的に確定するものもある。さらに, 派遣先の施設利用に関する事柄など, そもそも派遣元には処分権限がなく, もっぱら派遣先の決定に属するものも考えられる。つまり, 労働条件のすべてについて, 派遣元の義務的団交事項に属するわけではない。[302]

2 派遣先に対する団交権
(1) 議論状況

次に, より重要なのは, 派遣労働者が加入する労働組合が, 派遣先に対してどのような団交権を有するかという問題である。この点については, 特に次の2点, すなわち第1に, 派遣先が労組法7条の「使用者」にあたるかどうか, 第2に, 仮に使用者性が認められるケースであっても, 当該の交渉事項が派遣先の義務的団交事項に含まれるかどうかが問題となる。

---

302) ただし, このような事項の多くについては, 派遣先が労組法7条の使用者として団交応諾を義務づけられ得る点については, 拙稿「就業条件をめぐる団交拒否と派遣先の不当労働行為の使用者性—阪急交通社事件を素材とした一試論」季労249号 (2015年) 121頁を参照。

労組法7条の「使用者」性をめぐり，学説では，労働契約関係を中核として使用者性を限定的に認めていく立場と（労働契約基準説），反対に，「被用者の労働関係上の諸利益に何らかの影響力を及ぼし得る地位にある一切の者」と解したり（支配力説），「労働者の自主的な団結と，団結目的に関連して対抗関係に立つもの」と解するなど（対抗関係説），使用者性を積極的に認める立場とで古くから対立がある[303]。この問題は，派遣労働関係においてはどのように考えられるのだろうか。
　この点，派遣法の制定に関わった高梨教授によると，派遣先について，「仮に派遣社員から契約した就業条件の履行について違約があるとの苦情が提出された場合には，派遣元と連絡調整して処理する制度を設けるように提案し，団体交渉義務は派遣先には課さないこととした」とされる[304]。その理由として，「派遣契約関係になる派遣元と先とは相対契約であ」ることがあげられている。ただ，これは派遣労働者（組合）と派遣先との団体交渉を一切否定する趣旨ではなく，立法時の議論状況としては，この問題を裁判所や労働委員会での判断に委ねたものと解される[305]。
　学説では，派遣法で定められた苦情処理制度を重視する観点から，派遣先の労組法上の使用者性について，派遣が適法に行われている限りで否定的に解する立場もある[306]。しかし多くの学説は，派遣先の労組法上の使用者性を全面的に否定するのではなく，派遣期間中の労働条件をめぐる問題については，朝日放送事件・最高裁判決[307]を参考として派遣先にも使用者性（および団交応諾義務）の余地を認める点でほぼ一致してきた[308]。
　問題は，交渉事項が派遣先での直用化（採用）に及ぶ場合である。この点，まず，前述した「直接雇用の原則」を根拠に間接雇用である派遣を例外と位置づけ，

---

303) 学説の展開については，さしあたり，竹内（奥野）寿「労働組合法7条の使用者［文献研究労働法学（第4回）］」季労236号（2012年）211頁を参照。また，支配力説の立場から派遣先の使用者性を積極的に認める近年の例として，緒方桂子「労働組合法における派遣先企業の使用者性」和田ほか編・前掲注44書132頁など。

304) 高梨・前掲注101論文10頁。

305) 第102回衆議院社会労働委員会会議録・第20号（昭和60年5月14日），同参議院社会労働委員会会議録・第25号（昭和60年6月6日）の各政府委員発言。

306) 安西・前掲注240書1305頁。

307) 最三小判平成7年2月28日民集49巻2号559頁。

308) 馬渡・前掲注52書55頁など。

また派遣法でも直用化が促進されていることを理由として，直用化をめぐる団体交渉についても，派遣先の使用者性および団交応諾義務を積極的に認める立場がある[309]。この立場によると，仮に適法な労働者派遣の場合であっても，派遣期間の満了後に派遣先での直接雇用を求めることは派遣の基本的な原則から当然とされる。さらに，違法派遣となれば，労働者とその労働力の利用者である派遣先との二当事者間の関係に戻るべきとの立場から，派遣先との使用従属関係の実態判断を通じて，派遣先の使用者性はより強く認めるべきとされる。

　同様の観点から，不当労働行為の責任を問う場合には，事実上の指揮命令による就労の実態等があれば足り，加えて，直接雇用の原則に由来する派遣法の諸規定を通じて，労働者保護法のうえでも派遣先は使用者とみなされるとして，派遣先の使用者性を積極的に肯定する立場もある[310]。そこでは，団体交渉の義務づけであれば，採用を強制することに比べて派遣先の負担も軽く，企業の「採用の自由」への制約が軽い点が強調されている。さらに，近年では，前述の支配力説の立場をふまえつつ，団体交渉を紛争解決のための手段と位置づけ，使用者性の範囲を積極的に拡大すべきとする主張もみられる[311]。

　他方で，前述のように，適法な派遣関係であれば，派遣先と派遣労働者との間には使用関係のみがあり従属労働関係はないとして，派遣先の労組法上の使用者性を否定する基本視点のもとで，直接雇用をめぐる問題についても，労組法7条2号の文言を重視して，派遣先は派遣労働者を雇用していないとして派遣先の使用者性を否定するとともに，直接雇用の要求という採用に関わる事項は義務的団交事項としての「労働条件等」には含まれないとして，派遣先の団交応諾義務も否定する立場もある[312]。

---

[309] 脇田滋「派遣先事業主の団交応諾義務についての一考察―大阪地労委での救済申立事件を契機に」龍谷法学33巻3号（2000年）507頁。

[310] 萬井隆令「労組法上の『使用者』概念と義務的団交対象事項―偽装請負ユーザーに対する直接雇用の要求について」労旬1739号（2011年）40頁。それによると，直用化問題について，合法的な派遣であれば直ちに義務的交渉事項には当たらないとしつつ，違法派遣の場合はもちろん，中途解約のケースなどでもこれを積極的に認めるべきとされる。

[311] 代表的なものとして，毛塚勝利「労組法7条2号の『使用者が雇用する労働者』をめぐる議論の混乱をどう回避すべきか」労旬1742号（2011年）51頁，萬井隆令「直用化・雇用保障問題と団体交渉上の『使用者』」労旬1792号（2013年）46頁など。

[312] 安西・前掲注240書1290頁。

(2) 私　見

　この問題について，派遣法の制定経緯やそれ以前からの裁判例および命令例の動向をふまえると，派遣先の使用者性を一刀両断に否定することはできないであろう。他方で，現在では間接雇用そのものが正面から認められている点に照らせば，派遣が適法に行われている限りはそれを否定する方向での解釈枠組みが必要であると思われる。[313]

　そして，直接雇用を求める団体交渉をめぐっても，派遣先に労働契約関係ないしはそれに「近似」，「隣接」する事情があるか否かという，菅野教授が提唱された2つのアプローチで使用者性を認める余地があるところ[314]，①朝日放送事件の「近似」アプローチでは，直接雇用という契約関係の得喪をもたらすような「現実的かつ具体的な支配・決定」の存否については，他の派遣期間中の労働条件をめぐる場合に比して厳格に判断すべきであり，結果的に，法人格否認の法理に準じた派遣元の形骸化などの事情が必要と解される[315]。②他方，「隣接」というアプローチ（＝使用者概念の時間的拡張）については，少なくとも派遣が適法に行われている限りでは，派遣先は差別的理由に基づく場合を別にすれば，いつでも労働者派遣契約を解消できることをふまえて，労働者が派遣先で直接雇用される「現実的かつ具体的な可能性」はないというべきだろう。

(3) 近年の裁判例，労委命令

　では，裁判所や労働委員会はどのような解釈を示しているのか。結論からすると，近年の労働委員会命令や裁判例では，2012年のショーワ事件以来，中労委が詳細な一般論を積極的に展開していることもあって，実務は急速に固まりつつある。すなわち中労委は，①ショーワ事件[316]，②阪急交通社事件[317]，③中国地方整備

---

[313]　詳細は，拙稿「労組法上の使用者―派遣先の団交応諾義務を中心に」季労229号（2010年）110頁。

[314]　労働契約関係との「近似」と「隣接」を重視する立場については，菅野・前掲注153書273頁。

[315]　なお，本書で詳しくは検討しないが，第6章で提示する派遣の3タイプの区別は（①常用的な派遣，②真正な登録型，③派遣先限定の登録型），このような労組法上の解釈問題にも援用できると考えられる。

[316]　中労委平成24年9月19日重要命令集1436号16頁。

[317]　東京地判平成25年12月5日労経速2201号3頁，中労委平成24年11月7日重要命令集1437号1頁，東京都労委平成23年9月20日重要命令集1418号1頁。

局・九州地方整備局〔スクラムユニオン・広島〕事件[318]，④東海市事件[319]，⑤パナソニックホームアプライアンス〔パナソニック草津工場〕事件[320]，⑥日本電気硝子事件[321]，⑦日本電気硝子〔ニューマンパワーサービス〕事件[322]，⑧近畿地方整備局事件[323]など，いずれも，いわゆる労働契約基準説に依りつつ，(1)朝日放送事件・最高裁判決で示された一般論[324]，すなわち，労働者の基本的な労働条件等について，雇用主と部分的とはいえ同視できる程度に現実的かつ具体的に支配，決定することができる地位にあるか否か（近似アプローチ），(2)それから，クボタ事件で典型的に示された枠組み[325]，すなわち，派遣先が当該労働者との間に，近い将来において雇用関係の成立する可能性が現実的かつ具体的に存するか否か（隣接アプローチ），という，2つのアプローチを統合した枠組みのもと派遣先の使用者性を判断している。

そして，裁判例や労委命令では，たとえば「偽装請負」であるといった派遣法違反の事実は特段重視されておらず，派遣期間中の就労条件についてであればともかく，派遣労働者の雇用喪失をめぐる問題について，派遣先に使用者性を認めて団体交渉を義務づけるハードルは相当に高い状況にある。すなわち，派遣先での直接雇用等をめぐって派遣先の使用者性が問題となるケースで，中労委は，派遣先において，組合員らの雇用そのもの，すなわち，採用，配置，雇用の終了（打切り）等の一連の雇用管理に関する現実的かつ具体的な支配，決定の有無を検討し，いずれも，結論として使用者性を否定してきた。

3 小　括

労働者派遣法は，派遣労働者の組織化，あるいは集団法上の問題について，少なくとも立法的な解決を図るものではない。また，労組法上の使用者性や義務的団交事項の範囲については，個々の事案に応じた検討が必要となるが，特に，派遣労働者の雇用の喪失や派遣先での直接雇用をめぐる問題については，前者につ

---

318) 中労委平成24年11月21日重要命令集1437号21頁，広島県労委平成23年6月24日命令集未登載。
319) 中労委平成25年1月25日労経速2178号3頁，大阪府労委平成23年9月9日命令集未登載。
320) 中労委平成25年2月6日命令集未登載，滋賀県労委平成23年10月17日重要命令集1425号1頁。
321) 中労委平成25年7月3日命令集未登載，滋賀県労委平成22年12月6日命令集未登載。
322) 中労委平成26年2月19日命令集未登載。
323) 中労委平成26年3月5日命令集未登載，大阪府労委平成24年2月13日命令集未登載。
324) 最三小判平成7年2月28日民集49巻2号559頁。
325) 東京地判平成23年3月17日労経速2105号13頁，中労委平成21年9月2日労経速2053号19頁。

き派遣元に団交応諾義務があることは当然としても，派遣先に対してこれを求めるには相当に高いハードルがある。

　少なくとも，①派遣元や派遣先のそれぞれの団交応諾義務の範囲が，直接雇用の場合と比較すると限定的となること，②団交事項に応じて交渉の相手方が異ならざるをえないことに，異論はないと考えられる。つまり，雇用と使用とが分離した派遣労働関係において，派遣労働者が団体交渉を通して自ら労働条件の維持・改善を図っていくことは，派遣労働者の団結が難しいという実質面だけでなく，理論的にも困難な状況にあるといってよい。[326)]

第7節　小括──日本法の特徴

　以上の分析・検討からすると，日本の労働者派遣制度は，次のように特徴づけられる。まず，派遣法の成立によって，間接雇用と職安法44条違反あるいは労基法6条違反との抵触問題は，立法的に解決されることとなった。たしかに現在でも，学説上，派遣法違反が職安法違反をも構成すると解する立場もあるし（職安法重畳適用説），一部の裁判例にも同様の考え方がみられる。しかし，こうした立場には，職安法や派遣法の立法趣旨や文理解釈から賛成できない。派遣法の施行により，派遣労働関係について，派遣法上の規定の解釈や射程が問題となることはあっても，派遣元と雇用関係がある限り職安法44条違反は問題とならないと解すべきである。そして，1985年の労働者派遣法は，その立法経緯や規制内容からすると，間接雇用と人権的な意味での労働者保護の問題とを，立法的に区別したものでもあった。

　では，労働者派遣法には具体的にどのような規制があるのか。まず，派遣法は事業の参入規制を設け，派遣事業を「一般」と「特定」とで区別してきた。ただし，許可取得義務や届出義務に違反するケースで，労働者の処遇について派遣法上の定めはなく，個別の契約解釈等に委ねられた。また，「一般」と「特定」の

---

326) 実質的な側面については，「座談会　第二次朝日放送事件」労旬1659号（2007年）6頁以下も参照。このような性質をもつ労働者派遣法について，脇田教授は，「絡め手からの団結破壊法」と評される。なお，非正社員の組織化に関する，最近の労働組合側の取組みについては，連合総研『非正規労働者の組織化』調査報告書』（2009年），新谷信幸「請負・派遣労働者に対する労働組合の対応─電機連合の取り組みと課題」日本労働研究雑誌591号（2009年）51頁，禹宗杬＝連合総研編『現場力の再構築へ─発言と効率の視点から』（日本経済評論社，2014年）231頁以下を参照。

区別と労働契約の期間の定めの有無，あるいは派遣期間の長短とは直結しない。派遣が長期間継続しているケースであっても，有期労働契約に基づくこともある。

　次に，派遣法は，当初は派遣対象を13業務に限定していた。対象業務はその後拡大を続け，1999年改正ではネガティブリスト方式に転換したものの，業務による規制の区別は長らく維持されてきた。派遣法上，業務は，①原始ネガティブリスト業務，②政令28業務，③自由化業務で区別されてきた。ただ，とりわけ②と③の区別は，いずれも派遣労働者による常用代替を防止して，既存の雇用慣行との調和を図ることを重視したものである。言い換えると，こうした業務の区別は，業務の危険性等を考慮したものではないし，政令28業務でも，労働者個人の専門性や交渉力等が重視されたのではない。対象業務が区別・限定されたのは，派遣労働者の保護の必要性というよりは派遣先の雇用慣行に配慮する目的によるもので，政策的な側面がきわめて強いものであった。

　同様のことは，派遣期間の制限にも妥当する。法律上の期間制限は，1999年改正で対象業務が自由化される際に導入されたもので，対象業務の拡大に伴う常用代替の防止を図ることが目的であった。この期間制限は，自由化業務において更新が認められないなど，それまでの行政指導による規制とは性格が異なるものであった。その後，2003年改正での規制緩和を経て，2015年の改正までは，派遣期間は自由化業務で最長3年とされ，政令28業務では事実上撤廃されていた。期間制限に違反する場合，派遣元に対しては罰則の定めが，派遣先に対しては厚生労働大臣による勧告や企業名公表の制度がある。これらのほか，派遣法上，期間制限と抵触する場合に派遣先の直用申込義務が規定されているが，直接の労働契約関係や派遣先の「申込」が擬制されるわけではなかった。

　このような期間制限も，派遣労働者の保護というよりは，派遣先の雇用慣行へ配慮したものであった。この点については，派遣法の立法経緯のほか，具体的な期間の算定方法からも裏付けられる。すなわち，派遣法上，期間の算定は派遣先での業務の同一性が問題となるのであって，個々の労働者の派遣就労期間とは一致するものではなかった。このことは，いわゆるクーリング期間の算定でも同様である。派遣労働者の直用化を図るための直用申込義務でさえ，一部（政令28業務で派遣期間が3年を超え，派遣先が同業務で新規採用をするケースでの優先雇用申込義務）を除き，労働者個人の派遣就労期間には着目されていなかった。つまり，派遣期間の制限についても，派遣対象業務の区別と同様に，派遣先の雇用慣行へ

配慮することが重視されてきた。同様の理由から，歴史的に，育児・介護休業取得者への代替的派遣のケースや高年齢者を派遣するケースでは，対象業務や派遣期間の制限は緩やかであった。

　こうしてみると，労働者派遣法の中心には，派遣先で直接雇用される労働者（正社員）の雇用慣行を守るという意味での「常用代替防止」の考え方があったことがわかる。派遣法は，間接雇用と職安法が規制してきた人権的問題とを区別しながらも，別の観点から直接雇用を重視する構造となっている。期間制限や対象業務の区別は派遣先の直用労働者に配慮したものであり，直接雇用の申込義務はこうした考え方と派遣労働者の保護との調和を企図したものと評価できる。そして，以上のような規制のほかには，派遣法上，労働者の労働条件と関わる規制はわずかにとどまる。

　では，派遣労働者は，こうした法制度のもとで，どのような保護が図られてきたのか。この点，第1に，雇用保障の問題に関しては，労働契約に期間の定めがあるか否かが手がかりとなる。ただ，労働者派遣の場合，派遣期間が長期化しても雇用の存続保護と繋がらない点では，直接雇用の場合と異なる側面がある。典型的には，一部の裁判例で，派遣法の常用代替防止目的を根拠として「雇止め制限法理」の適用そのものが否定的に解されている点，あるいは，仮に解雇規制が（類推）適用される場合にも，特に登録型派遣においては解雇回避の余地が小さいという点があげられる。ただし，裁判例をみると，労働契約に期間の定めがなく，複数の派遣先での就労が予定されているケースであれば，直接雇用の場合と同様に法的保護が及んでいる点にも留意が必要であろう。

　第2に，派遣期間中の労働条件については，派遣法上，努力義務や配慮義務が規定されるにとどまる。派遣労働契約については，期間制限のほかは契約自由にあるといってよい。派遣法は，派遣労働条件に直接的に介入するのでなく，期間制限や直用申込義務で派遣労働者を直接雇用へと誘導することによる問題の解決を目指してきた。

　第3に，派遣労働者の集団法上の問題についても，派遣法のなかで手がかりとなる規定はなく一般法理に委ねられる。この点，派遣元は，派遣労働者（組合員）の労組法上の「使用者」であるが，派遣元との交渉事項（義務的団交事項）は，一般的な直接雇用の場合と比較すれば制約を受けざるを得ない。他方，派遣先が労組法上の「使用者」となるケースは例外的であり，たとえば雇用保障をめ

ぐる問題などは，派遣元のみが交渉相手となることが原則である。少なくとも，派遣労働者は，交渉事項に応じて交渉の相手方を選択する必要がある点をふまえれば，派遣労働者が団体交渉を通して労働条件の維持・改善を図ることは，直接雇用の場合よりも負担は大きいといえそうである。

　以上要するに，労働者派遣法は，事業の参入規制のほか，対象業務による規制の区別や期間制限を中核としてきたが，後者については，派遣労働者の保護よりも常用代替を防止することに主眼があった。また，参入規制についても，「一般」と「特定」といった事業区分と，派遣労働者の労働契約期間や派遣期間とが一致しないという特徴があった。総じてみると，派遣法は度重なる改正を経てもなお，常用代替防止という直用重視の考え方を基礎としてきた。現在では，職安法との関係で直用主義の規範的根拠は失われているものの，派遣法は，立法政策として直接雇用を重視する立場を採用してきた。そして，派遣労働者の保護と直用重視の考え方の両立を図るために，期間制限と直用申込義務とが組み合わされてきた。ただ，具体的な期間算定は，個別労働者の派遣期間でなく，派遣先での受入期間によって行われる（常用代替防止目的の優先）。こうした規制のほかには，派遣法で労働条件と関わる実体的な規制はなく，行政指導を中心とする間接的なアプローチにより，ゆるやかに派遣労働者の直用化が目指されてきた。

　このように，2015年改正以前の労働者派遣法には，労働契約における労使の非対等性に着目し，派遣労働者の対等決定をサポートするという視点は希薄である。のみならず，派遣労働者の保護という視点からすると，法律の根底にある直用重視の考え方と派遣労働者のニーズとが，必ずしも一致していない点も指摘できよう。これまでの派遣法では，単に派遣労働者保護に関わる規制が十分でないだけでなく，派遣法の規制が，むしろ派遣労働者の保護に反する結果も生じていた。

　もっとも，このような労働者派遣制度は，2012年の法改正（直接雇用の申込みみなし規制の導入等）や，2015年の法改正（事業区分の廃止や期間制限の抜本的修正等）により大きく変化しつつある。ただ，特に前者については，従来の規制枠組みを残しつつ，その内容を吟味しないままに，規制の実効性確保という観点から採用の自由を大きく制限する「みなし規制」を導入した点で，きわめて問題が多い。また，後者について基本的な方向として妥当であるとしても，これまでの派遣法の規制枠組みを大きく修正するなかで，直近の法改正との整合性を残そうとする点で相当な無理があり，大きな混乱が避けられないものとなっている。

第3章　国際的動向

第1節　統計資料

　オランダおよびドイツの法制度について具体的な検討に入る前に，第3章では，労働者派遣をめぐる国際的な動向について確認しておこう。

　日本では，労働者派遣のあり方をめぐり，雇用形態の多様な選択肢のひとつとして積極的に肯定すべきとする立場と，逆に，労働者派遣の構造や現実の雇用状況の悪さを問題視して，派遣については例外的な範囲でのみ認めるべきとする立場とで，激しい対立がある。本書の分析によると，2015年に改正される以前の派遣法では，直接雇用を重視する基本姿勢，あるいは少なくとも派遣労働者が派遣先で直接雇用される労働者に代替していくことについて，消極的にとらえる考え方が中核にあった。[1]

　他方，諸外国の状況をみると，現在では，労働者派遣（間接雇用）を完全に禁止している国は見られない。ただ，各国の状況に応じて，労働者派遣に特別な規制を設けない国（たとえばアメリカ）もあれば，逆に，限定的な場合にのみ労働者派遣を認めている国（たとえばフランス）もあり，規制のあり方は様々である。本章は，諸外国の動向をさぐることを目的とする。

　国際人材派遣事業団体連合（CIETT）が2015年に発表した統計によると，現在の市場動向は次のようである。[2]

---

[1]　また，法的拘束力があるものではないが，2015年改正時の附帯決議でも，「派遣就業は臨時的・一時的なものであるべきとの基本原則については本法施行後も変わらないこと」や，「直接雇用が労働政策上の原則であることに鑑み，正社員として働くことを希望している派遣労働者に正社員化の機会が与えられるよう，派遣元事業主と派遣先のそれぞれに派遣労働者の正社員化に向けた取組を講じさせること」等が確認されている。

[2]　CIETT, Economic Report, 2015$^{ed.}$ のほか，ILO, Private employment agencies, temporary agency workers and their contribution to the labour market, 2009. なお，CIETT（Confederation Internationale des Entreprises de Travail Temporaire）は，2015年10月現在で世界48ヵ国の派遣元使用者団体と，8社の個別加盟企業で構成されている。

まず，労働者派遣事業の売上順でみると，Adecco（スイス），Randstad（オランダ），Manpower（アメリカ），Allegis Group（アメリカ），リクルート（日本）等の企業が上位を占める。派遣労働市場に占める国別の割合をみると，アメリカ（29％），日本（19％），イギリス（11％），ドイツ（8％）と続く。同調査によると，アメリカ合衆国，EU 諸国（38％），日本で市場の8割を占めている。

派遣元事業所数をみると，この統計では，日本（10万件）が突出して多く[3]，本書の検討国では，アメリカ（3.5万件），ドイツ（1.1万件），オランダ（7千件）といった具合である。

派遣労働者数（常用換算）に着目すると，この統計では，年間1200万人が派遣労働者として就労している。これを国別でみると，アメリカ（303万人），日本（129万人），南アフリカ（122万人），イギリス（116万人），ドイツ（84万人）と続き，オランダは（21万人）である。ただ，派遣労働者が各国の全労働者に占める割合をみると，南アフリカ（9％）とイギリス（4％）を除くと，いずれも3％以下にとどまる（EU 平均では1.7％）。

派遣労働者の構成をみると，年齢別では，いずれの国でも派遣労働者の多くは30歳未満であることが多い。同様に，単純な比較は困難であるものの，学歴でみると，派遣労働者の26％が高等教育を修了している。派遣労働者に女性が占める割合は，フランス（27％）やオーストリア（21％）など一部を除くと概ね50％前後であり，全世界では43％である。

次に，どのような事業で派遣が利用されているのかをみると，多くの国では，製造業とサービス業とで派遣先事業の7割程度を占める状況にある。また，日本では禁止されている建設業での派遣利用についても，フランスやスイスなどでは高い割合を占めている（全世界平均では9％）点も注目される。

このような状況に目を配りつつ，次に，アメリカと EU の状況を概観しておこう。

---

3) なお，厚生労働省「平成25年度 労働者派遣事業報告書の集計結果」（2015年3月公表）では，派遣元の事業所数は7万5千件（一般1.8万件，特定5.7万件）であるので，調査により開きがある。

第2節 アメリカ

　アメリカでは，伝統的に，連邦レベルと州レベルの双方で，一般に労働者派遣について特別な規制は設けられていない。労働者派遣に関する議論をみても，直接雇用と同様の制度をどのように運用するかが論じられているにすぎない。

　まず，労働者派遣という三者関係のなかで，公正労働基準法（FLSA），労使関係法（NLRA），公民権法第7編（Title VII of the Civil Rights Act）等の連邦法の適用については，原則として派遣元が法的責任を負う。ただし例外として，派遣先も「共同使用者（joint employer）」として，特別な責任を負うことがある。「共同使用者」法理は，独立した法的主体として存在する複数の企業を，共に，「使用者」として取り扱う法理である。

　派遣関係で共同使用者が問題となるのは，たとえば公正労働基準法上の責任では，①ある特定の派遣労働者の就業について，複数の使用者が関与している場合，②ある労働力の利用者（派遣元）が，他の使用者（派遣先）の利益のために行動している場合などである。これらの場合，当該労働者に対する指揮命令権は，派遣元と派遣先の双方が有しているとみなされ，共同使用者の関係が成立する余地がある。また，集団的労働法の領域でも，派遣先が，派遣労働者の労働条件決定に実質的に関与している場合には，共同使用者として団体交渉義務を負う可能性がある（ただし，この場合には，派遣労働者を派遣先企業の交渉単位に含めることが

4）　アメリカの労働者派遣制度については，*Roger Blanpain=Frank Hendrickx*, Temporary Agency Work in the European Union and the United States, Kluwer, 2013, p. 51-．なお，やや古いものであるが，州レベルでは，マサチューセッツ州，ニュージャージー州，ノースカロライナ州の3州で，労働者派遣事業は届出または登録が必要とされているとの指摘がある（藤川恵子「労働者派遣の現状と展望―アメリカにおける労働者派遣と共同使用者の概念を中心に」季労186号（1998年）152頁）。

5）　共同使用者の概念については，藤川・前掲注4論文149頁，小宮文人「アメリカの使用者概念・責任」季労219号（2007年）118頁，奥野寿「米国労使関係法における『単一使用者』・『共同使用者』法理」立教法学73号（2007年）281頁，鄒庭雲「アメリカにおける『共同使用者』（joint employer）法理について」九大法学97号（2008年）27頁，大沢真知子ほか編『働き方の未来―非典型労働の日米欧比較』（日本労働研究機構，2003年）397頁以下［小嶌典明＝藤川恵子］を参照。

6）　奥野・前掲注5論文308頁。

7）　この点については，FLSAの解釈規則（29C.F.R.§791.2(a)（2011））参照。

必要となるが,それには派遣先の同意を要する[8])。

次に,派遣先は,派遣労働者の配置や労働時間等に関わる事項について指揮命令を行う際に,公民権法上の責任を負うことがある。公民権法は,「個人の公民権」を保障するものであり,規制対象は,労働契約の相手方である使用者にとどまらないからである。同様に,多くの差別禁止立法では,「個人（individual）」に対する差別的行為が禁じられている。したがって,派遣先による派遣労働者に対する差別的行為も,法規制の対象となる（Title Ⅶ 703条(a)[a], ADA102条(a), ADEA 4条(a)(1)(2)など）。ただ,これらは差別禁止という限定的な局面でのみ問題となるのであり,派遣労働条件を一般的に規制する連邦法はみあたらない。

一方,州レベルの規制をみると,労災補償に関して,派遣先が「特別な使用者（special employer）」となることがある[9]。ただし,これは,派遣先にとって責任の負担を意味するわけではない点に注意が必要である。アメリカでは,一般に労災保険と不法行為による損害賠償請求とが排他的であるところ[10],多くの場合には,派遣先は「特別な使用者」として労災保険の適用を主張することで,不法行為責任を免除されるからである。

このように,アメリカでは,労働者派遣に対する特別な規制は皆無に等しい。こうした背景には,随意雇用原則（at-will employment doctrine）のもとで,解雇を原則として制限しないアメリカの雇用慣行がある[11]。随意雇用原則によると,使用者は,労働契約に期間の定めがない場合には,いつでも（理由を問わず）労働者を解雇することができる。もちろん,この随意雇用原則には,法律上（典型的には差別禁止立法による制限）,あるいは労働協約や個別合意に基づいた例外もある。また,一定規模を超える大量のレイオフや事業所閉鎖のケースであれば,事前の予告を求められる場合がある[12]。しかしながら,解雇が原則として自由であ

---

8) アメリカの団体交渉制度における交渉単位の意義については,中窪裕也『アメリカ労働法（第2版）』（弘文堂,2010年）113頁以下も参照。

9) 日本労働研究機構編『欧米主要国における労働者派遣法の実態』（1997年）48頁［小嶌典明］。

10) アメリカの労災補償制度については,中窪・前掲注8書290頁以下。

11) 随意雇用原則については,中窪・前掲注8書305頁以下,同「『解雇の自由』雑感―アメリカ法からの眺め」土田道夫ほか（編集代表）『労働関係法の現代的展開―中嶋士元也先生還暦記念論集』（信山社,2004年）341頁以下,労働政策研究・研修機構『諸外国の労働契約法制に関する調査研究』（2005年）254頁［皆川宏之］を参照。

12) The Worker Adjustment and Retraining Notification Act（= WARN）。

る点は，他の比較対象国とは異なるアメリカ法の最大の特徴といってよいだろう。同様に，現在では，有期雇用についても特別な規制があるわけではない。[13)]

　そして，解雇が自由であり労働条件も（外部）労働市場で決定されるのであれば，派遣に対してのみ特別な規制を課す理由は乏しい。こうした状況下では，労働者派遣によって解雇規制が回避されるという問題は生じないからである。労働者は，派遣が不満であれば転職すれば良い。むしろ，市場メカニズムを重視する雇用慣行のもとでは，これを阻害する法規制は最小限とすることが求められる。たとえば，前述の「共同使用者」の概念も，雇用の存続保護という意味でのいわゆる「雇用責任」とは性質を異にする。

　要するに，アメリカ法の特徴は，一部の制定法上の責任，あるいは団体交渉の相手方として派遣先の共同使用者責任が問題となるほかは，差別などの例外的なケースに限り，労働者派遣に対して規制を及ぼしている点にある。その背景には，随意的雇用原則のもと，解雇が自由で，労働条件も市場で決定されるという事情があると推察される。

第3節　EU 諸国

I　パートタイム・有期労働指令

　次に，EU 諸国の動向を確認しておこう。EU 諸国では，各国の立法政策において EU 指令が重要な影響を与えている。EU 指令が採択されると，加盟国は，指令が定める期限内に当該指令の内容に即して国内法を整備する必要があるからである。

　労働分野においても，すでに数多くの指令が採択されている。本書の問題関心からすると，非典型労働者の労働条件と関連して，パートタイム労働[14)]や有期労働[15)]

---

13) アメリカでは，従前には，詐欺防止の観点から，1年以上の長期的な契約締結には書面合意が要求されており，有期労働契約についてもこの規制が及んでいた。しかし，この詐欺防止法の規定は，2003年に削除されている。詐欺防止法の沿革やアメリカ法上の位置づけについては，樋口範雄『アメリカ契約法（第2版）』（弘文堂，2008年）139頁以下を参照。
14) Council Directive 1997/81/EC of 15 December 1997.
15) Council Directive 1999/70/EC of 28 June 1999.

についての指令（正確には，それぞれの枠組み協約の実施指令）が注目される。[16)]

2つの枠組み協約で共通するのは，パートタイマーや有期労働者について，フルタイムや無期雇用の労働者との均等待遇原則が規定され，各加盟国の立法において例外を許容する場合には，異別取扱いを正当化できる客観的な根拠（objective grounds）が必要とされている点である。また，特に有期雇用に対する枠組み協約では，非差別原則の適用による有期雇用の質の改善（1条 a）と並び，有期雇用の反覆更新による濫用の防止が目的とされるほか（1条 b），実際に，有期雇用の反覆継続を制限する措置（5条）が重視されている。具体的には，①有期労働契約の更新に際して，期間の定めをする合理的理由を求めること，②有期労働契約の更新を含めた最長期間を制限すること，③有期労働契約の更新回数に上限を設けることのうち，いずれかひとつ以上を充たすことが求められている。

このような EU 指令の背景には，期間の定めのない労働契約を雇用の原則的形態とする考え方がある。EU 指令をみる限り，労働時間について，パートタイムとフルタイムとのいずれか一方を優先，重視する考え方は見られないが，労働契約における期間の定めの有無に関しては，無期雇用を原則としつつ，有期雇用の利用を制限し無期雇用へと誘導する立法政策が重視されており，加盟国の国内法でもこうした考え方が反映されていると考えられる。

II　労働者派遣指令

1　採択までの経緯

一方，本書のテーマである労働者派遣に関して，すでに1991年には，派遣労働者を含む非典型雇用について，就労に関わる安全・衛生の面では，就労先の労働者と同等の保護が与えられるべきことや，リスクに関する情報提供等を求める指令が採択されている。しかし，一般的な労働条件と関わる法規制については，長らく方向性すらも示されてこなかった。[17)]

---

16)　各国の有期労働法制の特徴を簡単にまとめたものとして，たとえば，濱口桂一郎「EU 有期労働指令の各国における施行状況と欧州司法裁判所の判例」労旬1677号（2008年）19頁以下も参照。

17)　派遣労働者の健康と安全に関しては，「有期雇用関係または派遣雇用関係にある労働者の職場の健康と安全の改善を促進する措置を補完する指令」（Council Directive 1991/383/EEC of 25 June 1991）参照。

その後，欧州委員会は，2002年に派遣労働者の労働条件に関する指令案（以下，旧指令案[18]）を示している。旧指令案は，特に派遣労働者と派遣先で直接雇用される労働者との均等待遇（不利益取扱いの禁止）を求める点で激しい議論を呼んでいた。EU閣僚理事会によると，①均等待遇原則に関し，例外をどのように認めていくのか，②均等待遇原則が適用されるまでの除外期間（旧指令案では6週間）をどのように定めるのかという点で，問題が未解決であった。そして，旧指令案は一部の加盟国にとって微妙（sensitive）な問題を含み，最終決定の前にできる限り合意に達する努力をすべきとの観点から，採択が延期されてきた[19]。

　しかしながら，2008年11月になって，最大の反対国であったイギリスが賛成に転じたことを契機に，労働者派遣指令が採択される。背景には，イギリス国内で，派遣労働者に対する均等待遇原則の適用につき，政府，労働者団体，使用者団体が合意に至ったという事情がある。労働者派遣指令は，2008年6月のEU閣僚理事会における合意を基礎としており，基本的に2002年の旧指令案を踏襲するものであるが，議長国であったスロヴェニアの提案で，いくつかの点で変更もみられる。その内容は次のようである。

2　指令の内容[20]

(1)　目的および適用範囲

　労働者派遣指令は，①派遣労働者に対する均等待遇原則（不利益取扱いの禁止）を保障し（5条），派遣元を使用者として位置づけることによって，派遣労働者に法的保護を及ぼし，派遣労働の質を向上させること，②仕事（job）の創出と働き方の柔軟化を促進するために，労働者派遣の利用に関する適切な枠組みを設け

---

18) Proposal for a Directive of the European Parliament and the Council on working conditions for temporary workers COM (2002) 149. EU指令の策定以前の状況については，*Kerstin Ahlberg*, Transnational Labour regulation-A Case Study of Temporary Agency Work, SALTSA, Peter Lang, 2014, p. 155-．
19) EU閣僚委員会2007年12月発表（2837th Council meeting）。
20) Council Directive 08/104/EC of 19 November 2008. 指令の基本的な内容やその解釈については，*Roger Blanpain*, European Labor Law 14th ed., Kluwer, 2014, p. 579- ; *Catherine Barnard*, EU EMPLOYMENT LAW 4th ed., Oxford, 2012, p. 445- ; *Roger Blanpain = Frank Hendrickx*, Temporary Agency Work in the European Union and the United States, Kluwer, 2013, p. 4-のほか，濱口桂一郎「EU派遣労働指令の成立過程とEU諸国の派遣法制」季労225号（2009年）83頁も参照。

ることを目的としている（2条）。2002年の旧指令案と比較すると，②の点で，労働市場における労働者派遣の需給マッチング機能が重視され，より肯定的な位置づけが与えられている[21]。これは，加盟国のなかで，伝統的に労働者派遣を禁止したり厳格に制限する国がみられることとは，基本的な立場を異にしている[22]。

　こうした目的レベルでの積極的な位置づけを反映して，指令は，労働者派遣に対して特別な規制を課す場合には，正当な根拠が必要であるとする。正当化の例としては，たとえば，派遣労働者の健康・安全確保に必要な場合のほか，労働市場を適切に機能させ労働者派遣の濫用を防止するといった公益的な理由である（4条）。加盟国は，指令の発効後3年以内に，こうした観点から国内法の再検証が求められた。

　2015年3月のEU司法裁判所の判決によると，こうした義務づけは，加盟国（政府）に対して労働者派遣に関する規制を再検証することを求めるにとどまる。つまり，加盟国内で，労働協約によって労働者派遣の利用が特別に制限されている場合に，指令違反を根拠として，国内裁判所が直律的に当該労働協約の拘束力を否定することまで義務づけるものではない[23]。このことは，指令4条3項が，こうした制限については，協約当事者による再検証を自主的に求めていることとも整合的である。とはいえ，立法のレベルでみると，指令は，加盟国に対して，労働者派遣を制限する特別な事業規制等に関し，その必要性につき見直しを求めつつ，一方で，派遣労働者の保護に直接に資する規制を設けることを重視した点が注目される[24]。

---

21)　旧指令案では，「労働市場を円滑に機能させるために，労働者派遣の利用について適切な枠組みを確立すること」と述べられるにとどまっていた。

22)　C. Barnard, ibid., p. 446.

23)　ECJ C-533/13（AKT v Shell Aviation Finland, 17.3.2015）。事案は次のようなものであった。本件では，フィンランドでの労働者派遣の利用が問題となっていたところ，同国の立法では，労働者派遣を利用する事由について特段の制限はない。しかし，産業別の労働協約では，外部労働力である労働者派遣の利用事由が業務の繁忙期などに限定されており，恒常的な業務での派遣利用が禁止されていた。そして，使用者（派遣先）がこうした制限に違反して派遣労働者を利用する場合には，最高で29,500ユーロの違約金の定めがあった。こうした労働協約の適用を受ける労働組合（AKT）が，同産業内で継続的に労働者派遣が利用されていることに対して，派遣先（SAF）およびその加盟する使用者団体の協約違反を理由として，違約金の支払いを国内裁判所に訴えた事案である。これに対して，使用者側が，こうした制限はEUの労働者派遣指令4条1項が許容する公益目的からの制限に該当せず，指令違反であり，国内裁判所はこうした労働協約の拘束力を否定する義務があると主張したために，EU司法裁判所でこの点をめぐる先決が求められた。

そして，このような指令の適用対象は，民間および公共セクターの双方の労働者派遣であり，非営利の場合も含め，経済活動を行う場合が広く対象とされている。ただし，職業訓練等を目的に派遣を活用するケースについては，各国での労使当事者の協議をふまえ，適用を免れる余地がある（1条）。

(2) 均等待遇原則（不利益取扱いの禁止）

　そのうえで，指令の第5条では，2002年の旧指令案と同様に，派遣労働者に対する均等待遇原則（不利益取扱いの禁止）が規定されている。すなわち，「派遣労働者の派遣期間中の基本的な労働条件は，少なくとも，派遣先の同一職務（the same job）で直接雇用されていたならば適用されたであろう労働条件としなければならない」。旧指令案では，客観的な理由から正当化できる場合に一般的に例外が認められていたことと対比すると，指令は，均等待遇をより強力に推進する内容となっている。

　均等待遇が求められる「基本的な労働条件」の内容は，賃金のほか，労働時間の長さ，時間外労働，休憩・休日，休暇などである点では，旧指令案からの変更はない（3条1項f号）。妊産婦や年少者の保護といった保護規定の適用，あるいは各種の差別禁止立法に基づく義務も含まれる（同1項a号，b号）[25]。また，均等待遇に際しての比較対象は，指令の内容からははっきりしないが，指令の「直接雇用されていたならば適用されたであろう労働条件」との文言に照らせば，仮に，実際には派遣先で比較対象者が存在しない場合であっても，派遣労働者が派遣先の同種の業務で，同資格のもと，同じ期間にわたって直接雇用されていたならば適用されたであろう労働条件に照らして判断すべきと考えられている[26]。

　このような均等待遇原則の例外は，次の場合に認められる。

　第1に，派遣労働者が派遣元と期間の定めのない労働契約を締結しており，か

---

24) 濱口・前掲注20論文88頁は，労働者派遣指令が，パートタイム指令や有期雇用指令とは異なるポイントとして，このように従来の法制度の見直しを求めている点を指摘する。そして，労働者派遣指令は，「EUレベルでの指令で明確に規制緩和の方向性を打ち出したという点で画期的」なものであると評価されている。
25) *Philippa Watson*, EU Social and Employment Law 2nd ed., Oxford, 2014, p. 250.
26) *C. Barnard*, ibid., p. 448. この点，旧指令案では，比較対象者がいない場合には，①まずは派遣先で適用される労働協約を，②次に派遣元に適用される労働協約を参照し，③いずれも欠く場合には，国内法や判例法理に則して判断すべきものとされていた（旧5条5項）。

つ，現実に就労できる派遣先がない待機期間中にも賃金を支払われている場合には，金銭的給付（pay）に関して均等待遇の例外が許容される。旧指令案でも類似の規定がみられたが，指令では，例外が許容される範囲について，「基本的な労働条件」のすべてでなく「金銭的給付」に限定することで（したがって，それ以外の労働条件については原則として均等待遇原則が妥当する），派遣労働者の保護が強化されている（5条2項）。なお，2014年の報告書によると，こうした例外を許容している国はわずかにとどまる[27]。

第2に，旧指令案と同様に，派遣労働者の全体的な保護を尊重しつつ，労働協約で別段の定めをする場合にも，均等待遇原則の例外が認められている（同3項）。

これに対して，第3に，旧指令案では，ある派遣先での就労開始から6週間について均等待遇原則を免れる余地があったが，指令では，こうした一律の例外は削除されている。ただし，労働協約で一定の適用除外期間を定めることまでは否定されず，また，新たに，全国レベルの労使代表の合意によって適用除外期間を定めることが許されている（同4項）[28]。

以上のほか，加盟国には，国内法との調和を図りつつ，特に，均等待遇原則の回避を目的に反覆継続的な派遣が濫用的に利用されることを防止するために，適切な基準を設けるべきことが新たに規定された（同5項）。

(3) その他の規制

また，上記の均等待遇原則とは別に，派遣先施設の利用に関して，原則として，派遣労働者には，派遣先で直接雇用される労働者と同等のアクセス権が保障されている。特に，食堂・売店や，子の養育に関わる施設，交通サービスなどが念頭に置かれている（6条4項）。なお，前述の基本的な労働条件に関する均等待遇原則（5条1項）とは異なり，施設利用に関するアクセス権に関しては，客観的な

---

27) EU労働者派遣指令の実施状況調査によると（2014年3月公表），ハンガリー，アイルランド，マルタ，スウェーデン，イギリスでは，国内法でこうした例外の余地が認められている。たとえばイギリスでは，無期雇用での派遣労働者に関して，いわゆる待機期間中の賃金水準について従前（直近12週間）の派遣期間中の賃金の50％以上の賃金保障が義務づけられている（COM（2014）176, p.7）。

28) なお，この5条4項による例外設定は，労働協約の拡張適用制度がある場合に利用できないことからも明らかなように，労働協約に規範的効力が認められないイギリスの事情に配慮したものである（濱口・前掲注20論文91頁参照）。

理由がある場合には異別取扱いが許容されている一方で，労働協約等による「別段の定め」の余地については，明示的には規定されていない。

次に，派遣労働者は，派遣先に欠員が生じた場合には，基幹的な労働力となることを目指す派遣先の他の労働者と同様の情報提供を保障されている（6条1項）。情報提供の方法については一般的な掲示等の方法で行うことで足りるが，情報提供の対象となる派遣先のポストについては，派遣労働者が現に従事する職務に限定されていない。こうした直用化への間接的な誘導策とならび，派遣労働者が派遣期間中に派遣先での職業訓練に参加し，あるいは，派遣がない待機期間中において，派遣元での職業訓練や育児施設へのアクセスを促進するために，労使の対話を進めること等が加盟国には求められている（同5項）。

また，加盟国には，派遣終了後に派遣労働者が派遣先で直接雇用されることを制限する合意がある場合に，それを無効とすることが求められ（同2項），派遣元も，派遣先での派遣就労や直用化に際して，派遣労働者から報酬を得ることが禁止される（同3項）。

最後に，派遣労働者の従業員代表組織への参加権に関して，派遣労働者は原則として派遣元の従業員代表として算入されるが（7条1項，3項），派遣先の従業員代表機関でも算入するか否かについては，加盟国の裁量に委ねられている（同2項）。

3 指令の特徴

このような労働者派遣指令について，2002年の旧指令案と比較すると，①派遣のマッチング機能を重視して，より積極的に位置づけている点，②均等待遇について，一律の期間で適用除外する考え方は放棄しつつ，労使の合意（労働協約または全国レベルの合意）による適用除外は認めている点，③同様に，無期雇用の労働者派遣（常用的な派遣）のケースで，待機期間中の例外について賃金に限定することで，均等待遇の範囲を拡大した点に特徴がある。

本書の問題関心からすると，特に①の点で，指令が労働者派遣を積極的に位置づけ，直接雇用を原則とする考え方が希薄である点が注目される。このことは，前述の有期労働指令においては，無期雇用が原則視され，有期雇用を無期雇用へと強力に誘導する仕組みがみられたのとは対照的である。たしかに，労働者派遣指令でも，派遣労働者に対する（派遣先の）空白ポストの情報提供義務など，直

接雇用へと誘導する施策もないわけではない（6条）。しかし同時に，指令は労働者派遣を積極的に位置づけ，均等待遇原則を軸として労働条件の改善を目指しつつ，加盟国に対し，派遣労働者の保護に資さない規制については見直しを求めている。少なくとも，有期労働指令のような強力な誘導や（たとえば転換制度），間接雇用を禁止あるいは厳格に制限すべきとの考え方はみられない。

このような労働者派遣指令はすでに発効し，加盟国が国内法を整備する期限も過ぎている（11条）[29]。

III 小 括

諸外国の法制度を概観したところ，次のような傾向がみられた。まず，そもそも解雇を原則として規制しないアメリカでは，有期雇用はもちろん，労働者派遣に対しても特別な規制が必要とは考えられていない。アメリカでは，派遣労働者の処遇についても，一般的な労働法規制の解釈・適用の問題という次元にとどまっている。

一方，EU諸国では解雇が原則的に制限されており，こうした国では労働者派遣に対しても特別な規制がある。また，解雇が規制されている国では有期雇用に対しても何らかの法規制があるが，有期雇用の利用そのものを制限する国（入口規制）と，有期雇用の反覆継続を防止するにとどめる国（出口規制）とがあり，その違いは，労働者派遣制度に対しても何らかの影響を及ぼす可能性がある。

こうした点に留意しつつ，以下では，オランダ法とドイツ法とを分析・検討することとする。

---

29) EU加盟国での国内法の整備状況については，EUの実施状況調査であるCOM（2014）176のほか，Temporary agency work in the European Union – Implementation of Directive 2008/104/EC in the Member States, ETUI Report125,2012 を参照。

第4章 オランダにおける問題状況[1]

序　説

　オランダ法は，使用者による解雇を原則的に規制することで，労働市場における労働力の需給調整に制限を加えている。また，従前は，ケインズ経済学の影響もあり，国家が積極的に市場に介入する傾向もみられたが，現在では，労使対話による問題解決を政策的にも重視しており，実際に労使関係は安定的である。そして，オランダでは，産業別の労働者団体（労働組合）と使用者団体とが，社会の様々なレベルで重要な役割を果たしており，たとえば労働法分野での立法化の際には，労使の代表によって構成された労働協会（STAR）[2]や社会経済審議会（SER）[3]での合意や協議内容を立法化することが一般化している。

　労働者派遣制度は，歴史的にみると，1999年のいわゆる「柔軟性と保障法（Wet flexibiliteit en zekerheid, Stb. 1998, 300)」の施行前後で大きく変化している。同法は，労働者派遣制度のほか，解雇・有期労働法制を包括的に改めるものであり，まさに，労働市場の柔軟化と労働者保護とのバランスを調整すること（いわゆる flexicurity の実現）を主眼とする。そして，1999年の法改正に前後して，労働者派遣に対する事業の許可制度は一旦廃止され，民事的な規制を中心とする制

---

[1] オランダ法の概要については，次の各文献に負う。*Bakels/ Vonk/ Bouwens*, Schets van het Nederlandse arbeidsrecht (22ᵉ druk-aanvullende bijlage WWZ),Kluwer, 2014; *Loonstra/ Zondag*, Sdu Commentaar Arbeidsrecht 2015ᵉᵈ·, Sdu, 2015; *Slooten/ Vegter/ Verhulp*, Arbeidsovereenkomst-Tekst & Commentaar (3ᵉ druk),Kluwer, 2015 (= T&C 3ᵉ, 2015)；*Slooten/ Vegter/ Verhulp*, Arbeidsrecht-Tekst & Commentaar (8ᵉ druk), Kluwer, 2014 (= T&C 8ᵉ, 2014)；*Verhulp/Beltzer/Boonstra/Christe/Riphagen*, Flexibele arbeidsrelaties, Kluwer, 2002; *Jacobs*, Labour law in the Netherlands 2ᵉᵈ, Kluwer, 2015.
[2] 労働協会（STAR: Stichting van de Arbeid）は，中央レベルの使用者団体と労働組合の代表者とで構成される機関であり，その主要な目的は，労働組合と使用者団体との協議を促進すること，労働組合と使用者団体の諮問を受け，あるいはこれらに助言を与えることである。
[3] 社会経済審議会（SER: Sociaal-Economische Raad）は，労使の代表と中立的な専門家の三者構成による，政府の公式な諮問機関である。

度に改められたが，近年では，一部の派遣事業において濫用的な利用が問題視されるなかで，再び，事業規制としての側面にも動きが見られる。

また，2014年の「就労と保障に関する法律（WWZ: Wet Werk en Zekerheid, Stb. 2014, 216)」では，解雇規制や有期労働法制をはじめ，1999年以来の労働法制全体の見直しも行われているので，その内容もあわせて押さえておく必要があろう。

さらに，具体的な派遣労働条件に関しては，こうした法制度の動きとあわせて，労働協約によるところが大きい。この点，労働者派遣に関わる使用者側の組織としては，ABU（一般人材派遣協会）[4]とNBBU（オランダ人材派遣協会）[5]という大きな業界団体がある。他方，労働組合のナショナルセンターとしては，FNV（オランダ労働組合連盟：傘下組合員数は110万人）[6]，CNV（キリスト教労働者連盟：同34万人）[7]，VCP（中上級職員連合：同10万人）[8]とがある。そして，派遣労働条件については，ABUとこれら労働組合との間で締結された労働協約が拡張適用されることで，派遣労働者の約8割がカバーされる状況にあるし，残りの大部分についても，NBBUと小規模な労働組合であるLBV[9]との労働協約でカバーされている。オランダ法の全体像を明らかとするためには，こうした労働協約による規制にも目を配ることが有益と考えられる。[10]

具体的な分析に入る前に，オランダにおける労働者派遣の現状を，統計資料をもとに確認しておこう。現在，オランダでの派遣労働者の割合は，全労働者の3％弱である。[11]約6割が男性で，年齢別では，15～24歳が43％，25～34歳が25％，35～44歳が14％，45歳以上が18％と，比較的に若年者が多い。派遣期間でみると，

---

4) 一般人材派遣協会（ABU: Algemene Bond voor Uitzendondernemingen）は1961年に創設された機関で現在約500社が加盟しており，市場の65％のシェアを占めている。

5) Nederlandse Bond van Bemiddelings en Uitzendondernemingen.

6) Federatie Nederlandse Vakverenigingen.

7) Christelijk Nationaal Vakverbond.

8) Vakcentrale voor Professionals. なお，VCPは，従前のMHP（Vakcentrale voor Middelbaar en Hoger Personeel）が2014年に名称変更したものである。

9) Landelijke Belangen Vereniging.

10) なお，ILOの統計によると，2013年には，オランダでは労働組合の組織率は20％であるものの，労働協約を拡張適用する制度が広く利用されているため，労働者の85％が労働協約による労働条件設定に服している状況にある（ILOSTAT Databaseより）。

11) CIETT, Economic Report, 2015[ed.]; ITS Radboud Universiteit Nijmegen, Uitzendmonitor 2014.

3ヵ月未満（25%），4～6ヵ月（17%），7～12ヵ月（22%）と1年以下のものが6割を占めるものの，1～3年が29%，3年以上が7%と比較的に長期のものもみられる。週の労働時間では，12時間未満の労働者が13%，12～20時間が15%，21～35時間が25%，36時間以上のものも47%を占め，平均では28.9時間である。

派遣先の業種でみると，サービス業（20%），製造業（18%），建設業（9%），運輸・交通産業（9%）と続く。派遣先の規模では，労働者数100人以上の比較的に大規模な事業所が約6割を占める。近年では，EUの新加盟国であるポーランドやブルガリア，ルーマニアからの労働者が増加しており，こうした労働者の多くが派遣労働者として就労している。[12]このような派遣就労に対して，どのような法規制があるのだろうか。

本章では，まず，労働者派遣制度の歴史的な変遷と，オランダの労働者派遣制度を大きく変更した「柔軟性と保障法」の立法経緯とを確認する（第1節）。次に，労働法体系のなかでの派遣制度の位置づけを明らかにするために，解雇・有期労働法制を中心にオランダ労働法を俯瞰し（第2節），そのあとで，労働者派遣に対する特別な法規制を分析・検討する。さらに，労働協約が派遣労働条件に大きな影響を与えている点に鑑みて，直近のABU労働協約の内容についても確認し，法制度との異同について分析することとする（第3節）。

第1節　規制の沿革

I　1999年以前の状況

1　労働仲介法

オランダでは，1930年の労働仲介法（Arbeidsbemiddelingswet）により，[13]職業紹介事業は原則として国家が独占することとされていた。[14]同法のもとでは，民営

---

12) たとえば，ポーランドからの労働者数は，2014年7月時点で約14万6千人であるところ，その約75%が派遣労働者として就労している（中央統計局2015年1月29日発表）。なお，こうした外国人が派遣労働者全体に占める割合は3割程度である。
13) Stb. 1930, 433.
14) 1999年以前の状況については特に次の文献に負う。Grapperhaus/Jansen, De uitzendovereenkomst, Kluwer, 1999, p.2-; Tijdens/Klaveren/Houwing/Meer/Essen, Temporary Agency Work in The Netherlands, AIAS, 2006.

の有料職業紹介事業（arbeidsbemiddeling met winstoogmerk）は違法とされ，労働者派遣もこうした職業紹介事業の一種として規制対象に含まれていた。

このように職業紹介事業を国家が独占するという考え方は，当時のILOをはじめとする国際的動向に沿うものであり（第2章第1節I），日本法や，あとで検討するドイツ法の状況とも類似する。しかし，日本や他の諸外国と同様に，こうした包括的な規制にもかかわらず，現実には，特に1960年代頃から違法な派遣労働が蔓延している問題が指摘される状況にあった。

2 TBA法

このようななかで，1965年の「労働力の利用に関する法律（以下，TBA法）[15]」は，労働者派遣事業と職業紹介事業とを区別し，労働者派遣について，派遣元との労働契約関係（ただし，これを労働契約関係と評価するか否かという点では後述のように争いがあった）を前提とするものとして合法化した。

TBA法は，派遣労働者の賃金について，派遣先で直接雇用されて就労する比較可能な労働者との同一賃金原則を規定するとともに，派遣期間を最長3ヵ月に制限するものであった。その後，期間制限については1999年に撤廃されるまでの間に，最長12ヵ月にまで延長されてきたが，ここで注目されるのは，期間の算定方法として，個々の労働者の派遣期間ではなく，派遣先での受入期間で算定されていた点である。つまり，期間制限の目的は，派遣労働者による常用代替（substitutie van vaste arbeid door uitzendarbeid）を防止するという狙いがあった[16]。

また，建設業や陸運業，海運業では，労働者派遣の利用が禁止された。そして，TBA法は，社会労働大臣に対して労働者派遣事業の監督権限を与え，こうした監督行政の一環として，同大臣が許可制度など事業の参入規制を設ける余地まで認めていた。もっとも，法施行後しばらくの間はこうした規制が導入されることはなく，労働者派遣事業への参入は自由であった。そして，この時期には，派遣労働者が派遣先で直接雇用される労働者よりも高額の賃金を得ているという状況がみられ，その要因として，派遣元が税負担や社会保障費用を不正に免れつつ，その一部を賃金に上乗せしているという実態が指摘されていた。

---

15) Wet op het ter beschikking stellen van arbeidskrachten (Stb. 1965, 379).
16) *Loonstra／Zontag* 2015, p. 2275（*Houte*）.

こうしたなか，1970年には，賃金格差への不満から派遣先で直接雇用された労働者による大規模なストライキが生じ，これを契機として社会労働大臣が規則を策定したことにより，派遣元は，地方雇用局（Gewestelijke Arbeidsbureaus）から事業の許可取得を義務づけられた。以後，この制度が1999年の「柔軟性と保障法」の直前まで維持されることとなる。[17]

許可制度（vergunningenstelsel）が導入された目的は，労働関係における詐欺的な行為（frauduleuze）を防止し，労働者保護を図ることである。つまり，許可制度には，派遣労働者の地位の向上を図る目的（派遣労働者の保護）のほかに，その導入経緯から明らかなように，労働者派遣が税や社会保険制度から脱法的に免れつつ派遣労働者の賃金水準が高騰するなかで，派遣先の労使関係へ悪影響を及ぼすことを防止する目的（派遣先労使関係への配慮）が含まれていた。

このことは，後世の労働市場仲介法（WAADI）の立法理由書（Memorie van Toelichting）からも確認できる。[18] それによると，1965年のTBA法に対する評価として，同法が，①一方では，税や社会保障費用の徴収を確実にするという政策（beleid）から，社会保障調整法（CSV）16ａ条による派遣先の責任を明確にすること，[19]②他方で，労働市場における賃金政策（loonbeleid）としての目的も有していたことが確認されている。この点，当時の法制度をみると，派遣元と派遣先とが派遣労働者に関する年金保険料や税の納付義務を連帯して負うところ（社会保障調整法16ａ条），派遣元が許可を得ている場合に限り，派遣先の責任が免除されていた。[20] つまり，TBA法の大きな目的のひとつは，年金保険料や税の徴収と関わる不正を防止することであり，[21]こうした観点から派遣先の受入責任（inlenersaansprakelijkheid）が問題視されていたのである。

以上のように，TBA法は，それまでの包括的な規制を改め，職業紹介事業と労働者派遣事業とを区別して，労働者派遣を労働力の需給マッチング手段のひとつとして合法化（解禁）した意義をもつ。ただ，同法は，必ずしも派遣労働者の

---

17) Stb. 1970, 410; *Tijdens* 2006 (zie noot 14), p. 25.
18) Kamerstukken II 1996-1997, 25 264 Nr. 3, p. 2 (MvT).
19) Coördinatiewet Sociale Verzekering (Stb. 1953, 577).
20) こうした考え方は，1990年の徴収法（Invorderingswet: Stb. 1990, 221) 34条でも受け継がれている。
21) Kamerstukken II 1996-1997, 25 264 Nr. 3, p. 3 (MvT).

保護を重視するものでもなかった。たしかに同法を形式的にみると，労働者の報酬（vergoeding）について，派遣先で直接雇用される比較可能な労働者との同一賃金原則を規定していた。しかし，その目的は，同法で重視された許可制度の導入経緯や目的とあわせて考えると，ただ派遣労働者の地位の向上を目指すというよりは，社会保険料等の免脱による不正な競争を防止することにあるとみる余地もある。いずれにしても，TBA法の施行後にも，現実には，一方で違法な仲介業者（koppelbazen）が多数存在していたことが指摘され，他方で1980年代の初頭には失業率が急速に高まるなかで，労働市場を活性化して雇用を拡大することが主張される状況にあった。

3 労働力供給法

このようなTBA法の枠組みは，1990年の労働力供給法（Arbeidsvoorzieningswet）[22]でも基本的に維持された。労働力供給法は，形式的には，許可基準の策定や制度の運営など，派遣事業の監督権限を中央労働局（以下，CBA）[23]へと移管して，TBA法を廃止するものであった。ただ，具体的な制度内容に大きな変更はなく，事業の許可制度や同一賃金原則のほか，派遣期間の制限についても基本的な内容は維持されている。このうち派遣期間については，最長6ヵ月または1,000時間とされ，さらに1994年の改正で12ヵ月にまで延長されている。

もっとも，これらの規制のうち，特に許可制度に対しては多くの批判があった。たとえば，1993年の『職業紹介事業と労働者派遣事業の許可制度に関する報告書』をみると，「許可制度は，年金保険料や税の不正防止という目的にとって過剰な規制であり，この目的は別の手段によっても達成できる以上，許可取得の義務づけを正当化できる十分な理由はない」と結論づけられている。同様のことは，[24] 1995年の報告書でも指摘されており，[25] 政府内部でも許可制度を廃止することが検討されていた。[26]

---

22) Stb. 1990, 402.
23) Centraal Bureau voor de Arbeidsvoorziening.
24) Nota Heroverweging verguningenstelsels arbeidsbemiddeling en ter beschikking stellen van arbeidskrachten.
25) Nota Meer werk, weer werk: een onderzoek naar de arbeidssatisfactie van de banenpoolwerknemers, 1995.
26) Kamerstukken II 1993-1994, 23 406 Nr. 1-3.

こうして，労働力供給法は1996年に改正され（新労働力供給法）[27]，従来の許可制度は廃止されている。廃止の理由は，①許可制度の目的と手段との均衡が図られていないこと（前述），そして，②現実の紛争においては，事業の許可取得の有無といった公法的な問題ではなくて，私法的な紛争解決が求められており，こうした要請からすると，許可制度はもはや時代遅れ（achterhaald）だとされた。同時期には，労働法制の規制緩和を求める主張，すなわち，過度な労働法規制は労働市場の柔軟化を妨げるものであり，雇用の創出にとってマイナスであるとする批判が強まっていたという事情もある。

4　派遣労働者の法的地位

オランダの労働者派遣制度は，1965年のTBA法以来，事業の許可制度や期間制限を中心に構築されてきた。一方，労働者派遣の私法上の位置づけは明確でなく，派遣労働者の法的地位をめぐって，派遣元（事業者），学説・裁判例，行政実務（労働保険局）とで，次のような異なる考え方が主張される状況にあった。

第1に，派遣事業者（uitzendbranch）の立場は，派遣元と労働者との間に労働契約（arbeidsovereenkomst）はないというものである。その理由は，派遣的な就労形態においては，①派遣労働者は派遣元による仕事の申出（werkaanbod）を拒否することができること，②仕事の開始後であっても，派遣労働者の自由意思による就労の中止（vertrekken）が可能であること，③さらに，具体的な指揮命令権限については派遣先が有する一方で，労働者と派遣元との間には指揮関係（gezagsverhouding）がないことがあげられている。この立場によると，派遣元は派遣労働者に対して仕事を依頼（opdracht）するにすぎず，法的には，請負契約や委任契約によって，派遣先での労務遂行が基礎づけられるものとして理解される。そして，派遣元と派遣労働者との関係は，単に労働関係（arbeidsverhouding）と呼ばれていた。

第2に，学説や裁判例では，派遣労働者が派遣元へ登録する段階と，実際に就労する段階とで区別する考え方が示されていた。オランダでは，いわゆる登録型派遣と常用型派遣のいずれも許されるところ，登録型派遣であれば，派遣労働者は派遣元に事前に登録されている。当時の学説や裁判例の考え方によると，この

---

[27]　1997年1月1日施行（Stb. 1996, 618）。

登録は，労働契約の締結を意味するわけではなく，契約の締結過程（voorovereenkomstconstructie）にすぎないものとして理解されていた。その理由としては，やはり，派遣労働者が特定の派遣先での就労について，自由に拒否することができる点が重視されている。一方，登録者が実際に仕事の依頼を引き受けた場合には，派遣元との間で一時的な（tijdelijke）労働契約が締結される。判例によると，派遣労働関係においては，派遣期間中は労働者と派遣元との間に労働契約関係が認められること，そして，派遣元の使用者としての権限が（werkgeversgezag），派遣先に委任される（delegeren）という理論構成が採用されていた。[28]

第3に，当時，失業給付の支給や社会保険料の徴収事務を担当していた労働保険局（GAK）[29]は，これらと異なる解釈を示していた。労働保険局の解釈によると，派遣元と派遣労働者との間に労働契約関係はない。両者の関係は，保険料徴収等の便宜を図るために，健康保険法（Ziektewet）5条によって特別に創設された，いわば，擬制的雇用関係（fictieve dienstbetrekking）にすぎないものとされていた。

5 小　括

以上，オランダの労働者派遣制度について，1999年に「柔軟性と保障法」が制定される以前の状況を概観した。オランダでは，職業紹介事業について国家が独占するという基本政策のもとで，労働者派遣も職業紹介事業の一種として包括的に禁止されてきた。歴史的には，職業紹介との分化により労働者派遣が解禁されている点で（1965年の TBA 法），第5章で検討するドイツ法と類似の経緯をもつ。

具体的に TBA 法をみると，派遣労働条件に関わるものとして，同一賃金原則と期間制限とがある。この点，当時の背景事情として，派遣労働者の賃金水準が（脱法的に）高騰していたという問題もあって，こうした規制が，派遣労働者の処遇改善を直接の目的としていたかどうかは定かでない。

さらに，当時は，派遣労働者の私法上の地位について明文の規定はなく，①派遣元は派遣労働者に対して仕事の依頼をするにすぎないとする立場（派遣業界），②派遣元への登録を契約の締結過程として理解し，実際の派遣期間中に限って労

---

28) HR 14 oktober 1977, NJ 1978/31; HR 23 mei 1980, NJ 1980/633.
29) Gemeenschappelijk Administratiekantoor.

働契約関係の存在を認める立場（学説・判例），③労働者と派遣元との関係は，保険料徴収等を目的に，法律で特別に擬制された関係にすぎないとする立場（行政実務）など解釈がわかれており，派遣労働者の法的地位はきわめて不安定であった。前述の期間制限に違反するケースでも，派遣労働者の法的地位が不明であることに変わりなく，たとえばドイツ法のように，直接雇用へと強力に誘導する制度とはなっていない。さらに，許可制度についても，その導入経緯や撤廃理由からすると，直接雇用を重視する立場から間接雇用を例外視して事業への参入を制限するというよりは，社会保険料や税負担について責任の所在を明確化する意味合いが強い。他方，期間制限のほか同一賃金原則を賃金政策として導入した経緯からは，派遣先で直接雇用される労働者の利益に対する配慮もうかがえるが，それが前面に出されているわけでもない。

　以上の点からすると，当時の労働者派遣制度については，派遣労働者の保護という考え方も見られないわけではないが希薄であり，むしろ，公正な競争条件を整備するという観点から，公法的アプローチを中心とする規制が展開されていたと位置づけることが適切と思われる。

II　柔軟性と保障法，労働市場仲介法の制定経緯

1　概　　要

　オランダの労働者派遣制度は，1999年に「柔軟性と保障法」が制定されるまでは，公法的アプローチによる事業規制を中心とするものであった。他方，派遣労働者の私法上の地位が不明確であるという問題もあった。こうしたなか，「柔軟性と保障法」と，同時期に制定された「労働市場仲介法」とは，労働者派遣制度について，従来の公法的アプローチを排して私法的アプローチへの転換を図るものである。

　オランダでは，民法典（BW）[30]第7巻10編において，労働契約（Arbeidsovereenkomst）に関する詳細な定めがあり（610条〜693条，および船員労働法に関する694条以下の規制），現在の労働法規制の中核となっている。[31]「柔軟性と保障法」とは，

---

30)　Burgerlijk Wetboek boek 7.
31)　オランダ民法典は，第1巻〜第7巻，第7A巻，第8巻の全9巻で構成されている。本書で民法典の条文を参照する場合には，特に断りのない限り，第7巻に所収のものである。

この民法典第7巻10編の大幅な改正を内容とする法律であり，労働法制全体の見直しを行うものであった。同法には，解雇手続きの迅速化や派遣労働の自由化等の規制緩和の側面と，規制を法律で明確化することによって，派遣労働者や有期労働者等の法的地位の向上を目指すという側面とがある。本書では，労働者派遣との関係を中心として，「柔軟性と保障法」や「労働市場仲介法」が制定された経緯を分析する。

　すでに確認したように，「柔軟性と保障法」が制定される以前の労働者派遣制度は，事業に対する許可制度と期間制限（当初は6ヵ月），さらには同一賃金原則を中心とするものであった。しかし，すでに1992年には，当時の社会労働大臣であった *Vries* が，許可制度を廃止する方針を示していた。また，派遣期間についても，1994年には中央労働局（CBA）の定める基準で12ヵ月にまで延長されていた。こうした延長の背景には，当時，派遣労働者が急増しており，派遣期間も違法に長期化していたという事情がある。この点，派遣元との労働関係（解釈に争いがあることは前述）をみても，当時の派遣労働者の約1/4が，派遣元と2年以上の長期・継続的な関係を維持していたようである。

　こうしたなか，「柔軟性と保障法」制定の契機となったのが，1995年の *Wim Kok* 首相の政策指針である。そこでは，①経済的競争力を向上させることと並び，②社会的に公正な雇用システムとして，安定的な常用雇用と不安定な非典型雇用とのバランスを図る必要性が指摘されていた。そして，この政策指針は，当時の社会労働大臣であった *Melkert* により，「柔軟性と保障に関する覚書（Nota Flexibiliteit en zekerheid）」として具体化される。その中心にある考え方は，常用雇用と非典型雇用との法的保護のバランスについて，前者に関する規制緩和を図りつつも（flexibility），後者に対する法的保護を明確化・強化する（security）

---

32) 柔軟性と保障法の概要を紹介する日本語文献として，*Jan Heinsius*（川田琢之訳）「20世紀末期のオランダ労働法―雇用関係における『フレキシキュリティ』化の傾向」日本労働研究雑誌464号（1999年）108頁以下，ファン・フォス（大和田敢太訳）「オランダにおけるワークシェアリング政策と労働市場の柔軟化」日本労働研究雑誌508号（2002年）79頁，同「オランダにおけるワークシェアリングと労働法の動向」労旬1527号（2002年）4頁を参照。

33) Zie ook AR RvS-arrest（HR 31 maart 1991, JAR 1992/55）; Woude, De ontwrichting van het ter beschikking stellen van arbeidskrachten, NJB 1995/448.

34) Arbeid en lonen van werknemers 1994（CBS）．

35) Kamerstukken 1995-1996, 24 543 Nr. 1-2.

というものである（いわゆる flexicurity）。

その後，この「覚書」は労働協会（STAR）での検討に付され，1996年4月3日には，政府，労働組合，使用者団体による STAR 合意（STAR-akkoord）として公表された。この STAR 合意は，企業や産業レベルでの労働条件設定の分権化，すなわち団体交渉による柔軟な制度運営を重視するものである。その基礎にある考え方は，1982年のワセナール合意や，その後のニューコース合意（1993年）を受け継ぐものであり，オランダの労働市場政策の中核として位置づけられる。STAR 合意には，一般に「派遣協定（Uitzendconvenant）」と呼ばれる附則がある。これは，派遣元の使用者団体と労働組合との協定であり，①柔軟性と保障法の立法化を求めながら，②この新たな立法に関しては，労使の集団的合意である労働協約によって，法制度とは異なる「別段の定め」をする余地を広く残しておくことを要求するものであった。そしてオランダでは，実際の法律でも，労働協約による「別段の定め」をする余地が広く許容されている。

以下では，柔軟性と保障法や労働市場仲介法の立法趣旨を明らかにするために，「柔軟性と保障に関する覚書」，労働協会における STAR 合意，その附則である派遣協定について詳しく分析し，現行制度の内容については第2節および第3節で検討することとする。

2 柔軟性と保障の覚書

(1) 背景事情

柔軟性と保障法や労働市場仲介法は，1995年12月4日の「柔軟性と保障に関する覚書（Nota Flexibiliteit en zekerheid）」をたたき台としている。この「覚書」は，社会労働大臣である *Melkert* が作成したものであり，その内容は多岐にわたるが，労働者派遣については以下の点が問題とされていた。

まず，*Melkert* は，当時の労働者派遣制度について，許可制度と期間制限のい

---

36) ワセナール合意とは，①労働者は賃上げなどの要求を行わないこと，②その見返りとして，使用者は労働時間の削減と雇用確保に努力すること，③他方，政府は財政支出の削減，減税や社会保障の負担率の削減などの政策によって労働者の生活状況を実質的に改善することを内容とした合意である。これは，形式的には，政府の仲介による労使の協定により実現されたものであった。その内容や合意に至る経緯については，長坂寿久『オランダモデル―制度疲労なき成熟社会』（日本経済新聞社，2000年）参照．; Zie ook *Houwing/Verhulp*, Flexibility and Security in Temporary Work-A Comparative and European Debate: The Netherlands, WP C. S.D. L.E, 2007, p. 66.

ずれも撤廃することを提言する[37]。その背景には，当時，違法な労働者派遣が慢性的に増加しており，許可制度の実効性や役割に対する疑念が高まっていたという事情があり，政府の監督体制のもとではもはや許可制度の目的を達成できないとの認識がある。

　他方，「覚書」では，派遣労働者に必要とされる保護や，派遣元，派遣先，派遣労働者の三者の労働関係を良好なものとすることを目的として，民法典に新たな規制を設けることも提言された。この点，オランダ民法典では，第7巻10編で「労働契約（Arbeidsovereenkomst）」について詳細な定めがあるものの，労働者派遣を直接の対象とする規定は存在せず，派遣労働者の私法上の地位は明確でなかったことは前述の通りである。

　以上要するに，Melkert による「覚書」は，許可制度や期間制限の撤廃という規制緩和と同時に，市民法上の空白部分（hiaat）の除去を目的として，民法典第7巻10編の改正によって新たな規制を設けることを提案していた（第10編のなかに11章として「派遣労働契約に関する特則」を導入）。その基本にある考え方は，派遣労働者の法的地位を明確にしつつ，労働力利用の柔軟性を高め，労働力の需給マッチング機能を向上させることである。労働者派遣制度は，この一連の法改正の結果，公法的な規制から私法的な規制へと基本軸を移すこととなる。

(2) 新制度の方向性

　具体的にみると，「覚書」は，今後の労働者派遣制度の方向性を次のように示していた。すなわち，「応援（detachering）あるいは労働者派遣という手段は，合法的な人材ビジネス（dienstverlening）であり，現実に，労働力の需給調整において重要な役割を果たしている。こうした人材ビジネスの利用は法律上も認められているが，他方で，当該労働者の法的地位の保障は不十分である。……労働力の仲介によって，労働者に一般的に適用されるべき法的な保護が事実上は無意味となること，あるいは，労働条件の集団的な決定システムからの回避（ontwijking）が許されるべきではない。労働者派遣により，産業部門の規制（ordening），教育訓練（scholing），良好な慣行（goede doelen）が回避されることは防止する必要がある。また，派遣労働者の失業に対するリスクは，直ちに社会

---

37) Kamerstukken II 1995-1996, 24 543 Nr 1-2, p. 2; Parl. Gesch. Flexwet, p. 889.

保障の費用に転嫁されるべきではない」[38]。

　こうした方向性は，政府内外での規制緩和の考え方とも大きく異なるものではない。政府の基本的な立場は，官民の役割を明確にし，民間に委ねるものへの干渉は控えつつ，他方，保護の最低水準（basisniveaus van bescherming）を維持するために，法律による規制も必要とするものである。これを，労働者派遣にあてはめると，次のように説明される。すなわち，派遣は現実に労働市場の需給マッチング機能を担っており，このことは，租税や社会保険料を徴収する観点からも好ましい。こうした状況をふまえれば，派遣労働者の保障に特化した規制（zekere specifieke ordening）を課すべきである。この点，たとえば有期労働法制をみると，判例上，その反覆継続を「回転ドア」として禁止することで，一定の救済が図られている。同様に，派遣労働者の保護も，許可制度以外の手段によって達成できるのであり，許可制度を維持することは，労働者保護の観点からは十分に正当化できるものではない。派遣事業への参入規制（toetredingsdrempel）や行政当局による厳格な規制は，労働市場における労働者派遣事業の最適な活動（werkend）を阻害するものである。

(3) 旧制度の評価

　そのうえで，政府は，当時の労働者派遣制度を次のように評価している[39]。すなわち，法律やCBAが定めた基準について，現実には，無許可の派遣など刑法上の（strafrechtelijk）違反と，その他の行政法上の（bestuursrechtelijk）違反のいずれも相当数みられる。こうした事態は，法制度の信頼性を失わせるものである。制度の維持・運営コストに，全く，あるいはほとんど見合わない間違った規制（onjuist regels）を維持することは適切でない。

　次に，派遣期間についてみると，許可を受けた労働者派遣の約90％が，6ヵ月あるいは1,000時間という最長期間と抵触する以前に終了している。このことは，労働者派遣市場において，派遣期間の長期化を阻む内在的な制約（natuurlijke rem）がある可能性を示唆している。他方で，労働者派遣事業は急成長しており，期間制限を脱法的に回避した派遣もみられる。そして，こうした派遣の大部分は，

---

38) Kamerstukken II 1995-1996, 24 543 Nr. 1, p. 19; Parl. Gesch. Flexwet, p. 885.
39) Kamerstukken II 1996-1997, 25 264 Nr. 3, p. 4（MvT）．

派遣上限期間を著しく上回っている。この点，たしかに実務では，CBA の許可方針（gedoogbeleid）によって，派遣期間の上限は12ヵ月にまで延長されてきている。しかし，この期間を超える違法な派遣も相当数みられることからすると，市場の一部の領域では，派遣期間の延長に対するニーズがあることも明白である。[40]

　このような考え方から，政府は，許可制度と期間制限の撤廃を提言する。しかし同時に，期間制限を撤廃する場合には，労働者派遣が長期化・常態化した場合にも対応できる制度設計が求められる。この点，当時の法制度からすると，許可制度と期間制限の廃止は，CBA による事業規制そのものを廃止することを意味している。すなわち，従来の公法的（publiek recht）な観点からの行為規範（gedragsregels）が機能しなくなり，労働者派遣をめぐる問題解決は当事者の私法上の手続きに委ねられる。

　この点で，法案審議の際には労働党（PvdA）[41]が激しく反対した。[42]ほかにも，許可制度を廃止することについては，行政のコントロールが及ばなくなることで，派遣労働者にとって，さらには派遣先にとっても有害な結果（nadelige gevolgen）が生ずることが懸念された。審議過程では，派遣元による賃金未払問題（insolventie）が多発していることを緑の党（GroenLinks）が糾弾したために，とりわけ，悪質な事業者（malafide bedrijven）への政府の対応策のあり方が争点となった。

　こうした批判に対する政府の回答は，次のようである。すなわち第1に，「労働者派遣における現行法の制裁の仕組み（sanctiesysteem）は，現状を改善する十分な機能をもたない。今後も，一般的な行政の監視（toezicht）によって，事業の適正化は図られ得る。それと同時に，派遣労働市場の一部の領域において，法律上の規定が構造的に（systematisch）無視されていることが明らかな場合，あるいは，他の要因によって弊害（misstanden）が生じている場合には，一般指針（AMvB）[43]で特別な基準を設ければ足りる」。それでも不十分な場合には，「労働者派遣について，許可制度を再び導入するか，極端な場合には事業そのものに

---

40) Kamerstukken II 1996-1997, 25 264 Nr. 3, p. 15 (MvT).
41) Partij van de Arbeid.
42) Voorloping verslag van de vaste commissie voor Justitie en voor SZW, Kamerstukken I 1997-1998, 25 264 Nr. 133a, p. 2.
43) Algemene Maatregel van Bestuur.

ついて禁止することを検討すればよい」[44]。

　第2に，具体的に，派遣労働者の賃金未払問題についてみると，「派遣労働者は，賃金支払（loonbetaling）を受ける権利について，法的には，通常の労働関係（gewone arbeidsbetrekking）にある場合と同様の地位にある。派遣労働者は，派遣元によって賃金支払が履践されないケースであれば，法律上の制度に基づいて，未払賃金（achterstallige loon）の立替払いを社会保険機構（Lisv）[45]に求めることができる。これは，労働者派遣に対して許可制度が必要かどうかという問題とは無関係である。許可制度がある場合であっても，許可を取得した派遣元が倒産するようなケースでは（verleden faillissementen），労働者保護は十分に図られない」点で何ら変わらない[46]。

　こうして，政府は，従来の公法的な規制を廃止しつつ，派遣労働者の保護のあり方については，一般の労働法制の適用と，新たな私法的な規制の創設とで実現することを目指したのである。

(4)　**新制度の内容**

　それでは，新たな制度設計の際には，具体的にどのような事柄が考慮されたのだろうか。*Melkert* は次の点を指摘する。まず，労働者派遣が間接雇用という構造を持つことからすると，派遣先は，派遣の利用によって労働費用（waarborgen）を抑制することができ，それによって，直接雇用関係（rechtstreeks dienstverband）の代替が生じる可能性がある。このことは，派遣先の労使関係における労働条件の決定，あるいは労働協約による派遣先での職務別の規制（bedrijfstakgewijze regelingen）に対して，労働者派遣が圧力（druk）となることを意味している[47]。また，派遣労働者は，実際に就労した時間に対してのみ賃金支払を受けることが一般的であることからすると，特に派遣期間が長期化するケースでは，派遣先で直接雇用される労働者との異別取扱い（ongelijke behandeling）も問題となる[48]。

---

44)　Kamerstukken II 1996-1997, 25 264 Nr. 5, p. 13（NV）.
45)　Landelijk Instituut Sociale Verzekeringen.
46)　Kamerstukken II 1996-1997, 25 264 Nr. 5, p. 13（NV）.
47)　*Grapperhaus* 1999（zie noot 14）, p. 8.
48)　AGFA-arrest（HR 8 april 1994, JAR 1994/94）.

このような理由から，政府では，従来の許可制度や期間制限を撤廃することと同時に，新たに，使用者に対する行動規範（gedragsnormen）を設けることが検討された。その内容は，派遣を利用した「スト破り」を防止すること（onderkruipersverbod），派遣労働者に転職の自由を保障すること（belemmeringsverbod）のほか，同一賃金原則の内容を明確化することである。すなわち，派遣労働者の賃金については，①原則として，派遣先で直接雇用される比較可能な（vergelijkbare）労働者と同等とすること，②例外として，派遣元に適用される労働協約，あるいは，派遣先の労働協約のなかで派遣労働者に関する賃金規則（loonverhoudingsvoorschrift）が設けられている場合にはそれによっても，「別段の定め」をする余地を認めることである。そして，以上の *Melkert* の「覚書」は，その後，労働協会（STAR）で検討されることとなる。

3　STAR 合意

労使の代表で構成される労働協会（STAR）においては，次の2点，すなわち，①派遣元，派遣先，労働者という三当事者の関係において，それぞれの選択の自由を最大化することによって（optimale keuzevrijheid），労働力の需給マッチング機能は最大限に発揮され得ること，②しかし他方で，これに対して全く制限を課さない場合には，長期的にみて派遣労働者の稼得賃金が低くなる可能性が高い，という点を中心に検討が重ねられた。その結果，制度設計の基本的な方向としては，「（派遣労働者の）法的地位を安定化させるための法規制を導入すること，具体的には，派遣関係の長期化にあわせて，派遣労働者と派遣元との関係を強化することが妥当」とされた。[49]

こうして，STARでは，派遣先から労働者派遣の依頼があった場合に，当該申出に対して派遣元および派遣労働者が応じるという労働者派遣関係を，法制度上，労働契約に基づくものと定義したうえで，この派遣労働契約は，期間の定めの有無を問わず締結できるものとされた。労働者派遣を有期雇用で行うこと，さらには，いわゆる登録型派遣も原則として許容することが明確にされたのである。これらは，従来の取扱いと大きく異なるものではない。しかし，従来であれば，派遣労働者の法的地位をめぐる解釈の違いから，契約期間のあり方についても異

---

49) STAR-akkoord, p. 20.

論の余地があったことと比較するならば,オランダ法において,派遣労働者の法的地位を明確化した意義は小さくないと考えられる。

　さらに,STARにおいては,労働者派遣の特徴をふまえて,有期労働契約の規制をそのまま及ぼすことは妥当でないと考えられた。STARによると,「有期労働契約が3回以上連続した場合には,法律上の転換（wettelijke conversie）により,期間の定めのない労働契約とみなされる。……しかし,これを労働者派遣にそのまま適用すれば,個々の派遣就労が,単に1日や1週という短期間の場合であっても,法的に期間の定めのない労働契約に転換されることになり,これでは過剰な（te vergaand）規制である。それゆえ,このような効果が生じて,3回の更新が算定されるまでの間に,法律で最低限の猶予期間を設けるべきである」[50]。

　このような考え方から,STARでは,労働者派遣のケースで,有期労働法制の例外にあたる制度を設けることが検討された。具体的には,①有期労働契約が反覆継続したケースで無期雇用に転換するという規制（当時の3×3×3ルール）について,派遣労働契約では一定の適用除外期間を設けること,②当該期間の経過後には,一般の有期労働法制をそのまま適用すること,③こうした規制は,半強行的なものとして,労働者に有利な場合と不利な場合の双方で労働協約による「別段の定め」を認めることである[51]。

　このほか,STARでは,労働者派遣について,特別な解雇指針（ontslagrichtlijn）を創設することが提言された。また,Melkertの「覚書」のうち,派遣先で直接雇用される労働者との同一賃金原則を私法的な規制として明確にすることや,派遣による「スト破り」を防止するための規定を設けることが,積極的に支持された。他方,派遣労働者の転職の自由をどこまで確保するかという点については,たとえば競業避止特約を締結しているケースなどであれば,労働者の「行動の自由（bewegingsvrijheid）」を制約することも例外的に認める,という修正が加えられた[52]。

---

50) STAR-akkoord, p. 22.
51) 厳密にいうと,オランダでは,こうした労働協約による「別段の定め」の余地を認める法規定は,「3/4の強行的（driekwartdwingend）」規定と呼ばれており,個別当事者の合意によって逸脱が認められる半強行規定とは,概念上,区別されている。
52) STAR-akkoord, p. 24.

4　派遣協定

このような労働協会（STAR）での合意には，あわせて，労使団体の合意文書である「派遣協定（uitzendconvenant）」が付されていた。これは，労働者派遣事業に関わる，使用者団体（ABU／NBBU）と労働組合との団体交渉の結果を書面化したものであり，内容的にみても，現在，オランダにおける派遣労働の実務で一般的な，労働協約による「別段の定め」のモデルとなったものである。

派遣協定の意義は，なによりもまず，協定の締結当事者（労使双方）によって，派遣関係が労働契約に基づくことが確認された点にある[53]。すなわち，派遣協定の前文では，STARにおいて労働者派遣に関する立法化の合意に至ったこと，協定当事者も，当該合意内容に賛成することが明確にされている。こうして，従来の議論，すなわち，派遣労働者はそもそも労働者といえるのかどうか，その契約の相手方は誰なのか，という議論に終止符が打たれた。

派遣協定とそれを具体化した労働協約では，派遣就労期間が長期化する場合には，それに応じて派遣労働者の法的保護を強化するという，段階的な保護の考え方が採用されている。たとえば，法施行時のABUの労働協約では，派遣就労期間に応じた4段階のフェーズ制度（vier-fasen-systeem）が採用されていた。具体的には，最初の2つのフェーズでは，派遣労働契約は企業間での労働者派遣契約の終了と同時に終了する。しかし，第3フェーズになると，有期労働契約の更新回数の規制に服し，さらに，第4フェーズ（＝最終フェーズ）になると，派遣労働契約は期間の定めのない労働契約となる（したがって厳格な解雇規制を受ける）。

そして，労働者が属するフェーズについては，1週単位で，つまり，1週内での就労日数や労働時間数とは無関係に算定される。フェーズ制度は，派遣労働者のなかでも，とりわけ1回あたりの派遣就労が短時間であり，しかも，派遣される頻度も断続的な者（典型的には登録型の派遣労働者）の保護に資すると考えられている[54]。以上のほかにも，派遣協定では，年金や教育訓練（scholing）についての段階的な基準が設けられていた。

あとで検討するように，このフェーズ制度にみられる，派遣労働者の労働条件を就労期間に応じて段階的に強化していく仕組みは，2015年現在のABU労働協

---

53)　*Grapperhaus* 1999（zie noot 14），p. 10.
54)　*Grapperhaus* 1999（zie noot 14），p. 11.

約でも基本的に維持されている。そして，オランダでは，このような労働協約は，仕事量に応じて労働力を自由に調整するという派遣先のニーズと，派遣労働者の法的保護とのバランスを調整するものとして積極的に評価されている。

5 小　括

　オランダの労働者派遣制度は，1999年の「柔軟性と保障法」の施行前後で大きく変化した。同法および同時に制定された「労働市場仲介法」は，*Melkert* 社会労働大臣による「柔軟性と保障に関する覚書」をたたき台とするものであった。制度改革の背景には，従前の許可制度や期間制限を中核とする労働者派遣制度が，派遣労働者の保護にとって十分に機能していない事情と，そうした規制を行政監督の強化によって機能させることは困難との考え方がある。

　Melkert による「覚書」は，労働者派遣制度の柔軟性を高めることで，労働力の需給マッチング機能を向上させることを意図していた。この点，労働者派遣により，事実上，労働者保護法制や集団的な労働条件決定システムが回避されることが，特に懸念された。他方，許可制度や期間制限を維持・改善したとしても，こうした問題に対処することはできないとも考えられた。そして，「覚書」が示した制度設計の基本的な方向は，派遣労働者の法的地位を明確にすることと，派遣労働者の労働条件について，法律で一定の私法的な規制を設けることであった。

　こうして，オランダの労働者派遣制度は，公法的な規制から私法的な規制を中心とするものへと規制の軸足を移すこととなる。さらに，私法的規制については，労働協約による広範な逸脱（別段の定め）を認めていくことが，当初から予定されていた。これは，労働協会（STAR）での労使代表の協議をふまえたもので，「派遣協定」として，その後の労働協約による規制のモデルとなっている。

　すでに検討したように，従前の法制度が直接雇用を重視していたのか，それとも，単に公正な競争条件の確保を目的としていたのかは明確でない部分もある。一方，「柔軟性と保障法」は，解雇手続きを簡略化すること等によって労働市場の柔軟性を高めると同時に，有期雇用や派遣に対する規制の明確化や労働者性の推定規定を導入することで，フレキシブルワーカーに対する保障を充実させ，新たな均衡をめざすものとして積極的に評価されている[55]。こうした「フレキシキュ

---

55) Tweede evaluatie Wet Flexibiliteit en zekerheid en adviesaanvraag STAR, 2007（AV/IR/2007/23064）.

リティ（flexicurity）」の考え方は，当時のEUレベルの雇用戦略とも軌を一にするものであった。そして，オランダの派遣制度改革の基本にある考え方は，間接雇用の特徴に着目し，その弊害を軽減することで，常用雇用労働者とのバランスを図るというものといえる。これに対して，あとで詳しく検討するように，現在のオランダ法に直用重視の考え方は希薄である。

第2節　現行法の規制内容──解雇・有期労働法制等

　第1節で指摘したように，現在のオランダの労働者派遣制度の基本にある考え方は，間接雇用の弊害を除去することで，派遣労働者と直接雇用される労働者との法的保護のバランスを図るというものである。では，実際の法制度のなかで，両者のバランスはどのように図られているのか。たとえば，間接雇用の利用そのものを大きく制限したり，さらには，より積極的に直接雇用への転換が重視されているのだろうか。

　このような問題関心からすると，オランダ法で，まずは直接雇用の労働者に対して，どのような法的保護が図られているのか，特に，①雇用の存続保護に関わる法規制と，②処遇の水準に関する法規制の展開を確認しておくことが有用と考えられる。

　①について，すでに指摘したように，ある国の労働者派遣制度の位置づけを考える上で，解雇規制のあり方はきわめて重要である。解雇規制が厳格である場合には，典型的な雇用形態（常用労働者）による労働力の需給調整は困難となり（労働時間の増減や人事異動等による労働条件の変更による調整にも限界がある），労働者派遣や有期雇用など非典型雇用の利用に対するニーズが高まると考えられ，法制度上，典型雇用と非典型雇用の保護とのバランスをどのように図るのかが特に問題となるからである。次に，②の処遇の水準と関わる法規制としては，雇用関係における差別禁止規制の展開，さらには同一（価値）労働・同一賃金をめぐる議論が注目される。この点，オランダを含むEU諸国では，非典型雇用に対する一定の差別禁止規制が立法化されている。

　これらの法規制と，労働者派遣制度とはどのような点で共通し，どのような点

56）　*Houwing/Verhulp* 2007（zie noot 36), p. 67.

で異なるのか。こうした問題意識から，本節では，オランダの労働者派遣制度を分析する前段階として，解雇・有期労働法制，差別禁止法制，同一（価値）労働・同一賃金をめぐる議論を概観することとする。なお，これらの規制については，2014年の「就労と保障に関する法律（WWZ: Wet Werk en Zekerheid, Stb. 2014, 216）」および関連立法の改正により，多岐にわたる修正が続けられている。同法の立法目的は，1999年の「柔軟性と保障法」以来となる労働法制全体の見直しを進めるものであり，具体的には，①解雇規制の見直し（手続きの迅速化によるコスト削減，公平化等）を通して，労働市場の活性化をめざすこと，②他方で柔軟な労働力利用に対する規制を強化すること（有期雇用や派遣に対する規制の見直し），③失業保険の支給要件の厳格化により，失業者の労働市場への復帰を迅速化することなどである。以下では，こうした動きも含めて検討しておこう。

I 期間の定めのない労働契約の終了方法

1 制度の概観

オランダでは，期間の定めのない労働契約を解消する方法として，①当事者の合意解約，②解雇，③簡易裁判官による解消手続きがある（以上のほか，民法典では労働者の死亡等の労働契約の終了事由が規定されているが，本書では省略する）。

第1に，労働契約を合意解約する場合について，法律上の特別な制限はない。当事者の合意があるケースであれば，労働契約はいつでも——すなわち，解約の理由を問わず，どのような時期であっても——終了させることができる。この点，意思表示の瑕疵をめぐって法律行為に関する一般条項の規制が及ぶほか，2014年の法改正によって，合意解約には書面での合意が必要とされ，さらに，14日以内であれば労働者は合意解約を撤回することが無条件で認められることとなった（民法典670b条1項，2項）。なお，解約に関する合意の証明責任は使用者に課されており，使用者が立証に失敗した場合には，次で述べる解雇の問題となる。

---

57) Kamerstukken II 2013-2014, 33 818 Nr. 3 (MvT).
58) オランダでは，2006年の失業保険制度の改正により，労働契約を合意解約した場合でも保険給付が解雇の場合と同等に認められるようになったこともあり，同時期から労働契約を合意によって解約する割合が高まっている。
59) さらに，使用者はこうした撤回の余地について労働者に対して説明義務を課されており，それに違反した場合には，労働者による合意解約の撤回権は最長3週間まで保障される（同3項）。

第 2 に，伝統的には，解雇に，原則として行政機関による事前の許可が必要である。これは，日本やドイツの制度と大きく異なるオランダ法の特徴といえる。そして，使用者の解雇には，法律で列挙された解雇禁止事由（差別的解雇や，産前産後の解雇，兵役に従事する期間中の解雇等）に該当しなくとも，広く一般に，客観的正当性が必要とされてきた点で，日本法やドイツ法と共通する[60]。手続的にみると，使用者は，労働者を解雇する理由が合理的であることを示して，UWV（被用者給付実施機構）と呼ばれる行政機関から事前に許可を得たうえで，予告期間を遵守してはじめて労働者を解雇することができる。この点，UWV は，解雇許可の申立てに対して，概ね 7～8 割程度の割合で許可を与えてきた[61]。他方で，事前に許可を得た解雇であっても当然に有効なわけではなく，後の解雇訴訟において，その効力は別途審査されることになる。そして，無許可での解雇は直ちに無効となるが，許可を得た解雇が違法となる場合については，解雇を無効として原職復帰とするかどうか，およびバック・ペイや損害賠償額の減額の要否に関して，裁判官に広い裁量が与えられてきた。

　第 3 に，労働契約は，以上の合意解約や解雇のほか，簡易裁判所での解消手続きによっても終了させることができる。この場合にも，解雇の場合と同様に，労働契約の解消が許容されるだけの合理的理由が必要となる。この「解消」手続きは，使用者の一方的な意思表示としての「解雇（解約告知）」とは異なるものである。しかし，従来，オランダでは，行政による手続き（事前の許可）を経た上での解雇と，簡易裁判所による解消手続きのいずれを利用するかは，使用者の選択に委ねられてきたなかで，解消手続きを利用して雇用関係を終了させることも

---

60) なお，法律上の解雇制限に関するオランダ法の特徴として，長期間にわたって疾病労働者に対する解雇が禁止される点を指摘できる。すなわち使用者は，（私傷病を含む）病気で就労不能となった労働者について，原則として解雇を禁止される。例外は，労務に従事することのできない期間が 2 年を経過した場合や，使用者が解雇の許可申請をした後に労働者が病気となった場合（民法典 670 条 1 項），あるいは，労働者がリハビリに協力しないケースや，他の適した仕事に従事しないケースで，合理的な理由を欠く場合等に限られる。

61) たとえば，2010 年の統計によると，解雇許可の申請から許可または不許可が決定されるまでの期間について，74% が申請から 6 週間以内であった。次に，申請に対しては，多くのケースで許可が与えられている。この統計年度において，UWV で処理された解雇紛争は 60,064 件であったところ，このうち 76% で解雇の許可が与えられ，不許可はわずか 8% であり，使用者による申請の取り下げが約 16% であった。なお，申請理由をみると，いわゆるリーマン・ショックの影響もあり，企業経営上の理由が 84% を占めていた（SZW: Ontslagstatistiek Jaarrapportage 2009, Juni 2010）。

広く行われてきた。

簡易裁判所による解消手続きは、使用者にとって、手続きが迅速であるというメリットがあった。解消手続きに要する期間は約2ヵ月であり、しかも、この決定は最終的なものとして、例外的な場合を除き上訴は認められてこなかった（民法典旧685条11項）。こうしてオランダでは、雇用関係を終了させる場合に、UWVルートでなく簡易裁判所ルートを利用する割合が高まってきていた（図表6）。

簡易裁判所ルートの利用が増加した背景として、手続きの迅速性のほか、1997年以来、非公式ながらも補償金額を算定する際の基準が公表されていた点が指摘される[62]。すなわち、簡易裁判所での解消手続きにおいて、法制度上は、原職復帰

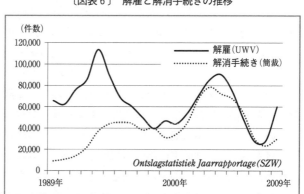

〔図表6〕 解雇と解消手続きの推移

と金銭的解決とするかは、裁判官の裁量に委ねられる部分が大きいものの、実際には、非公式ながらも金銭的な解決が図られてきた。他方、UWVルートでは、解雇に対する許可の要否が検討されるにとどまり、解雇の金銭解決——労働者の退職と引き換えに、労働者に対する補償金支払を使用者に命じるなど——は認められていなかった。ただ、実際には、UWVルートで解雇が行われる場合でも、事後的に当該許可をふまえた解雇の有効性を裁判所で争うかたちで、約半数の解雇紛争で金銭的な解決が図られてきた。

こうした状況のなかで、1999年の「柔軟性と保障法」では、許可取得手続きの迅速化や、予告期間の短縮、試用期間中における解雇自由の容認など、規制緩和が図られた。さらに、その後も改正に向けた議論が続けられた結果、2014年の法[63]

---

62) *Houwing/Verhulp* 2007（zie noot 36), p. 65.
63) Zie *Grapperhaus*, The end of the affair; on the ménage à trois of employment, contract and termination, Kluwer, 2006.

改正により，1945年以来の仕組みが大きく再整理されている（2015年7月1日施行）。こうした改正の背景には，従来の制度のもとでは，同一の事案であっても，UWVルートと簡易裁判所による解消手続きのいずれを用いるかによって，労働者が受ける不利益の程度が大きく異なり得ることが問題視されていたほか，複雑化した制度を再整理するとともに，雇用保障を引き続き基軸としつつも，転職を容易にする環境を整備する狙いがあった。

こうして，改正法では，使用者が利用可能な手続きが労働契約を解消する事由によって区別されており，具体的には，①経済的理由による整理解雇，および長期疾病労働者に対する解雇については，行政機関（UWV）での事前許可を得た上での解雇手続きを，②それ以外の理由による契約関係の解消（たとえば労働者の能力不足など個別的な理由のケース）は，簡易裁判所での解消手続きを利用することができる。また，この改正にあわせて，従来，実務的に広く浸透していた解雇時の金銭補償について，解決金の水準を減額しながらも制度化が図られている。

このような，雇用の終了段階におけるオランダの法制度は，日本と比較する場合にはもちろん，他のEU諸国の制度と比較しても珍しいものであり，背景事情も含めた慎重な検討を要するであろう。このうち，合意解約については本書のテーマと直接の関連はないと考えられるので，以下では，解雇制度と，簡易裁判所での解消手続きの内容を詳しく確認しておこう。

2 UWVによる解雇の許可

(1) 許可制度の沿革

オランダ法のもとで使用者が労働者を解雇する場合には，2015年に至るまでは，原則として，被用者給付実施機構（以下，UWV）の許可を，事前に取得しておく必要があった。UWVとは，失業保険給付の支給事務や公共職業紹介などの職業安定事業に携わる行政機関であり，日本の職業安定所に概ね相当する。UWV

---

64) これと関連して，他の多くのEU加盟国とは異なり，オランダでは，労働裁判所やイギリスの雇用審判所のように，労働問題に特化した裁判所や民事紛争処理機関は存在しない。
65) Uitvoeringsinstituut Werknemersverzekeringen.
66) なお，従前はこうした業務は労働センター（CWI: Centrum voor Werk en Inkomen）の管轄であったが，2009年1月の組織改編でCWIはUWVと統合された。これによりUWVに設けられた一部署がUWV WERKbedrifであり，アムステルダムの中央組織のほか，オランダ国内に約130か所の拠点をもち，従来であればCWIが担当していた業務の多くを引き継いでいる。両組織の

の事前許可を得ない解雇が許されるのは，試用期間中の労働者に対する解雇，「緊急の事由」がある場合に極めて例外的に認められる即時解雇，倒産に伴う解雇の場合等に限られてきた。また，解雇規制について，EU指令（いわゆる大量解雇指令）に応じて，20人以上の集団的な整理解雇のケースで手続きが加重されている点を別にすれば，業種や企業規模による例外はない。使用者は，UWVの許可を得たうえで，法律で定める期間の予告をしてはじめて，労働者を解雇することができた。[67]

歴史的にみると，オランダで解雇が制限されるようになったのは，1940年のことである[68]。それ以前において，民法典は手続的に予告期間を定めるにとどまり，解雇の理由については自由とされていた[69]。しかし，戦時中のドイツの占領政策により，使用者の解雇には行政機関の事前許可が必要とされ（その目的は，大量解雇を防止すると同時に，労働力の統制・動員にあったとされる），この枠組みが戦後も維持されることとなった。

2015年7月に改正法が施行される以前には，1945年の労働関係特別命令（以下，BBA[70]）が解雇規制の中核を担ってきた（現在は廃止）。1945年のBBAは，戦後復興期において，混乱する労働市場の安定化を図ることを目的としていた。当時，期間の定めのない労働契約を解約するケースでは，使用者の解雇だけでなく労働者の辞職についても，行政機関の事前許可が必要とされていた。その目的は，たとえば建設業や食品産業など戦後復興にとって重要な産業に従事する労働者が，相対的に重要性の低い産業へと自由に移転することを防止することであった[71]。つまり，BBAは，戦後復興を円滑に進めるという政策的理由に基づいて制定され

運営主体や役割の異同については，水島治郎『反転する福祉国家―オランダモデルの光と影』（岩波書店，2012年）60頁以下も参照。

67) さらに，一部の労働者を解雇する場合については，法律で特別に，UWVではなくて簡易裁判官の許可が必要とされてきた。たとえば，事業所組織法上の従業員代表を解雇する場合のほか，労働環境法（日本の労働安全衛生法に相当する）や，個人情報保護法で設置を義務づけられた管理担当者を解雇する場合等がこれに該当する。

68) *Bakels* 2014, nr. 3. 1-. 当時の状況を分析する日本語文献として，水島治郎『戦後オランダの政治構造―ネオ・コーポラティズムと所得政策』（東京大学出版会，2001年）79頁以下。

69) なお，当時も現在と同様に，①有期労働契約が期間満了によって終了する場合，②試用期間中の労働者を解雇する場合，③一定の法定事由のもとで労働者を即時解雇する場合であれば，予告は要さないものとされていた。

70) Buitengewoon Besluit Arbeidsverhoudingen[1945].

71) *Jacobs* 2015, nr. 198-.

たものであり，こうした観点から，使用者の解雇だけでなく労働者の辞職までも制限されていたのである。

しかし，このうち，労働者の辞職に対する制限については，その後，実務上は次第に利用されなくなり，公式にも1999年に廃止されている[72]。他方，使用者の解雇については，2015年に至るまで，1945年のBBAによる制限が維持されてきた。使用者は，試用期間中の労働者を解雇する場合など例外的なケースを別にすれば，労働者を解雇することについて合理的理由を求められ，このことは，いわゆる整理解雇の場合にも異ならない。さらに，民法典でも，予告期間の延長をはじめ，不当な解雇に対する規制の明確化，あるいは解雇禁止事由の追加・拡大など，解雇規制が順次強化されてきた。

(2) 規制内容
① 解雇の合理性

2014年の法改正により，解雇規制の中核を長らく担ってきた1945年のBBAは廃止され，現在では，民法典とそれに基づき社会労働大臣が定めた規則によって，解雇に関する諸規制が再整理されている。

まず，民法典669条は，解雇一般について合理的な理由を求めるとともに，他の期待可能な職務での雇用を継続するなど事前の解雇回避措置を使用者に義務づけている（1項）。解雇の合理的理由については同条3項で規定されており，たとえば，事業所を廃止する場合または，経済的な事情により26週以上にわたって職務の必要性が喪失すると見込まれる場合（a号），労働者が疾病により契約上の労務に従事できない期間が2年以上経過しており，かつ，26週以内に回復して就労することが見込まれない場合（b号），労働者の非違行為等がある場合で，合理的にみて使用者に労働契約の継続が期待できない場合のほか（e号），より一般的に，使用者が合理的にみて労働関係の継続を期待できない場合（h号）に，解雇の合理性が基礎づけられる。

この点，民法典670条では，一部の労働者については解雇がそもそも禁止されており，たとえば，疾病による休職期間が2年未満の労働者（1項），妊産婦（2項），事業所委員会の従業員代表（4項），労働組合の組合員であることや組合活

---

72) Stb. 1998, 300.

動等を理由とした解雇（5項）などが列挙されているところ，このうち一部については，一定要件のもとで例外的に解雇する余地もある（民法典670a条）。

これに対して，解雇規制が適用されない場合として，公的年金の受給開始年齢（65歳3ヵ月）に達するか，あるいは当該年齢の到達以前でも年金の受給資格を有している労働者に対しては，書面による別段の定めがない限り解雇が認められる（同4項）。同様に，試用期間中の解雇については，合理的理由は求められない（同7項）。また，家事使用人や聖職者，私立学校の教員などについても特例がある（民法典671条）。なお，たとえば第5章で検討するドイツ法とは異なり，オランダでは，企業（事業所）の規模や労働者の雇用期間によって解雇規制が一律に適用除外されることはない。

② 解雇の許可

そのうえで，2014年の法改正により，①経済的理由による場合（整理解雇），および，②長期疾病により2年以上にわたり休職している労働者を解雇する場合については──従来は一部で選択的に認められていた簡易裁判所での解消手続きは利用できず──，行政機関であるUWV（被用者給付実施機構）から解雇の許可を得た上で，法定の予告期間を経てはじめて解雇が認められる（民法典671a条1項）[73]。

もっとも，このうち整理解雇については，当該事業所の労働者を代表するなど一定要件を満たす産業別の労働組合による労働協約において，使用者から独立した委員会が設置されている場合には，UWVではなく同委員会から解雇の事前許可を得ることで代替する余地も新たに認められている。民法典では，こうした代替的な委員会による許可手続きの要件等が定められている（同2項，3項）。

なお，こうした規制とは別に，EUの大量解雇指令[74]をふまえて，一定の集団的な解雇に対しては，集団解雇法[75]による特別な規制もある。すなわち，使用者がある同一のUWVの管轄内において，3ヵ月以内の期間中に20人以上の労働者を解雇する集団的解雇のケースでは，UWVに対して書面の届出が必要である（3

---

73) なお，許可手続きの詳細については，社会労働大臣が規則を定めることができる（民法典671a条8項）。
74) Council Directive 98/59/EC of 20 July 1998.
75) Wet Melding Collectief Ontslag (Stb. 1976, 223).

条1項参照)。書面には，解雇事由や対象労働者等に加えて，その選別基準や移行手当の算定基準などを記載する必要がある。なお，人数の算定に際しては，合意解約や裁判所での解消手続きにより労働契約関係が解消された労働者の人数も含まれる。

　無期雇用の労働者を整理解雇する際には，前述の解雇一般に求められる解雇回避努力義務とは別に，有期雇用や派遣など他の臨時的な労働者の利用が停止されている場合にはじめて解雇が許可される（民法典671 a 条5項）。さらに，整理解雇から26週間以内は，当該ポストでの新規採用は制限され，これに違反した場合には，簡易裁判所の判事は，当該ポストで解雇された労働者の請求に基づき，従前の解雇を無効とするか使用者に公正な補償金（billijke vergoeding）の支払いを命じることができる（民法典681条1項d号）。

　解雇許可の申請は，解雇の理由や被解雇者の人数，職務内容，年齢，性別等を記載した書面に解雇の正当性を示す必要書類を添付して行い，審査についても書面審査が原則である。これに対して，労働者も書面で異議を申し立てることができる。労働組合の代表が関与することもある。この点，特に整理解雇における被解雇者の選定については，先任権ルール（Afspiegelingsbeginsel），すなわち，同一職務において勤続期間の短い者から解雇することが原則であるが，事業所の人員構成——たとえば，職務内容のほか，年齢，性別等の属人的な要素——を考慮することも認められてきた。[76]このほかにも，場合によっては，業務の特殊性や個人的事情が考慮される。いずれにしても，整理解雇時の選択基準には一定の合理性が必要とされる。

　集団解雇法によると，企業が倒産した場合や企業全体の雇用状況に悪影響を及ぼすような場合を除き，UWV は，許可を与えるまでに，産業別の労働組合が解雇について同意している場合のほかは，原則として1ヵ月の待機期間を設定しなければならない。これは，整理解雇の影響を軽減することを目的としており，使用者は，当該期間内に労働者の職業訓練を行うといった再就職支援の義務を負う。このほか，同法では，使用者の，労働組合や事業所委員会に対する情報提供義務や協議義務等も規定されている。

---

76) なお，先任権ルールについては，年齢構成を勘案して，15〜24歳，25〜34歳，35〜44歳，45〜54歳，55歳以上という年齢階層別に適用することが認められている。さらに2014年4月からは，公的年金の受給権を有する労働者を優先的に解雇することが認められている。

このような解雇許可の申立てに対して，UWVは，当該の使用者および労働者の利益，ならびにその他の公益上の利益を考慮して，申し立てられた解雇に合理的な理由（redelijke grond）があるかどうかを審査し，その結果を両当事者に交付する（民法典671a条4項）。

③　許可に基づく解雇

　解雇がUWVによって許可されてから4週間以内に限り，使用者は解雇理由を書面で明示した上で，労働者に解雇の予告をすることができる（民法典671a条6項）。予告期間の長さについては歴史的な変遷があるが，1999年の「柔軟性と保障法」で年齢による区別が撤廃され，さらに，2014年の法改正で解雇規制の改革にあわせた微修正が図られている。

　まず，労働者の辞職について，法律上の最低予告期間は原則として1ヵ月である（民法典672条3項）。しかし，書面による合意がある場合には，予告期間は最大6ヵ月まで延長することができる。この場合，使用者の解雇予告期間は，労働協約で別段の定めがあるケースを別にすると，労働者が辞職する場合の予告期間の2倍以上の期間でなければならない（同6項および8項）。他方，こうした場合を別にすると，使用者の解雇予告期間については，労働者の勤続年数に応じて法定されている（同2項，図表7）。[77]

〔図表7〕　解雇予告期間

勤続年数	予告期間
5年未満	1ヵ月
5〜10年未満	2ヵ月
10〜15年未満	3ヵ月
15年以上	4ヵ月

　この予告期間のうち，UWVでの許可手続きに要する期間として1ヵ月は短縮できるが，そのケースでも，最低1ヵ月の期間は残しておく必要がある（同4項）。
　予告期間を遵守することなく労働契約を解約した当事者は，他方当事者に対して，原則として不足日数で算定される賃金相当額の予告手当を支払う必要があるが（同9項および10項），解約告知が直ちに無効となるわけではない。

---

77) 国際統計によると，日本では勤続10年以上という長期の雇用関係にある労働者が44％を占めるところ，オランダでもその割合は37％と低くはない（労働政策研究・研修機構『データブック国際労働比較（2015年版）』）。他方，EUレベルの統計によると，オランダでは労働者の転職も活発である点については，EUROFOUND, "Mobility in Europe-Analysis of the 2005 Eurobarometer survey on geographical and labour market mobility", October 2006; *Danish Technological Institute*, "Job Mobility in the European Union: Optimising its Social and Economic Benefits", April 2008）。

これに対して，許可のない解雇につき労働者が2ヵ月以内に提訴した場合には，不当解雇の一類型となる。この不当解雇に対して，民法典681条1項によると，「簡易裁判官は，……労働者の申出に基づいて，使用者による解雇を無効とするか（vernietigen），または，労働者の請求に基づいて使用者に対して公正な補償金（billijke vergoeding）の支払いを命じることができる」。つまり，不当解雇の法的効果として，労働契約関係の回復（herstel）とならんで，労働者が希望する場合には，補償金の支払いによる金銭的な解決の余地が認められている。一方，2ヵ月が経過すると，無許可の解雇であっても効力が認められる。[78]

UWVによる解雇の許可または不許可決定については，上位の行政機関，あるいは訴訟による取消しの対象ではない。許可が与えられない場合には，使用者は，一定期間の経過後に再申請をすると同時に，簡易裁判所において労働契約の解消手続きを求めてきた。反対に，労働者は，許可に基づく解雇が不当解雇（民法典681条）であるとして，別途，民事裁判で解雇の有効性を争ってきた。こうした取扱いは，従来，簡易裁判所ルートでの解消決定に対して上訴が原則として制約されてきたことと対照的であったが，2014年の改正により，いずれも裁判所での民事紛争として争う仕組みに変更（統一）されている。

(3) 例外——即時解雇，試用期間等

以上のように，現在では，いわゆる整理解雇や，疾病により長期休職中の労働者を解雇する場合には，使用者は事前にUWVから許可を得てはじめて労働者を解雇することができる。ただし，事前の許可が必要でない場合として，一部の適用除外業務を別にすると，①解雇によらずに労働契約を終了するケースのほか（合意解約，有期労働契約の期間満了），②即時解雇や試用期間中の解雇，企業の倒産時等の解雇などがある。このうち有期雇用については本節Ⅱで詳しく検討するので，ここでは，②の即時解雇と試用期間に関する規制とを確認しておこう。

① 即時解雇（民法典677条）

オランダ法のもとでも，労働者の責に帰すべき事由がある場合には，即時解雇

---

78) なお，2014年の改正以前には，UWVが解雇を許可してから解雇が許容される期間は8週以内であり（現在は4週），他方で，その後の解雇に対する労働者の提訴期間は6ヵ月であったが（現在は2ヵ月），現在では解雇紛争が迅速に終結する仕組みに改められている。

が許される余地がある。すなわち，民法典677条1項によると，「労働契約の両当事者は，緊急の事由 (dringende reden) が発生した場合には，相手方に直ちに通知する (mededeling) ことにより，労働契約を即時に (onverwijld) 解約することができる」。このうち即時解雇の場合，UWV の事前許可や予告期間は不要である。また，前述のように，たとえば従業員代表としての活動参加を理由とした解雇等は特別に禁止されているが，即時解雇の事由がある場合には，その多くで例外的に解雇の余地が認められている（民法典670a条2項c号）。

他方で，即時解雇としての「緊急の事由」を欠く場合には，当該解雇は無効となる。この場合，労働契約は継続しているため，労働者には解雇期間中の賃金請求権がある。そして，訴訟手続きが長期化すると，バック・ペイの対象期間が2年以上となることもある。しかし，個々のケースで賃金請求が過大である場合には，裁判官がバック・ペイの額を裁量で軽減することができる。減額の理由としては，労働者のそれまでの勤続期間が短期であることや，使用者の経済状況などがある。なお，減額が認められるケースであっても，制定法上の解約告知期間にかかる賃金額，あるいは直近3ヵ月間の賃金総額のいずれか高額な水準を下回ることはできない（民法典680条，680a条）。

使用者の即時解雇に着目すると，緊急の事由とは，「使用者に，それ以上の労働契約の継続を義務づけることが到底公正でないと考えられるような，労働者の行為 (daden)，性格 (eigenschappen)，態度 (gedragingen)」と定義される（民法典678条1項）[79]。より具体的には，同条2項で列挙されており，労働契約を締結する際の経歴に詐称があった場合（a号），職務遂行能力が著しく欠如する場合（b号），酩酊行為等があった場合（c号），窃盗・横領等の犯罪行為があった場合（d号），使用者等に対する暴力や侮辱等の行為があった場合（e～f号），使用者の財産や第三者等に対する加害行為があった場合（g～h号），秘密の漏洩があった場合（i号），著しい業務命令違反や職務懈怠（j～l号）等があった場合に，「緊急の事由」を理由とした即時解雇の余地がある。

これらは例示列挙であるものの，第5章でみるドイツ法とは異なって，使用者

---

79) これに対して，労働者の即時解約（辞職）が正当化される「緊急の事由」については，民法典679条で列挙されており，具体的には，使用者の暴力，侮辱，脅迫，法律や公序に違反する行為の強要，賃金不払い，出来高払いであるのに仕事を与えないケースなどである。

の経済的事情の変化については「緊急の事由」に該当しない。また，前述のように，現在では，整理解雇についてはUWVルートに一本化されている。したがって，経済的理由により労働者を整理解雇する場合には，使用者はUWV（または労働協約に基づき設置された委員会）の許可を得なければならない。

このように，UWVの事前許可を得た解雇や，簡易裁判所での解消手続きと比較すると，使用者が労働者を即時解雇する「緊急の事由（dringende reden）」は，きわめて限定的な点に特徴がある。

② 試用期間中の解雇

これに対して，試用期間中については，両当事者に労働契約を解約する自由が広く認められている。まず，手続面では，試用期間中の解約（解雇および辞職）については事前の予告を要さない（民法典676条1項）。次に，試用期間中の解雇に解雇規制は適用されず，したがってUWVによる事前許可や，その前提となる解雇の「合理的理由」自体も必要でない。

学説や裁判例によると，試用期間中であっても，たとえば性別を理由とした解雇など（民法典646条），差別的解雇を禁止する立法上の規制は及ぶと考えられている[80]。さらに，理論的には，信義則（民法典611条）を根拠として，法律で明示的には禁止されない解雇等も制限される余地がある。判例でも，労働者の年齢を理由とする解雇（なお，この事件の当時は年齢差別も立法では禁止されていなかった）[81]，あるいは，労働者の配転拒否を理由とする解雇について[82]，最高裁は，いずれも民法典611条を根拠として，試用期間中の解雇を制限した下級審の判断を維持している。

とはいえ，これらのケースは，現在であれば差別禁止立法によって解雇が制限

---

80) Ktr. Eindhoven 1 december 2005, JAR 2006/37.
81) Codfried/ISS-arrest（HR 13 januari 1995, JAR 1995/35）.
82) Triple P/Tap-arrest（HR 10 november 2000, JAR 2000/249）. 事案は次のような特殊なものである。本件では，労働者と使用者との間で8年間にわたって雇用関係が継続してきた。労働者は勤務地（国）に不満があることを理由に一旦は辞職したものの，その後，使用者の要請に応じて復職した。ただし，この再雇用時の労働契約には2ヵ月の試用期間が付されていた。復帰の理由は，使用者の側が労働者にとって好都合なイギリス国内での就労を申し入れたことに起因するが，実際の就労開始前に，使用者はこの申入れを撤回して，代わりにベルギー国内での就労を打診した。しかし，労働者がこれを拒否したところ，使用者は試用期間中であることを理由に労働者を解雇したというケースであった。

されているか（Codfried/ISS 事件），あるいは，そうでなくとも，事案の特殊性に由来する部分が大きいものであり（Triple P/Tap 事件），最高裁も一般論として試用期間中の解雇を明確に制限しているわけでもない。むしろ，こうした例外に該当するケースを別にすると，試用期間中の解雇は，手続きと内容の両面で広範に認められている。

その一方で，オランダでは，試用期間を設定することに対しては，法律で制限が課されている（民法典652条）。まず，試用期間を設定するには事前の書面合意を要し，これを欠く場合は無効となる（同2項）。次に，試用期間の長さは労使双方にとって同一で，かつ，更新も含めて2ヵ月以内でなければならない。2ヵ月を超える試用が必要な場合には，一般の有期雇用を利用することになる。[83]一方，有期雇用の場合であっても，契約期間が6ヵ月を超える場合であれば試用期間を設定することができるが，その長さは最長2ヵ月（有期労働契約の存続期間が2年以上の場合）に制限されている（同5項）。[84]なお，長期の試用期間が無効となる場合には，法定の期間に短縮されるのではなく，試用期間の定めそのものが無効となる。

要するに，オランダでは，試用期間中であれば解雇等の自由度は高いものの，試用期間を設定することに対しては，比較的に厳格な規制があるといえよう。

3　簡易裁判所での解消手続き（民法典671b条）

オランダ法のもとで，期間の定めのない労働契約を労働者の同意なしに使用者が終了できる第2の方法として，簡易裁判所の契約解消手続きがある。2015年7月以前においては，労働契約の両当事者に対して，「重大な事由（gewichtige reden）」を理由として簡易裁判所に契約関係の解消を申し立てることが認められてきた。そこで契約解消をなし得る事案類型に制約はなかったが，現在では，使用者の側からの解消申立て（民法典671b条），労働者の側からの申立て（同671c条）に区別したうえで，前述のUWVルートとの再整理がされている。

この解消手続きは，当初は有期労働契約を中途解約する手段として利用されて

---

83) T&C 8e, 2014, p. 123（Verhulp）.
84) なお，2014年の改正以前には，6ヵ月以内の有期労働契約でも一定の試用期間を設定することが許容されていた。

いた。しかし，1945年以降，民法典や BBA で期間の定めのない労働契約に対して使用者の解雇が制限（強化）されると，使用者は，こうした無期雇用に対しても，解雇という手段のほかに，簡易裁判所による解消手続きを利用するようになる。そして，2015年7月以前には，使用者は行政機関である UWV（被用者給付実施機構）の許可を得た上で労働者を解雇するか，簡易裁判所による契約解消手続きを利用するか，自由に選択することができた。

　労働契約の解消が認められる事由は，次の2つの類型に区分されてきた。第1は，すでに検討した即時解約（民法典677条）と同様に，「緊急の事由」がある場合である。この点，即時解約が厳格に制限されているため，それに代えて，契約当事者は裁判所での解消手続きを選択することが多いようである。実際により重要なのは，第2の類型である。すなわち簡易裁判所による契約解消は，継続的契約関係である労働関係において，事情の変更がある場合にも認められる。契約解消を正当化するだけの事情変更の有無は簡易裁判官の判断に委ねられ，当事者間の信頼関係の喪失，関係修復の困難性など，多様なケースで認められている。

　現在，使用者の申立てによって労働契約が解消され得るのは，①使用者の経済的理由または長期の疾病を理由とする場合以外のケースで，正当な理由がある場合，②経済的理由または長期の疾病を理由とする場合であっても，行政機関である UWV――または，整理解雇の事案で労働協約に基づく委員会が特別に設置されている場合には同委員会――が解雇の許可を与えなかった場合，③あるいは，同様の理由で有期労働契約を中途解約する場合に限られる（民法典671ｂ条）。

　このような事由がある場合に，契約の終了時期に関しては，解約告知の際の予告期間と類似の規制があるほか，手続きに要した期間について短縮の余地があること，他方でこの場合にも最低1ヵ月間の猶予期間を設けなければならない点も，解雇の場合と平仄を合わせるものとなっている。実際の手続きに要する期間は，概ね2ヵ月程度である。なお，解消決定による場合，その時点から契約関係が解消されるため遡求効はない。また，契約解消が当事者の一方の著しい非違行為等に起因している場合には，相手方に対する損害賠償の支払いが義務づけられる（同8項）。

　前述のように，従来であれば簡易裁判所による解消決定に対しては，上訴が原則として制限されており，例外として明確な違法性がある場合に限り，司法審査の対象となっていた。しかし，2015年7月からは，UWV ルートと簡易裁判所ル

ートの再整理にあわせて，それぞれについて，いずれも裁判所での審査対象となっている（民法典683条）。この点，控訴または上告手続きにおいて，労働契約の解消に合理性がないと評価された場合には，裁判官は使用者に対して，契約関係の回復または労働者に対する補償金の支払いを命じることができる（同3項）。契約関係の回復（herstel）を命じる場合には，裁判所は契約関係が回復されるべき日について定めるとともに，労働契約が中断していた期間中の法的取扱いについても決定する（同4項）。

4 移行手当の制度化
(1) 従来の金銭解決

オランダでは，従来，労働契約が一方的に終了されるときの金銭補償について，明確な規定は存在しなかった。もちろん，労働契約上の，個別的または集団的な合意があれば，使用者に解雇補償手当の支払いが義務づけられる場合はある。この点，特に整理解雇の際に労働協約で人員調整プラン（Sociaal Plan：解雇計画）が規定されている場合には，解雇補償手当の定めも含まれていることが一般的である。[85]また，個別的な合意解約のケースであっても，使用者の補償金支払いを条件としている場合がある。

しかし，以上のような合意によるほかにも，不当解雇のケースや簡易裁判官による契約解消のケースで，解雇の金銭解決を図ることが実務的には広く浸透していた。これは，1960年代の裁判例に由来した考え方であり，解雇に合理的理由が認められる場合であっても，労働者が受ける不利益の点で「著しく不当」とするものである。たとえば，いわゆる構造的不況業種においては，使用者がUWVの解雇許可を得ること自体は容易であるが，裁判所は，こうした解雇に補償がない点で「著しく不当」と判断し，使用者に金銭的な補償を命じてきた。

このような金銭解決は，制度化されたものではなく，補償額の算定についても原則として裁判官の裁量によるところ，2015年7月以前には，算定に際して，簡易裁判官基準（Kantonrechtersformule）と呼ばれる準則が利用されていた。[86]それ

---

[85] なお，オランダでは「人員調整プラン」を策定するかどうかは任意的なものであるところ，多くの労働協約で当該条項が含まれているとの指摘がある。; Zie *Jacobs* 2015, nr. 217.

[86] Aanbevelingen kring van kantonrechters, NJB 1996/838; laatstelijk gewijzigd en aangevuld in NJB 1999/1789.

によると，補償金額は，勤続調整（A）×月額賃金（B）×調整係数（C）で算定される。Aの勤続調整については年齢によって異なる基準があり（図表8），たとえば，45歳以上55歳未満の労働者であれば，勤続1年につき1.5ヵ月分の賃金相当額となる。一方，Cの調整係数について通常は1であるが，労働契約を解消するに至る労使の帰責性に応じて，0～2の間でケース・バイ・ケースで判断されてきた。[87]

〔図表8〕 年齢による勤続調整

年齢	勤続調整（A）
35歳未満	勤続年数×0.5
35歳～45歳未満	勤続年数×1.0
45歳～55歳未満	勤続年数×1.5
55歳以上	勤続年数×2.0

(2) 現行制度の内容

2014年の「就労と保障に関する法律（WWZ）」により，2015年7月からは，こうした仕組みを修正しつつ，雇用喪失時の「移行手当（transitievergoeding）」が制度化されている。すなわち，使用者が勤続2年以上の労働者との労働契約を解消する場合には，労働者に重大な非違行為がある場合を除き，勤続年数に応じて一定の移行手当を支払うことが義務づけられている。

対象となる労働者は，同一の使用者との間で労働契約関係の通算期間が2年を超えている場合であるが，6ヵ月以上の中断期間がある場合には前後の労働契約の期間は通算されない。他方で，使用者が形式的に異なる場合であっても，ある労働者につき合理的にみて使用者性の承継が認められるときには，両者の契約期間が通算される（民法典673条4項）。そして，こうした期間が2年を超えた場合には，使用者が労働者を解雇する場合だけでなく，使用者の申立てにより簡易裁判所で労働契約が解消される場合，あるいは，有期雇用において使用者から更新を拒絶するようなケースも含まれる。さらに，使用者の非違行為を伴うケースであれば，労働者の側からの辞職，簡易裁判所での契約解消，有期労働契約の更新拒絶の場合も含めて支給対象となる（民法典673条1項）。

他方で，①18歳未満で週平均での労働時間が12時間未満の労働者や，②公的年金の受給開始年齢（65歳3ヵ月）に達するか，またはこれに満たない場合でも年金の受給資格がある者，③労働者の重大な非違行為の結果として労働契約が終了

---

87) 他方で立法論としては，簡易裁判所ルートでの金銭解決について，年収75,000ユーロ以上の高額所得者に対しては，補償金の上限を原則として1年分の賃金相当額とすること等が目指されてきた（Kamerstukken II 2008-2009, 31 862 Nr. 2）。

する場合，④使用者の倒産や債務超過が見込まれる場合であれば，使用者に移行手当の支払義務はない（民法典673条7項，8項）。

　移行手当の額は，労働者の勤続年数に応じて，労働契約の最初の120ヵ月については，6ヵ月毎に月額賃金の1/6とし，それ以降の期間に対しては，6ヵ月毎に月額賃金の1/4に相当する額となる。つまり，最初の10年間は勤続1年につき月額賃金の1/3に，勤続10年を超える部分については，1年につき月額賃金の1/2に相当する額で算定される。ただし，移行手当の上限は75,000ユーロ，または，労働者の年収がそれを上回る場合には1年分の賃金相当額となる（民法典673条2項）。

　以上のほか，使用者に重大な非違行為がある場合には，通常の移行手当（transitievergoeding）に加えて，簡易裁判官には追加的な補償金（vergoeding）の支払いを命ずる権限が認められている（同9項）。なお，これまで簡易裁判所で事実上行われてきた金銭補償と比較すると，高年齢者にとっては不利な仕組みになっていること，他方で，これまでUWVルートでの解雇が適法に認められてきた零細企業にとっては負担が重くなり得ることへの配慮から，一定の経過措置が設けられている（民法典673 a 条）。[88]

　このような移行手当は，単なる使用者の補償制度（法定の退職金）として位置づけられているわけではなく，労働者の再就職に向けた経済的支援としての性格が強い。すなわち，前述のように，公的年金の受給開始年齢に到達した労働者への支払いが免除されているほか，使用者は，当該労働者についての失業の予防や失業期間の短縮に向けた措置，アウト・プレースメント（outplacement）や訓練（scholing）を実施した場合には，社会労働大臣が定める規則に基づいて，移行手当からこうした費用を控除することが認められている（民法典673 b 条）。

5　小　括

　以上，オランダ法のもとで，期間の定めのない労働契約を使用者がどのように

---

88) 経過措置として，2020年1月までの間は，労働者数25人以上の事業所において，勤続10年以上でかつ解雇時に50歳以上の労働者については，移行手当の額は，50歳以上の勤続1年に対して月額賃金の1ヵ月分として算定される。また，25人未満の小規模事業所で経済的理由による解雇等の場合には，手当の算定に際して，2013年3月以降の雇用期間で算定するとともに，前述の50歳以上の労働者に対する特別加算は適用されない。

解消できるのかを概観した。

　オランダでは，期間の定めのない労働契約を終了する方法として，合意解約を別にすれば，伝統的に，①行政機関であるUWV（被用者給付実施機構）による事前許可を得た解雇と，②簡易裁判所による契約解消の手続きという，2通りの方法がある。合意解約を別にすると，いずれも公的機関での事前手続きを要することが原則である。例外として，即時解雇や試用期間中の解雇等であれば，許可を得ずに労働者を解雇できる余地もあるが，これらに該当するケースは限られている。一般には，裁判所や行政機関の関わらない使用者による一方的な解雇は，少なくとも手続面では厳格に規制されているといってよい。

　もっとも，2014年の法改正では，整理解雇について，簡易裁判所での解消手続きの利用は否定され，UWVの事前の許可が必要とされる一方で，それに代えて，使用者から独立した産業別の労働協約で委員会が設置されている場合には，同委員会での許可に基づく解雇が許容される仕組みも導入されている。また，雇用喪失時の移行手当が制度化されるなど，総じて，雇用の存続保護から，雇用の流動化を見すえた制度への転換が進みつつある。労働契約の終了時の法制度をめぐっては，現在，大きな転換期にある。

　実際の運用状況をみると，UWVは多くのケースで解雇を許可してきた。また，解雇や解消に合理性がないと評価された場合の効果面に着目すると，労働者を原職に復帰させるか，紛争を金銭的に解決するのかは，労働者の希望と裁判官の裁量に委ねられる部分が大きいなかで，現実には，多くのケースで金銭的な解決が図られてきた。そして，紛争処理手続きに要する期間が総じて短期であることも併せて考えると，使用者にとって，解雇規制がどの程度負担となっているのかは不透明な部分もある。

　このように，オランダ法は独特の解雇規制をもち，その位置づけは難しい。ただ，日本法やドイツ法と比較するならば，次のような特徴を指摘できる。すなわち，金銭的解決の余地があり，あるいはUWVが多くのケースで許可を付与しているにせよ，オランダにおいては，使用者の一方的な解雇（解消）に対して，原則として，裁判所や行政機関等の事前のチェックがあるということである。これは，日本やドイツで，労働者が提訴してはじめて解雇の適法性が問題となることと大きく異なる。法制度上，労働者に原職復帰の余地があることや，解雇が適法な場合も含めて，使用者には移行手当の支払いが義務づけられることも併せて

考えると,オランダ法も,雇用の流動化をみすえて制度改革を進めつつも,現時点で,解雇規制を中核とした労働法制が展開されている点では,日本法やドイツ法と本質的な違いはないと考えられる。

II 有期労働法制

1 規制の沿革

　次に,オランダの有期労働法制を概観する。前述のように,オランダの解雇規制は,大きな転換を迎えつつあるものの,現時点では雇用の存続保護を重視するものとなっており,このような法制度のもとでは,有期雇用に対しても何らかの規制を課すことが,法規制の潜脱や回避を防止するうえで重要となる。第3章で検討したように,EU指令でも,有期雇用について,①更新の際に合理的理由を求めること,②反覆更新をする場合の最長期間を制限すること,③更新回数に上限を設けることのうち,いずれかひとつ以上を充たすことが義務づけられている。[89]オランダでは,どのような法制度が採用されているのだろうか。

　まず,有期労働契約(arbeidsovereenkomst voor bepaalde tijd)とは労働契約に期間の定めがあるものをいうところ,ここでいう「期間」とは,どのような概念であるのかが問題となる。この点,日本やドイツと同様に,オランダでも,暦日によって期間を定める労働契約のほか,特定の仕事(bepaald werk)が完了することによって終了する労働契約,または,たとえば病気休職者の復帰など一定のイベント(gebeurtenis)が生じた場合に終了する旨約定された労働契約のいずれもが,有期労働契約の概念に含まれている。[90]

　この有期雇用に対する法規制として,オランダでは,伝統的に,有期労働契約の締結や更新について「合理的理由」は必要とされない。たとえ労働力の利用に対するニーズが恒常的な場合でも,こうした業務で有期雇用を利用することは妨げられない。そして,有期雇用では,契約期間の満了までは労使双方が拘束され,中途解約は書面の事前合意がある場合でなければ認められない(民法典667条3項)。

---

89) Council Directive 1999/70/EC of 28 June 1999.
90) Kamerstukken II 2000-2001, 27 661 Nr. 3, p. 3.

一方，期間満了となれば，有期労働契約は当然に終了することが原則である（同1項）。予告についても，契約上の特約がある場合や，特別法または慣行によって義務づけられる場合のほかは必要でなかったが（同2項），2014年の法改正で，6ヵ月を超える有期労働契約に対しては特別な規制が設けられている（民法典668条）。なお，有期労働契約の期間満了後に当事者のいずれからも意思表示がなく，かつ，実際に労働が継続している場合には，従前と同期間で契約が更新されたものとみなされる（同4項b号）。

歴史的にみると，1999年の「柔軟性と保障法」の成立以前には，有期労働契約の期間満了後1ヵ月（31日）以内に契約を更新した場合には，労働契約に期間の定めがないものとみなされていた。このような規制は，一見すると労働者保護に資するようにもみえるが，現実には，期間満了後のクーリング期間中（1ヵ月間）に当該労働者を派遣労働者として受け入れることによって，容易に回避することができた。こうした脱法的措置は，「回転ドア構造（draaideurconstructies）」と呼ばれ，判例による制限が加えられてきた。すなわち最高裁は，使用者の主観的な意図（脱法目的）とは無関係に，客観的な事実関係から契約の連続性が認められる場合には，当事者が異なる前後の契約関係を同一視し，後続の使用者に対して労働者の雇用保障責任を転嫁することを試みてきた[91]。もっとも，こうした判例による規制も，使用者が業務上の必要性を立証すれば正当化の余地が認められるなど（たとえば，経営規模の縮小に伴い労働者の再配置をするケース等[92]），その射程については明確でない部分も多かった[93]。

「柔軟性と保障法」は，こうした裁判例の考え方を緩和しながら明文化するとともに，内容面に着目すると，有期雇用が反覆継続する場合に最長期間や更新回数を制限するものとして，EU指令を国内法化したという意義ももつ[94]。この点，「柔軟性と保障法」における有期雇用の位置づけは，必ずしも積極的なものではない。しかし，同法の立法理由をみると，使用者には，経済情勢に応じて有期雇用によって労働力の調整をする必要性があり，仮に有期雇用に対して過度な規制

---

91) HR 22 november 1991, NJ 1992/707; HR 27 november 1992, NJ 1998/273; HR 12 april 1996, JAR 1996/114.
92) HR 25 october 1996, JAR 1996/234.
93) *Heinsius*（zie noot 32），p. 112-.
94) *Houwing/Verhulp* 2007（zie noot 36），p. 64; *Verhulp* 2002（zie noot 1），p. 79-.

を課す場合には，たとえば個人請負のような法的保護の不十分な労務供給形態の利用が促進され得るという懸念が示されている。すなわち，立法者は，有期雇用に対して厳格な規制を課すことは，かえって（広義の）労働者全体の保護に反すると考えていたのである。こうした観点から，有期雇用について利用事由を列挙し，たとえば業務内容が臨時的・一時的な場合に限り労働契約の期間設定を認めるといった立法政策については（入口規制），①ある業務が臨時的であるか否かをめぐって当事者間の紛争を増加させること，②また，有期雇用の柔軟性確保という点からも望ましいものではないとして，明確に否定されている。[96]

こうして，1999年の「柔軟性と保障法」では，有期雇用の更新回数と更新による最長期間とが制限され，雇用保障に関していわゆる出口規制が採用されている（3×3×3ルール）。ただし，近年では，この出口規制に対して微修正も図られているので（2014年改正など），こうした動きもあわせて確認しておこう。

2 出口規制の創設（3×3×3ルール：旧制度）

1999年の「柔軟性と保障法」により，有期労働契約は，3ヵ月を超える中断期間を含むことなく，反覆継続による合計期間が3年を超えるか，3回以上更新された場合には，期間の定めのない労働契約とみなされることとなった（民法典668a条）。このように，オランダでは，有期雇用が反覆継続する場合に，最長期間と更新回数に制限があり，これは，最長期間（3年），更新回数（3回），クーリング期間（3ヵ月）に着目して，一般に「3×3×3ルール」と呼ばれてきた。

第1に，有期労働契約が，3ヵ月を超えない中断期間をはさんで更新され，中断期間を含めた雇用関係の総期間が3年以上になる場合には，当該雇用関係は期間の定めがないものとみなされてきた（＝最長期間による規制）。ここで問題となる期間の長さは，労働契約で約定された期間の合計と必ずしも対応しない。反覆継続される各契約の間に中断期間があり，したがって約定された契約期間を合算しても3年に達しないケースであっても，中断期間が連続して3ヵ月を超える場合でなければ，最初の契約締結時から暦日で3年が経過すると無期雇用への転換が図られる。また，この規制は，有期雇用が反覆継続するケースのみを対象とし

---

95) Kamerstukken II 1996-1997, 25 263 Nr. 6, p. 12.
96) ibid.

ているので，当初から長期間の契約を締結している場合，たとえば，期間を 5 年とする有期労働契約を締結した場合には，5 年を超過した時点で無期雇用へと転換することはなく，5 年の期間満了によって当該契約は適法に終了する。[97]

第 2 に，有期労働契約が，3 ヵ月を超えない中断期間を含めて 3 回以上更新される場合には，4 度目の有期労働契約は，それまでに継続してきた雇用関係の総期間が 3 年以内であったとしても無期雇用とみなされてきた（＝更新回数による規制）。

そして，ある有期労働契約が，民法典668 a 条（3 × 3 × 3 ルール）によって期間の定めがないものとみなされる場合には，解雇規制がそのまま適用される[98]。この点，解雇予告等との関係で雇用期間の長さが問題となる場合には，反覆継続してきた有期労働契約が最初に締結された時点から，雇用関係が継続しているものとして扱われる（同 4 項）。

以上のほか，民法典657条 1 項では，無期雇用のポスト情報に関する情報提供義務が規定される。すなわち，使用者は，「期間の定めのない雇用に欠員（vacature）が生じた場合には，有期労働者に対して，適宜，明確に通知しなければならない（in kennis te stellen）」。これは，EU 指令の内容に則して空席ポストに関する情報提供を義務づけるにとどまり，使用者に有期労働者を優先的に採用することまでも強制するわけではないが，有期労働者の常用化へのチャンスを拡大するものと評価できる。

このような 3 × 3 × 3 ルールや，常用的な空席ポストに関する情報提供を義務づける目的は，いうまでもなく，有期契約の濫用（misbruik）によって解雇規制が潜脱・回避されることを防止し，法制度のバランスを図ることにある[99]。そして，前述の回転ドアの問題を防止するために，3 × 3 × 3 ルールの適用に際しては，

---

97) なお，オランダでは，日本の労基法14条 1 項に相当するような，各契約の長さそのものを制限するような法規制はない。したがって，たとえば，契約期間を20年とする有期労働契約を締結することも可能だと考えられている。ただし，5 年以上の有期労働契約においては，6 ヵ月前に予告をすれば，労働者は自由に辞職することが認められている（民法典684条）。

98) この点，有期労働契約が反覆継続しているか否かの判断に際しては，黙示的な更新の場合も含めて実質的に判断される。最近の肯定例として，たとえば，Gerechtshof Leeuwarden 21 februari 2012, LJN: BV6590（タクシー運転手の有期労働契約が反覆継続してきたなかで，明示的には更新を拒絶されたものの期間満了後にも臨時的に労務に従事していたケースで無期雇用への転換が認められた事例）。Zie ook HR 19 oktober 2007, LJN: BV6755.

99) Bakels 2014, nr. 3. 1. 3.

使用者が形式的に異なるケースであっても，当該労働が合理的にみて（redelij-kerwijze）継続していると評価されれば，契約期間や更新回数を通算するものとされた（民法典667条5項，668a条2項）。[100]

3 労働協約による逸脱

もっとも，民法典668a条（3×3×3ルール）の規制については，労働協約で「別段の定め」をすることも広く認められてきた。この「別段の定め」は，労働者にとって不利な内容であっても認められる（同5項）[101]。国会答弁によると，たとえば更新回数や契約更新による最長期間の制限を，労働協約によって撤廃する余地までも認められている[102]。法の制定当時には，調査対象となった40の労働協約のうち，約3割（労働者のカバー率では約38％）で法律と異なる定めがされていたとの報告がある[103]。

実際の労働協約をみると，「別段の定め」の内容は様々であり，3つのルールのいずれについても，法律の基準を上回るものと下回るものとがある[104]。たとえば，電機産業の労働協約では更新回数の制限が撤廃されているし，農業分野の労働協約では，いわゆるクーリング期間が7日に短縮されている[105]。こうした柔軟な法制度は，EU指令との抵触も問題となり得るが，一般には，労働組合の集団的な交渉力によって労使間の均衡が保たれ，適正な利益調整が図られるものと評価されてきた[106]。

また，そもそも外部労働市場の発展がみられるオランダでは，仮に有期雇用の雇止めによって雇用関係が終了したとしても，労働者が受ける不利益の程度は相

---

100) *Houwing/Verhulp* 2007（zie noot 36）,p. 67. ただし，実際に使用者が異なるケースでは，事業譲渡に類似した問題が生じるのであり，後続の使用者に対して雇用責任が簡単に認められるわけではない（最近の否定例として，Ktr. Groningen 13 maart 2009, BI2789. 同一企業グループ内において，タクシー運転手の雇用責任の承継が問題となったケース）。
101) *Verhulp* 2002（zie noot 1），p. 109.
102) Kamerstukken I 2001-2002, 27 661 Nr. 322b, p. 2-. ただし，このケースでも，裁判官が，例外的に信義則（民法典611条）を根拠としてこうした約定の効力を審査する余地が示唆されている。
103) Kamerstukken II 2000-2001, 27 661 Nr. 3, p. 11.
104) *Verhulp* 2002（zie noot 1), p. 108-；*Houwing/Verhulp* 2007（zie noot 36), p. 70-.
105) *Houwing/Verhulp* 2007（zie noot 36), p. 69.
106) *Veldman*, Europese bescherming in geval van tijdelijk dienstverband: carrière voor een flexibele arbeidsmarkt?, SMA 2007, p. 92; zie ook *Houwing/Verhulp* 2007（zie noot 36), p. 74. なお，EU指令でも，労働協約で別段の定めをする余地は認められている。

対的には小さいとみることもできる。実際，有期雇用をめぐる最近の紛争事例は，事業譲渡に際しての雇用期間の通算のあり方など期間の算定方法に関わるものや，労働協約における「別段の定め」の解釈を争うものが散見される程度である。

しかし他方で，一部では，労働協約による「別段の定め」により，有期労働者の雇用が不安定となっていることが問題視されるなか，2014年の「就労と保障に関する法律」では，有期労働法制について次のように厳格化されている。

4 2014年の法改正（3×2×6ルール）

有期労働法制をめぐっては，2012年に野党側から改正法案が提出される状況下で，2013年12月には，社会労働大臣からも改正法案が提出されていた。それによると，有期労働者のうち特に非自発的に有期雇用となっている者を念頭に，雇用保障が不十分であるという問題に加えて，住宅等のローンを組むことが難しい

---

107) Ktr. Leeuwarden 10 februari 2009, LJN: BI9318（事業譲渡における譲渡先は，民法典668a条2項でいう「後続の使用者（opvolgende werkgever）」であり雇用期間が通算されるとして，無期雇用への転換が認められた例）；Rechtbank Arnhem 27 april 2009, LJN: BI6905（派遣終了後に派遣先で直用化されたケースで，派遣当時からの雇用期間の通算によって無期雇用への転換が認められた例）。

108) Rechtbank Arnhem 22 october 2009, LJN: BK3286（労働協約において無期雇用が原則とされ，有期雇用の利用事由が限定されていたケースにおいて，当該事由に該当しないとして無期雇用への転換が認められた例）；Hof's-Hertogenbosch 27 october 2009, LJN: BK6181（2回の契約更新後に労働者が雇止めされたケースで，更新回数の上限については労働協約で別段の定めがあったとして，協約に基づく無期雇用への転換が認められた例）。

109) なお，以下で述べるのとは別の立法改正として，2008年のいわゆるリーマン・ショックに端を発する経済不況のなか，若年者の雇用情勢が悪化したことをふまえて，有期雇用の3×3×3ルールについては時限的に特別な規制緩和が図られた（Kamerstukken II 2008-2009, 32 058 Nr. 3）。すなわち，2010年7月から2011年末までの時限的措置として，27歳未満の若年労働者が新たに有期労働契約を締結する場合には，最長4年の期間中に4回までの更新が特例的に認められていた。

110) Kamerstukken II 2012-2013, 33 499 Nr. 3. これは，2012年12月に社会党の *Ulenbelt* 議員が提出したものであり，有期労働法制については，全体的に規制の強化が求められていた。たとえば従来の3×3×3ルールについては，①クーリング期間を当時の3ヵ月から24ヵ月にまで延長すること，②有期雇用の反覆継続による最長利用期間についても，当時の36ヵ月から12ヵ月にまで短縮することなどが提案されていた。さらに，③同ルールの例外として広く許容されてきた労働協約による「別段の定め」についても，全面的に許容する制度を改めて，一定の合理的理由がある場合にのみ認めるといった提案がなされていた。また，新たな条文により，一定の有期雇用については期間満了の2ヵ月前に，更新の可能性について書面での通知を使用者に義務づけることや，契約更新がなされない場合に使用者に一定の金銭支払いを義務づけることなども盛り込まれていた。

111) Kamerstukken II 2013-2014, 33 818 Nr. 3（MvT）.

という実生活上の問題，無期雇用に比べてキャリア形成が不十分であり，結局は失業保険の財政悪化の一因になっていること等の問題点が指摘される。こうしたなか，2014年には，民法典668 a 条の無期転換ルールを中心に次のように修正されている。

まず，有期雇用の反覆継続について，反覆の回数は最高 3 回（ 4 度目の契約が無期転換）のままであるが，最長利用期間については，従来の 3 年から 2 年に短縮されている。同時に，この反覆期間を算定する際に問題となるクーリング期間については，従来の 3 ヵ月から 6 ヵ月に延長されるとともに，労働協約による「別段の定め」も禁止される規制強化が図られた（ 3 × 2 × 6 ルール）。

これに対して，有期雇用の反覆継続による最長利用期間（原則 2 年）や更新回数（原則 3 回）の制限については，従来と同様に，労働協約で「別段の定め」をする余地が残されている。ただし，その範囲については大きく制限され，労働協約による場合にも反覆継続による最長期間は 4 年間に制限されている。さらに，更新回数についてはより厳格となり，労働協約による「別段の定め」は原則として認められず，例外的に，①民法典690条で規定される派遣労働契約に該当する場合，②または，業務の性質上，特に必要である場合に限り，それぞれ労働協約により，有期労働契約の反覆継続の上限回数を 6 回以内（更新 5 回）の範囲で定めることが許されるにとどまる（668 a 条 5 項）。

こうした規制の厳格化が進められる一方，①18歳未満の労働者で週平均の労働時間が12時間に満たない場合や，②「教育および職業教育に関する法律」に規定される職業訓練を目的とした有期労働契約等については，以上のような無期転換ルールから除外されている（同 9 ～11項）。さらに，使用者が形式的に異なるものの合理的にみて同一と認められる場合の労働契約期間の通算に関して，労働協約または行政による規則によって「別段の定め」をする余地も認められている（同 6 項）。この点，従前の法制度では，労働協約による別段の定めができる範囲について特段の区別がなかったなかで，使用者の承継に関しても排除できるか否かが理論的に問題となっていた。[112]

以上のほか， 6 ヵ月以上の有期労働契約で，期間の定めが暦日でなされている場合には，使用者は期間満了の 1 ヵ月前までに，書面で，労働契約の更新の有無

---

112) Kamerstukken II 2013-2014, 33 818 Nr. E, p. 4; T&C 8^e, 2014, p. 319（Verhulp）.

や更新の条件等について明示しなければならず，これに反した場合には賃金の1ヵ月相当分の予告手当の支払いが義務づけられている（民法典668条）。また，6ヵ月以内の有期雇用について試用期間を定めることや（民法典652条），有期雇用について退職後の競業避止義務を定めことが禁止されている（民法典653条）。

5 有期労働法制の特徴

オランダでは，有期雇用を利用する理由は問われないものの，それが反覆継続するケースでは無期雇用に転換するし（3×2×6ルール），反覆継続がないケースでも，ポストに関する情報提供を義務づけることで，間接的に無期雇用への誘導が図られている。つまり，オランダでも，無期雇用が雇用の望ましい形態と考えられているといってよいが，同時に，有期雇用の利用も，業務の継続性とは関わりなく広く認められている。言い換えると，たとえばフランス法のように，有期雇用の利用を，労働者に個人的な事情があるケースや，業務内容がそもそも臨時的・一時的なケース等に限定する考え方はみられない。[113]

実務的には，特に無期転換ルールに対して，産業別の労働協約を通して柔軟な運用がなされてきた。しかし，特に近年では，1999年の「柔軟性と保障法」でこうした規制が導入された当時と比べると，有期雇用に対する規制には厳格化の動きも見られる。あとで検討するように，こうした規制は，派遣労働者に対してそのまま適用されるわけではないが（それぞれに一定の適用除外が定められている），オランダ法の基本にある考え方として注目されよう。

III 差別禁止法制等

最後に，「柔軟性と保障法」による，その他の制度改革の内容と，オランダにおける差別禁止規制の全体像を確認しておこう。その目的は，第1に，オランダの労働市場改革全体のなかで，労働者派遣制度がどのように位置づけられるのか，第2に，労働法上の一般的な差別禁止規制と，あとで検討する派遣労働者に対する均等待遇原則との異同を明確にすることである。

---

113) *Verhulp* 2002 (zie noot 1), p. 83.

1 フレキシブル労働者の保護

すでに検討したように,「柔軟性と保障法」は,解雇手続きの迅速化などの規制緩和の側面と,非典型雇用に対する規制を明確にして保護を強化するという側面を併せ持つ。同法施行後の,解雇・有期労働法制の内容はすでに確認したが,同法はほかにも,労働者派遣や呼出し労働(oproepkrachten)について新たな規制を設けている。

呼出し労働について法律上の定義はないが,一般的には,通常は自宅等に待機する者が使用者の呼出しに応じて労務に従事する就労形態と解されている。[114] この呼出し労働に対して,「柔軟性と保障法」では,2つの推定規定と,短時間の呼出しをする際の賃金保障に関する規定が創設された。

第1に,推定規定については,①労働契約性の推定と,②労働時間数の推定とがある。①について,ある者が,報酬と引き換えに,3ヵ月間で毎週1日以上,または1ヵ月で20時間以上使用される場合には,当該関係が労働契約に基づくものと推定される(民法典610a条)。第2に,①そもそも1週間の総労働時間が明確に定められていないケース,②または,週15時間未満の総労働時間の約定はあるが,具体的な勤務(呼出し)の時間帯が特定されていないケースでは,使用者は,1回の呼出しにつき少なくとも3時間分の賃金支払を義務づけられる(民法典628a条)。

このような呼出し労働は,使用者との直接雇用関係にある点で,労働者派遣とは異なるものである。しかし,利用者のニーズに応じて柔軟に労働力を利用する形態という点では,両者には共通する側面がある。このような呼出し労働に対して,「柔軟性と保障法」は,推定規定と最低労働条件を保障することで法的保護を強化している。他方で,こうした呼出し労働を禁止・制限するような考え方はみられない。

2 差別禁止法制

次に,オランダの雇用差別禁止法制の内容を確認しておこう。[115] オランダの雇用

---

114) *Bakels* 2014, nr. 3. 1.3; *Barkhuis*, Basisboek arbeid, Boom Onderwijs, 2007, p. 50-.
115) 差別禁止法の展開については,前掲の各文献のほか,*Vonk/Hendriks*, Gelijke behandeling en onderscheid bij de arbeid (2e druk), Kluwer, 2005, p. 265-.

平等法制はどのように展開され，それは，派遣労働者に対する均等待遇原則とどのような点で異なるのか。

差別禁止規制について，まず，憲法（GW）[116] 1条をみると，「オランダでは，いかなる者も同一の場合に同一に扱われる。宗教，信条（levensovertuiging），政治的思想（politieke gezindheid），人種，性別，またはいかなる理由であっても，差別は許されない」。この憲法の平等原則が，たとえば企業と労働者という私人間の関係に適用されるかどうかは争いがあり，一般には，（日本法と同様に）憲法の原則は民法典の一般条項を通して間接適用されると考えられている。

もっとも，現在では，労働法の領域では広範な差別禁止立法が存在し，憲法の規定が問題となることは稀である。具体的には，一般平等取扱法（AWGB）[117]，民法典，その他の個別立法に基づいて数多くの差別禁止規制がある。

(1) 一般平等取扱法と人権擁護委員会

まず，差別禁止の一般法として，一般平等取扱法（AWGB）がある。同法は，雇用関係も含め一定の公的生活（openbare leven）における差別を禁止するもので，性別，民族（burgerlijke staat），宗教，信条，政治的思想，人種，国籍，性的指向（hetero of homoseksuele geaardheid）を理由とした，直接差別と間接差別とを禁止している。なお，間接差別については，客観的な正当化理由がある場合には問題とならない。

そして，オランダでは，こうした差別禁止規制に違反するケースでは，人権擁護委員会（CRM）[118] と呼ばれる行政機関による特別な紛争処理手続きがある。従来，差別禁止規制の履行確保に関しては，差別禁止に関する一般法である一般平等取扱法（AWGB）11条以下の規定に基づく均等待遇委員会（CGB）[119] が担ってきた。しかし，2012年10月の人権擁護委員会法[120]の施行により，従前のCGBは廃止され，その権限を拡大しつつ改組されたのが人権擁護委員会である。

人権擁護委員会（以下，CRM）は，議長1名と副議長2名を含む9〜11名の専

---

116) Grondwet voor het Koninkrijk der Nederlanden (Stb. 1983, 70).
117) Algemene Wet Gelijke Behandeling (Stb. 1994, 230).
118) College voor de Rechten van de Mens.
119) Commisie Gelijke Behandeling.
120) Wet College voor de rechten van de mens (Stb. 2012, 313).

門家で構成される委員会であり，差別事件について自らの権限で調査を行うほか，申立てに対する書面審査と判断を行うことが任務とされている。差別を受けたと考える者は，裁判所のほかCRMに対しても，差別状態の是正や違法行為の禁止・除去（ongedaan te maken）を求めることができる。また，CRMに対しては，被差別者（労働者）のほか，使用者，労働組合，事業所組織法に基づく従業員代表，事件を扱う裁判官や調停人も，申立てをすることができる（人権擁護委員会法10条）。

CRMは，一般平等取扱法に違反する差別問題のほか，あとで紹介する民法典646条（男女差別），648条（労働時間による差別），649条（有期労働に対する差別），男女平等取扱法違反のケース，障害者差別や年齢差別等についても対象としている。したがって，たとえば有期労働者が，労働契約の期間の定めの有無を理由として差別されている場合や，パートタイム労働者が労働時間を理由に差別されている場合にも，CRMへの申立てが認められている。

このような申立てに対して，CRMは，法違反の有無を調査したうえで，その是正を勧告（aanbevelingen）することができる。CRMの勧告は当事者を法的に拘束するわけではないが，裁判官が訴訟において，CRMの判断に特別な意義（bijzondere waarde）があるとして追認することがある。さらにCRMは，申立人が反対する場合を除き，裁判における当事者適格を認められている。こうして，実務では，企業のほとんどがCRMの勧告に従うようであり，裁判例でも約65％がCRMの判断を追認しているなど，差別問題に関する紛争処理機関としてCRMの役割は無視できない。他方で，たとえば有期雇用に対する不利益取扱いの禁止に限れば，CRMによる紛争処理手続きは，ほとんど利用されていない。CRMの報告書によると，この領域では年間で数件程度の申立てがあるにすぎず（2012年〜2014年の3年間で，全申立て1,595件のなかで7件），多い年でも，CRM

---

121) 組織構成および任命手続きについては，人権擁護委員会法14条以下を参照。
122) 一般平等取扱法は，雇用関係も含め一定の公的生活（openbare leven）における差別を禁止するものであり，性別，民族（burgerlijke staat），宗教，信条，政治的思想，人種，国籍，性的指向（hetero of homoseksuele geaardheid）を理由とした，直接差別と間接差別とを禁止している。なお，実際の紛争類型としては，雇用に関わるものが6割程度を占めている。
123) 人権擁護委員会法は，10条以下で男女差別のケースでの手続きを規定するにとどまるが，民法典をはじめとする個別の差別禁止立法において，こうしたCRMの手続きに関する準用規定が設けられている。

によう紛争処理全体の2％未満にとどまっている[124]。

(2) 民法典における差別禁止

次に，雇用差別については，民法典第7巻10編（「労働契約」編）でもいくつかの規定があり，典型的には，①男女，②労働時間，③労働契約期間による差別が禁止されている（646条以下）。関連諸法も含め，規制内容をみておこう。

① 男女

まず，民法典646条と647条は，雇用関係における性差別を禁止している。すなわち使用者は，「労働契約の締結，労働者の訓練・研修，労働条件，昇進，労働契約の終了に関して，男女の差別をしてはならない」（民法典646条1項）。ただし，「男女の性別が決定的である場合」には，採用，労働者の訓練・研修に関する異別取扱いが許される（同2項）。具体的には，役者や歌手といった職業活動（beroepsactiviteiten）などが考えられる（後述の男女平等取扱法5条を参照）。

法律で禁止される男女差別には，直接差別のほか間接差別も含まれるところ，間接差別については異別取扱いを客観的に正当化できる（objectief gerechtvaardigd）場合には問題とならない。直接差別には，女性であることを理由とした差別のほか，妊娠，出産，母性に基づく差別も含まれる。ただし，①妊娠や母性と関わる異別取扱いが，女性の保護（bescherming）となる場合や（＝母性保護），②男女の格差是正のために女性を優遇すること（voorkeursbehandeling：ポジティブ・アクション）は許容される（民法典646条3項，4項）。

同様の規制は，男女平等取扱法（WGB）[125]にもみられる。同法は，募集・採用時や（3条），解雇・労働契約終了時の男女差別を禁止するとともに，男女同一賃金を明確に定めている（7条以下）。これは，旧・男女同一賃金法（WGL）[126]から発展したという同法の性格によるもので，詳細な規定を有する点に意義があるもの

---

124) Jaarverslag College voor de Rechten van de Mens 2014. 紛争の多い類型として，たとえば2014年の処理状況をみると，人種（24％），年齢（22％），性別（18％），障害（13％）と続いている。また，CRM に対する正式な申立てでなく相談件数でみても，労働契約の期間の定めの有無による異別取扱いに関するものは，わずか10件にとどまっている。

125) Wet Gelijke Behandeling van mannen en vrouwen (Stb. 1980, 86).

126) Wet gelijk loon voor vrouwen en mannen (Stb. 1975, 129).

の，基本的な規制内容が民法典と異なるわけではない。

　次に，間接差別とは，婚姻の有無，家族構成（gezinsomstandigheden）など「事実上の結果として性別の差が出るような事情」に基づく差別と定義されている（民法典646条5項）。したがって，たとえばパートタイムとフルタイムという労働時間の違いによって賃金に格差があるケース，つまり，一見すると性別に中立的なケースであっても，女性の多くがパートに従事している一方で，男性の多くがフルタイムで就労している場合などでは，理論的には，性差別を禁止する民法典646条および647条の間接差別の問題となる余地がある。もっとも，実際には，労働時間による差別については，より直接的な差別禁止規定があるので，その解釈が問題となろう（後述）。

② 労働時間

　次に，労働時間による差別禁止規制をみておこう。労働時間，あるいは次で検討する有期雇用（契約期間の有無や長短）に対する差別禁止規制は，雇用形態の違いによる異別取扱いが問題となっている点で，派遣労働者に対する均等待遇の問題を考えるうえでも参考となる。

　民法典648条によると，使用者は「客観的に正当化できる場合を除き，労働契約の締結，更新，終了の条件について，労働時間の長さによって異別取扱い（onderscheid）をしてはならない」。同条は，1996年に民法典で規定されたものである（労働時間による差別禁止法）。この点，民法典648条は禁止する異別取扱いに「労働条件（arbeidsvoorwaarden）」を明記していないが，一般には，同条の規制は（労働時間を除く）労働条件についても及び，労働時間が異なるケースでは，労働条件についても時間比例的に定めること（pro-rata-toepassing）が必要と考えられている。

　このような法制度の背景には，EU指令の国内法化を図るという面もあるが，そもそもオランダでは，パートタイム労働が積極的に推進されてきたという事情がある。すなわちオランダでは，フルタイム労働者がパートタイム労働（時短）を請求することが，信義則（民法典611条）を根拠に，判例によって労働者の権利

---

127) Wet verbod van Onderscheid naar Arbeidsduur (Stb. 1996, 391).
128) T&C 3e, 2015, p. 124 (*Verhulp*).

として認められてきた。また，ワセナール合意以後，政策的にもパートタイム労働が奨励され，労働組合もパートタイム労働を積極的に認めてきた。この点，オランダでも，労働組合の従前の目標は，パートタイム労働のフルタイム化を図ることであった。しかし，多様な働き方に対する組合員自身の要望や雇用機会確保の必要性から，労働組合は，むしろパートタイム労働を促進することに運動方針を転換した。他方，使用者にとっても，パートタイム労働者の活用を通したワークシェアリングは，長時間労働による賃金額の高騰を防止できる点で歓迎されるものであった。

　こうして，現在では，労働者が使用者に対して労働時間の変更を請求できることが，法律で明確にされている。2000年7月に制定された労働時間調整法(WAA)[130]によると，同一企業で1年以上継続的に就労した労働者は，使用者に対して，労働時間の変更（延長および短縮）を申し出る権限が認められている。労働者は，変更希望日の4ヵ月前までに書面で申請する必要があり，この申請は2年に1度に制限される。他方で，労働時間を変更する理由は問われず，労働者から申請があった場合には，合理的な理由（geldige reden）がない限り，使用者は申請に応じなければならない。[131]

　このように，オランダでは，伝統的に労働時間の柔軟性が重視されてきた。政府も，パートタイム労働を積極的に奨励しており，その目的は，①ワークシェアリングによる失業対策などの雇用政策としての側面，②パートタイム労働を通して女性の労働市場への参入を容易にし，男女の格差を是正するという人権的な側面，③生活スタイルにあわせた柔軟な働き方を許容し労働者の自己決定を尊重する側面など，多様に理解されている。ただ，夫婦2人で1.5人分働くという，パートタイム労働を前提とした労働モデル（コンビネーション・シナリオ）の奨励は，ワセナール合意以後のオランダにおける一貫した政策であることは指摘できる。

---

129) 長坂・前掲注36書のほか，前田信彦『仕事と家庭生活の調和―日本・オランダ・アメリカの国際比較』（日本労働研究機構，2000年）。
130) Wet Aanpassing Arbeidsduur (Stb. 2000, 114). 同法を紹介する日本語文献として，大和田敢太「労働者の請求により労働時間を変更する権利―オランダ『労働時間調整法』（WAA）の意義」彦根論叢353号（2005年）65頁，同「平等原則と差別禁止原則の交錯―オランダ平等法の示唆」彦根論叢369号（2007年）47頁。
131) さらに，2016年1月以降には，上記の待機期間が2年から1年に短縮されるほか，テレワークの活用等により，就労場所の変更も含めた柔軟化が図られる見込みである。

③ 有期雇用

　さらにオランダでは，労働契約期間による差別（＝有期雇用の差別）も禁止される。すなわち，使用者は「客観的に正当化できる場合を除き，労働契約が臨時的なものかどうかで（al dan niet tijdelijke karakter）労働条件の異別取扱いをしてはならない」(民法典649条1項)。異別取扱いについては，個別契約による場合のほかに，たとえば労働協約による集団的な決定に基づく場合もあるが，本条はいずれも規制対象としている[132]。このような差別禁止規制は，2002年の法改正（WOBOT：労働契約期間による差別禁止法[133]）で導入されたものである。

　具体的に比較対象となるのは，同一の組織（vestiging）において，同一または類似の仕事を行っている労働者であって，具体的には，資格やスキルの点で同一または類似の職務に従事している無期雇用の労働者であり，ここでは，EU指令の内容がそのまま援用されている[134]。そして，同条では，労働契約が臨時的であること（有期雇用）を直接の理由にした直接差別――たとえば，職業訓練について有期雇用であることだけを理由に異別取扱いをすること――のほか，形式的には中立の基準を用いながら，主として有期雇用の労働者を無期雇用の場合と比較して不利に扱う間接差別も規制の対象となっている。

　もっとも，こうした差別禁止原則のもとでも，労働者の実際の勤続期間に応じて処遇を異ならせることは許されるのであり，有期労働者は，特に教育訓練や年金支給の点で，実質的には不利となることも少なくないようである[135]。「柔軟性と保障法」の施行後の調査によると，有期労働者の約1/4が，期間の定めのない労働者よりも教育訓練の機会が少ないことを不満としていた[136]。

　このような点を考慮すると，オランダで，有期労働者に対する均等待遇原則と並んで，無期雇用への誘導が重視されている理由は理解しやすい。無期雇用が重視される背景には，解雇規制とのバランス（反覆継続後の雇止めによる規制の潜脱防止）のほか，そもそも有期雇用は，労働者にとってメリットが少ないとの評価

---

132) Kamerstukken II 2000-2001, 27 661 Nr. 3, p. 13.
133) Wet verbod van Onderscheid tussen arbeidsverhoudingen voor Bepaalde en Onbepaalde Tijd (Stb. 2002, 560).
134) Kamerstukken II 2000-2001, 27 661 Nr. 3, p. 3.
135) ibid., at 10.
136) *Velzen/Lieshout/Heijden/Wilthagen*, De regulering van scholingsvoorzieningen voor flexibele werknemers in Nederland en in de Verenigde Staten, HSI 2004.

がある。このことは，たとえば労働時間の長短による違いが，制度上，いずれか一方へと誘導する仕組みとなっていないことと比較すると，より明確になる。要するに，オランダでは，同じく差別禁止原則が導入され均等待遇が要請されるケースであっても，①無期雇用と有期雇用とでは前者を重視する制度となっているが，②他方，フルタイムとパートタイムとでは，特にいずれか一方が重視されているわけではない。そして，これらの規制が異なるのは，他の法制度とのバランスのほか，「働き方の多様化」が労働者にもたらすメリットの違いにあると考えられる。

なお，労働者派遣との関係では，民法典649条の「臨時的な労働契約」とは，直接雇用の有期労働契約を指すものであり，派遣労働契約は含まれない（同5項）。派遣労働者の労働条件水準（均等待遇）の問題については，別途，労働市場仲介法（WAADI）の規制による。

(3) その他の差別禁止立法

以上のほか，オランダ労働法は，年齢差別や障害者差別も禁止している。まず，年齢差別についてみると，「労働分野における年齢による平等取扱法（WGBl）[137]」が，募集，職業紹介，労働関係の締結および終了，労働条件，昇進時における年齢差別を禁止する（3条）。ただし例外として，①立法に基づいて特定の年齢層での就労促進（bevoedering van arbeidsparticipatie）を目的とする場合（たとえば，最低賃金法では若年者の賃金額について異なる定めがある），②老齢年金法（AOW）または当事者間で定めた年金支給開始年齢と接近する場合[138]，③法目的に沿う客観的正当性がある場合で，目的を達成する手段が必要かつ合理的である場合には，年齢を理由とする異別取扱いが許される（7条）。

次に障害者差別については，「障害者または長期疾病者についての平等取扱法（WGBh/cz）[139]」が，障害や長期間の疾病を理由とする直接差別と間接差別とを禁止している（1条）。ただし，同法では，①安全確保または健康保護に必要な場合，②当該労働者の就労に際して，特別な準備（specifieke voorzieningen）を要し便

---

137) Wet Gelijke Behandeling op grond van Leeftijd bij de arbeid（Stb. 2004, 30）.
138) オランダでは，老齢年金の受給開始年齢が67歳まで段階的に引き上げられているところ，現在の平均的な労働者の退職年齢は64.1歳（2014年）である（中央統計局2015年2月6日発表）。
139) Wet Gelijke Behandeling op grond van Handicap of Chronische Ziekte（Stb. 2003, 206）.

宜を図る必要がある場合，③現実に存在する格差を是正するための措置（ポジティブ・アクション）については，異別取扱いを認めている（3条）。また，間接差別について客観的正当性があれば問題とならない点は，他の差別禁止規制と同様である。このほか，障害者参加法（REA）によると，「障害のある労働者は，使用者に対して，従事した労働について障害のない労働者が同等の職務（gelijkwaardige functie）で同一の労働時間（dezelfde arbeidsduur）に通常受け取るであろう額の賃金支払いを求めることができる」（7条）。これは，障害者と健常者との同一（価値）労働・同一賃金を定めたものといえよう。

(4) 差別禁止立法の特徴

このように，オランダでは，広範な立法規制によって，雇用関係上の差別が禁止されてきている。共通してみられるのは，第1に，法律（立法）の適用範囲内では同一（価値）労働・同一賃金の考え方を内包していること，第2に，法違反の有無は労働者個人の処遇をもとに判断されるということである。

まず，第1の点について，法律で同一（価値）労働・同一賃金を明確に規定するものは少ないが（男女差別や障害者差別のケースにとどまる），差別禁止立法には，一般に「労働条件」の差別が禁止されている点で共通する。この点，労働条件（arbeidsvoorwaarden）の概念には，賃金，年俸制度，賞与・手当（onkostenvergoeding）その他の金銭的利益，労務の種類や内容，労働時間や休憩時間，休暇，年金制度，人員調整プラン（解雇計画）に基づく解雇補償（ontslagvergoeding），業務用車両を私的に利用する権利など，広範なものが含まれると解されている。[141]

もちろん，（条文上は区別されないものの）厳密にみれば各差別禁止規制の目的に応じて，こうした労働条件について完全な均等待遇を志向するものと（人種や性別等），単に不利益取扱いを禁止するにとどまり有利に扱うことまでは禁止せず，さらには客観的な事由がある場合に処遇格差を広く容認するもの（パートや有期という雇用形態間での異別取扱い）といった違いはある。ただ，こうした広義の差別禁止立法が，少なくともその適用範囲内においては，同一（価値）労働・

---

140) Wet op de (re) integratie arbeidsgehandicapten (Stb. 1998, 290).
141) *Loonstra/Zontag* 2015, p. 108. なお，オランダでは，自動車の所有について高額の税金が課されていることから，業務用車両を私的に利用する権利も重要な労働条件であると考えられている。

同一賃金の考え方を内包しているとみることはできるだろう。
　次に，第2の点について，このような法律に違反するかどうかは，法律上の差別禁止事由に該当するかどうか（直接差別），あるいは，異別取扱いに客観的正当性があるかどうか（間接差別）という点で，労働者ごとに個別に判断することが前提とされている。このことは，たとえば男女差別のように，人権的な意味での差別禁止規制に限定されるわけではなく，労働時間や有期雇用といった雇用形態の違いによる処遇格差が問題となるケースであっても変わりはない。たしかに，たとえば有期労働の無期転換ルール（出口規制）については，労働協約によって法律の基準と異なる定めをする余地があり，ここでは集団的決定が尊重されている（民法典668a条）。しかし，こうした枠組みのもとで，異別取扱いが差別禁止規制に違反するかどうかは，個人に着目して判断される仕組みとなっており，異別取扱いそのものは，労働協約による正当化の対象ではない。一言でいえば，有期雇用と無期雇用との転換の境界設定は集団的決定に委ねられるが，処遇格差については個別の正当化事由が求められている。
　そして，労働者派遣との関係では，労働時間や契約期間（有期雇用）による差別禁止規制が注目される。これらは，派遣労働者に対する均等待遇の問題と同様に，「働き方」の違いによる格差を問題とするものであり，たとえば男女差別や障害者差別とは質的に異なる面がある。この点，オランダでは，労働時間の差別と有期雇用の差別とでは，法制度上，異なるアプローチが採用されている。すなわち，有期雇用については，無期雇用への誘導が積極的に進められているが（無期雇用の重視），労働時間については，パートタイム，あるいはフルタイムのいずれか一方への誘導はみられない。規制が異なる背景には，他の法制度（たとえば解雇規制）の潜脱防止という目的のほか，「働き方」の違いを，柔軟な就労形態として積極的に認めるかどうか，という評価の違いがあると考えられる。
　以上要するに，本節でみた雇用差別禁止立法には，①個々の立法の射程内では，同一（価値）労働・同一賃金の考え方を内包し，②法違反を判断する際に個別的な正当化を要するという特徴がある。③さらに，「働き方」の違いにより格差が生じているケースでは，差別禁止法を展開しつつ，それぞれの選択自体については労使の自由な選択を尊重しているものと，望ましい就労形態へと政策的な誘導が図られるものとがある。こうした分析結果と比較検討すれば，労働者派遣における均等待遇規制の特徴も明らかとなろう。

3 「同一(価値)労働・同一賃金」原則について

前述のように,オランダでは広範な差別禁止立法が展開されており,法律上の差別禁止事由に該当するケースであれば,少なくとも,同一(価値)労働に対する同一賃金の支払いが義務づけられている。では,それに加えて,より一般的に,いわゆる同一(価値)労働・同一賃金原則は認められているのだろうか。もし同原則が認められているならば,労働者派遣に対しても,同種の規制の要否が問題となると考えられる。以下では,このような問題意識から,オランダにおける賃金の「公正」についての議論,あるいは同一(価値)労働・同一賃金についての議論を概観する。

(1) 信義則と同一(価値)労働・同一賃金——AGFA事件

まず,オランダ法で,一般的に賃金水準の「公正」を問題とするような立法はみられない。この点,民法典618条によると,労働契約において賃金額が定められていない場合には,労働者は「他の使用者のもとで労働契約を締結したならば同種の労働に対して支払われるであろう賃金,または,適当な比較対象がない場合には当該労働の実情を考慮して公正(billijkheid)と考えられる賃金」を請求することができる。しかし,同条は,労働契約で「賃金額が定められていない場合」に限り問題となるのであり,当事者意思と必ずしも矛盾するわけではない。オランダでも,最低賃金法(WMM)[142]を別にすれば,労働契約上の対価である賃金水準については原則として契約自由にある。

これに対して,理論的には,民法典の信義則を根拠に,当事者の約定とは別に,使用者に対して同一(価値)労働・同一賃金が義務づけられる余地がある[143]。民法典611条は労働関係における信義則を規定しており,「使用者と労働者は,いずれも善良な使用者(goed werkgever)または善良な労働者(goed werknemer)として行動しなければならない」。オランダ法においては,一般的に信義則が重要な役割を果たすことが指摘されているが,労働法の領域においても同様である。前述の法規制のなかでも,労働時間による差別禁止や労働時間調整の権利などは,「善良な使用者」を根拠とした裁判所による法創造を成文化したものである。

---

142) Wet Minimumloon en Minimumvakantiebijslag (Stb. 1968, 657).
143) *Loonstra/Zontag* 2015, p. 370 (*Houweling = Quist*).

信義則による同一（価値）労働・同一賃金をめぐる議論の先例は，1994年のAGFA事件である[144]。この事件で，原告労働者は数年間にわたり，呼出し労働契約などの臨時的な契約に基づいて就労していた。裁判所の認定によると，原告は期間の定めのない労働者（常用労働者）と同一の職務に従事していたが，その賃金額は大きく異なるものであった。そして，同事件では，原告の契約期間についで問題となったほか，賃金額についても重要な判断が示されている。
　すなわち最高裁は，「労働者は公正な賃金支払い（billijke beloning）を受ける権利を有する。同一企業内で同一労働（gelijke arbeid）を同一の方法で行った場合には，客観的に正当化できる事由がない限り，同一の賃金支払いが必要である」との一般論を展開し，結論として原告労働者の請求を認容したのである。
　いうまでもなく，このような規範については，いかなる労働を同一価値にあるものと評価できるのか，そして，異別取扱いを正当化する例外事由をどこまで許容するのかが問題となる。この点，オランダでは，労働条件が労働協約によって集団的に決定されることが一般的であるため，同一賃金原則と労働協約による集団的決定との抵触問題が，特に重要な検討課題となろう。これが問題となったのが，2004年のParallel Entry事件である。

(2)　労働協約の尊重――Parallel Entry事件
　2004年のParallel Entry事件では，労働協約によって労働条件の異別取扱いをすることの適法性が問題となった[145]。この事件では，KLMオランダ航空（以下，KLM）と，その100％子会社であるKLM Cityhopper B. V.（以下，KLC）との統廃合に伴い，両会社のパイロットの処遇に格差が生じていたケースで，同一（価値）労働・同一賃金の原則に違反するかどうかが争われた。
　認定によると，KLMへの統合の際に，従前の勤続期間をどのように評価するのかという点で，KLCのパイロットとKLMのパイロットとでは異なる基準が設けられていた。これは，KLMと，産別組合であるVNVとの労働協約に沿うものであった。しかし，こうした取扱いの結果，KLCのパイロットの賃金は低廉なものとなっていた。本件は，これに反対するKLCのパイロットらが，Par-

---

144)　HR 8 april 1994, JAR 1994/94.
145)　HR 30 januari 2004, JAR 2004/68.

allel Entry という新組合を結成して提訴したものである。Parallel Entry の主張は，KLM（会社）と VNV（産別組合）が，従前の KLC パイロットと KLM パイロットとを平等に取り扱わないという点で，同一（価値）労働・同一賃金の原則（民法典611条の信義則）に違反する，というものである。

最高裁では，まず，国際人権規約（A規約：経済的，社会的及び文化的権利に関する国際規約）第7条の適用の要否が問題となった。同条によると，「本規約の締約国は，すべての者が公正かつ良好な労働条件を享受する権利を有することを認める」。そして，具体的な労働条件のなかには，「公正な賃金及びいかなる差別もない同一価値の労働についての同一報酬」も列挙されており，オランダは同規約を批准している。しかし，最高裁は，従来の解釈を維持して，同規約は私人間の関係において直接に適用されるものではないと判示した。

次に，最高裁は，信義則に基づく同一（価値）労働・同一賃金について，以下のように判示した。すなわち，民法典611条でいう「善良な使用者の概念から，労働者が同一企業内で同一労働を同一の方法で行った場合には，客観的に正当化できる事由がない限り，同一の賃金支払いが必要であるという原則が導かれる」。つまり，最高裁は，基本的に，前述の AGFA 事件の規範を維持しているといってよい。他方で，最高裁によると，このような原則は，他のすべてに優先するようなものではない。それは，事案における，個別の事情も考慮して総合的に判断される。合理性の審査により，賃金の格差が許容できない程度に達する場合にのみ，信義則への違反が問題となる。そして，「このことは，異別取扱いが労働組合との労働協約によって規定されている場合には，よりいっそう妥当する……，なぜなら，同一（価値）労働・同一賃金を貫徹すると，団体交渉の自由という原則が脅かされるからである」。

このような一般論のもとで，最高裁は，具体的に次のような理由で KLM の異別取扱いが適法であると結論づけた。すなわち，KLC が KLM よりも小型の航空機を使用していたことや，大陸間の飛行を行ってこなかったという点で，KLM とは異なる市場を担っていたことである。さらに，最高裁によると，「同一（価値）労働」の判断は，現に行われた仕事によってのみ決まるのではなく，「職業訓練，経験，他の職務への適応可能性によっても異なるものである」。

以上のように，Parallel Entry 事件は，①法律上の差別禁止事由に該当しないケースにおいて，同一（価値）労働・同一賃金の原則は，総合考慮の結果にとど

まる抑制的な（terughoudender）ものであること，②労働協約による異別取扱いについては，協約自治の観点から合理性が広く肯定されることを明確にしている。こうした判断は，学説上も支持されている。そして現在では，AGFA事件，さらにはそれを踏襲したParallel Entry事件の同一（価値）労働・同一賃金の原則は，労働協約に基づく職務給制度が運用されている場合には，原則として問題とならないと考えられている。[146]

Ⅳ 小　括

　本節では，「柔軟性と保障法」制定後のオランダ労働法制の展開について，解雇・有期労働法制，差別禁止法制を中心に分析，検討した。その特徴をまとめると，次のようである。

　まず，オランダでは，期間の定めのない労働契約を使用者が一方的に終了させる方法として，解雇と裁判所による解消手続きがあるところ，実務上は，いずれのケースでも，最終的には金銭的な解決が図られることが多い。しかし，法制度上は，雇用の存続保護も重視されており，しかも，契約解消の手続きとして，原則として行政機関（UWV）の事前許可や裁判所の審査が必要となる点で，使用者の解雇（解消）は厳格に規制されている。つまり，使用者には，有期雇用や労働者派遣のように柔軟な労働力を利用することに対して強いニーズがあり，各規制の法制度上のバランスが問題となる。

　こうした観点から有期労働法制をみると，オランダでは，労働契約の期間の定めの有無を理由とした差別が禁止されており，有期労働者としての地位の向上が目指されている。しかし同時に，オランダ法の根底には，有期雇用を無期雇用へと積極的に誘導する考え方があり，それは，前述した解雇規制の潜脱防止という目的とあわせて，有期雇用としての地位の固定化は望ましいものでないという評価に基づいている。このことは，たとえばフルタイムとパートタイムとで，法制度が中立的なものとなっていることとは異なる特徴である。こうして，使用者は，無期雇用の欠員状況について有期労働者に対する情報提供義務を負うし，有期雇用が反覆継続するケースでは，より強力に無期雇用への転換が図られている。具

---

146)　*Loonstra/Zontag* 2015, p. 371（*Houweling = Quist*）.

体的には，有期労働契約は，3回以上更新されるか反覆継続による合計期間が2年を超える場合で，それぞれ6ヵ月の中断期間を含まない場合には，期間の定めのない労働契約とみなされる（3×2×6ルール：出口規制）。ただし，使用者が有期雇用を利用すること自体は制限されておらず，有期労働契約の締結や更新について，合理的理由は必要とされない。つまり，長期的には望ましい雇用形態（無期雇用）への誘導が重視されているが，具体的な規制としては，労働者の多様な働き方を制約しないよう工夫されている。同様のことは，呼出し労働に対する規制にもみてとれる。

次に，労働条件の水準に関しての雇用平等という視点からすると，オランダでは，広範な差別禁止法制が展開されており，法律上の差別禁止事由に該当すれば，その限りでは同一（価値）労働・同一賃金が義務づけられる。そして，とりわけ雇用形態の違いを理由とする差別禁止法制の特徴としては，個別の事情に応じて，異別取扱いについての「客観的合理性」が求められる点を指摘できる。換言すれば，差別問題について，労働協約での集団的な利益調整は重視されていない。

一方，より一般的な同一（価値）労働・同一賃金原則をめぐる議論をみると，たしかに，理論上は，信義則を根拠として同一（価値）労働・同一賃金が問題となる余地はあるものの，判例によると，同原則は一律に均等待遇を志向するものではなく，一般的には協約自治が優先する。つまり，現時点では，労働協約の位置づけについて，前述の差別問題とは異なる評価がなされている。

以上要するに，オランダでは，①厳格な解雇規制のもとで，無期雇用が重視されており，②有期雇用の利用そのものは直ちに制限されていないものの（入口規制の欠如），均等待遇原則により有期雇用としての処遇改善が目指されていること，③さらに，有期雇用が反覆継続するケースでは無期雇用への転換が図られること（出口規制），④労働者の処遇の均衡をめぐる議論のなかで，労働協約が積極的に位置づけられているものと，反対に，個別の事情による正当化が必要とされるものとがある，と指摘できる。こうした分析結果と比較検討すれば，オランダにおける労働者派遣制度の特徴が明らかになると考えられる。

第3節　現行法の規制内容──労働者派遣

I　法規制の展開

　現在，労働者派遣に対する法規制は，労働市場仲介法（WAADI）[147]と民法典における私法的な規制を中核に展開されている。この点，第1節で検討したように，「労働市場仲介法」は，同時期に制定された「柔軟性と保障法」（＝民法典における労働法規制の改正）と密接に関係している。

　労働市場仲介法は，労働者派遣を規制するための法律であり，特に，均等待遇原則（8条）を中核とする。他方，「柔軟性と保障法」は，民法典のなかで派遣労働契約に関する特則を定めた側面もあり，とりわけ，雇用保護（解雇・有期労働）法制の例外を規定する点が重要である。第2節で分析したように，オランダ労働法は雇用の存続保護を重視しており，有期労働法制に着目すると，無期転換ルールによって最長期間や更新回数が制限されている（出口規制）。また，使用者に対して，常用ポストの欠員情報について通知義務を課すことによって，有期雇用から無期雇用への間接的な誘導もみられた。それと同時に，有期雇用に対する差別禁止立法によって，期間の定めのない労働者との処遇の均衡を図ることも目指されていた。しかしながら，こうした規制は，いずれも派遣労働者にそのまま適用されるわけではない。

　オランダでは，いわゆる常用労働者と，直接雇用されるパートタイマーや有期労働者などの非典型雇用，そして間接雇用である派遣労働者とで，法制度上はどのようなバランスが図られているのか。こうした問題意識から，本節では，まずは労働市場仲介法の規制内容を確認し，その後，民法典の特則などを中心に，他の法制度との異同を分析することで，労働者派遣に関する法制度の特徴を明確にする。さらに，こうした労働者派遣制度のもとで，労働協約が重要な役割を果たしていることに鑑みて，現在の中心的な労働協約（ABU協約）の内容を概観し，制度の全体像を明らかにする。

　147）　Wet allocatie arbeidskrachten door intermediairs (Stb. 1998, 36).

II 労働市場仲介法（WAADI）

1 規制内容

1998年に制定された労働市場仲介法は，同時期に廃止された派遣事業の許可制度や派遣期間の制限に関する規制に代わって，私法的アプローチにより労働者派遣を規制するものである。同法は，総則規定や労働市場の調査研究に関する規定を含む26条から構成される。[148] このうち重要なのは，派遣元の責任を定める8条から11条の規定であり，具体的には，①派遣労働者と派遣先で直接雇用される労働者との均等待遇原則（8条），②派遣先の共同施設等へのアクセス権保障（8a条），③派遣先でのポスト情報の提供（8b条），④派遣労働者からの手数料の徴収を禁止する規制（9条），⑤いわゆるスト破りの禁止に関する規制（onderkruipersverbod）（10条），⑥派遣先の安全衛生等に関する情報提供義務に関する規制（11条）がある。[149]

これらの規制のうち，④（手数料徴収の禁止）は，派遣期間中あるいは派遣終了後に派遣先が労働者を直接雇用するケースで，派遣元が派遣労働者から違約金や仲介手数料等を徴収することを禁止するものである。こうした規制は，ILO181号条約でも求められている。同条約によると，「民営職業仲介事業所は，いかなる手数料又は経費についても，労働者から，その全部又は一部を直接又は間接に徴収してはならない（7条）」。その目的は，労働者の職業選択の自由を保障する点にある。[150]

次に，⑤（スト破りの禁止）は，派遣元に対して，ストライキ（werkstaking），ロックアウト（uitsluiting），あるいは職場占拠（bedrijfsbezetting）の行われている事業所へ労働者を派遣することを禁止するものである。職業紹介事業に対しても同種の規制があるが，その目的は，労働者派遣や職業紹介が，こうした争議行

---

148) ただし，このうち2条，5条～7条，25条についてはすでに廃止されている。
149) Zie C. J.Smitskam, De uitzendovereenkomst, Kluwer, 2005, p. 16. なお，8a条および8b条は，EUの労働者派遣指令をふまえて2012年になって導入されたものである（Stb. 2012, 173）。
150) 本書の検討対象国のなかでは，日本とオランダが同条約を批准しており，一方，ドイツは批准していない（2015年10月現在）。なお，いずれの国も，従前のILO96号条約については，すでに破棄している。

為の意義を減殺する機能をもつことに鑑みて，派遣先や紹介先事業所における集団的な労使関係が害される（verstoord）ことを防止することにある。

さらに，⑥（安全衛生に関する情報提供）は，派遣先で必要とされる職業資格（beroepskwalificatie）や安全衛生に関する情報について，派遣元に，派遣労働者への情報提供を義務づけるものである。これは，1991年のEU指令の内容に沿うものである。[151] EU指令では，派遣先と派遣元の双方が，こうした安全衛生に関する情報提供をすべき責任主体とされている（7条）。そしてオランダでは，派遣先の責任については労働環境法（日本の労働安全衛生法に相当する）で，他方，派遣元の責任については労働市場仲介法で規定されている。

もっとも，以上のような法規制は，いずれも限られた局面でのみ問題となるものであって，派遣労働者の一般的な労働条件に関わるものではない。これに対して①の均等待遇原則は，労働条件全般に関わり得る点で特に検討を要する。また，最近の法改正では，⑦事業登録に関わる規制も新たに導入されているので（7a条），以下ではこうした規制の内容を詳しく確認しておこう。

2　登録制度

現在，オランダでは労働者派遣を行うためには商業登録が必要である。

前述のように，オランダでは，1965年の「労働力の利用に関する法律（TBA法）」で労働者派遣制度が公認されて以来，社会労働大臣に労働者派遣事業の監督権限が与えられ，その一環として，同大臣が許可制度など事業の参入規制を設ける余地が認められていた。実際にこうした規則が策定されたのは1970年で，派遣元は，地方雇用局（Gewestelijke Arbeidsbureaus）から事業の許可取得を義務づけられた。その後，1999年に現行法である労働市場仲介法（WAADI）が制定された際に，こうした許可制度が撤廃されたことは前述の通りである。

しかし，その後，一部の労働者派遣関係において——典型的には，ポーランド等の東欧諸国からの外国人労働者が，オランダ国内で派遣労働者として就労するケースなどで——，最低賃金規制等からの脱法行為が問題となっていた。[152] 政府も

---

151) Council Directive 91/383/EEC of 25 June 1991（有期労働関係または派遣労働関係にある労働者の職場の健康と安全の改善を促進する措置を補完する閣僚理事会指令）.

152) こうした2010年改正の背景事情については，Kamerstukken II 2008-2009, 31 833 Nr. 3.

この問題に取り組んできたが，まずは，派遣元の使用者団体である ABU が中心となり，2004年には労働協約の履行促進協会（SNCU）が設置され，法律や労働協約の遵守状況を自主的に確認し，労働者やユーザー企業に対する情報提供とともに，違反に対しては労働行政機関との情報共有が図られてきた。さらに，派遣事業における労使合意により，法規制を遵守している優良な派遣元を自主的に認証するという仕組みが創設された。そこでは，「NEN 4000」という認証基準のもとで，労働者に対する最低賃金の支払い状況や，社会保険料や租税の納付状況等から，派遣元が国外にある場合も含めて，信頼性が確認できた場合に認証が与えられ，こうした派遣元は優良派遣事業協会（SNA）に登録されている。

この間，法制度の面では，2010年に民法典692条が新設され，派遣労働関係においては，最低賃金や有給休暇手当の支払いについて，派遣先は連帯して責任を負う（hoofdelijk aansprakelijk）ものとされた（現在は削除）。他方で，同2項では，第1項の例外として，労働者派遣契約の締結時に，派遣元が社会労働大臣によって策定された基準を充たした認証機関で認証（certificering）を得ている場合には，派遣先に対する規制は適用しないものとされた。

つまり，派遣元の使用者団体が関与する自主的な認証機関によって，法規制を遵守する優良な派遣元に対しては認証が与えられ，それがある場合には，派遣先は上のような法的責任を回避できる仕組みである。民法典旧692条では，派遣先に対して一定のインセンティブを課すことで，派遣労働の適正化（脱法防止）を図ることが目指されていた。ただ，ここで注意すべきなのは，派遣先が法的責任を負うのは，あくまでも最低賃金（あるいは有給休暇手当）水準による金銭的な支払いに限定されるという点である。換言すれば，それ以上の，労働契約で合意されている賃金額の支払いや，ましてや派遣労働者の雇用保障に関する法的責任については，派遣先が負担することは予定されていなかった。

もっとも，上の認証制度は期待したほどに機能せず，民法典692条についても

---

153) Stichting Naleving CAO voor Uitzendkrachte; *Loonstra/Zontag* 2015, p. 2249 (*Houte*).
154) Stichting Normering Arbeid.
155) Stb. 2009, 620. 法改正の内容および認証制度と派遣先の新たな責任との関係については，J. *Drongelen = A. D.M. Rujs*, Wet allocatie arbeidskrachten door intermediairs-wet registratieplicht intermediairs die arbeidskrachten ter beschikking stellen, Paris, 2014.
156) Kamerstukken II 2008-2009, 31 833 Nr. 3, p. 3.

2014年の改正で削除されている。他方で，労働者派遣事業をめぐって，2012年には，再び，公的機関による登録制度へと変更されており，無登録の派遣元が労働者派遣を行うことや，派遣先がこうした派遣元から労働者を受け入れることが禁止されている[157]。また，派遣労働者にかかる年金保険料や税の納付については，派遣元だけでなく，派遣先も連帯して責任を負う。ただし，この登録自体は，商業登録法（Handelsregisterwet）に基づく一般的なものであり，それに違反した場合に派遣元および派遣先の双方に対して罰則の適用がある点に特徴があるものの，労働者派遣事業に固有の要件が課されているわけではない（労働市場仲介法7a条，徴収法34条1項および2項）。

そして，前述の自主的な認証制度や履行確保措置に加えて，最低賃金や社会保険の支払い等を回避する違法な労働者派遣に対処するために，政府は専用のホットラインを設けて監督強化を進めている[158]。以上のほか，法制度上は，良好な労働市場または関係する労働者の保護のために必要と認められる場合には，社会労働大臣が規則を定めることによって，労働者派遣を行う業種や部門毎に特別な規制を課す余地も残されている（労働市場仲介法12条）。

3 均等待遇原則（8条）

(1) 原　則

労働市場仲介法8条1項によると，派遣労働者は，派遣先で直接雇用され同一または比較可能な職務において労務の提供を行う労働者と，少なくとも同一の労働条件（dezelfde arbeidsvoorwaarden）を求める権利がある。

均等待遇（不利益取扱いの禁止）の対象となる労働条件は，賃金や手当といった金銭的な給付（a号）にとどまらず，休憩時間や休日等も含まれる（b号）。また，派遣先で適用される労働協約や労働契約に基づいた，妊産婦の保護や育児に関する特別な支援制度，同じく男女平等の促進に関する特別な制度（2項a号），また，派遣先で適用される労働協約や労働契約における差別禁止に関する諸規制（同b号）など，広範な労働条件が対象になる。なお，後者に関連して，こうした

---

157) Stb. 2012, 260; Stb. 2014, 504.
158) 違法派遣に関する専用の通報窓口については，
　　http://www.inspectieszw.nl/onderwerpen/arbeidsverhoudingen/malafideuitzendbureaus/

労働協約や労働契約上の諸規制（上乗せとなる優遇措置）がない場合にも，法律上の差別禁止規制が適用されることは論を俟たない。

均等待遇の内容をめぐって，賃金に関しては，古くは1965年の TBA 法で規定され，その後，労働力供給法のもとでは中央労働局（CBA）が作成する指針でも規定されていた。1999年の労働市場仲介法でも，当初は均等待遇の対象を賃金（loon）や付加手当（overige vergoedingen）に限定したうえで，派遣先の同一または同等の職務で直接雇用される労働者との均等待遇原則（不利益取扱いの禁止）が定められていた。[159] こうした原則は，職務給による賃金決定システムを補完しし，派遣先で直接雇用される労働者を比較対象としつつも，具体的な利益調整については広く協約自治に委ねる点で，賃金額の準則を定めたにすぎないものであった。[160]

しかし，2008年に EU の労働者派遣指令5条で労働条件全般の均等待遇が義務づけられたことをふまえて（詳細は，第3章第3節），2012年の法改正で，上のような包括的な規制へと変更されている。[161] 比較対象となる労働者は，「派遣先で直接雇用され同一または比較可能な職務において労務の提供を行う労働者（werkzaam in gelijke of gelijkwaardige functies in dienst）」であり，基本的には職務の同一性や近似性で判断される。他方で，派遣先に比較可能な労働者がいないケースにつき，従来の学説では，均等待遇違反の問題は生じないとしながらも，派遣労働者と派遣元との交渉（uitonderhandelen）を重視する考え方が有力であった。しかし，EU 指令をふまえた2012年の法改正以降は，比較対象者を欠くケースでも，派遣先で直接雇用されていたならば適用されていたであろう労働条件が仮定的に設定されると考えられている。[162]

なお，上のような基本的な労働条件に関する均等待遇原則とならんで，2012年の法改正により，EU の労働者派遣指令の第6条に対応するかたちで，派遣先にも，客観的な理由から正当化される場合を除き，派遣労働者に対して，食堂・売店，子の養育に関わる施設，交通サービスなどに関して，直接雇用される労働者

---

159) このように均等待遇の対象となる労働条件を限定的に解する裁判例として，Hof Den Haag 29 oktober 2004, JAR 2005/66.
160) 当時の状況については，拙稿「労働市場における労働者派遣法の現代的役割―契約自由と法規制との相克をめぐる日本・オランダ・ドイツの比較法的分析」神戸法学雑誌59巻3号（2009年）376頁以下を参照。
161) Stb. 2012, 173; Kamerstukken II 2010-2011, 32 895 Nr. 3, p. 6（MvT）.
162) *Smitskam* 2005（zie noot 149）, p. 17; *Loonstra/Zontag* 2015, p. 2269（Houte）.

と同様に保障する義務が課されている（8a条）。

(2) 例外――労働協約による逸脱
① 規制内容

　労働市場仲介法8条1項および2項に定められた均等待遇原則に対しては，労働協約で別段の定めをする余地が認められている。ただし，こうした別段の定めをする期間を制限することで，労働者派遣が継続することに伴う濫用を防止する仕組みが設けられていなければならない（同3項）。具体的な期間の定めは，労働協約の当事者に委ねられている。

　オランダでは，2012年の改正以前には，労働協約による「別段の定め」が広く認められてきたが，現在では，上のように限定されている。これは，EU指令において，労働協約で別段の定めをする場合にも，濫用的な利用を制限する適切な措置を講じることが求められていることをふまえたものである。ただし，実際には，労働市場仲介法の制定当時から，労働協約による別段の定めが広く浸透していたところ，その労働協約では，派遣期間に応じて派遣労働者の処遇改善を図る仕組みが導入されていたため（詳細は後述），こうした改正はオランダ法の文脈では必ずしも重要なものではない。

　次に，労働者派遣の特徴からすると，別段の定めをすることができる労働協約とは，派遣元，派遣先のいずれの労働協約を指すのかが問題となる。この点，2012年の改正以前には，第1に，派遣元に適用される労働協約によって，均等待遇原則から逸脱できることが定められていた（旧8条2項）。それと同時に，第2に，派遣先に適用される労働協約によっても，均等待遇原則から逸脱できる旨も明示されていた（同3項）。そして後者の場合には，企業間での労働者派遣契約において，派遣労働者の労働条件について，派遣元は派遣先の賃金規定（loonbepalingen）を援用する旨を明示する必要があった[163]。

　前述のように，2012年の法改正で，均等待遇に関する8条の規定は大幅に修正され，現行法で，とりわけ派遣先に適用される労働協約による「別段の定め」が許されるかどうか明文上は定かでない。労働市場仲介法の定義規定では，労働協

---

163) Brief van de Minister van SZW aan de tweede Kamer, Kamerstukken II 1997-1998, 25 263 Nr. 33, p. 12; Zie ook T&C 8ᵉ, 2014, p. 261 (*Grapperhaus*).

約とは「労働協約法第1条1項で規定する労働協約」と定められるにとどまる（1条1項e号）。しかし，立法理由のなかでは，派遣先に適用される労働協約による場合にも，均等待遇原則に対する別段の定めをすることを前提とした議論がされていたなかで，通説もこれを肯定している。

したがって，法律上の均等待遇原則がそのまま適用されるのは，①派遣元が労働協約の適用を受けず，しかも，②派遣先においても，派遣労働条件を規定する労働協約がない場合に限られる。この点，労働協約のなかには，いずれも，使用者が自らまたは使用者団体を通じて労働組合と締結した労働協約のほか，一般的拘束力宣言（algemeenverbindend verklaring）が付された労働協約も含まれる。実際にも，派遣元の使用者団体である ABU（一般人材派遣協会）が各使用者団体と締結した労働協約には，1999年の労働市場仲介法の制定から現在に至るまで，一般的拘束力宣言が付されてきた。こうして，オランダでは派遣労働者の約9割が，協約水準による労働条件設定に服している。

② 労働協約の競合問題

こうした法制度のもとでは，派遣元が締結する労働協約と，派遣先が締結する労働協約との競合問題が生じ得る。たとえば，一方で派遣元が ABU の労働協約に服しており，他方で派遣先に適用される別の労働協約においても派遣労働者の賃金水準が規定されている場合に，派遣労働者の労働条件はどのような基準によるのだろうか。

労働市場仲介法には，当初からこの点についての規定はない。学説では，派遣元と派遣先の労働協約との間で締結主体の違いによる優劣関係はないと考えられており，次のような裁判例の考え方が支持されている。すなわち，①2つの労働協約のうち，片方に一般的拘束力宣言が付されている場合には，当該協約が優先的に適用される。②両方の労働協約に一般的拘束力宣言が付されている場合，あるいは，いずれの労働協約にも一般的拘束力宣言が付されていない場合には，派遣労働者にとって有利な労働協約（gunstige CAO）が適用される。なお，前述の

---

164) Kamerstukken II 2010-2011, 32 895 Nr. 3, p. 12（MvT）; T&C 8e, 2014, p. 1031（Grapperhaus）; Loonstra/Zontag 2015, p. 2270（Houte）.
165) Smitskam 2005（zie noot 149), p. 18.
166) Loonstra/Zontag 2015, p. 2271（Houte）; T&C 8e, 2014, p. 261（Grapperhaus）.

ように，実務上は，ABU の労働協約（派遣元労働協約）に一般的拘束力宣言が付されている。

(3) 均等待遇原則の特徴

　労働市場仲介法8条によると，派遣元は，派遣労働者の基本的な労働条件について，少なくとも，派遣先で直接雇用され同一または比較可能な職務において労務の提供を行う労働者との均等待遇を保障しなければならない。同原則をめぐっては，法改正によって，①職務の同一性を手がかりとしつつも，比較対象者を欠く場合には，当該労働者が派遣先で直接雇用されていたならば適用されていた労働条件を仮定する点，②および対象となる労働条件について拡大していることを指摘できる。他方で，同原則に対しては，派遣元または派遣先に適用される労働協約により，別段の定めをする余地は残されている。

　前述のように，オランダの雇用差別禁止立法には，①あらゆる労働条件についての「異別取扱い（onderscheid）」を原則的に禁止し，②雇用形態が異なるなかで異別取扱いが問題となるケースでも法違反の有無を判断する際に，異別取扱いについて，労働者個人に着目して客観的な正当性を求めているという特徴があった。③また，差別問題に対しては，法制度上，CRM（人権擁護委員会）という専門機関が関与することが予定されていた（詳細は，第2節Ⅲを参照）。

　このような雇用差別禁止立法と労働者派遣における均等待遇規制とを比較すると，①について，伝統的にはともかく近年では違いがみられないが，②について労働協約による別段の定めが尊重されている点，③手続面でも，CRM による紛争解決が予定されていない点で違いがある。このうち，①や③は決定的とはいえないが，②については，個別的な正当化を重視する差別禁止規制と基本的な考え方を異にする。

　こうした違いからは，労働者派遣における均等待遇原則（不利益取扱いの禁止）の目的は，使用者の差別を包括的に禁止するよりも，関係当事者間の利益調整を重視する考え方があることが推察できる。そうであるならば，伝統的には金銭的な給付の均衡が重視されていたことや，比較対象として，とりわけ職務区分の同一性が重視されてきたことについても，職務給による賃金決定システムのもとでは合理性をもつ。職務給制度のもとでは，同一労働に従事しているにもかかわらず賃金格差が生じている場合には，制度の根幹に関わる問題となるからである。

こうした観点からすると，均等待遇原則について，派遣先の労働協約による「別段の定め」まで許されている説明もつくし，歴史的にみても，従前の法制度には，間接雇用による税制度や社会保障制度からの脱法と，それによる派遣労働者の賃金高騰を防止する目的を有していたという事情があった。また，現行法の1999年当時の立法理由のなかでも，派遣労働者の労働条件について，他の直接雇用される労働者と比較してとりたてて低いわけではない，との認識も示されていた。[167]

たしかに近年では，労働協約で「別段の定め」をする期間を制限することが求められている。これは，EU指令のもと，あまりに長期間にわたり均等待遇から逸脱するケースは，濫用的であるとの評価に基づいている。しかし，その点を除くと，協約自治を通じた労働条件設定の余地は広範に残されている。その意味では，信義則を根拠に同一（価値）労働に対する同一賃金の支払いを緩やかに求めつつも，協約自治を尊重してきた判例の考え方と軌を一にする。

以上の点から，労働市場仲介法の中核にある均等待遇原則（不利益取扱いの禁止）については，次のように評価できる。まず，この規制には，ただ単に派遣労働者の地位の向上を図るというよりは，職務給による賃金決定システムのもとで，間接雇用をめぐる当事者の利益調整を図る考え方が強くあらわれている。均等待遇原則は，派遣労働者の労働条件の準則を定めつつ，利益調整を関係当事者の集団的決定に委ねる柔軟な仕組みをもち，異別取扱いを一般に禁止する差別禁止立法，あるいは理念として強力に均等待遇を推進する規制とは異質なものである。

III　労働者派遣関係——民法典との関わりを中心に

1　労働者派遣の定義（民法典690条）

前述のように，民法典における労働法上の諸規制については，1999年の「柔軟性と保障法」によって大幅に改正されている。この点，労働契約について規定する民法典第7巻10編は，第1章（総則）ないし第12A章（漁業分野での船員労働法）で構成され，第11章（690条〜693条）で労働者派遣についての特則が規定されている。

民法典690条は，「派遣労働契約（uitzendovereenkomst）とは，第三者の依頼

---

167) Kamerstukken II 1996-1997, 25 263 Nr. 6, p. 18.

(opdracht) に基づいて，使用者が事業として労働者を第三者に派遣し，労働者は第三者の指揮命令のもとに労働をすることを約する労働契約（arbeidsovereenkomst）」と定義する。この定義からすると，①派遣労働契約は労働契約であること，②労働者派遣は，使用者の事業の一環として，③第三者の依頼に基づいて行われること，④派遣労働者は，第三者の指揮命令に服することがわかる。

そして，この定義を充たす場合には，当該関係は名称（benaming）にかかわらず労働者派遣関係として性質決定され，民法典で定める特則が適用される[168]。逆に，この定義に該当しない場合には，民法典の労働契約に関する原則的な規定がそのまま適用される。そして，民法典の特則（第11章）には，派遣労働者の法的地位の安定に関わる重要な例外が規定されている。この重要性に鑑みて，まずは労働者派遣の定義の各要素について，以下でそれぞれ検討しておこう[169]。

(1) 派遣労働契約と民法典610条

第1の要素として，民法典690条によると，派遣労働契約は労働契約の一種として位置づけられている。この点，労働契約の定義について定める民法典610条1項によると，「労働契約とは，一方当事者である労働者が，賃金と引換えに，他方当事者である使用者のもとで一定時間の労働を遂行することを約する契約」をいう。

それでは，民法典690条でいう「派遣労働契約が労働契約である」ということは，どのような意義をもつのだろうか。まず，論理的には，2つの考え方があり得る。第1は，民法典690条の基準を充たす場合には，当該の派遣労働契約を労働契約（民法典610条）と評価するものである。これに対して，第2は，まず，賃金，指揮命令関係，一身専属性などの点で，当該労働関係が民法典610条の基準を充たすかどうかを審査し（労働契約性の審査），次に，このような労働契約が，民法典690条の基準をも充たすかどうかを審査する（派遣労働契約性の審査）。そして，両基準を充たす場合にはじめて，当該の労働契約を派遣労働契約と評価する考え方である。

この点，歴史的にみると，1999年に「柔軟性と保障法」が制定されるまでは，

---

168) T&C 8e, 2014, p. 254 (*Grapperhaus*).
169) *Smitskam* 2005 (zie noot 149), p. 23.

派遣労働者の法的地位は不明確であった。すなわち，派遣元の事業者，学説や裁判例，労働保険局（行政実務）とで異なる解釈が示されており，たとえば派遣元の事業主は，派遣労働関係を労働契約関係とは区別し，労働契約上の権利義務が妥当することを否定する立場であった（詳細は第1節Ⅰ4を参照）。民法典で派遣労働契約について定義されたのは，まさに，この問題に対処し，派遣労働者の法的地位の安定を図ることを狙いとする。こうした理由から，現在では，第1の考え方——民法典690条から労働契約性の判断を行う立場——が適切であると考えられている。[170]

(2) 事業性

第2の要素として，労働者派遣は使用者の事業（beroep of bedrijf）の一環として行われるものである。したがって，派遣事業以外の事業を営む使用者が，付随的に派遣を行うにすぎない場合であれば，労働者派遣制度の枠組みは適用されない。[171]この点については，事業の目的が個々に審査される。

まず，派遣元と派遣労働者との労働契約や，派遣元と派遣先との注文契約（opdrachtovereenkomst）の内容が考慮される。これらの契約解釈により，当該企業での労働者派遣事業の重要性が明らかになることがある。たとえば，特定のプロジェクトにおいて，機械設備の販売に伴って労働者を一時的に派遣するケースなどは，労働者派遣事業に該当しない可能性がある。

次に，労働者に支払う賃金額も考慮要素となり，たとえば，年間の人件費総額の50％以上が労働者派遣事業と関係している場合などは，使用者の事業遂行（bedrijfsuitoefening）のうえで重要なものとして評価される。同様に，派遣的な業務に従事する労働者の労働時間数も，事業性の有無を判断する要素となり得る。すなわち，派遣労働者の労働時間が，事業の売上高（omzet）と密接な関連を有している場合には，当該派遣の事業性が肯定される。

(3) 第三者の依頼（opdracht）

第3の要素として，労働者派遣においては，労働力の利用に関して企業間で注

---

[170] T&C 8ᵉ, 2014, p. 257 (*Grapperhaus*). 反対説として *Verhulp*, SR 2001, afl. 4.
[171] Kamerstukken II 1996-1997, 25 263 Nr. 3, p. 10.

文契約（労働者派遣契約）が締結され，派遣元は第三者である派遣先の依頼に基づいて労働者を派遣する。この労働者派遣契約の形式は特に定められておらず，内容についても契約自由が妥当する。しかし，法律や諸規則（regelgeving）によって，企業間の労働者派遣契約といえども，例外的には一定の制約を受ける。たとえば，前述のように，労働市場仲介法10条によると，ストライキの行われている事業所への労働者派遣は禁止される。

　このほかにも，学説では，労働者派遣契約の内容について，差別禁止規制が及ぶとの立場が支配的である。すでに検討したように，一般平等取扱法（AWGB）は，性別，民族，宗教，信条，政治的思想，人種，国籍，性的指向を理由とする差別（直接差別および間接差別）を禁止している。また，個別立法により，年齢や障害等を理由とする差別も禁止されている。これらの規制は，派遣元が派遣労働者を募集（werving），選考（selectie）する際に問題となるほか，派遣先が特定の労働者の派遣を求める（拒否する）場合にも及ぶものと考えられている。

(4) 派遣先の指揮命令権

　第4の要素として，派遣労働関係においては，使用者としての指揮命令権限（werkgeversgezag）が，第三者である派遣先によって行使される。派遣関係においては，派遣先だけが労働者に対する具体的な指揮命令権をもち，派遣元にこうした権限が残る場合には，労働者派遣とは評価されない。このような指揮命令権は，企業間での労働者派遣契約によって，具体的な労務遂行と関係する範囲でのみ派遣元から派遣先に譲渡される（overgaan）ものと解されている。この点，雇用管理上の指示（administratieve voorschriften），たとえば労働者に派遣期間中の労働時間の記録を命じること，あるいは懲戒処分（disciplinaire maartregelen）の権限などは，派遣元に残されている。

　三当事者間で労働力の利用が行われているケースにおいて，派遣先での労働力の利用が，指揮命令権を伴っているかどうかについては，個別に判断するほかない。この点，たとえば，労働契約や労働者派遣契約の解釈から，各当事者の権利義務の範囲を画定できる場合がある。すなわち，①労働者に対する具体的な指揮命令権は派遣元と派遣先のいずれが有するのか，②労働者は具体的な職務遂行に関して，派遣元と派遣先のいずれに対して報告する義務を負っているのか，③労働者の雇用保障の問題については，派遣元と派遣先のいずれが責任を負担するの

か等といった点から，個別具体的に判断される。同様に，仕事の種類（aard）も重要な判断要素となる。すなわち，労働者がきわめて専門的な仕事に従事しているために，派遣先がその業務内容について十分に理解できないようなケースであれば，労働者が派遣先の具体的な指揮命令のもと就労しているとは評価できない，と考えられている。¹⁷²⁾この場合には，当該関係は，労働者派遣ではなく業務処理請負に基づくものということになろう。

これに対して，派遣先と派遣労働者との関係は，単に事実上の労働関係（feitelijke arbeidsrelatie）と呼ばれており，契約関係とは区別されている。¹⁷³⁾判例によると，派遣先と労働者の間に労働契約関係はない。そして，派遣先の意図によらずに，労働者と派遣先との間で黙示的に労働契約が成立する可能性についても，明確に否定されている。¹⁷⁴⁾

2　民法典の特則（民法典691条）
(1)　概　　要

こうして，ある契約関係が，民法典690条に照らして労働者派遣関係であるものと評価されると，当該関係には，派遣労働に関する特則が適用される。

この点，第2節で検討したように，民法典の特則としては，①臨時的労働者に対する差別禁止（民法典649条）の適用除外，②そして，期間の定めのない雇用に欠員が生じた場合の，使用者の臨時的労働者に対する情報提供義務（民法典657条）に関する適用除外なども含まれる。¹⁷⁵⁾しかし，このほかにも，民法典では，有期労働法制における無期転換ルールの例外や（26週ルール），派遣の中途解約と関わる「派遣条項（uitzendbeding）」の規制がある。そして，これらの規定は，いずれも派遣労働者の雇用保障と関わる重要な例外を定めるものである。そこで，以下で詳しく検討しておこう。

---

172)　T&C 8^e, 2014, p. 258（*Grapperhaus*）.
173)　T&C 8^e, 2014, p. 259（*Grapperhaus*）; *Verhulp*, Flexibilitcit en Zekerheid（2^e druk），1999, p. 265; Zie ook HR 5 april 2002, JAR 2002/100.
174)　HR 27 november 1992, NJ 1993/293; HR 25 oktober 1996, JAR 1996/236; HR 4 april 2002, JAR 2002/100.
175)　すでに検討したように，これらは，労働契約における期間の定めの有無や長短を理由とした差別（不利益取扱い）の禁止，あるいは，有期労働者を無期雇用へと誘導することを目的とするものであるところ，いずれも明文の規定により，派遣労働者に対しては適用が除外されていた。

(2) 有期労働法制と26週ルール
① 26週ルール（適用除外）

　オランダでは，労働契約に期間を定めるか否か，期間を定める場合にどのような長さとするのかは契約自由の範疇にあり，法律上の制限はない。これは，派遣労働契約についても同様であるが，雇用保障の点では，派遣労働契約と，直接雇用のもと二当事者の間で展開される労働契約とでは規制が異なっている。

　この点，すでに検討したように，2014年の法改正により，有期雇用の反覆更新による無期転換ルールについて，通常であれば契約の反覆は3回（更新2回）までしか認められないところ，派遣労働契約の場合に限り，労働協約によって6回（更新5回）を上限とすることが許容されている（民法典668a条5項）。

　それ以上に重要な違いとして，1999年の「柔軟性と保障法」以来，労働者派遣においては，派遣就労期間が26週を超えるかどうかで，派遣労働者の雇用保障に大きな影響を与える仕組みがある。この規制については，2014年の法改正で若干の修正もみられるので[176]，以下ではその点も含めて確認しておこう。

　すでに検討したように，民法典の原則によると，期間の定めのない労働契約を使用者が解消するためには，労働者と合意する場合のほかは，解消の事由に応じて，行政機関（UWV）から事前の許可を得て解雇をするか，簡易裁判所の手続きによって労働契約を解消する必要がある。一方，有期労働法制をみると，有期契約の締結や更新の際に特段の合理性は問われないものの，いわゆる無期転換ルールにより，最長期間や更新回数が制限されていた（出口規制）。すなわち，有期労働契約は，3回以上更新されるか反覆継続による合計期間が2年を超える場合で，それぞれ6ヵ月の中断期間を含まない場合には，期間の定めのない労働契約とみなされる（3×2×6ルール）。この無期転換ルールに対する例外は，労働協約で別段の定めをする場合に限られる（民法典668a条。詳細は第2節IIを参照）。

　このうち，前者の解雇（解消）に関する諸規制については，後述の「派遣条項」が約定されている場合を別にすると，原則として派遣労働者についてもそのまま妥当する。したがって，たとえば経済的理由による整理解雇については，UWVによる合理性審査のもと事前の許可を得たうえで，法定の予告期間を経て初めて許容される。さらに，解雇から26週以内に，従前と同一または比較可能な

---
176) Stb. 2014, 216.

業務 (dezelfde of vergelijkbare werkzaamheden) で新たに労働者を採用するケースで，被解雇者に対してその機会を提供しない場合には，当該解雇は無効なものとして原職復帰まで認められる余地がある (民法典661条1項e号等)[177]。また，派遣労働者の勤続期間が2年を超えている場合には，法定の移行手当の支払いが必要となる (民法典673条)。

これに対して，有期雇用の無期転換ルールは，派遣労働者として就労する最初の26週間は適用されない (民法典691条1項)。したがって，派遣元は，民法典668a条の労働協約の締結がない場合であっても，この期間内であれば派遣労働者との有期労働契約を3回以上にわたって更新することができる。また，反覆更新による最長期間の制限 (原則2年) についても，最初の26週間は算定対象から除外される。これらは，立法者が，労働者派遣の特別なマッチング機能を重視して，一定期間であれば，直接雇用の場合と比べて有期労働契約を反覆継続させる余地を拡大したことを意味しており，特に，いわゆる登録型派遣の柔軟性を担保するものとなっている[178]。

一方，派遣労働契約においても，就労期間が合計26週を超えるケースでは有期雇用の無期転換ルールが適用され，更新回数 (3回) や最長期間 (2年) の規制が及んでくる。たとえば，26週の経過後に労働契約が3回にわたり更新された場合には，当該労働契約は期間の定めのないものとみなされる。つまり，26週間の経過後には，派遣元の「継続貸出 (doorlening)」の事実が重視され，雇用保障をめぐる法的責任について強化する仕組みとなっている[179]。あとで検討するように，実際の労働協約でも，いわゆるフェーズ制度 (fasensysteem) のもとで，派遣就労期間の長期化に伴って，雇用保障に関する派遣元の法的責任を段階的に強化する考え方がみられる。

もっとも，この26週ルール (適用除外) については，6ヵ月のクーリング期間が設定されているので，ある派遣就労と別の派遣就労との間で6ヵ月以上の中断

---

[177] T&C 3e, 2015, p. 288 (Verhulp).
[178] なお，派遣条項が定められておらず雇用関係が継続するケースで，使用者の責めに帰すべき事由により労働者が労務に従事しない場合の危険負担に関しては，原則としては労働者に賃金請求権が認められている。しかし，派遣労働契約において最初の26週間であれば，書面合意によってこれを免れる余地がある (民法典628条1項，691条7項)。
[179] T&C 8e, 2014, p. 260 (Grapperhaus).

がある場合には，前後の就労期間は通算されない（民法典691条4項）。このクーリング期間について，2014年の法改正では，従来の1年から6ヵ月に短縮することで規制緩和を図りつつも，クーリング期間の長さを労働協約で変更することは禁止されている。他方で，26週という適用除外期間の長さそのものについては，従来，労働者にとって不利な場合（延長）も含めて，労働協約で別段の定めをすることが許されてきた。ただし，2014年の法改正により，その期間は最長で78週間（1年半）に制限されている（同8項a号）。[180]

このように，労働者派遣における26週ルールをめぐっては，近年，内容の微修正がみられるが，いずれにしても，このような規制のもとでは，派遣就労期間が26週（あるいは労働協約で定める期間）を超えるかどうかで，労働者の雇用保障のあり方が大きく異なってくる。そうすると，解釈論としては，この「26週」の算定方法が重要となるので，以下で詳しく確認しておこう。

② **26週の算定方法**

第1に，民法典691条1項における「26週」の算定は，週単位で行われる。つまり，法律上問題となるのは，6ヵ月，あるいは182日（26週×7日）という期間の長さではない。そして，ある週が「1週」として算定対象に含まれるかどうかは，派遣労働者の1週間の就労日数や労働時間数とは無関係である。派遣労働者が，ある週に1時間しか就労しない場合であっても，あるいは毎日フルタイムで就労した場合であっても，ひとしく1週として計算される。これに対して，労働者が1週のあいだ全く就労しない場合には，当該週は26週の算定に含まれない。[181]

第2に，26週の算定につき，各週が連続している必要はない。中断期間（onderbreking）が6ヵ月未満である場合には，前後の就労期間が通算される（民法典691条4項）。これに対して，派遣労働者として就労した最後の週から6ヵ月のクーリング期間が経過した場合には，以後の派遣について，26週は新たに算定される。このクーリング期間について，従前は1年と設定されており，一般の有期雇用（3ヵ月）とは規制が異なっていたが，2014年の法改正で，いずれも6ヵ月として統一されている。

---

180) Kamerstukken II 1996-1997, 25 263 Nr. 6, p. 15-.
181) *Loonstra/Zontag* 2015, p. 2231 (*Houte*).

第3に，26週の算定は，原則として，同一の派遣元による派遣期間（雇用期間の合計）によって行われる。したがって，同一派遣元からの派遣である限り，派遣先が変更されても前後の期間が通算される一方で，派遣労働者が他の派遣会社に転職した場合には，派遣就労期間は原則として通算されず，改めて26週が算定されることとなる。ただし，派遣元が変更された場合であっても，合理的にみて（redelijkerwijze）継続的な労働であると考えられる場合には，従前の異なる使用者との雇用期間も通算される（民法典691条5項）。労働の継続性については，①行われる労働（verrichte arbeid）の内容や，求められる能力，責任，労働条件の同一性，②および，労働者の採用に際して，従前の使用者のもとでの就労経験や適性等がどのように考慮されて採用に至ったのかが判断要素となる。このような規制は，回転ドア構造（draaideurconstructies）を防止することを目的としている。たとえば次の2つのケースが考えられる。

[ケース1]
　X（労働者）は，Y会社（使用者）と労働契約を締結していたとする。その後，XはY会社を退職し，Z派遣会社に雇用されて，従前のY会社に派遣されるようなケースである。つまり，同一労働者を，直接雇用から派遣に切り替えて受け入れる場合である。このケースでは，権利濫用に該当するものとして，原則として26週の算定において両期間が通算されると考えられている。

[ケース2]
　A派遣会社に雇用されるX（派遣労働者）は，労働者派遣契約に基づいて，Y会社（派遣先）で25週間就労した。その後，Xが退職し，B派遣会社のもとで再びY会社の従前と同一業務に派遣されたとする。つまり，派遣労働者が派遣元を変更しただけのケースである。裁判例によると，このケースでも，B派遣会社が，A派遣会社を引き継いだものとして，26週の算定に際しては両期間が通算されると考えられている。ただし，労働者に対して雇用責任を負うのは，あくまでも新たな派遣元であって，派遣先ではない点には注意を要する。

---

182) Kamerstukken II 1997-1998, 25 263 Nr. 33, p. 5.
183) HR 11 mei 2012, JAR 2012/150; T&C 8ᵉ, 2014, p. 269（*Grapperhaus*）.
184) Zie *Smitskam* 2005（zie noot 149），p. 30.
185) Hof Leeuwarden 26 september 2007, JAR 2007/267.
186) Ktr. Amsterdam 16 februari 2004, JAR 2004/55; Hof Leeuwarden 18 maart 2004, JAR 2004/99.

もっとも，以上のような，26週の算定に際し，合理的にみて（redelijkerwijze）継続的な労働であれば異なる使用者との雇用期間まで通算することについては，予測可能性が低いとの批判もあった。こうして，2014年の法改正では，労働協約で別段の定めをしている場合に，期間算定において他企業での就労期間を通算しないことが認められており，制度の修正が図られている（民法典691条8項b号）。

　とはいえ，派遣労働者の雇用保障という観点からすると，第1に，派遣労働者の労働契約に期間の定めがあるかどうか，第2に，有期雇用の場合でも，派遣就労期間が26週を超えるかどうかで法的保護の程度が大きく異なるという規制の根幹にある考え方は，1999年の創設当時から維持されてきた。こうした法制度は，労働者派遣のマッチング機能を重視し，派遣の初期段階で柔軟性を広く認めつつ，それが一定期間継続する場合に，解雇規制とのバランスを図るものと評価できよう。

(3)　中途解約と派遣条項（uitzendbeding）
① 民法典の規定

　民法典のなかには，このほかにも，派遣労働者の雇用保障と関わる重要な特則がある。すなわち，「派遣条項（uitzendbeding）」と呼ばれる特別な条項がある場合には，派遣期間途中の解雇の自由が保障されている点である。派遣条項は，派遣労働契約でのみ許される特別なものであり，裁判例によると，二当事者間の通常の労働契約（gewone arbeidsovereenkomst）で類似の条項を定めたとしても，解雇保護（ontslagbescherming）に違反するものとして無効となる。[187]

　まず，民法典691条2項によると，「派遣労働契約においては，第690条で規定する派遣元の派遣先に対する労働者派遣について，派遣先からの派遣中止の要請がある場合に，同時に派遣労働契約も自動的に終了するということを書面で約定することができる」。この約定は，一般に派遣条項と呼ばれている。

　派遣労働契約において派遣条項がある場合には，労働者派遣契約（企業間の取引契約）の終了に伴って，労働契約も適法に解消される。[188]このことは，労働契約に期間の定めがある場合であっても同様である。有期労働契約を中途解約するた

---

187)　Ktr. Amsterdam 8 oktober 2003, JAR 2003/265.
188)　T&C 8ᵉ, 2014, p. 265（*Grapperhaus*）; Kamerstukken II 1997-1998, 25 263 Nr. 6, p. 16.

めには，当事者が事前に書面で合意していることが必要であるが（民法典667条3項），派遣条項はこの合意の一種ということになる。なお，2014年の法改正で，有期雇用のうち一定の場合には，期間の満了による終了についても1ヵ月前の予告が必要となったが（民法典668条），派遣条項が定められている場合にはこうした規制も適用されない。他方，労働者側にも，派遣条項がある場合には即時解約権が認められており，派遣元は労働者の解約（辞職）について明白な不当性（kennelijke onredelijkheid）を主張できない（民法典691条2項）。この規制は，立法者が，派遣元と派遣労働者との均衡（evebwicht）に配慮したものと解されている。

同様の観点から，2014年の法改正により，危険負担に関する民法典628条1項の特則として，派遣就労期間が26週（または労働協約で定めた期間）に満たない場合には，仮に労働契約関係が継続していたとしても，現実に派遣就労がない場合に賃金を支払わない旨の合意をすることが認められている。

もっとも，これらの派遣条項や危険負担に関する特約に対しても26週ルールが及ぶ。まず，26週の経過後も，企業間の労働者派遣契約については，引き続き契約自由（解約の自由）が妥当する。その一方で，派遣労働契約についてみると，派遣条項のうち26週を超える部分が無効（nietig）となり，使用者の解約権は制限され，労働者の即時解約権も効力を失う（同3項）。なお，26週の算定方法や，その際に，使用者が形式的に異なる場合であっても，ある労働者につき合理的にみて使用者性の承継が認められるときに，両者の契約期間が通算される点は他の諸規制と同様である（同5項）。

こうして，26週の経過後には，通常の解雇・有期労働法制がそのまま適用される。その結果，労働契約に期間の定めがないケースであれば，整理解雇には被用者給付実施機構（UWV）による事前の許可が必要であるし，労働者が辞職する

---

189) Kamerstukken II 1997-1998, 25 257 Nr. 7, bijl., onderdeel t; T&C 8^e, 2014, p. 267（Grapperhaus）.
190) Zie *Smitskam* 2005（zie noot 149), p. 32.
191) 民法典628条によると，「労働者が約定された労働をしなかった場合であっても，それが使用者の責めに帰すべき事由によると考えられる場合には，労働者は期間によって定めた賃金支払い（tijdruimte vastgestelde loon）を受けることができる」。
192) この点で，派遣条項は試用期間（proeftijd）（民法典652条7項）と区別される。試用期間では，法律上の最長期間（通常は2ヵ月）を超えた場合に，その全部が無効となり，当該契約は期間の定めのないものとみなされるからである。

場合であっても1ヵ月前の予告が必要となる。一方，有期雇用のケースであれば，中途解約については事前に中途解約の約定があることが必要であり，それがない場合には簡易裁判所の解消手続きによるほかない。また，前述の無期転換ルールに関しても「26週ルール」が同時に問題となるので，たとえば更新回数が3回以上となれば，労働契約は期間の定めのないものに転換し，以後は解雇規制の適用を受けることとなる。

このような派遣条項についても，26週の期間について，労働協約で別段の定めをすることが許される（同8項a号）。労働協約で期間を定める場合には，法律の基準（26週）よりも短くする場合のほか，労働者にとっては不利な26週以上の期間設定も許される。[193] ただし，2014年の法改正でこの上限が78週に制限され，また，クーリング期間については短縮される一方で労働協約による変更は認められなくなったことは前述の通りである。

② 派遣条項の意義

それでは，このような派遣条項は，法的にどのような意義を有するのであろうか。まず，民法典の文言から明らかなように，派遣条項が書面で定められている場合において，派遣先の要請により労働者派遣契約が終了する場合であれば，使用者は，労働者との間の派遣労働契約を適法に終了させることができる（rechtswege eindigt）。このような派遣条項は，民法典に基づく解除条件（ontbindende voorwaarde）の一種であると解されている。[194]

中途解約の例として，具体的には次のような場合が考えられる。第1に，派遣先が，派遣元を介した労働力利用そのものを終了させる場合である。典型的には，派遣先にとって，もはやいかなる派遣労働者も必要でない場合である。第2に，派遣先が，（どのような理由にせよ）ある特定の派遣労働者の受入を終了させつつ，別の派遣労働者を受け入れる場合である。たとえば，派遣労働者が病気で就労できないケースや，能力不足等により派遣先で十分な労務遂行ができないケースにおいて，派遣元と派遣先との契約関係は残っているが，派遣労働者の交代（wisseling）が生じる場合である。

---

193) Kamerstukken II 1997-1998, 25 263 Nr. 6, p. 17.
194) T&C 3ᵉ, 2015, p. 318 (*Verhulp*).

このように，派遣条項とは，ある労働者派遣が派遣先の要求によって中止されるケースで，派遣労働契約についても終了させる余地を認めるものである。つまり，派遣関係を終了させるイニシアティブは派遣先がもつのであり，派遣元にはない。これは，労働者派遣が「第三者の依頼」に基づくという，労働者派遣の定義規定（民法典690条）とも整合的なものと考えられている。そして，このような派遣条項がある場合には，派遣労働契約が有期労働契約であるか，期間の定めのない労働契約であるかを問わず，労働契約は適法に終了する。つまり，派遣条項は，労働者の雇用の存続保護と正面から対立するものであり，その射程を理解しておく必要がある。典型例として，派遣条項と法律上の解雇制限（禁止）との関係，そして，病気によって就労ができないケースとの関係をみておこう。

(a) 解雇禁止と派遣条項

第 2 節で検討したように，オランダ法のもとでは，解雇について包括的な制限が課されていると同時に，一定の解雇については法律で明確に禁止されている。法律で禁止される解雇としては，性差別に基づく解雇や組合員に対する差別的解雇，産前産後の解雇，疾病者に対する解雇等があった。さらに，個々の労働契約において，たとえば，婚姻（huwelijk），妊娠（zwangerschap），出産（bevalling）のケースで自動退職とするような制度を設けていたとしても，当該条項は無効となる（民法典667条 7 項， 8 項など）。派遣条項とこれらの法規制とは，どのような関係にあるのだろうか。

この問題に関する立法解説（wetsgeschiedenis）によると，派遣先は労働者派遣を「どのような理由であっても（om welke redden dan ook）」終了させることができ，派遣労働者はこれに対抗できない。[195] その基礎にある考え方は，派遣労働関係においては，そもそも派遣先のニーズに応じて雇用関係が生じている，というものである。したがって，前述のように，直接雇用の場合であれば解雇禁止規制や自動退職条項の利用を禁止する規制があるのに対して，派遣労働関係においては，派遣先による終了要請があれば，派遣元は労働契約を適法に終了させることができる。派遣条項が有効に存在する場合，労働者は派遣元に対して雇用保障

---

195) Kamerstukken II 1997-1998, 25 263 Nr. 6, p. 16; *Smitskam* 2005（zie noot 149), p. 32; T&C 3^e, 2015, p. 319（*Grapperhaus*）.

を求めることは困難であるし,ましてや派遣先が労働者の雇用責任を負うことはない。

　もっとも,学説や裁判例をみると,特別なケースに限っては,派遣元が労働者派遣の終了要請を受け入れる (inwilligen) ことについて,合理性や公正性 (redelijkheid en billijheid) を欠くことを理由として,労働者が濫用 (misbruik) を争うための法理が模索されている。[196]

　第1に,派遣元の責任問題として,たとえば,①労働者派遣契約の終了要請が,形式的には派遣先のものであったとしても,実質的には派遣元が主導している場合,②あるいは,派遣先の終了要請が誤った仮定 (onjuiste veronderstelling) に基づくことを,派遣元が認識している場合である。学説上,このようなケースでは,派遣元に対する損害賠償請求権を派遣労働者に認めるべきとする立場が有力である。

　第2に,より例外的な場合ではあるが,派遣先の責任が問題となる余地もある。たとえば,ある裁判例では,派遣条項によって派遣先と労働者の双方に即時解約権が認められるとしたうえで,しかし,「派遣先には,労働者派遣の終了を派遣元に対して要求する権利が認められているが,こうした権利の行使も,特別な場合には権利濫用となる。その場合とは,派遣を中止するという要請が,差別的理由 (discriminatoire redenen) に基づいている場合である」との一般論が示されている。すなわち,法律上の差別禁止規定の一部については,直接の雇用関係にある使用者と労働者との間だけではなく,派遣労働者と派遣先との関係にも適用されると考えられている。[197] こうした考え方は,学説でも一般に支持されている。そして,前述の立法解説(解約自由を広範に認める立場)との関係についても,①派遣先の終了要請に対しては,直接の雇用関係を対象とする差別禁止規制が適用されることはない,②しかしながら,たとえば一般平等取扱法 (AWGB) では,「労働関係 (arbeidsverhouding)」における差別が禁止されているのであって,こうした規制であれば,直接の雇用関係にない派遣先による差別も含めて禁止の対象となる,との考え方が示されている。

　それでは,仮にこのような差別禁止立法に違反するとして,どのような法的効

---

196) *Smitskam* 2005 (zie noot 149), p. 32.
197) Pres. Rb. Leeuwarden 2 maart 1999, KG 1999/108.

果が生ずるのだろうか。Smitskam の解説書では，たとえば，派遣労働者が宗教上の理由からスカーフを着用しており，派遣先がそれを理由に労働者の交代を求めるケースがあげられている（これは，CRM［当時は CGB］で実際に争われた事案を参考としている）[198]。同書によると，この派遣条項も有効であり，労働者派遣契約は適法に終了する。ただ，法律上の差別禁止規制に基づいて，労働者は次のような主張が可能だと考えられている。

　すなわち，第1に，派遣労働者は，労働契約の相手方である派遣元に対しては，宗教を理由とする交代要請について，派遣先の権利濫用として拒否することを求めることができる。同様の観点から，派遣元が労働関係は派遣条項によって適法に終了すると主張したとしても，「善良な使用者（goed werkgever）」（＝信義則）を根拠にそうした主張が制限されると考え，派遣労働者は，当該派遣（予定）期間中は労働契約が存続するものとして，賃金相当額の損害賠償請求権を有するとの考え方が示されている[199]。

　第2に，労働力の実際の利用者である派遣先に対しては，派遣労働者は，一般平等取扱法（AWGB）に違反することを根拠として，不法行為（onrechtmatige daad）責任を負うものとして，やはり，損害賠償請求ができると考えられている[200]。この点，差別禁止規制に違反するケースであれば，理論上は，CRM（人権擁護委員会）への救済申立ても可能ということになろう。

　以上のように，学説や裁判例では，立法で禁止される差別的理由に基づくケースであれば，派遣条項の利用を制限する立場が有力に主張されている。ただ，その具体的な効果面に着目するならば，学説は，いずれも不法行為等に基づく損害賠償の問題を指摘するにとどまり，立法者意思を尊重して，派遣条項そのものの有効性を広く認める点では一致しているといえる。

---

198) CGB 20 december 2004, oordeel 2004/165. この事件は，イスラム教徒である女性労働者が，精神科の病院での清掃担当として派遣されたケースで，患者への影響が懸念されたために，スカーフの着用を理由に派遣を中断されたというものであった。
199) なお，日本と同様に，オランダでは労働者の就労請求権は原則として否定されている（高裁レベルでは信義則を根拠とする原則肯定説も有力であるが，最高裁レベルでは否定されている（Zie Loonstra/Zontag 2015, p. 378 (*Houweling = Quist*)。したがって，判例の立場を前提とすると，労働者が賃金請求に加えて現実の労務の遂行ができるのは，使用者（派遣元）が新たな派遣就労を命じた場合に限られる。
200) *Smitskam* 2005 (zie noot 149), p. 33.

(b) 労働者の疾病と派遣条項

次に，このような派遣先による差別のケースではなくて，むしろ派遣労働者自身の帰責性が強い，疾病による派遣終了のケースをみておこう。この点，派遣条項に対しては労働協約で「別段の定め」をする余地があるが，その範囲をめぐって次のような問題がある。

まず，オランダでは，疾病労働者に対する解雇に対しては厳格な規制がある。すなわち使用者は，（私傷病を含む）病気で就労不能となった労働者について，原則として2年以内の解雇を禁止される（民法典670条1項）。しかし一方で，民法典691条2項は，派遣条項があれば第三者の要求によって派遣労働関係が終了する旨を規定しており，両者の関係が問題となる。実務上は，ABUやNBBUの労働協約において，派遣労働者が疾病により就労できないケースで，派遣労働者に派遣元や派遣先に対する報告を義務づけ，その報告に伴い派遣関係が終了する旨の規定がある。こうした協約の適用下にあれば，派遣労働者が病気となった場合には，派遣先による終了要請を待たずに，申告と同時に（直ちに）雇用が喪失することとなる。

このような労働協約が有効であるとすると，疾病のケースでは，派遣先が要求をしない場合であっても労働者派遣契約が終了することになるが，こうした取扱いは立法者意思に反する可能性もある。すなわち民法典では，派遣条項は雇用期間が26週を経過すると無効となり，26週を算定する際のクーリング期間は6ヵ月とされている（691条3項，4項）。これに対して，労働協約で別段の定めをする余地も認められているが，その範囲は，このうち26週という期間（termijn）の延長または短縮に限られている（同8項）。[201] 換言すれば，派遣条項を利用するための要件（派遣先による終了要請があること）を完全に排除することについては，労働協約による「別段の定め」の対象外であるので，ABU協約やNBBU協約での，疾病を条件に労働契約を自動終了させるような派遣条項の適法性が問題となるのである。

学説では，このような協約条項を，法規定に反するとして無効と解する立場も

---

201) なお，前述のように，2014年の改正以前には，26週の算定に際してのクーリング期間が1年と長期に設定される一方で，このクーリング期間を労働協約で変更する余地が認められていた。また，従来は，26週ルールに対して労働協約による「別段の定め」に制限はなかったが，改正法では，労働協約による場合にも最長72週に制限されている。

あれば，逆に，実質的にみた場合には，派遣先が労働者派遣契約を終了させることと変わらないとして，協約条項を有効とする立場もある。社会労働大臣の解釈指針（wetsvoorstel）によると，このような協約条項も法規定に直ちに反しないが，個々の事案で裁判官が別の判断をすることを妨げないとされる。同様に，UWV（社会保障機構）も，このような協約条項は原則として有効と解している。なお，現時点では，この点が争われた裁判例はないようである。

以上のように，オランダでは，疾病労働者の雇用の存続保護が重視されているが，このことは，間接雇用において，派遣条項が利用される場合には妥当しない。たしかに，学説で指摘されるように，現在の労働協約についても，その内容の一部が無効となる可能性は否定できない。しかし，こうした立場は，疾病によって雇用が自動的に終了することを問題視するものではあるが，派遣先の終了要請がある場合にまで，雇用の存続保護を求めるものではない。また，少なくとも，派遣先の経済的な事情（労働力の需要減）によって労働者派遣契約が終了するようなケースであれば，派遣条項が有効であることに争いはない。前述の「解雇禁止」のケースとあわせて考えると，オランダ法における「派遣条項」は，きわめて柔軟度の高いものと評価できよう。

3 組織編入

最後に，以上の法制度とはやや異なるものであるが，派遣労働者の，事業所組織（従業員代表機関）への編入の問題について確認しておこう。オランダでは，労働者と使用者との集団的な労働条件決定システムとして，産業別の労働組合のほか，事業所レベルでの労働者代表機関としての事業所委員会（ondernemingsraad）が，重要な役割を担っている。この点，オランダの労働者代表制度は，比較法的にみると，構成員が労働者代表に限られる点や（1者構成），労働組合と従業員代表とが併存する2元型モデルである点で，ドイツ法と類似する。具体的な制度は次のようである。

---

202) *Smitskam* 2005 (zie noot 149), p. 34.
203) 労働者代表システムのモデルについては，大内伸哉『労働者代表法制に関する研究』（有斐閣，2007年）50頁以下参照。なお，やや古いが，オランダの労働者代表法制を紹介する日本語文献として，藤内和公「オランダにおける従業員代表法」岡山大学法学会雑誌45巻1号（1995年）339頁がある。

まず，事業所組織法（WOR）[204]によると，労働者数50人以上の事業所では，法律上，事業所委員会の設置が義務づけられている。同委員会は，事業所の規模に応じて，事業所内での候補者リストから無記名投票による選挙で選ばれた3〜25人の労働者代表で構成される（2条，6条）[205]。候補者リストは，一定の要件を充たす労働組合か，従業員グループが提出する（9条）。オランダでは，事業所委員会と産別の労働組合とが連携していることが一般的なようである。

　事業所委員会の権限として，同委員会は，事業所の財務状況や労働条件に関する事項につき情報請求権をもつほか，重要な労働条件（primaire arbeidsvoorwaarden）については，その決定や変更についての同意権までも保障されている。たとえば，賃金算定制度（beloningswaardingssysteem）や職務評価制度に関し，事業主が「導入，変更または廃止の決定をする場合には，事業所委員会の同意（instemming）を得なければならない」（27条1項c）。このような事業所委員会に，派遣労働者はどのように関与できるのだろうか。

　第1に，派遣労働者は，一般的な労働者と同様に，派遣元における事業所組織の構成員としての資格を保障されており，派遣元との雇用関係が6ヵ月以上となると選挙権（actief kiesrecht）を，12ヵ月が経過すると被選挙権（passief kiesrecht）を取得する（6条）。これらの要件は，直接雇用の場合と何ら異ならない。

　第2に，「柔軟性と保障法」の制定によって労働者派遣の位置づけが明確化されたことにあわせて，派遣労働者は，ある派遣先での就労が長期間となれば，派遣先で組織された事業所組織への参加権も保障されている。すなわち，事業所組織法1条3項は，「本法及び本法に準ずる規定の適用にあたり，次の者も，事業所の従業員とみなされる」と規定し，そこでは，「民法典690条でいう派遣労働契約に基づいて，少なくとも24ヵ月間，当該事業所の労働に従事している者」があげられている（a号）。この場合でも，派遣労働者は派遣元の事業所組織における権利を失わない。つまり，派遣労働者がある特定の派遣先に対し2年以上にわたって継続派遣されているケースでは，「みなし」規定により，派遣労働者は，派

---

204) Wet op de Ondernemingsraden (Stb. 1971, 54).
205) なお，事業所の労働者数が50人未満のケースであっても，労使のどちらか一方が希望する場合には，労働者代表機関の設置が義務づけられている。このような労働者代表機関の権限は，情報の開示請求について事業所委員会と同等の権利を保障されているが，同意権については制限することで，小規模事業主に配慮したものとなっている（事業所組織法35ｃ条）。

遣先の事業所組織にも編入され，選挙権と被選挙権を含む二重の参加権を取得することになる。

このように，派遣労働者といえども，派遣元との関係では直接雇用の場合と何ら変わりのない規制が適用され，同時に，派遣先における組織化という点では，ある派遣労働者が特定の派遣先で就労した期間が重視されている。ここでも，個々の派遣労働者の就労期間と法律上の権利取得の要件とが，明確に関連づけられていることが確認できる。

4 小　括

以上，民法典および労働市場仲介法の規定を中心に，オランダの労働者派遣制度を概観した。民法典の定義によると，「派遣労働契約とは，第三者の依頼に基づいて，使用者が事業として労働者を第三者に派遣し，労働者は第三者の指揮命令のもとに労働をすることを約する労働契約」である。この定義を充たす労働者派遣関係に対しては，民法典の特則が適用される。とりわけ重要なのが，解雇・有期労働法制の例外を定める「派遣条項」と「26週ルール」であった。

まず，26週ルールによると，派遣労働者は最初の26週について，有期労働契約の更新回数の制限を受けない。次に，派遣条項とは，派遣先の要請（派遣先による労働者派遣契約の解消）に応じて雇用関係まで終了させることができる，労働契約上の特別な約定である。派遣先の要請としては，労働者派遣契約のすべてを解消する場合のほか，単に派遣労働者の交代を求める場合も含まれる。派遣条項について，学説・裁判例では，差別的理由に基づく解消等のケースであれば，労働者に損害賠償請求権を認める立場が有力であるが，派遣条項そのものは有効と解されている。

したがって，ある労働契約において派遣条項の合意がある場合には，労働契約に期間の定めがある場合とない場合とを問わず，派遣労働者の法的地位は不安定となる。これは，日本の登録型派遣の問題状況とも類似するが，日本では，雇用保障の問題について，理論上は別途の判断を要するのに対して，オランダの派遣条項は，派遣先による終了要請が労働者の処遇に直結している点に特徴があり，きわめて柔軟性の高いものといえる。ただし，この派遣条項に対しても26週ルールが及び，派遣元での雇用期間が26週を超えるケースでは効力を失う。

このように，26週ルールや派遣条項は，労働者派遣のマッチング機能を重視し

て，解雇・有期労働法制について，派遣就労の開始段階に限って緩和するものである。こうした法制度のもとでは，労働契約の初期段階において，少なくとも派遣先のニーズがなくなるケースであれば，派遣元は労働者に対する雇用責任を負わない。一方，――たとえば日々の派遣先を変更する場合も含めて――派遣元と労働者の労働契約関係が26週を超えた継続的なものとなると，派遣労働者に対しても有期雇用の出口規制が及ぶし，無期雇用の場合にはUWVの事前許可を得た解雇または簡易裁判所での解消手続きが必要となる。派遣労働者の法的地位は，26週を経過するかどうかで大きく異なり，26週の算定方法が重要となる。

26週の算定は，同一派遣元での雇用期間によって行われ，派遣先が変更される場合であっても前後の派遣期間が通算される。一方，労働者が転職したことにより派遣元が変更されたケースであれば，原則として前後の期間が通算されることはないが，合理的にみて（redelijkerwijze）継続的なものとみなされる場合は別である。また，重要な点として，①26週は週単位で計算され，1週内での労働日数や労働時間数は問題とならない点，②26週が連続している必要はなく，6ヵ月未満の中断であれば前後の就労期間（週）が通算される点を指摘できる。こうした規制は，断続的な派遣就労――典型的には登録型派遣のような就労形態――をもカバーし得るものであり，解雇規制の潜脱・回避を防止するための制度として評価できる。

以上，民法典の特則としては，26週ルールと派遣条項に関する規制とが重要であるが，いずれも，労働者派遣（間接雇用）に対して特別に規制を加重するものとはなっていない。むしろ，こうした規制は，特に派遣労働者として就労を始めた段階において，労働力利用の柔軟性を認めるものである。しかし一方で，26週を超えるケースでは，派遣労働者にも直接雇用と同様の法的保護が及び，派遣元の責任強化が図られている（常用的な派遣への転換）。こうして26週をどのように算定するのかが重要論点となるが，オランダ法の特徴は，労働者個人の就労期間を特に重視している点にある。これは，2015年改正以前の日本法のもとで，公法的な観点から一般労働者派遣事業と特定労働者派遣事業とが区別されながらも，労働者の現実の雇用保障の問題とは直結していなかったこと，あるいは，派遣期間を制限しながらも，常用代替を防止する観点から派遣先での受入期間を重視してきたこととは対照的といえよう。

Ⅳ 派遣先に対する法規制

　上の検討から明らかなように，オランダの労働者派遣制度のもとでは，派遣労働者に対する雇用保障や賃金支払の問題については，原則として派遣元が労働契約の相手方として責任を負うのであって，派遣先の責任は予定されていない。この点，たとえば，解雇規制の根拠となってきた1945年のBBAは，「労働関係 (arbeidsverhoudingen)」に対して適用され，労働者と派遣先との事実上の労働関係 (feitelijke arbeidsrelatie) についても，こうした「労働関係」のなかに含まれるとみる余地もあった。しかしながら，BBAにおける労働関係とは，「使用者 (werkgever) と労働者との間の法的関係 (rechtsbetrekking)」として定義されている（1条d号）。そして，前述のように，派遣労働関係における使用者とは，あくまでも派遣元を意味するので，派遣先に対してBBAが適用されることはない。こうして，企業間の労働者派遣契約について，派遣先はいつでも (ieder moment) 解約することができる。[206]

　もっとも，労働者派遣の特徴をふまえて，派遣先も，民法典や個別の法律に基づいて，派遣労働者に対する法的責任を負うことがある。具体的には，労働環境法（日本の労働安全衛生法に相当する）[207]や，労働時間法[208]，民法典に基づく労災の補償責任，あるいは，社会保障調整法（CSV）等に基づいて税や社会保険料を徴収する際の責任である。[209]

　まず，労働環境法や労働時間法が規制の対象としている「使用者」とは，「労務遂行のために労働者を使用している者」と定義されており（各第1条を参照），労働契約の一方当事者に限定されない。派遣期間中については，ここでいう使用者とは派遣先を意味する。[210]したがって，派遣先は，労働環境法で定められた労働者の安全・健康，福祉 (welzijn) について法的責任を負うし，労働時間法に基づ

---

206)　*Smitskam* 2005 (zie noot 149), p. 86.
207)　Arbeidsomstandighedenwet (Stb. 1999, 184).
208)　Arbeidstijdenwet (Stb. 1995, 598).
209)　本書で詳しくは扱わないが，CSV (Coördinatiewet Sociale Verzekering) 16 a 条では，倒産等によって，派遣元が派遣労働者の社会保険料等を納付することができなくなったケースでは，派遣先に対しても連帯責任が課されている（*Smitskam* 2005 (zie noot 149), p. 105)。
210)　*Smitskam* 2005 (zie noot 149), p. 93-.

いて，労働時間や休憩時間等（たとえば女性労働者が妊娠しているケースであれば，労働時間の削減や深夜労働の禁止も含む）に関する責任を負う。

次に，民法典によると，労災責任（Aansprakelijkheid voor arbeidsongevallen）について，労働力の利用者は，直接の雇用関係にない外部労働者に対しても，労働契約上の使用者に準じて損害賠償責任を負う（民法典658条4項）。したがって派遣先は，「作業場の環境，機械・器具の配置や保全に配慮し，労働のために適切かつ必要な措置をとり，適切な指示を与える」ことを義務づけられ，これを欠いたまま，労働者が労務遂行中の事故等によって損害を被った場合には，派遣労働者に対する損害賠償責任を免れない（同1項および2項）。この点，一般論として，派遣期間が長期化するケースでは，信義則上，派遣先と派遣労働者の双方が，相手方の利益にいっそう配慮することを要すると考えられている。[211]

V 労働協約による規制

1 適用状況

最後に，労働者派遣に関する協約実務を概観しておこう。これまでの検討によると，オランダの労働者派遣制度のなかでは，特に，均等待遇原則のほか，解雇・有期労働法制の例外としての26週ルールや派遣条項に関する法規制が重要であった。一方，これらの法規制では，労働協約で「別段の定め」をする余地も残されていた。そして現実に，オランダでは，派遣労働条件の決定について，労働協約（CAO）が重要な役割を果たしている。労働者派遣制度の全体像を明確にするためには，協約の規制内容を分析することが有益であろう。

労働市場仲介法（WAADI）の施行後の状況をみると，1999年以来，ABU（一般人材派遣協会）が各労働組合との間で締結した労働協約に対して，社会労働大臣による一般的拘束力宣言が付されている。[212] すなわち，①派遣元がABUに加盟

---

211) 他方で，こうしたケースであっても，派遣元の包括的な使用者責任（volledige werkgeversverantwoordelijkheid）については，派遣先へ黙示的に移転することはないものと考えられている。Zie ook T&C 8ᵉ, 2014, p. 260（*Grapperhaus*）；HR 5 april 2002, JAR 2002/100（*Verhulp*）.
212) 最新のものとして，Staatscourant 2015, Nr. 926（17 maart 2015）。なお，オランダで労働協約の拡張適用は，締結当事者である使用者団体または労働組合の各構成員の申立てにより（Wet AVV 4条），社会労働大臣が一般的拘束力宣言を発することで行われる。その要件は，当該協約が適用される産業において，すでに当該協約の労働条件が支配的に適用されていることであり，明確

していないケース，②または，派遣労働者が協約締結組合に加入していないケースで，ABU 協約による拘束を免れるためには，社会労働大臣に適用除外を申し立てなければならない。実際には，NBBU（オランダ人材派遣協会）協約と，いくつかの企業レベルの労働協約が適用されている場合に，適用除外が認められている。

こうした ABU 協約のカバー状況は，次のようである[213]。オランダでも派遣労働者の組織率は7％程度にとどまるが（労働者全体では19％程度），派遣元の企業が協約締結団体に加盟していることが一般的であり，派遣元の企業数でみると約500社（事業所数で3,000程度）が ABU に加盟し，市場の65％を占めている。労働者のカバー率でみると，拡張適用される以前には，ABU の労働協約で派遣労働者の約65％がカバーされ，NBBU 協約が25％程度である。さらに，ABU 協約には一般的拘束力宣言が付されて，残りの大多数の派遣労働者をカバーする状況にある。近年では，NBBU への加盟企業が増加しているほか，企業レベルでABU 協約の適用除外を申請するケースもみられるが，依然，ABU 協約が支配的であることに変わりはない。

ABU 協約と NBBU 協約とを比較すると，これまで，派遣条項が適用される期間（原則26週以内）について，ABU 協約では1年半（78週），NBBU 協約では2年半（130週）と大きな違いがあった。しかし，2014年の法改正でこうした例外の余地が縮小されたことに伴い，NBBU 協約についても2016年7月を目途に78週で統一される見込みである。そして，2つの協約は，細部で違いはあるものの，いわゆるフェーズ制度のもとで，派遣就労期間に応じて派遣元の雇用責任を強化する点で，同じ考え方を基礎としている[214]。そこで，以下では，ABU 協約の内容を中心に，具体的なフェーズ制度と，賃金に関する規定について概観することとする[215]。

な数値要件等はない（Wet AVV 2条）。実際には，当該使用者団体に属する各企業で就労している（非組合員も含めた）労働者数が重要となり，労働組合の組織率が2割程度と必ずしも高くないなかでも，拡張適用は積極的に認められている（HR 10 juni 1983, NJ 1984/147)。
213) ABU および NBBU の Web サイトより。派遣労働者の組織状況については，University of Gothenburg = Universiteit van Amsterdam, Representation of Agency Workers, 2009 も参照。
214) ABU 協約と NBBU 協約との主な相違点については，NBBU が比較表を公開している（http://www.nbbu.nl/）。
215) 現在の ABU 協約は，2012年に派遣元の使用者団体である ABU と，他方の当事者である FNV, CNV, De Unie, LBV という各労働組合のナショナルセンターとの間で締結されたものであ

2　雇用保障──フェーズ制度

　ABU協約では，一般にフェーズ制度（fasensysteem）と呼ばれる枠組みにより，派遣元での雇用期間に応じて派遣労働者の処遇を改善することが目指されている。類似の仕組みは，NBBU協約でもみられる。第1節で検討したように，「柔軟性と保障法」の制定過程では，STAR（労働協会）での労使合意に基づく「派遣協定」が策定されていた。この派遣協定は，法施行時の労働協約（1999-2004年協約）で具体化され，第1段階から第4段階の4つのフェーズが設けられた。現在の協約では，当時の第1・第2段階がフェーズAとして統合され，フェーズA（最初の78週間），フェーズB（フェーズAに続く最長2年または6回の反覆），フェーズCの3段階に区別されている。

　ABU協約では各フェーズに応じて派遣労働者の法的地位が段階的に改善されるが，ABUとラドバウド大学による2014年の調査報告によると，その分布状況は，フェーズA（85.7%），B（11.7%），C（2.6%）となっている。[216]

(1) フェーズA

　フェーズAは，特定の派遣元に雇用され，派遣労働者として就労する最初の78週（1年半）の期間である。派遣元での雇用期間が1週単位で算定され，派遣先を変更する場合であっても，就労期間は通算される。フェーズAにおけるクーリング期間は26週間であり，ある派遣就労から次の派遣就労までの間に26週を超える空白期間があれば，前後の派遣就労期間（週）は通算されない。

　フェーズAでは，労働契約の締結回数に制限はない。[217]また，特約で排除されている場合を除いて，派遣条項が自動的に適用される。したがって，派遣先の要請に基づいて派遣が終了するケースでは，派遣労働者に対して解雇規制は及ばない。民法典の原則（26週）と比較すると，こうした例外を78週間（協約による例外の限

　　　り，2017年までの運用が予定されている。近年，同協約は5年毎に更新されているほか，直近では2014年の法改正に伴う修正などはあるが，協約の基本部分にある考え方（フェーズシステムによる段階的保護）に大きな変化はみられない。
216) ITS Radboud Universiteit Nijmegen, Uitzendmonitor 2014.
217) 労働契約の反覆更新に関して，民法典668a条の無期転換ルールでは，2014年の改正で，派遣労働契約の場合にも反覆継続（原則3回）について労働協約で「別段の定め」をする余地を認めつつ，その範囲は最高6回に制限されていることとの関係が問題となる。この点，派遣労働契約においては，こうした無期転換ルールの適用そのものを最長72週まで労働協約で排除する余地が認められており（民法典691条），フェーズAがこうした期間に該当する。

度）まで認める大幅な規制緩和が図られている。

ただし，派遣元は，労働契約の期間に応じて〔図表9〕のような予告（または予告手当の支払い）を義務づけられており，その点では法律よりも労働者保護が強化されている。派遣労働者からの契約解消（辞職）は，1日の予告で足りる。なお，派遣条項が特約で排除されている場合には，使用者の解約告知期間は1ヵ月となる。

〔図表9〕 解雇予告期間
（フェーズA）

契約期間	予告期間
0～12週未満	なし
12～26週未満	5日
26～52週未満	10日
52週以上	14日

派遣条項に関連して，前述のように，労働者の疾病により派遣就労が困難となる場合には，派遣先が当該派遣労働関係の終了を要請したものとみなされ，労働契約は自動的に終了する。この場合には，上の予告も必要でない（14条4項，53条）。ただし，雇用関係が終了するとはいえ，労働者は，健康保険法（Ziektewet）に基づいて，2日の待機期間の終了後，最長2年まで従前の賃金の70％相当額の保険給付を受けることができる。そして，使用者であった派遣元は，疾病が治癒するまでの間は最長2年間にわたって保険料の拠出を義務づけられる。[218]

(2) フェーズB

派遣労働者の就労期間が，派遣先の変更を含めて合計78週を超えると，フェーズAが終了しフェーズBに移行する（終了後の中断が26週以内のケース）。フェーズBでは，26週以内の中断を含めて（フェーズAとは異なり，中断期間も積算される），最長4年または最高6回の契約締結が認められる。契約期間の総計が4年を超える場合や，契約の反覆が6回を超えるとフェーズCへと移行する。2014年の法改正で有期雇用に対する出口規制が強化されていることをふまえつつ，労働協約による別段の定めが許容される限度（民法典668a条5項）までの規制緩和が図られている。

フェーズBでは，派遣条項の利用が禁止される。したがって，派遣労働者は一般的な有期雇用として，期間満了までの雇用の存続保護が図られる。具体的に，

---

218) 具体的な拠出額は，保険給付の実施機関であるUWVによって確定され，その上限は，最初の1年目には労働者の賃金額の91％，2年目には80％とされる。また，1日あたりの上限額や下限額（最低賃金を上回ること）が設定されている。一方，UWVから労働者に給付されるのは，従前に得ていた賃金の7割に相当する額である。

派遣先の要請により労働者派遣契約が終了し，待機期間が生じる場合であっても，賃金（一部）が保障されるとともに，派遣元は労働者を別企業へと派遣する義務を負う。新たな派遣先の選定については，直近の派遣先で従事した職務等級が考慮され，等級が2段階より下がるものであってはならない。また，賃金額については同額以上，労働時間については労働契約で定めた内容を原則としつつ，約定された労働時間よりも労働時間数が少ない場合には，不足分について後述の待機期間として賃金の90％相当額を支払うことでも足りる。他方，延長については，1週4時間以内であれば，新たな派遣先の提供が適切なものと評価される。派遣元がこのような条件で新たな派遣先を提示しているにもかかわらず，労働者がそれを拒否するケースでは，派遣労働者の賃金請求権は失われる。

　もっとも，派遣元には，労働契約を途中で解約できる余地がある。この場合には，原則として1ヵ月の予告期間のほか，解約事由に応じてUWVの事前許可または簡易裁判所の解消手続きが必要である。他方，労働者の辞職には予告期間の定めがあるだけである（図表10）。なお，特約によって中途解約を禁止することもできる。一方，期間満了による場合にも，契約期間が6ヵ月以上の場合には，有期雇用の更新の有無等について，派遣元は1ヵ月前までに予告が必要である。

〔図表10〕　辞職の予告期間
（フェーズB）

契約期間	予告期間
3ヵ月以下	7日
3〜6ヵ月未満	14日
6ヵ月以上	28日

　フェーズBのクーリング期間も26週とされ，26週以内の中断であれば前後の派遣期間が通算される。一方，26週を超える中断が生じたケースでは，再びフェーズAに戻って新たな算定が開始される。

(3) フェーズC

　フェーズBが終了すると，フェーズCへと移行する（26週を超える中断がない場合）。フェーズCに期間の定めはなく，派遣労働契約についても期間の定めのないものとなる。また，フェーズBと同様に，派遣条項の利用は禁止される。したがって，派遣先の要請により労働者派遣が終了するケースであっても，派遣元は，派遣労働者を別企業へと派遣する義務や，一定の賃金支払義務を負う。新たな派遣先を選定する際の条件については（職務内容，賃金，労働時間），フェーズBのときと同様である。なお，こうした派遣先の変更に伴い労働条件を変更する余地

もあるが，その要件や変更の範囲については比較的厳格に規制されている。また，フェーズCでは，例外的に労働条件が変更され賃金額が低下するようなケースであっても，最初の13週間は，従来の水準による賃金支払いが保障されている（45条，46条等）。

　フェーズBと比較すると，フェーズBでも派遣先の要請による中途解約からの保護はあったが，あくまでも有期雇用であることから，当初の予定期間が満了すれば労働契約は終了した。一方，フェーズCでは，労働契約の解約について通常の解雇法制が適用されるので，使用者は，解約事由に応じて，UWVの事前許可を得て労働者を解雇するか，簡易裁判所の解消手続きを要する。予告期間は，特約がなければ民法典の原則とは異なり，勤続年数にかかわらず，派遣元と労働者の双方につき1ヵ月となる。なお一旦退職してから26週以内に同一の派遣元で再雇用される場合には，フェーズBとして位置づけられる。

(4) 使用者性の承継

　前述のように，派遣就労期間の算定は，原則として派遣元での労働契約の期間により1週単位で算定される。ただし，使用者が形式的に異なる場合であっても，合理的にみて（redelijkerwijze）労働者が継続的な労働をしていると評価される場合には，その承継が問題となる（民法典668a条2項，691条5項）。2014年の法改正では，有期雇用の無期転換ルールや，派遣労働契約における雇用期間の算定に際して使用者性の承継が問題となるケースを対象に，労働協約で別段の定めをする余地が確認されている。

　この点，ABU協約では，①派遣元を変更しつつも，同一労働者が同一の派遣先で継続的に就労するケース（派遣元の変更），②ある労働者との労働契約を解消し，当該労働者を派遣労働者として継続的に受け入れるケースで（直用→派遣），使用者性の承継が認められている。ただし，いずれも，各就労期間の間に26週を超える中断期間がある場合には，使用者性は承継されないことが確認されている（17条2項）。

3　賃金等
(1) 賃金決定システム

　賃金決定に関し，労働市場仲介法8条の均等待遇原則が適用されるまでの期間

について，従来，ABU協約（26週）とNBBU協約（当初から均等待遇基準）とでは異なる考え方がみられた。また，ABU協約で均等待遇原則が問題となる26週の算定において，雇用保障をめぐる問題（派遣元での雇用期間）とは異なり，ある派遣先での継続就労期間をもとに算定される点にも特徴があった。

しかし，2014年の法改正に伴う制度全般の見直しのなかで，均等待遇のあり方についても変更されている。現在では，ABU協約の適用労働者についても，原則として派遣就労の開始段階から，派遣先で直接雇用される労働者に適用される賃金（inlenersbeloning）が適用される（19条）。例外は，たとえば，新規学卒者，長期失業者，保有する職業資格や学歴が一定基準を下回る場合，副業として休日に就労する労働者等である。こうした者については，就労開始から原則として1年間（例外的に最長2年間）は，ABU協約で設けられた賃金規定が適用されるが，この期間を超えると派遣先の直用労働者との均等待遇基準による。

なお，派遣先での職務区分に照らし，派遣労働者に適用される賃金規定を欠く（比較対象者が制度上存在しない）場合にも，ABU協約による賃金規定が適用される（27条3項）。また，フェーズC（無期雇用）の派遣労働者については，書面による同意がある場合に，均等待遇基準ではなく，ABU協約での賃金規定を適用する余地も残されている。ただしこの場合には，適用される賃金規定（均等待遇基準またはABU基準）について，雇用期間の途中で変更することは認められていない（27条4項）。

均等待遇基準によらない場合について，ABU協約では，職務等級を10段階に区別して各等級の最高額を定めたうえで，最低額については，一般的な労働者とフェーズCに達した労働者とで異なる賃金レンジが設定されている（28条）。

派遣労働者の賃金は，職務等級に応じた賃金レンジの範囲で決まるが，就業の曜日や時間帯で異なる割増賃金が設定されている。また，労働者が同一の派遣元で1年以上にわたって雇用された場合には，等級に応じた手当が加算される（図表11）。なお，若年者等につい

〔図表11〕 ABU賃金テーブル（2015年7月改訂）

等級	最低時給（一般）	最低時給（フェーズC）	最高時給	勤続昇給
1		€9.41	€11.53	2.1%
2	€8.70	€9.84	€12.42	2.2%
3		€10.39	€13.50	2.3%
4	€10.35	€10.92	€14.34	2.4%
5	€10.80	€11.39	€15.64	2.5%
6	€11.33	€12.31	€17.26	2.6%
7		€13.13	€19.24	2.7%
8		€14.39	€21.66	2.8%
9		€15.87	€24.43	2.9%
10		€16.77	€27.27	3.0%

ては，異なる賃金テーブルが設定されている。これらの賃金テーブルは，団体交渉によって毎年更新される。

　各等級の格付けと具体的な職務内容との関係については，主要業務について協約内でマトリックス化されており（ABU-functieraster），たとえば介護・福祉業務であれば，ホームヘルパー（2級），看護助手（3級），グループリーダー（6級）など職務内容が16に分類され，それぞれが上記の10等級のなかで割り当てられている。その際，ABU 協約では，職務の性質，当該職務で必要とされる知識，労働者が果たす主体的な役割の程度が考慮される。その上で，オランダでは，労働契約の締結時には，職務記述書で主な職務内容が提示されることが一般的である。[219]

　ABU 協約のもとでは，派遣労働者としての職務区分のなかで，派遣元企業の違いや属人的な要素によって大きな賃金格差は生じない仕組みが採用されている。他方，派遣先の直用労働者との均等待遇基準が問題となる場合にも，その比較の基準となるのは派遣先で就業する職務区分である。そして，手続的にみても，派遣先の均等待遇基準による場合も含めて，ある労働者が職務の格付けや具体的な賃金額に対して不満があるケースでは，それぞれ協約に基づき企業横断的に設置された委員会で対応することが予定されている。

(2) 待機期間中の賃金

　以上のほか，実際に派遣のない待機期間中についても，各フェーズに応じて，派遣元には一定の賃金支払いが義務づけられている。前述のように，フェーズAでは，派遣条項が原則として適用され，労働者派遣契約の終了とともに労働契約も終了するため，実際の就労期間中の賃金のみが問題となる。例外的に，たとえば有給休暇が取得できないことによる代償手当など，法律または労働協約で一定の金銭給付が義務づけられるにすぎない。

　これに対して，フェーズBやフェーズCでは，派遣条項の利用は禁止されていた。フェーズBでは有期雇用の期間満了まで，フェーズCでは解雇等によって雇用関係が適法に解消されるまでは，労働者は待機期間中であっても賃金請求権を有する。待機期間が問題となるのは，たとえば，派遣先が労働者派遣契約を終了

---

[219] この点については，筆者も参加した，三菱 UFJ リサーチ＆コンサルティング『諸外国の働き方に関する実態調査』（2015年）を参照。

[図表12] 法規制とABU労働協約との内容比較

	無期転換（3×2×6）ルールとの関係	期間の算定方法	中途解約（派遣条項：派遣先の要請がある場合）	賃金	中断期間（クーリング）
立法規制	26週ルール。最初の26週間は適用なし（民法典691条1項）→更新回数は無制限。登録型派遣の全面的容認。	派遣元での雇用期間。ただし、合理的にみて継続的な労働であれば、使用者性の承継（通算）あり。	書面による派遣条項があれば自由。ただし26週を超えれば派遣条項は無効となり、解雇・有期労働法制の適用（民法典691条2項、3項）。	派遣先の直用労働者との均等待遇（労働市場仲介法8条）。	26週
フェーズA	78週ルール（最初の78週間は更新自由。法定の上限基準に準拠）。	派遣元での雇用期間。ただし例外的に、派遣元が交替するケースであっても、就労先が同一で、2つの就労期間の間に6ヶ月のクーリング期間がない場合には使用者性の承継とみなされる余地がある。	無制限（ただし、派遣条項で排除することも可能）。派遣期間（雇用期間）に応じた予告が必要。	均等待遇（原則）⇔ 例外を欠く場合や長期失業者等については ABU 協約上の賃金規定を適用（派遣元での賃金基準による場合、勤続1年毎に賃金の2.1〜3％を加算した昇給）。	26週（ただし、フェーズBでは、有期雇用の反覆により最長雇用期間に関する最長期間に関して、中断期間も積算される）
フェーズB	フェーズAの終了後、最長4年までは最高6回の契約（法定の上限基準に準拠）。		解雇・有期労働法制の適用（派遣条項の利用は禁止）。フェーズBでは有期雇用の期間満了まで。一方、フェーズCでは、雇用関係を適法に解消しない限り、待機期間中の賃金支払あり。派遣先の賃金提供義務あり。特にフェーズCでは、派遣先が変更するケースで賃金額が例外的に低下するケースでも、最初の13週は従前の賃金水準を保障。		
フェーズC	無期雇用				

させたというケースにとどまらない。派遣元が労働者に就労先（派遣先）を提供できない場合には，待機期間中の処遇が広く問題となる。この点，フェーズＢおよびフェーズＣにおいて，待機が派遣元の責に帰すべき事由による場合には，具体的な職務や勤続期間によって多少は異なるものの，待機期間中であっても直近の賃金額の概ね90％以上が保障されている。さらに，すでに指摘したように，派遣先を変更する場合であっても，新たな派遣先の選定には一定の条件があるほか，フェーズＣでは，再派遣後に賃金額が低下したとしても，一定期間（原則13週）は派遣元による差額塡補が義務づけられている。

4 移行手当

労働契約終了時の移行手当について，2014年の法改正による創設に伴い，ABU協約でも制度化が図られている。その内容は概ね法定通りであるが，派遣関係に固有なものとして，労働契約の終了原因（有期雇用の不更新を含む）が，①派遣先での直用化を契機としている場合，②派遣先が取引相手である派遣元を変更し，当該労働者も新たな派遣元に移籍して，従前と同じ派遣先業務に派遣されている場合には，派遣元は移行手当の支払いを要さないものとされている。

これらは，使用者性の承継が問題となるケースでもあるところ，個々の事案でそれが肯定されたのちに再度の転職が行われるような場合には，――前使用者がすでに移行手当を支払っている場合を除くと――当初の派遣元での就労期間を通算した移行手当の支払いが必要となる。そこで，派遣労働者の職務経歴や移行手当の受領状況が重要となることから，派遣労働者にも，こうした情報について使用者に申告する義務が課されている。

5 派遣先の労働協約

最後に，以上でみたABU協約（あるいはNBBU協約）とは異なるものであるが，派遣「先」での，派遣先企業と派遣先で直接雇用される労働者（組合員）に関わる労働協約に関して，やや古くなるが，アムステルダム大学労働研究所（AIAS）[220]の調査を紹介しておこう[221]。この点，派遣先の労働協約は，派遣労働者に

---

220) Amsterdams Instituut voor ArbeidsStudies.
221) Bron: *Tijdens* 2006 (zie noot 14), p. 34.

対して直接に適用されるわけではない。しかし，企業外部の労働力である派遣労働者の取扱いは，派遣先の直用労働者の処遇とも関わり得るものであることから，実際にも労働協約のなかで一定の定めがある。

調査によると，派遣先で締結されている労働協約において，内容面で派遣労働者の処遇と関わるものとしては，大きく4つに区別される。すなわち，①派遣労働者の受入（利用）人数等を制限するもの，②派遣労働者の利用事由を制限するもの，③派遣労働者に対する職業訓練のあり方について規定するもの，④派遣労働者の直用化に関する事項である。これに対して，この調査では，派遣労働者の賃金水準を，派遣先の労働協約によって直接に定める例（従前の労働市場仲介法8条3項による例外）はみられない。これは，ABUとNBBUの労働協約が，派遣労働者の大多数をカバーしているという事情による。

労働協約の規定例として，たとえば，派遣労働者の受入について，派遣労働者の受入人数の上限を定めるものや，従業員に占める割合の上限を規定する労働協約がある。こうした条項がある場合，派遣労働者の割合は，全従業員の1割未満に制限されているケースが一般的なようである。次に，派遣労働者の利用事由等を規定する労働協約も，約1割でみられる。こうした協約では，派遣労働者の最長受入期間，あるいは派遣労働者と直用労働者との職務の区別等が規定されており，職務内容に応じて派遣労働者と直用労働者とを区別することが重視されている。一方で，派遣先の労働協約のなかでも，派遣が必ずしも臨時的・一時的なものに限定されているわけではなく，常用的な職務での派遣受入を規定する協約も14％ある。このほか，派遣労働者の職業訓練に関する条項も，8％の労働協約でみられる。

6 小　括

オランダの労働者派遣制度では，法規制による原則とは別に，労働協約で「別段の定め」をする余地が広く残されている。実態としても，派遣労働者の9割以上が労働協約の適用を受ける状況にあり，労働協約の果たす役割はきわめて大きい。

労働協約による「別段の定め」として特に注目されるのが，①有期雇用法制（3×2×6ルール）を適用除外する民法典の26週ルール，②派遣先の要請に伴い派遣労働契約を自動的に終了させるという「派遣条項」に関する例外，③派遣先

で直接雇用される労働者との均等待遇原則（労働市場仲介法8条）の法規制と，労働協約との関係である。結論からすると，ABU 協約には，いずれの点でも法規制とは異なる定めがある。

　第1に，雇用保障に関しては，いわゆるフェーズ制度の導入により，段階的な保護の強化が図られている。労働協約では，派遣開始後の78週間（1年半）は派遣条項を利用することが許されており，この期間中には，派遣労働者の雇用はきわめて不安定となる。これは，民法典の規制（26週間＝6ヵ月）と比較すると，協約による例外が許容される限度に準拠する大幅な規制緩和といえる。もっとも，法律の基準と同様に，派遣期間の算定は，派遣元での雇用期間に応じて1週単位で計算される。派遣先を変更しても前後の期間が通算されるし，1週内での就労日数や労働時間数は重要でない。26週というクーリング期間もあわせて，断続的な派遣就労に対しても濫用を防止する仕組みが広く課されている。そして，派遣就労が継続し，フェーズBやフェーズCへと移行すると，派遣条項の利用は禁止され雇用の存続保護が強化される。

　第2に，賃金については，労働市場仲介法8条の原則通り，派遣就労の開始日から派遣先の同種労働者との均等待遇原則が規定されている。ただし，派遣先の職務区分で比較対象が存在しない場合や，派遣労働者が一定の特別な類型に属する場合（長期失業者等），あるいは，フェーズCで無期雇用の派遣労働者として就労する場合には，ABU 協約で定められた賃金規制が適用される余地がある。そして注目すべきなのは，具体的な職務の格付けが産業別の協約に基づいていること，賃金グレードについても毎年の団体交渉を通じて企業横断的に決定されていること，さらに，格付等をめぐり紛争が生じた場合の処理も，産業横断的に設けられた紛争処理委員会での解決が予定されている点である[222]。

　このような労働協約による「別段の定め」は，法律上の原則と比較するならば，特に雇用保障の面では柔軟なものとなっている。とはいえ，派遣就労期間が長期化する場合に労働者の法的保護を強化する点では，労働協約の内容は，法律の基本的な考え方と軌を一にするものと評価できよう。

---

222) これと関連して，本書で詳しくは検討しないが，協約の履行確保に関しても産業横断的に設置された労働協約の履行促進協会（SNCU）が定期的に調査する仕組みがあるほか（75条），派遣元が賃金の1.02％相当額を拠出して教育訓練を外部委託する仕組みなど（63条），総じて，産業横断的な規制システムが構築されている。

第4節 小括——オランダ法の特徴

I まとめ

　以上から，オランダの労働者派遣制度は次のように特徴づけることができる。まず，オランダ労働法制を鳥瞰すると，伝統的に雇用の存続保護が重視されてきた。すなわち，1945年の労働関係特別命令（BBA）以来，期間の定めのない労働契約を使用者が一方的に解消するには，UWV（行政機関）から事前に許可を得て解雇をするか，簡易裁判所での解消手続きを要する。

　たしかに，実務上は，解雇の金銭的解決が一般化しているし，UWVも多くのケースで解雇を許可している。また，特に1999年以降は，いわゆるflexicurityの考え方のもと，雇用の流動化を見すえた政策が展開されており，近年の法改正でも転職支援を念頭に置く移行手当（transitievergoeding）の創設などが進められている。しかし，こうした柔軟化をふまえつつ，現在でも簡易裁判所や行政機関による事前の監視のもと，解雇規制を中心に労働力の需給調整に制限を加える規制が展開されている点に大きな変化はない。そこでは，労働者派遣のように柔軟な労働力の利用について，どこまで許容するのかが問題となる。

　こうした視点で労働者派遣制度をみると，1999年に「柔軟性と保障法」が施行される前後で大きな変化がみられる。同法以前のオランダの労働者派遣法では，許可制度と期間制限を中心とする公法的アプローチが採用されていた。規制の目的としても，派遣労働者の保護というよりは，間接雇用による税制度や社会保障制度からの脱法と，こうした脱法で派遣が競争上有利となり，派遣先で直接雇用される労働者の労働条件に悪影響を及ぼすことの防止が重視されていた。

　他方，こうした制度のもとで，派遣労働者の法的地位は不安定であるほか，現実には違法な派遣が横行しているという問題が指摘されていた。これらの問題を克服するために，「柔軟性と保障法」の立法過程では，労働者派遣の柔軟性と法的保護のバランスをどのように図るのかが検討された。そこでは，派遣のマッチング機能を向上させつつ，労働者保護法制や集団的労働条件決定システムの潜脱防止を図ることが課題とされ，その結果，従来の公法的アプローチから，派遣労働者の権利を重視する私法的アプローチへの転換が図られている。

第4節 小括——オランダ法の特徴

　現在、労働者派遣に対しては、民法典と労働市場仲介法により、他の法制度との調整が図られている。具体的には、①有期労働法制の例外としての26週ルール、②派遣先の要請による派遣労働契約の解約自由に関わる派遣条項、③派遣労働者と派遣先の直用労働者との均等待遇原則が規制の中核となっている。

　まず、26週ルールによると、派遣労働者は、派遣就労の最初の26週間は有期労働法制の適用を受けない。この点、オランダでは、解雇規制のもとで期間の定めのない労働契約を重視し、有期雇用を制限する政策がとられている。すなわち、有期労働契約について、締結や更新の理由は問われないものの、更新回数（3回）や更新を含めた最長期間（2年）は法律で制限されており、これと抵触する場合には有期雇用は無期雇用に転換し、厳格な解雇規制が適用される（3×2×6ルール：出口規制）。しかし、派遣労働者に対しては、最初の26週間に限りこの無期転換ルールが適用されない。

　次に、派遣条項（uitzendbeding）とは、派遣先の要請を契機とする、派遣労働契約の解約自由を認めるものである。労働契約で派遣条項の書面合意があり、派遣先から派遣終了の要請があれば、派遣元は理由を問わずに労働契約を終了させることができ、派遣労働者の雇用はきわめて不安定となる。こうした法規制は、解雇・有期労働法制を大きく規制緩和するものと位置づけられる（登録型派遣の全面的な容認）。その一方で、派遣元との雇用期間が26週を超えると、派遣労働契約に対しても民法典の原則が妥当し、たとえば有期契約を3回以上更新すれば、当該契約は期間の定めのない労働契約とみなされ、厳格な解雇規制に服する。また、派遣条項も26週を超える部分については無効となる。

　要するに、オランダ法には、派遣就労期間に応じて派遣元の雇用責任を強化する考え方がある（常用的な派遣への転換）。これは、有期雇用の反覆継続を出口規制によって制限することと同様に、解雇規制の潜脱・回避を防止することを目的とする。また、具体的な期間の算定方法としても、1週単位での算定や派遣先を変更するケースでの通算、さらには濫用的なかたちで派遣元を変更する場合における使用者性の承継（通算）など、労働者派遣の特徴を活かしながら労働者保護を図るための工夫が見られる。実務上も、労働協約のフェーズ制度により、法律の考え方が反映されている。

　次に、派遣労働条件をみると、労働市場仲介法8条は、派遣労働者の基本的な労働条件について、派遣先の同一または比較可能な職務で直接雇用される労働者

との均等待遇原則を規定している。この規制の特徴は，職務の同一性に着目することで，派遣労働者と直用労働者との均等待遇を志向するが，労働協約で別段の定めをする余地が広く残されている点にある。こうした考え方は，判例上，信義則を根拠に同一（価値）労働・同一賃金原則を緩やかに認めつつ，労働協約による利益調整を優先してきたこととも整合的な面がある。

このような均等待遇原則と他の雇用差別禁止立法とを比較すると，後者では異別取扱いに際して個々の正当化を要する点で大きく異なっている。均等待遇原則は，理念主導的に使用者の差別を禁止し平等を志向するというよりは，間接雇用の特殊性を考慮して，労働条件の準則を定めつつ，利益調整を関係当事者の集団的決定に委ねる柔軟な仕組みをもち，職務区分を中核とする雇用システムを補完する役割を期待されているといってよい。

II 評　価

このようなオランダの労働者派遣制度は，次のように評価できる。オランダでは，少なくとも法制度上は，派遣を直接雇用へと積極的に誘導する政策は採られておらず，間接雇用のままで，直接雇用との法的保護のバランスを図ることが重視されている。派遣にネガティブな考え方，あるいは直接雇用を重視する考え方はみられない。

労働者派遣に対する特別な法規制として，第1に，雇用の存続保護に関わる民法典の特則があり，第2に，派遣労働者に対する均等待遇規制がある。これは，日本における社会からの批判の状況，つまり，労働者派遣は，①雇用保障の点で労働者の法的地位が不安定であり，②派遣労働条件が低いとの批判にも対応している。

もっとも，均等待遇規制については，産業別の職務をベースとした雇用システムを補完する準則にとどまるものであり，日本の問題状況とは前提を大きく異にする。これに対して，雇用保障のあり方については，オランダ法には参考とすべき点が多い。オランダ法では，派遣の開始段階であれば，きわめて柔軟な制度によってマッチング機能が重視されているものの，派遣就労期間が継続する場合には，それに応じて派遣労働者を安定的な雇用へと誘導することが目指されている。

その背景には，多様な働き方に対するニーズは尊重すべきであるが，雇用の存

続保護を重視する法体系も無視できない事情があり，こうした考え方は，たとえば呼出し労働（oproepkrachten）に対する規制などでもみてとれる。そして，具体的な規制手法としても，オランダ法では，労働者の雇用期間と雇用の存続保護とが明確な関連性をもつほか，たとえば26週の算定などで，登録型派遣の特徴を考慮して濫用の防止が目指されている。これは，日本において，2015年の改正に至るまで，公法的な事業の区別が個々の労働者の雇用保障に役立っていなかった点，あるいは，派遣期間の算定について，派遣先での受入期間のみが重視されてきた点とは大きく異なっている。

このように，オランダでは，労働者個人に着目しながら，多様な就労形態を制限することなしに法的保護のバランスを図ることが重視されている。そして，均等待遇原則を中心に，当事者間の利益調整は適正に機能していると考えられており，派遣労働者と直用労働者との格差は問題視されていない。こうした状況のなかで，オランダでは，間接雇用のままで労働者の地位を向上させることが重視されている。

第5章　ドイツにおける問題状況

序　説

　第5章では，ドイツの労働者派遣制度を分析する[1]。近年，ドイツでは派遣労働者の数が急増している。その数は，1993年には12万人程度であったが，2014年には82万人と増大しており，雇用労働者全体の約2％を占め，その7割が男性であり，約8割がフルタイムでの労働に従事している[2]。派遣先の業務別でみると，特に男性で製造業や運輸業の割合が高くなっている。オランダと同様に，近年では東欧諸国からの労働者が増加し，派遣労働者の2割程度に達している。

　ドイツでは，戦後，長らく職業紹介事業は国家が独占するものとされてきた。労働者派遣も民営職業紹介事業の一種として禁止されてきたが，この包括的な規制が違憲とされたことを契機に，労働者派遣の制度化が進められた。ドイツの労働者派遣法は，許可制度や期間制限など厳格な規制によって，派遣労働者が常用雇用に代替することを防止するとともに，違法派遣のケースで派遣先との間で直接の契約関係を擬制することで，強力に派遣労働者の直用化を進めてきた。しかし最近では，解雇・有期労働法制を含めた労働市場改革の一環として，さらにはその反動として，労働者派遣制度も大きく変更されてきている。

　本書では，伝統的にドイツで労働者派遣がどのように位置づけられ，それが，最近の労働市場改革のなかで，いかに変化してきているのか（あるいは維持され

---

[1]　ドイツの労働者派遣制度については，主に次の文献を参照。*Glöge/Preis/Schmidt*, Erfurter Kommentar zum Arbeitsrecht (= ErfK), 15. Aufl., 2015; *Boemke/Lembke*, Arbeitnehmerüberlassungsgesetz, 3. Aufl., 2013; *Schaub*, Arbeitsrechts Handbuch, 15. Aufl., 2013; *Ulber*, Arbeitnehmerüberlassungsgesetz-Basiskommentar zum AÜG, 2. Aufl., 2013; *Schüren/Hamann*, Arbeitnehmerüberlassungsgesetz, 3. Aufl., 2007.

[2]　BA, Arbeitsmarkt in Zahlen Arbeitnehmerüberlassung (2. Halbjahr 2014)；BA, Der Arbeitsmarkt in Deutschland-Zeitarbeit Aktuelle Entwicklungen (Statistik/Arbeitsmarktberichterstattung, Juli 2015)；CIETT, Economic Report, 2015ed.。

ているのか）を分析する。この目的から，まずは，第1節で伝統的な解雇・有期労働法制の内容を，第2節では，戦後の労働者派遣制度の沿革を概観する。ドイツの労働者派遣法は，どのような状況のなかで立法化され，いかなる特徴をもつのか。労働市場改革の全体的な動きも含めた分析を試みる。そのうえで，第3節では，歴史的な経緯をふまえつつ，現在の労働者派遣制度の特徴を，学説や判例も含めて明らかにする。

第1節　解雇・有期労働法制

I　解雇法制の展開

　労働者派遣制度は，各国における労働力の需給システムのあり方，とりわけ解雇規制のあり方と密接に関係する。こうした問題関心から，本節では，解雇規制と有期労働法制について，2000年代初頭の労働市場改革（ハルツ改革期）以前の状況を概観することとする。

1　解雇制限法[3]

　ドイツ法のもとで，期間の定めのない労働契約は，合意解約のほか，労使双方からの解約告知によっても終了し得る。このうち，解約告知については，普通解約と特別解約とがある。前者は，当事者の一方が相手方に対して，民法典622条で規定された一定の予告期間を遵守して解約告知をするものであり，後者は，同626条に基づいて，「重大な事由」がある場合に予告期間なしの即時解約を認めるものである。しかし，このような民法典の規定とは別に，使用者による解雇に対しては，解雇制限法による特別な規制がある[4]。すなわち労働者は，合理的理由のない解雇のケースで，訴訟によって当該解雇の無効確認を求めることができる。この解雇制限法は，雇用の存続保護を保障するものである（4条以下）。

　3）ドイツの解雇規制については，労働政策研究・研修機構『ドイツにおける解雇の金銭解決制度―その法的構造と実態に関する調査研究』（2015年）［山本陽大］が簡にして要を得た分析をしている。このほか，比較的最近の研究として，藤内和公『ドイツの雇用調整』（法律文化社，2013年），髙橋賢司『解雇の研究―規制緩和と解雇法理の批判的考察』（法律文化社，2011年）がある。

　4）Kündigungsschutzgesetz (BGBl. I 1969, S. 1317).

解雇制限法は，労働者の一身上（Person）または行為（Verhalten）に解雇理由が存する場合，もしくは，緊急の経営上の必要に基づく場合に限り解雇を認めるものである（1条2項）。この点，緊急の経営上の理由による解雇の場合，使用者は被解雇者の選定に際して，法律上の一定の基準（Soziale Auswahl＝社会的選択）を考慮しなければならない（同3項）。つまり，いわゆる整理解雇に際しては，被解雇者選定の合理性が必要とされ，具体的には，勤続期間や年齢，扶養義務，重度障害の有無が考慮される。「社会的選択」の基礎にある考え方は，解雇による打撃の少ない者から解雇を認めていくというものであり，たとえば先任権ルール（勤続期間の短い者から解雇するという準則）のような明確性には欠ける。

もっとも，この解雇制限法の適用については，2つの重大な例外がある。第1に，同法により雇用の存続保護が図られるのは，労働関係が6ヵ月間経過した後に限られる（1条1項）。この待機期間（Wartezeit）は，雇用の開始段階での試用期間を意味するのであり，労働契約に期間の定めがない場合には，最初の6ヵ月間は，使用者は雇用関係を自由に終了させることができる。もちろん，この期間中であっても，たとえば母性保護法など，他の個別立法による解雇制限が及ぶほか，民法典の一般条項（信義則等）により，使用者が害意や恣意に基づいて労働者を解雇することは禁止される。とはいえ，実際には，たとえば性差別による解雇など法律に明白に違反するケースを別にすると，労働者の立証負担は重く，一般条項により救済が図られるケースは例外的である。[5]

第2に，同法は，常時使用される労働者数が10人以下の零細事業所には，適用されない（旧21条，現在の23条1項2文）。あとで検討するように，ドイツでは，とりわけ1996年の就業促進法による改正以降，[6] この零細事業所への適用除外の範囲，および，整理解雇における「社会的選択」基準のあり方をめぐり，めまぐるしく法改正が進んできた。

この点，ドイツの事業所の9割は労働者数10人未満の零細事業所であり（そのほとんどは家族経営である），そこで就労する労働者の割合も約2割に及んでいる。[7]

---

5) ErfK 2015, KSchG §1 Rn. 32ff (*Oetker*) ; *Schaub*, a.a.O. (N1), §129 Rn. 9 und §130 Rn. 22 (*Linck*). この点については，労働政策研究・研修機構『諸外国の労働契約法制に関する調査研究』（2005年）78頁［皆川宏之］も参照。

6) Arbeitsrechtliches Beschäftigungsförderungsgesetz (BGBl. I 1996, S. 1476).

7) DGUV-Statistiken für die Praxis 2013. ドイツにおける中小企業に対する労働法規制の適用問

ただし,最近の連邦労働裁判所の判例によると,適用除外が問題となる事業所の規模に関しては,パートタイム労働者はもちろんのこと,外部の労働力である派遣労働者についても,「通常必要なものとして」受け入れている場合には,当該事業所の労働者に算入される。これは——日本の労契法16条とは異なり——,解雇規制について零細事業所での適用除外を明確に定めるドイツ法の文脈では,労働者派遣によって解雇規制が潜脱されることを防止する仕組みと評価できよう。

2 解雇の金銭解決制度

次に,ドイツの解雇制限法は,制定当初から,解雇紛争を金銭的に解決する余地を認めている。すなわち,解雇制限法は,裁判において解雇が無効とされた場合であっても,原職復帰に代えた金銭解決制度を用意している(9条)。また,あとで検討するように,最近では,法9条とは別に,雇用関係の終了時の新たな金銭解決制度も設けられている(1a条)。

解雇制限法9条によると,解雇は無効であるが,復職しても雇用の継続を期待し難い場合には,裁判所の判決を介して労働関係が解消され,使用者には労働者に対する補償金の支払いが命じられる。このような金銭解決制度について,控訴審の最終弁論が終結するまでの間は,労使双方が利用できる。すなわち,解雇制限法によると,解雇が無効であることを前提として,労働者側の申立てのケースでは,「労働関係の継続が期待し難い」場合に(9条1項1文),他方,使用者側の申立てのケースでは,「経営目的に資するさらなる協力が期待し難い」場合に(同2文),金銭解決が許容される。

補償金の水準については,法律上,労働者の月収の12ヵ月分を上限として,裁判官の裁量により決定される(解雇制限法10条)。なお,50歳以上の労働者で,当該事業所での勤続年数が15年以上のケースでは,上限は月収の15ヵ月分となる。同様に,55歳以上で勤続年数が20年以上の労働者であれば,上限は月収の20ヵ月分となる。もっとも,このような法律上の基準は,必ずしも厳格に運用されているわけではない。すなわち,具体的な算定は裁判官の裁量に委ねられているため,

---

題については,山川和義「中小企業に対する労働法規制の適用除外—ドイツ」季労225号(2009年)138頁も参照。

8) BAG, v. 24.1.2013, 2 AZR 140/12.

実務では,「従前の月収×勤続年数×0.5」との算定式が用いられることが多いとの指摘もある。[9]

このような金銭解決制度については,解雇制限法の目的を,復職による雇用の「存続保護」にあるとする判例・通説の立場からの批判がある。しかし,現実の裁判実務においては,和解による金銭解決が9割近くに達しており,立法目的と実態との間に乖離があることが指摘されてきた。また,失業率が高止まりとなった状況のなかで,解雇の金銭解決制度の拡大によって,雇用の流動性を高め,企業の新規採用を促すべきとの主張もみられた。

II 有期労働法制

前述のように,ドイツでは,解雇規制を中心に労働力の需給調整に制限が加えられており,企業組織内部の労働市場を重視する労働法制が展開されている。こうしたなかでは,解雇規制の及ぶ(無期雇用の)中核的な労働者と周辺的な労働者との処遇のバランスをどのように図るのかが,労働法上の重要な課題となる。では,有期労働に対しては,どのような法規制があるのだろうか。

まず,ドイツにおいて,民法典上は,有期労働契約の利用目的や期間設定に対する特別な制限はない(620条1項,2項参照)。しかし,判例や学説では,(解雇制限法の適用除外期間である)6ヵ月を超える有期労働契約を締結する場合に,「正当な事由」を求め,こうした正当事由のない期間設定は無効なものとして,当該契約は期間の定めのない契約とみなされていた。[10]これは,解雇制限法という強行法規に対して,法律の回避(Gesetzesumgehung)を防止することを目的とするものであった。[11]

---

9) この点については,根本到「ドイツ解雇制限法における解消判決・補償金処理制度」季刊労働者の権利249号(2003年)100頁以下のほか,JILPT 前掲注3報告書[山本陽大]が実態に詳しい。
10) z. B. BAG (GS), v. 12.10.1960, AP Nr. 16 zu §620 BGB. 同判決およびその後の裁判例における「正当な事由」の判断枠組みについては,オランゲレル「有期労働契約に対する法規制のあり方に関する日本・中国・ドイツの比較法的分析—『契約の自由』はどこまで認められるべきか」神戸法学雑誌56巻4号(2007年)180頁以下。
11) 当時の判例・学説の展開については,さしあたり,小西國友「連鎖労働契約に関する一考察」東京大学労働法研究会編『労働法の諸問題—石井照久先生追悼論集』(勁草書房,1974年)211頁,藤原稔弘「ドイツにおける有期労働契約の法理—合理的理由をめぐる BAG の判例理論の検討を中心として」法学新報101巻9＝10号(1995年)357頁を参照。

すなわち，連邦労働裁判所は，解雇制限法に対する法律の回避を防止するという考え方のもとで，有期労働契約の利用そのものに制約を課していた。連邦労働裁判所によると，法律の回避とは，「他の法形式を濫用的に用いることによって，強行法規の目的の実現が阻害される」ことを指す。このような法律の回避の有無について，使用者が強行法規を故意に潜脱する意図を有していることは必要でなく，むしろ，法律行為の客観的な機能違反（Funktionswidrigkeit）の有無が重要とされる。そして，このような法律の回避が認められる場合には，有期雇用という法形式を用いることは許されない。
　もっとも，同決定によると，解雇制限法は，労働契約に期間の定めがない場合に，使用者の解約告知から労働者を保護することを定めているにとどまる。したがって，労働法上の解雇制限を有期労働契約に対して原則的に拡張することは適切でなく，労働契約に期間を定めることが一律に違法となるわけではない。この両者のバランスを調整するために，「労働契約に期間を定める場合には，ドイツ労働法の基本的原理に照らして，客観的に合理的と考えられる理由を有さなければならない」。具体的には，労働契約当事者の経済的または社会的な事情により，期間設定を客観的に正当化できる理由，すなわち，解雇制限法が適用されないことを正当と評価し得る理由が必要である。こうした正当事由を欠く場合の処理として，契約全体を無効とすることまでは必要でない。使用者は，解雇制限法に対する回避を防止するという目的のために，労働契約の期間の定めを労働者に対して主張できない，というのが連邦労働裁判所の立場であった。
　要するに，連邦労働裁判所は，①6ヵ月を超える有期労働契約を締結する場合に「正当な事由」を求めること，②労働契約の期間設定に正当な理由がない場合には，当該期間設定は無効となり労働契約には期間の定めがないものとみなされること（したがって，使用者からの一方的な契約解消に対しては解雇規制が適用されること）を確認した。その後，裁判例では，大法廷決定で示された「正当な理由」をめぐって紛争が多発することとなる。
　他方で，こうした学説の立場や判例法理とは逆に，有期雇用に対しては，1985年の就業促進法をきっかけとして，立法的な規制緩和も図られてきた。すなわち，同法では，①労働者が新規採用される場合，あるいは職業訓練に引き続いて当該訓練生を採用するケースで，それぞれ最長18ヵ月以内，②従業員数が20人未満の企業を新規設立するケースで最長2年以内であれば，労働契約に期間を定める理

由は問わないこととされた。

　こうした措置は，当初は5年間の時限立法とされていたが，その後，5年毎に2回の延長が図られた。そして，1996年の法改正では，①労働契約を締結する最初の2年間は，有期雇用の利用に正当事由を問わないこととされ（1条），②同時に，当該期間内であれば，3回までの契約更新も許されることとなった。③さらに，60歳以上の高年齢者に対しては，そもそも有期雇用の利用事由を問わないこととされた。

　しかしながら，民法典で規制がないにもかかわらず，従来の判例法理が有期雇用の利用事由を制限してきたことと，新たな就業促進法で一部の有期雇用の利用が規制緩和されたこととが，法制度上，どのような関係にあるのかは不明確な状況にあった。そして，この問題については，2000年12月（翌年1月1日施行）のパートタイム・有期契約法による，立法的な解決を待つことになる。[12]

III 小　括

　ドイツでは，解雇制限法により使用者の解雇に合理的理由が必要とされ，それを欠く解雇を無効とすることで，労働者の原職復帰による雇用の存続保護が重視されている。例外は，復職が労使いずれかにとって期待できないケースであり，その場合には，解雇の金銭的解決が制度化されている。このことは，経営上の理由による整理解雇のケースでも，基本的に異ならない。とりわけ整理解雇の場合には，「社会的選択」として被解雇者選定の合理性も問題となる。そこでは，たとえば先任権ルールのような明確な基準は用いられず，個々の労働者の事情も含めた総合考慮が必要とされてきた。

　解雇制限法は，従業員数5人以下の零細事業所の場合を除き，労働関係が6ヵ月以上継続した全労働者に対して一律に適用される。この点，零細事業所における適用除外の範囲については，その後の法改正で変化もみられる。ただ，①解雇には合理的理由が必要であること，②解雇無効による原職復帰が原則化されていること，③金銭解決について，労働者だけでなく使用者の利用も認められているものの，それは裁判所による解雇無効確認を前提とするものであり，④しかも，

---

12) Gesetz über Teilzeitarbeit und befristete Arbeitsverträge（BGBl. I 2000, S. 1966）.

職場復帰が困難な場合に限定されるという特徴がある。

このような雇用の存続保護を重視する労働法制のもとでは、労働契約の期間の定めの有無による、法的保護の違いが重要となる。こうした視点で有期労働法制をみると、当初は有期雇用の利用を制限する立法は存在しなかったものの、判例法理によって、その利用には正当事由が必要とされるようになった（入口規制）。そこでは、解雇制限法の適用除外期間（6ヵ月）と平仄をあわせて、これを超える有期雇用については無期雇用へと転換することが重視されてきた。

他方、こうした判例法理に対しては、労働力利用の柔軟化を図る観点から立法による規制緩和も進められ、労働契約の期間設定に正当事由を問わないケースが、最長期間や更新回数の制限を設けつつ拡大されてきている（入口規制の緩和と出口規制）。これは、特に労働関係の開始段階で有期雇用を利用しやすくすることで、失業者の労働市場への参入を図ることを目的とする。ただし、こうした規制緩和と従来の判例法理との整合性は不明確なままであった。

第2節　労働者派遣制度の沿革と特徴

I　概　要

ドイツでは、1994年に自由化されるまでの間、国家による職業紹介事業の独占（staatliches Arbeitsvermittlungsmonopols）が目指されてきた。[13]そして、労働者派遣事業も民営職業紹介事業の一種として禁止されてきたが、連邦憲法裁判所は、1967年の決定により、この規制が基本法12条1項で保障された「営業の自由」に反する違憲なものであるとした。こうして立法化された労働者派遣法（AÜG）[14]は、同法で定める範囲に限って、民営職業紹介事業の例外として派遣を合法化したのである。

労働者派遣は、事業の参入規制のもとで、臨時的・一時的なものとして、当初

---

[13] 先行研究として、とくに、大橋範雄『派遣法の弾力化と派遣労働者の保護―ドイツの派遣法を中心に』（法律文化社、1999年）、同『派遣労働と人間の尊厳―使用者責任と均等待遇原則を中心に』（法律文化社、2007年）参照。近年の再規制の動きを詳細に検討するものとして、高橋賢司『労働者派遣法の研究』（中央経済社、2015年）。

[14] Gesetz zur Regelung der gewerbsmäßigen Arbeitnehmerüberlassung (BGBl. I 1972, S. 1393).

は派遣期間の上限を3ヵ月に限って認められた。派遣事業の許可がない場合や，上限期間を超える違法派遣の場合には，派遣元・派遣先との労働者派遣契約と派遣元・労働者との労働契約はいずれも無効となり，代わりに，労働者と派遣先との間で直接的な労働契約関係が擬制された（擬制的労働関係）。

　しかし現在では，このような法制度は，その中核的部分も含め変更されている。すなわち現行法では，許可制度による参入規制は維持されているものの，期間制限は撤廃され，法制度上，労働者派遣の臨時的・一時的な性格は大きく後退している。その一方で，派遣労働条件について，派遣先の直用労働者との均等待遇原則が導入されている。また，特に近年では，労働者派遣を，再度，臨時的・一時的なものと位置づけた上で，期間制限についても再び導入する動きもある。ドイツの労働者派遣制度は，主として21世紀初頭のハルツ改革を通じて規制緩和を続けてきたものが，2015年現在では，反動に転じている状況にあるといえる。以下では，ハルツ改革以前の制度状況と対比しつつ，同改革の内容，およびその後の再規制の動きを詳細にみておくこととする。

II　ハルツ改革以前の状況

1　民営職業紹介と労働者派遣

　ドイツでは，1957年の職業紹介失業保険法（AVAVG）により，民営による職業紹介事業が禁止され，職業紹介事業は国家（連邦雇用庁）が独占するものとされてきた。[15] その目的は，これを合憲とした連邦憲法裁判所によると（後掲のFührungskräfte事件），①失業問題や使用者の労働力不足を防止するためには統一的な労働市場政策が不可欠であること，②民営の職業紹介事業者による不当な手数料徴収から求職者を保護する必要性，③労働者の過度な転職促進により雇用主との労働関係が害されることを防止することにあった。そして同法において職業紹介（Arbeitsvermittlung）とは，「労働関係を成立させるために，求職者と使

---

15) Gesetz über Arbeitsvermittlung und Arbeitslosenversicherung（BGBl. I 1957, Nr. 13, S. 321）。なお，職業紹介事業に対しては，ワイマール期の旧法（RGBl. I 1927, S. 187）およびそれ以前の職業紹介法（RGBl. I 1922, S. 657）から特別な規制が展開されてきた。詳細は，手塚和彰「ドイツ労働者派遣法研究（一）」千葉大学法学論集9巻2号（1995年）61頁，井口泰「職業紹介事業の規制緩和と労働市場―ドイツの動向から」日本労働研究雑誌437号（1996年）42頁，柳屋孝安「労働市場の変化とドイツ労働法―民営職業紹介規制の変遷」日本労働法学会誌87号（1996年）35頁を参照。

用者とを結合させようとする行為」と定義され，私人がこうした職業紹介事業を行うことは禁止される（35条，37条1項）。こうした政策は，ILOをはじめ当時の国際的動向にも沿うものであり，ドイツでは1994年まで維持されてきた。[16]

さらに，ドイツでは，民営職業紹介事業を禁止する法規制が，労働者派遣制度とも密接に関係している。すなわち，職業紹介失業保険法によると，「使用者が，労働者に自己の計算に基づいて業務を遂行させるのでなく，ある業務のために第三者の処分に委ねる場合で，派遣労働者に必要な用具（Werkzeug）を自ら備えないときには，当該労働者の割当て（Zuweisung）も職業紹介とみなされる」（37条3項）。つまり，同法のもとでは，派遣元との労働契約に基づいて労働者を派遣する場合であっても，職業紹介のみなし規制によって，民営職業紹介事業として包括的に禁止されたのである。

2　1967年連邦憲法裁判所決定

しかし，この職業紹介失業保険法（AVAVG）37条3項の規定は，基本法12条1項で保障された営業の自由（Berufsfreiheit）に違反するとして，1967年の憲法裁判所決定により違憲とされる（adia事件）[17]。事案は次のようであった。

上告人X社は，商業事務や記帳業務を行う有限会社である。X社は，広告・郵便により，「自由な協働者（freien Mitarbeiterinnen）」と称する労働者を募集し，これに対する応募者を事務職員として派遣することを主たる業務としていた。X社は，労働者を派遣先から自由に戻すことができるほか，派遣先での需要がなくなると，労働者はX社のもとに復帰する。X社と派遣先との契約によると，労働者の就労時間数に応じ，報酬として1時間あたり5.2マルクないし6マルクの金額が約定され，派遣先が労働者を直用化することは，5,000マルクの違約金を課すことで禁止されていた。一方，X社は労働者に対して，1時間あたり3.5マル

---

16) なお，現在では，民営有料職業紹介事業も，特別の事業許可ではなく一般的な営業の届出があるだけで認められている（社会法典第3編291条以下）。Vgl. *Henneberger*, Arbeitsvermittlung in Deutschland und in der Schweiz-Zum Verhältnis zwischen privater und öffentlichrechtlicher Vermittlungstätigkeit, RdA 2003, S. 11ff.

17) BVerfG, v. 4.4.1967, AP Nr. 7 zu §37 AVAVG. 同決定を紹介するものとして，脇田滋「派遣労働者の保護についての国際比較」日本労働法学会誌59号（1982年）56頁，今野順夫「労働者派遣契約と請負契約―西ドイツにおける区別標識論議」福島大学教育学部論集35号（1983年）33頁，上条貞夫「労働者派遣の法理―ドイツ司法の軌跡」労旬1685号（2008年）16頁など。

クの報酬を支払っていた。

　このようななか，連邦雇用庁は，X社の事業が違法な民営職業紹介事業に該当するとして，その中止を求めた。しかし，X社はこれを争って提訴し，上告審では，職業紹介失業保険法の規定が営業の自由（基本法12条1項）に抵触し違憲であると主張した。なお，同日には，労働行政による職業紹介事業独占の合憲性そのものが争われた別の事件において，憲法裁判所はこれを肯定しており（Führungskräfte 事件[18]），本決定もこの判断を前提としている。

　判旨によると，「国家が職業紹介事業を包括的に独占していることは，民間の職業紹介事業者の営業の自由に対して，客観的な障害（Hindernis）となっている。これは，特別な公益（überragenden Gemeinschaftsguts）の保護に不可欠であるという理由がある場合に限り，基本法12条1項と両立し得る」。そして，職業紹介失業保険法によると，「まさに，労働者派遣契約を締結している場合までも規制が拡大されるところ，……派遣を制限する特別な公益上の要件は充たされない」。派遣と職業紹介とは，共通の経済的機能（wirtschaftliche Funktionen）を持つ。しかし，「派遣では派遣元と派遣労働者との間に法律関係があり……，それは，個々の派遣に限定されるのでなく，一定の継続的なものである」。また，こうした労働者派遣には，「経済上の特別な需要（besonders wirtschaftliches Bedürfnis）も認められる。派遣契約は，様々な理由から定職（Dauerstellung）やパートタイム労働に就けないか，就かない労働者の労働力を活用するものである。特に労働者派遣は，一方で，特別に弾力的な労働時間の設定を可能とし，他方で，個人の能力に応じた方法」でのマッチングを可能とするものである。

　このように，1967年の憲法裁判所決定は，国家による職業紹介事業の独占を前提としながらも，労働者派遣を職業紹介とは区別される独自の事業と認めた上で，派遣まで一律に禁止する職業紹介失業保険法（AVAVG）37条3項について，基本法で保障された「営業の自由」に反すると判示した。この決定では，派遣関係において，労働者と派遣元との間に継続的な法律関係があること，そして派遣に経済的有用性があることが重視されている。この1967年決定の意義は，派遣的就労を包括的に禁止する従来の取扱いを改めて，職業紹介と区別される「適法な派遣」を許容した点にある。

---

18) BVerfG, v. 4.4.1967, AP Nr. 2 zu §35 AVAVG.

3　1972年労働者派遣法の枠組み

(1)　1972年法の概要

　1967年の連邦憲法裁判所の決定を受けて，ドイツでは，労働者派遣の制度化へ向けた立法作業が進められた。そして，1972年8月には，労働者派遣法（AÜG）が成立する。その内容は，大略すると次のようなものであった。

　第1に，同法は，間接雇用である労働者派遣事業を規制するものである。すなわち，同法のもとで，派遣元（Verleiher）と派遣労働者（Leiharbeitnehmer）との関係は労働契約関係とされ，一方で，実際のユーザーである派遣先（Entleiher）と派遣労働者の間に直接の契約関係はない。第2に，同法は，「業として」の労働者派遣を規制するもので，許可取得義務や監督規制など事業法としての性格をもつ。第3に，派遣元と派遣労働者との派遣労働契約については，期間を定めないことが原則とされた。また，有期雇用が例外的に許される場合でも，当該労働契約の期間と派遣期間とを一致させてはならないこととされた（登録型派遣の全面禁止）。このことは，前述の憲法裁判所決定の理由づけ，すなわち，派遣労働関係において，労働者と派遣元との間に継続的な法律関係がある，との考え方を反映したものである。第4に，派遣期間については，上限を3ヵ月に制限された。

　では，それぞれの具体的な規制内容はどのようなものであったのか。これらのうち，第3と第4の規制は，法改正によりすでに撤廃されている。以下では，当初の規制内容を確認したうえで，その後の変遷を概観する。

(2)　許可制度と擬制的労働関係

　ドイツの労働者派遣法は，派遣元に対して，労働者派遣を業として行う場合には，連邦雇用庁（Bundesanstalt für Arbeit）から許可を得ることを義務づけている（1条1項）。この点，たとえば関係当事者が，契約形式としては請負契約等を締結して派遣的就労を行っているケースであっても，客観的にみて「業として」の派遣に該当する場合には，派遣法が強行的に適用される。つまり，法の適用において当事者意思は問題とならない[19]。許可付与に際して，連邦雇用庁は，派遣元が労働契約上の使用者として必要な信頼性を有しており，かつ，事業組織の形態

---

19)　BAG, v. 15.6.1983, AP Nr. 5 zu §10 AÜG.

から，通常の使用者としての義務（üblichen Arbeitgeberpflichten）を法律上履行し得るかどうかを審査したうえで許可を与える（3条1項）。

それでは，この許可取得義務に違反した場合はどうなるのか。この点，「派遣元が，1条1項による許可を連邦雇用庁から取得することなく，第三者に業として労働者派遣を行う場合には，派遣元と派遣先との契約，及び，派遣元と派遣労働者との契約は無効となる」（9条1号）。こうして，労働者派遣契約（企業間契約）と派遣労働契約のいずれも無効となるので，とりわけ当該労働者の処遇が問題となる。労働契約関係が無効であるならば，理論上，労働者は失職することになるからである。この点，派遣法は，9条1号違反により各契約が無効となるケースで，労働者と派遣先との直接の労働契約関係を擬制している（10条1項）。派遣先との間で擬制された労働関係は，擬制的労働関係（fingierte Arbeitsverhältnis）と呼ばれている。[20]

この擬制的労働関係は，そもそも派遣元が許可を取得していなかった場合だけでなく，許可が事後的に取り消された場合，あるいは，許可の有効期間を超えて労働者を派遣した場合にも問題となる。この点，①無許可の派遣のケースでは，派遣先で就労を開始した日から，②他方，事後的に許可が取り消されたケースや許可の有効期間を超えたケースでは当該日において，派遣先との擬制的労働関係が成立する。なお，派遣元の許可取得に関する瑕疵について，派遣先が認識しているかどうかは問題とならない。その理由は，労働関係の擬制は，違法に派遣された労働者の保護を主目的とするためとされる。[21]

擬制的労働関係においては，原則としては，派遣先で直接雇用される同種労働者の労働条件が適用される。ただし，①賃金について，派遣労働者の賃金が派遣先のそれよりも高額であった場合には，派遣元での賃金水準が維持される。②労働時間の長さについても，派遣元と派遣先との合意内容が基準となり，翻って派遣元と労働者との労働契約内容が維持される。③以上のほか，労働契約期間については，派遣先での労働力利用が一時的なものとして予定され，かつ，労働契約の期間設定に正当事由がある場合に限り，労働契約に期間の定めがあるものとして擬制される（10条1項）。なお，判例によると，派遣先が，このような擬制的労

---

20) 当時の擬制的労働関係の位置づけについては，大橋・前掲注13書（1999年）41頁以下が詳しい。
21) BT-Drucks. 6/2303 vom 15.1.1971, S. 13.

働関係を労働者との合意によって終了させ，新たな労働契約を締結することも許容される。その場合には，新たな労働条件の水準については契約自由の範疇にある。[22]

あとで検討するように，このような許可制度と，許可取得義務に違反するケースで派遣先との間で労働契約関係を擬制する法制度とは，現在でも枠組みとしては維持されている。

(3) 派遣労働契約の内容

1972年の労働者派遣法では，派遣労働者と派遣元は，期間の定めのない労働契約を締結することが原則とされていた（旧3条1項3号，9条2号）。すなわち，労働契約の期間設定は，派遣労働者の個人的事情により，客観的な理由（sachlicher Grund）がある場合に限り許容されていた。この点，当時の判例法理では，6ヵ月以上の有期労働契約の締結に正当事由が必要とされていた。これと比較すると，労働者派遣においては，（6ヵ月未満の）短期間の場合でも正当事由を要する点，正当事由の内容が労働者の個人的事情に限定されるという点で，有期雇用の利用が特に限定されていたといえる。

次に，労働者の個人的事情で有期雇用が許される場合であっても，当該契約期間と派遣期間とを一致させることは禁止された（旧3条1項5号）。こうした制度のもとでは，仮に労働契約に期間を定めることに正当事由がある場合でも，いわゆる登録型派遣を行う余地はない（登録型派遣の全面禁止）。こうして，法制度上は，労働契約に期間を定めないことを原則化することで，派遣労働者の雇用の存続保護が重視されていた。しかし，当時の調査によると，派遣元との雇用期間が3ヵ月未満のケースが約8割を占める状況にあり，実態としては，派遣元との雇用関係も臨時的・一時的なものにとどまることが多かったようである。[23]

(4) 派遣期間の制限

労働者派遣法は，1972年の制定当時には，派遣期間の上限を3ヵ月に制限していた。この3ヵ月の算定は，同一労働者（denselben Leiharbeitnehmer）の派遣先

---

22) BAG, v. 19.12.1979, AP Nr. 1 zu §10 AÜG.
23) BT-Drucks. 10/1934 vom 31.8.1984, S. 55, Tabelle 8.

での受入期間による（旧3条1項6号）。また，派遣元は，（無期雇用の）労働者を解雇した場合に，3ヵ月の間は当該労働者を再雇用することが禁止されていた（同4号）。

　立法理由によると，こうした規制の目的は，派遣期間を3ヵ月に制限することにより，長期の派遣から生じる労働市場政策および社会政策における悪影響（Nachteil）が生じることを防止することであった。連邦労働裁判所も，期間設定の目的について，派遣先での恒常的な労務が派遣労働者によって代替されることを防止することにあるとしている。つまり，期間制限の目的として，単に派遣労働者の雇用が不安定であることを問題視するだけでなく，そうした派遣によって，派遣先で直接雇用される労働者の良質な雇用が代替されることを防止する狙いがあるとされる。

　もっとも，こうした目的を加味しながらも，ドイツにおける具体的な派遣期間の制限手法をみると，派遣先の同一業務での受入期間を機械的に制限するのではなく，ある派遣労働者についての同一派遣先での受入期間を制限する仕組みとなっている。このことは，日本での派遣期間を制限する具体的な手法として，2015年の改正以前には，派遣先の同一業務での受入期間にのみ着目し，派遣労働者個人の就労期間とは無関係な規制を展開してきたこととは大きく異なる点に注意が必要である。

　ドイツ法における派遣期間の制限は，許可制度という公法上の規制と関わるものであるが，同時に，上限規制に違反するケースでの私法的な効力も明確に定められていた。すなわち，同一の派遣先に対し，同一の労働者を3ヵ月以上派遣した場合には，派遣元は，法律上禁止されている民営職業紹介事業を行ったものと推定された（旧1条2項）。この場合，私法上も，みなし規制により，派遣先と派遣労働者との間で直接の労働関係の成立が認められ，派遣先が契約上の使用者とされていた（旧10条）。ここでも派遣先との擬制的労働関係が問題となる。つまり，期間制限は，ある労働者について，派遣期間が3ヵ月を超える場合に派遣先との

---

24) BT-Drucks. 6/2303 vom 15.6.1971, S. 12. この点については，大橋・前掲注13書（1999年）225頁も参照。
25) BAG, v. 23.11.1988, AP Nr. 14 zu §1 AÜG.
26) 前述のように，現在では，民営職業紹介事業も解禁され，それにあわせて派遣法10条の内容も変更されている。

労働契約関係を擬制するものであり、派遣労働者の直用化を強力に進める制度であったと評価できる。

　もっとも、この派遣期間の制限については、その後、徐々に規制緩和が進められる。まず、1985年の就業促進法により、5年間の時限立法としてではあるが、上限期間は最長6ヵ月にまで延長された。[27] また、新たに1条3項が創設され、①同一の産業部門（Wirtschaftszwenig）において、派遣元と派遣先とが同一の労働協約の適用を受けており、かつ、解雇や操業短縮を避けるために労働者派遣を利用するケースや、②同一企業グループの企業間で、労働者を一時的に他の企業に派遣するケースでは、派遣法を適用しないものとされた（したがって、派遣上限期間の規制も適用されない）。このうち派遣期間の延長については、当初は1989年末までの暫定措置として予定されていたが、その後も更新が続いただけでなく、内容面でも規制緩和が続けられ、1994年には最長9ヵ月、1997年には最長1年にまで延長されていた。こうした規制緩和に対しては、法制度上、労働者派遣を臨時的・一時的なものと位置づける立場から疑問が呈されていた。

　期間制限と関連して、各派遣の間で一定の中断があった場合に、派遣期間の算定をどのように行うのか、すなわちクーリング期間のあり方が問題となる。この点、法律上に明文の規定はなかったが、連邦雇用庁の行政実務では、クーリング期間を従前の派遣期間の25％とする考え方が確立していた。他方、連邦労働裁判所は、期間の長さを形式的に判断することを避け、実質的な業務内容の連続性を考慮する立場を明確にしていた。[28] 連邦労働裁判所によると、①中断期間が派遣期間の「25％」未満であっても、業務に連続性がないケースでは期間の通算はないが、②「25％」以上の中断期間がある場合でも、実質的にみて業務内容に連続性があるケースであれば、派遣期間は通算されるものとされた。[29]

　同様に、期間の算定においては、「派遣先」概念を画定する基準も問題となった。この点、1987年10月の連邦雇用庁の通達によると、派遣先が同一であるかどうかは、事業所組織法4条に基づいて自己の責任の範囲および組織の点で独立しており、かつ、派遣労働者の受入およびその中止の権限を独自に有しているかど

---

27) Beschäftigungsförderungsgesetz (BGBl. I 1985, Nr. 21, S. 710).
28) 当時の学説・判例の展開については、大橋・前掲注13書（1999年）249頁以下で詳細に分析されている。
29) BAG, v. 23.11.1988, AP Nr. 14 zu §1 AÜG.

うかによって判断されていた。[30]

4 小　括

　以上，ハルツ改革以前の労働者派遣制度の特徴は，次のようにまとめられる。まず，派遣法の成立以前には，労働者派遣は民営の職業紹介事業の一種として禁止されてきた。たしかにドイツの労働者派遣法は，この包括的な規制に対する違憲判決を機に制度化された経緯がある。しかし，派遣法でも，派遣と職業紹介とが切断されたわけでなく，許可義務に違反する場合には違法な職業紹介とみなされ，派遣先との間で直接雇用の関係が擬制されている。

　具体的な規制をみると，派遣期間を短期に制限することで常用代替の防止を図りつつ，派遣労働者としての地位が不安定となることを防止するために，登録型派遣が全面的に禁止されていた。この点，期間制限は長期の派遣就労を一律に禁止する点で，派遣先の直用労働者の利益とはなっても，派遣労働者のニーズに合致するとは限らない。この問題に対して，ドイツ法は，上限期間を超えるケースで，派遣労働者と派遣先との直用関係を擬制することにより，両者の利益調整を図っていた。

　このように，ドイツの労働者派遣法は，同法の規制に従った派遣のみを間接雇用として認め，それに反する違法派遣を強力に直接雇用へと誘導する仕組みとなっている。その背景には，外部労働市場の役割に懐疑的で，①職業紹介は国家が独占してきたという歴史的経緯と，②法制度として雇用の存続保護（解雇規制）を重視する政策が展開されており，派遣労働者にも同質の保護を及ぼすべきという考え方がある。

III　労働市場改革──ハルツ改革を中心に

1　概　要

　すでに検討したように，ドイツの労働市場政策は，伝統的に，解雇規制を基軸として企業内の内部労働市場での安定を重視してきた。そこでは，たとえば有期

---

30)　BB 1990, S. 1265. 同通達の内容とその後の学説の展開を紹介するものとして，大橋・前掲注13書（1999年）256頁以下がある。

雇用について，利用そのものを制限するとともに，解雇規制が直接に及ぶ無期雇用へと転換することが重視されている。これに対して，私人が職業紹介事業や労働者派遣事業を行うことは（＝外部労働市場を通じたマッチング），禁止または制限されてきた。さらに，労働者が失業した場合にも，失業給付による所得保障を図りつつ，公的職業紹介によって労働市場への復帰が目指されてきた。

ドイツの労働市場政策をみると，たしかにハルツ改革以前にも，たとえば1969年の就業促進法では[31]，国家の介入による積極的な労働市場政策が企図されていた。しかし，こうした措置は，国家の助成や補助金による一時的な対応にとどまり，抜本的な改革には繋がらなかったことが指摘されている[32]。他方で，とりわけ東西統一後のドイツでは，10％前後という失業率の高止まりの状況にあり，労働市場改革の必要性が強く認識され，積極的な改革が進められてきた[33]。その中心は，第2次シュレーダー政権下での，いわゆるハルツ改革であった。これは，当時，フォルクスワーゲン社の人事担当役員であった Peter Hartz 氏を中心とする，「労働市場における現代的サービスのための委員会（以下，ハルツ委員会）[34]」の報告書（2002年8月）に基づくものであった。

ハルツ委員会は，失業者に対する連邦雇用庁の職業斡旋事業につき，抜本的な改革を審議するための諮問機関であり，失業者数の削減を目的としていた。そして，ハルツ報告書は，ハルツ第Ⅰ法（雇用局の組織改編等），第Ⅱ法（起業の促進，補助金による失業者の減少施策），第Ⅲ法（連邦雇用庁の改組等），第Ⅳ法（失業給付と社会扶助の整理・統合）として，関連諸法の改正により，順次，立法化された[35]。

ハルツ委員会の提案は13項目に及ぶ。すなわち，①職業安定所の改組によるジョブセンターの設置と，求人・求職者に対するサービスの改善，②職業紹介の迅

---

31) Arbeitsförderungsgesetz (BGBl. I 1969, S. 582).
32) 労働政策研究・研修機構『ドイツにおける労働市場改革―その評価と展望』(2006年) 7頁以下 [野川忍]。
33) これに対して現在では，経済の好調を反映して，ドイツの失業率は5.3％にとどまっている。これは，EU28カ国平均 (10.8％) はもちろん，オランダ (6.7％) と比較しても良好な部類である (eurostat, Quality report of the European Union Labour Force Survey 2014[ed.])。
34) Kommission für moderne Dienstleistungen am Arbeitsmarkt.
35) ハルツ法は，正式には，労働市場政策現代化法 (Gesetz für moderne Dienstleistungen am Arbeitsmarkt) の，第Ⅰ法 (BGBl. I 2002, S. 4607)，第Ⅱ法 (BGBl. I 2002, S. 4621)，第Ⅲ法 (BGBl. I 2003, S. 2848)，第Ⅳ法 (BGBl. I 2003, S. 2954) であるが，以下ではハルツ第Ⅰ～第Ⅳ法と略称する。

速化，③職業紹介における，失業者への保護と自律的な参加とのバランスの改善，④若年者の失業対策，⑤高年齢者の就労促進，⑥失業給付（Arbeitslosengeld）制度と社会扶助（Sozialhilfe）制度との統合，⑦企業の社会的責任としての雇用確保と，当該企業に対するインセンティブの付与，⑧労働者派遣法の改正と人材サービス・エージェンシー（PSA）の設置，⑨私会社（Ich-AG）と家族会社（Familien-AG）による起業の促進と，闇労働（Schwarzarbeit）の撲滅，ミニジョブ制度（労働時間や賃金額が一定水準に満たない場合に，税金や社会保険料の支払いを免除する仕組み）の改善，⑩連邦雇用庁の組織改革，⑪各州の雇用局の改組，⑫失業克服措置への財政的援助，⑬国民各層の貢献である[36]。本書との関係では，各地域のジョブセンターとして，人材サービス・エージェンシー（PSA）が設置された点と，それにあわせて，派遣法が大幅に改正された点が（⑧）注目される。

また，同時期には，シュレーダー政権としても，労働市場の改革プログラムとして，「アジェンダ2010」が公表されている。「アジェンダ2010」は，ハルツ報告を受けて解雇や有期労働契約に対する規制緩和を企図するものであり，その内容は，労働市場改革法として立法化されている（2003年12月24日成立，翌年1月1日施行）。つまり，時期的にみると，「アジェンダ2010」は，ハルツ第Ⅰ法と第Ⅱ法の成立直後に発表されており，両者はほぼ同時期の改革とみてよい。

そこで以下では，まず，「アジェンダ2010」と「労働市場改革法」の内容を中心に，労働市場改革によって，解雇・有期労働法制がどのように変化したのかを分析し，次に，「ハルツ第Ⅰ法」に着目して，労働者派遣制度の改革内容を概観する[37]。その目的は，近年の労働市場改革のなかで，解雇・有期労働法制と労働者派遣制度とがどのように変化してきたのか，その全体像を明らかにすることにある。

---

36) それぞれの概要については，名古道功「ドイツ労働市場改革立法の動向—ハルツ四法と労働市場改革法を中心に」金沢法学48巻1号（2005年）67頁以下を参照。

37) ドイツの労働市場改革については，名古・前掲注36論文，JILPT前掲注32報告書［野川忍］のほか，橋本陽子「第2次シュレーダー政権の労働法・社会保険法改革の動向—ハルツ立法，改正解雇制限法，及び集団的労働法の最近の展開」学習院大学法学会雑誌40巻2号（2005年）173頁以下を参照。

2 解雇法制の変化
(1) ハルツ改革以前の状況

　第1節で検討したように，ドイツ労働法は，解雇規制を中心に労働力の需給調整について原則的な制限を課している。もっとも，解雇制限法をめぐっては，ハルツ改革以前にも，特に零細事業所に対する適用除外の範囲と（従来は5人以下），整理解雇時の被解雇者の「社会的選択（Sozialauswahl）」基準を明確化することを中心に制度改革が図られてきた。

　まず，コール政権のもとで，1996年の就業促進法では[38]，解雇規制の適用を免除される範囲が，経過措置を設けつつ10人以下の零細事業所にまで拡大された。同時に，この算定におけるパートタイマーの扱いも変更された[39]。また，同法では，「社会的選択」の基準として，①勤続年数，②年齢，③扶養義務の3点が法律で規定された。従来の判例では，これらのほかにも，労働市場における転職の難易や家族の収入などが総合考慮されていたところ[40]，新制度は，具体的な基準を限定・明確化することを目的としていた。

　同様の観点から，このような社会的選択については，労働協約や事業所協定等で集団的な調整が図られている場合には，重大な瑕疵（grobe Fehlerhaftigkeit）がある場合のほかは，司法審査の対象とされないこととされた（解雇制限法1条4項）。さらに1996年法では，事業所の人員構成を考慮して，「事業所の正当な利益（berechtigten betrieblichen Interesse）」がある場合には，「社会的選択」に優先することが定められた（同3項2文）。端的にいえば，1996年の就業促進法では，解雇制限法の規制緩和が進められた。

　しかし，この1996年改正は，政権交代により，わずか2年後に再検討を迫られる。すなわち，シュレーダー新政権（第1次）の公約に基づく1998年の「社会保険および労働者の権利確保のための修正法」[41]で，次のような規制強化が図られる

---

38) Arbeitsrechtliches Gesetz zur Förderung von Wachstum und Beschäftigung (BGBl. I 1996, S. 1476).
39) すなわち，1985年改正で導入されたパートタイマーの算定規定に代えて，「算定にあたって，所定労働時間が週10時間を超えない労働者は0.25人とし，週20時間を超えない労働者は0.5人とし，週30時間を超えない労働者は0.75人」とされた（23条1項4文）。
40) Vgl. BAG, v. 24.3.1983, AP Nr. 12 zu §1 KSchG; BAG, v. 8.8.1985, AP Nr. 10 zu §1 KSchG.
41) Gesetz zu Korrekturen in der Sozialversicherung und zur Sicherung der Arbeitnehmerrechte (BGBl. I 1998, S. 3843).

こととなった。まず，解雇制限法23条の適用除外（零細事業所）の範囲は，再び「5人以下」に戻された。また，整理解雇時の「社会的選択」の3つの基準も，再び総合考慮することへと改められ，集団的規制を尊重する規定も削除された。これに対して，適用除外と関わるパートタイマーの算定基準は基本的に維持された[42]。また，「事業所の正当な利益」を社会的選択に優先させる規定については（1条3項2文），「事業所の技術的，経済的またはその他の事業所の必要性」とされ，若干の変更はあるが基本的内容は維持された。

このように，コール政権下での規制緩和は，その直後，第1次シュレーダー政権によって再規制が図られたが，一部について方針が受け継がれている。そして，解雇法制は，その後の第2次シュレーダー政権のもとで，さらに改革が図られることとなる。

(2) アジェンダ2010

ハルツ第Ⅰ法と第Ⅱ法の成立後，シュレーダー首相は，「アジェンダ2010（Agenda 2010)」を発表した（2003年3月）。「アジェンダ2010」とは，労働市場改革のほか，社会保障制度の再構築や経済発展を目的とする包括的な政策プログラムである。その内容は，労働市場改革の分野では，①解雇制限法の規制緩和を図ること，②失業給付の給付期間を短縮すること，③失業給付と社会扶助とを統合すること，④連邦雇用庁の業務を連邦雇用エージェンシーへと移管することに大別される。

「アジェンダ2010」の改革内容には，企業を新設する場合に解雇制限法の適用要件を緩和することや，それ以外のケースでも適用除外の範囲（5人）について，算定方法を緩和することなどが盛り込まれていた。また，整理解雇の「社会的選択」基準を緩和し，考慮すべき基準として，勤続年数・年齢・家族を扶養する責任を有しているかどうかの3点に限定することが提案された。さらに，解雇規制に関連して，企業が解約補償金による解約契約を締結することや，解雇訴訟の提訴期間を制限・統一することなどが提案された。こうした提案を具体化したのが，同年末の労働市場改革法である。

---

42) パートタイム労働者の算定については，週10時間未満のケースに関する部分だけが削除された。

(3) 労働市場改革法
① 概要
　労働市場改革法は[43]，2003年12月，すなわちハルツ第Ⅲ法や第Ⅳ法と同時期に制定されたものである（2004年1月1日施行）。同法は，ハルツ委員会の提案に基づく労働市場改革の一環であると同時に，「アジェンダ2010」の内容のうち，特に解雇制限法の改正や，失業給付の給付期間の短縮を実現するものであった[44]。
　もっとも，労働市場改革法は，解雇規制の根幹的部分については従来通り維持することを前提とする。同法の基本的な考え方は次のようである。すなわち，解雇規制は「社会的市場経済の本質」であり，維持されなければならない。それは，労働者保護およびその家族の生存保障という観点からだけでなく，労働者の企業利益への動機づけという点で，使用者の利益にも資するものである。しかし他方で，現行制度の不備は修正する必要があり，具体的には，法的な予測可能性を高めることによって，企業が新規採用を抑制するという弊害を除去しなければならない[45]。
　このような考え方のもとで，労働市場改革法では，①解雇制限法の適用除外の範囲を拡大すること，②整理解雇の「社会的選択」基準を明確化すること，③雇用終了時に，新たな金銭解決制度を導入することなどが目指された。以下，それぞれ確認しておこう。

② 適用除外の規制緩和
　まず，解雇制限法の適用を免れる零細事業所として，①従来通り，労働者数が5人以下であれば適用を除外すること，②他方，11人以上の事業所には，同法をそのまま適用することとされた。③これに対して，6人以上10人以下の事業所においては，2004年1月1日以降の新規採用者について，同法の第1章（1条ないし14条）の規定のうち，公序違反の解雇や提訴時期等に関する一部の規定（4条ないし7条，および13条1項1文，2文）を除いて適用されないこととなった。
　審議過程では，③の点で，有期労働者の人数をどのように算入するのかという

---

43) Gesetz zu Reformen am Arbeitsmarkt（BGBl. I 2003, S. 3002）.
44) 失業給付制度については，それまで最高32ヵ月とされていた受給期間が，55歳未満について最長12ヵ月，55歳以上について最長18ヵ月にまで大幅に短縮された。
45) Vgl. Begründung zum Gesetzentwurf, BT-Drucks. 15/1204 vom 24.6.2003, S. 1 und S. 8.

問題や（当初は，すでに労働関係にある場合には全く考慮しないこととされていた），施行後5年間の時限立法とすることも検討されたが，結局は上記のような制度とされた。こうした制度改革は，零細事業所での新規採用を促進することを目的とする。

③ 「社会的選択」基準の明確化等

次に，経営上の理由による整理解雇のケースで，被解雇者の「社会的選択」基準が変更されている。新制度の内容は次のようである。

第1に，コール政権下での1996年法と同様に，基準として，①勤続年数，②年齢，③家族の扶養義務を法律で明確化するとともに，④新たに，重度障害（Schwerbehinderung）の有無が追加された（1条3項1文）。立法理由書によると，この4つの基準のなかで優劣関係はない。これは，従来の連邦労働裁判所の立場とも一致する。

第2に，「社会的選択」の際には集団的な規範が重視される。すなわち，労働協約や事業所協定等で，4つの基準の相互関係が明確化されているケースでは，重大な瑕疵がある場合を除き，司法審査の対象とならない（1条4項）。この点，集団的規範が，4つの基準の相互関係を明確化できるにとどまるのか，あるいは，それ以上に，どのような基準であっても集団的規制が尊重されるのかという点で，学説上の争いがある。

第3に，従来と同様，「事業所の正当な利益」は，「社会的選択」に優先する（1条3項2文）。すなわち，事業所内での人員構成のバランスを考慮して，正当な利益がある場合には，使用者は，特定の労働者を整理解雇の対象から除外できる。たとえば，年齢グループ毎に被解雇者を選択することなどについては，年齢差別を禁止する一般平等取扱法との抵触をめぐって解釈問題が生じ得るが，現在の判

---

46) Vgl. Beschlussempfehlung und Bericht des Ausschusses für Wirtschaft und Arbeit (9. Ausschuss), BT-Drucks. 15/1587 vom 24.9.2003.

47) Vgl. *Willemsen/Annuß*, Kündigungsschutz nach der Reform, NJW 2004, S. 180（限定的に解する見解）；*Quecke*, Die Änderung des Kündigungsschutzgesetzes zum 1.1.2004, RdA 2004, S. 89（集団的規制の一般的な優位性を解く見解）.

48) Vgl. Entwurf eines Gesetzes zu Reformen am Arbeitsmarkt der Fraktionen SPD und BÜNDNIS 90/DIE GRÜNEN, BT-Drucks. 15/1204 vom 24.6.2003, S. 11.

例ではこうした措置も許容されている。なお，2003年改正では，法律の文言上は，再び，「事業所の技術的，経済的またはその他の事業所の必要性」から，「事業所の正当な利益」へと戻されている。

第4に，事業所の「組織変更（Betriebsänderung）」のケースでは，事業所委員会との協議を経て解雇がなされる場合に，解雇の正当性が推定されることとなった（1条5項）。これも，1996年法の考え方を採り入れたものである。事業所組織法によると，労働者に著しい不利益をもたらす組織変更の場合に，使用者は事業所委員会との協議義務を負う（111条）。具体的には，事業所の閉鎖，統合または分割，移転，新たな生産設備を導入するケース等であり，協議の目的は，労使の利益調整（Interessenausgleich）を図ることである（112条）。新制度では，こうした組織変更に伴い整理解雇が必要で，かつ，事業所委員会において被解雇者が選定されるケースでは，その名簿リスト（Namensliste）の合理性が推定され，重大な瑕疵がある場合に限り司法審査の対象となる。例外は，被解雇者の選定後に，「事情が本質的に変化した場合」である（解雇制限法1条5項3文）。

④ **訴権放棄による金銭解決制度**

さらに，経営上の理由による解雇（betriebsbedingter Kündigung）のケースでは，新たに，補償金による解決制度が創設されている。これは，労働者に，補償金の請求と継続雇用の訴えとを選択させる制度であり，解雇制限法1a条として規定されている。同条の内容は次のようである。

［第1項］
　使用者が，本法1条2項1文の緊急の経営上の必要性に基づき労働者を解雇し，労働者が同法4条の期間（筆者注：解雇訴訟の提訴期間）が経過するまでに，当該解雇により労働関係が解消されていないことの確認の訴えを提起しない場合には，労働者は解約告知期間の経過後に補償金の請求権を取得する。補償金請求権が認めら

---

49) 被解雇者選択の際の年齢基準と，年齢差別も含めて禁止する一般平等取扱法との解釈問題については，さしあたり，BAG, v. 6.11.2009, NZA 2009, S. 361. 同判決を紹介するものとして，佐々木達也「社会的選択の際の年齢グループと点数表―解雇制限法と一般平等取扱法との関係（外国労働判例研究）」労旬1772号（2012年）66頁参照。

50) ebd., S. 12.

51) 新制度の内容や解釈問題については，橋本・前掲注37論文208頁以下に詳しい。

れるためには，使用者が解雇の意思表示に際し緊急の経営上の必要があることを示し，かつ，労働者の側が提訴期間後に補償金を得る意思表示をすることが必要となる。

[第2項]
　補償金の水準は，労働関係の継続期間に応じて，1年につき0.5ヵ月分の月額賃金に相当する額とする。……労働関係の継続期間を算定する際には，6ヵ月以上1年未満の期間は切り上げるものとする。

　要するに，新たな金銭解決制度は，①緊急の経営上の必要性に基づく解雇であること，②使用者が，労働者に対して，提訴期間を経過したあとで補償金を支払うことを事前に明示すること，③労働者が実際に提訴期間を経過するまで解雇訴訟を提起しないこと，との要件を充足した場合に，雇用関係の終了につき補償金による解決を図るものである。
　このような制度は，一定期間内に訴訟を提起しないことを前提とする点で，両当事者の意思による訴権放棄に類似する。[52]すなわち，新制度は，解雇制限法9条に基づく金銭解決制度（解雇が無効の場合に申立てに基づき裁判所で契約関係を解消し，金銭支払を命じる制度）とは，前提を異にしている。そして，具体的な解決金の水準についても，解雇制限法10条3項を算定基礎とする点では共通するものの，裁判所による解消では補償金額の上限があるのに対して（10条2項），新制度で上限は定められていない。また，新制度は，当事者の納得を前提とする点では，合意解約（Aufhebungsvertrag）と共通する。しかし，使用者側に解雇意思がある一方で，労働者側の意思としては法7条の擬制による点で，通常の合意解約とも区別される。[53]

⑤　提訴期間の統一

　以上のほか，労働市場改革法では，解雇事件に関する提訴期間の統一が図られている。現在では，解雇事件のほとんどのケースで，労働者は使用者の書面による解約告知から3週間以内に異議を表明する必要があり，これがない場合には，

---

52) なお，一定期間内は訴訟提起も許容される点で，解雇後の合意（Abwicklungsvertrag）：つまり，失業給付を得るために形式的に解雇とする合意で訴権の放棄を内容とするもの，とも区別される。

53) *Quecke*, a.a.O. (N47), S. 86 (94).

当該解雇ははじめから有効なものとみなされる（解雇制限法7条）。これは，解雇事件において，法律関係を早期に確定することを目的としている。

3　有期労働法制——TzBfGの規制[54]

次に，本書の問題関心からすると，同時期の有期労働法制の制度化も注目される。すでに指摘したように，ドイツでは，学説・判例上，6ヵ月を超える有期労働契約の利用には，客観的な理由が必要とされてきた。他方で，立法上は，1985年の就業促進法をはじめ規制緩和も図られてきており，判例法理との整合性が問題となっていた。

この問題に立法的な解決を図ったのが，2000年12月21日のパートタイム・有期契約法（TzBfG）である（翌年1月1日施行）。そして現在でも，同法が，労働市場改革法による改正を経ながら，解雇規制と有期雇用の利用に関する法的な調整を図っている。以下で，その内容をみておこう。

①　原則

ドイツでは，有期労働契約の利用には，原則として客観的な理由（sachlichen Grund）が必要である。これは，従来の判例法理の考え方をもとに，現在ではパートタイム・有期契約法で規定されている（14条1項）。同法は，6ヵ月未満の有期労働契約にも適用されるし，零細事業所への適用除外もない。

労働契約の期間設定を正当化できる理由は，次のようなものである。すなわち，①労務給付に対する経営上の必要が一時的にのみ存在する場合（一時的な労働需要），②労働者の継続雇用への移行を容易にするために，職業教育課程または大学課程を修了した直後に労働契約を締結する場合，③常用労働者の疾病，兵役，休暇取得等に伴い，一時的な代替要員として利用する場合，④放送局での番組製作等で労働者を一時的に雇用する場合や芸術分野での講演など，労務給付の特性

---

54) Gesetz über Teilzeitarbeit und befristete Arbeitsverträge（BGBl. I 2000, S. 1966）. 同法の内容や意義については，川田知子「ドイツにおけるパートタイム労働並びに有期労働契約をめぐる新動向—パートタイム労働・有期労働契約法の制定とその意義」中央学院大学法学論叢15巻1＝2号（2002年）161頁のほか，労働政策研究・研修機構『ドイツ・フランスの有期労働契約法制調査研究報告』（2004年）［橋本陽子］，労働問題リサーチセンター編『非正規雇用に関する労働法政策の方向—有期労働契約を中心に』（2010年）［石崎由希子］，同『雇用モデルの多様化と法解釈・法政策上の課題』（2012年）［仲琦］等。

から期間設定が許容される場合，⑤試用目的の場合，⑥労働者の個人的理由から期間設定を正当化できる場合（たとえば，労働者が兵役や進学，すでに決定した他の使用者のもとでの雇用などの前に，一時的に就労する場合），⑦公的な財源に基づいて賃金支払いがなされる場合（たとえば，特定の研究調査プロジェクト等で臨時的に雇用される場合），⑧裁判上の和解に基づいて期間が設定される場合である（14条1項参照）。

　これらの事由は，従前の裁判例で期間設定が合理的と評価されてきたものを集積したものであり，現行法のもとでも例示列挙であると解されている。立法解説をみても，政策的な雇用助成措置（＝積極的労働市場政策）の一環として期間設定をするケースなど，その他の事由が例示されている[55]。これに対して，たとえば，企業活動における将来の不確実性といった一般的なリスクは使用者が負うべきと解されており，労働契約に期間を定める正当な理由とはならない。なお，正当理由があれば契約の最長期間に制限はないが，期間が長期になる場合には，期間設定の正当性は否定されやすいようである[56]。また，試用目的の場合（⑤）には，解雇制限法とのバランスを考慮して，通常は，契約期間を6ヵ月以内に制限される。

　こうした客観的な理由を欠く場合には，労働契約の期間設定は無効となり，期間の定めのないものとみなされる。同様に，契約期間について書面化されていない場合でも，当該契約は期間の定めのないものとみなされる（14条4項，16条）。さらに使用者は，有期労働者に対する，無期雇用のポスト情報や（18条），従業員代表に対する，有期労働者の人数や従業員に占める割合についての情報提供義務を負う（20条）。

　以上のほか，パートタイム・有期契約法では，いわゆる正社員との均等待遇原則が規定されている。すなわち，有期労働者やパートタイマーについて，比較可能な期間の定めのない労働者あるいはフルタイム労働者との異別取扱いは，それを正当化できる場合を除いて禁止される（4条1項1文，同2項1文）。なお，比較可能な労働者の範囲は，企業レベルではなく同一事業所内に限られる（3条2項）。

---

55) Vgl. Entwurf eines Gesetzes über Teilzeitarbeit und befristete Arbeitsverträge und zur Änderung und Aufhebung arbeitsrechtlicher Bestimmungen, BT-Drucks. 14/4374 vom 24.10. 2000, Art. 1 §14, S. 18.
56) BAG, v. 6.12.2000, NZA 2001, S. 721ff. この点については，JILPT 前掲注54報告書19頁［橋本陽子］参照。

このように，ドイツでは，労働契約の期間設定には合理的理由が必要であり，それを欠く場合には期間設定は無効となる（入口規制）。たしかに，有期雇用と無期雇用との均等待遇原則など，有期労働者としての処遇改善も図られてきているが，期間の定めのない労働契約が原則とされ，有期雇用を無期雇用へと転換することが重視されている点に変わりはない。これは，（オランダ法と同様に）たとえば現行法で，パートタイマーについてフルタイムへの誘導がみられず価値中立的であることと対比すると，より明確となる。

② 例外

もっとも，有期雇用の入口規制については，次のような例外がある。第1に，新規に有期労働契約を締結する場合には，最初の2年間は，更新回数が3回以内である限り，前述の客観的理由を要しない（14条2項）。こうした規制は，すでに1985年の就業促進法でもみられた[57]。そして，この最長期間や更新回数については，労働協約で「別段の定め」をする余地があり（同2項3文），このような協約の対象領域（Geltungsbereich）であれば，協約に拘束されない労働者や使用者の個別合意によっても，最長期間の延長や更新回数の引上げが許される（同2項4文）。

第2に，高年齢者については，さらに広範な例外が認められている。この点についても，すでに以前から規制緩和が図られていた。2007年改正による現行法では，有期労働契約を締結する直前に，失業状態が4ヵ月以上続いた満52歳以上の労働者については，最初の5年間は有期労働契約の利用事由や更新回数の制限はない（14条3項）[58]。

第3に，企業を新設する場合には，労働契約の期間設定に客観的理由が必要とされない期間が，4年（従来は2年）にまで拡大されている（14条2a項）。これは，労働市場改革法によって改正されたものである。

要するに，パートタイム・有期契約法は，有期雇用の入口規制を大枠としては維持しながらも，新規採用者や就職状況の厳しい高年齢者のケース，あるいは事

---

57) ただし，同法の1996年改正では，新規契約に限ることなく有期労働契約の利用が許されていたのに対して，現在では，（1985年法と同様に）新規契約のケースに限定されている。

58) 2007年の改正以前の同条では，52歳以上の高年齢者について，一律に労働契約の期間設定が許容されていた。しかし，欧州司法裁判所が，いわゆる Mangold 事件（EuGH v. 22.11.2005, C-144/04）で，こうした規制を EU 指令に違反する年齢差別に該当し無効としたなかで，現行法では年齢に加えて失業等の要件が加重されている。

業を新たに始める場合を対象として，法規制を緩和することで雇用促進を図るものとなっている。特に，新規採用者について期間設定の合理性を問わない点に着目すれば，もはや上の枠組みは相当に歪み，ドイツでも，理念としてはともかく，実質的には入口規制を原則視することは困難な状況にあるといってもよい。こうした制度変更は，同時期のハルツ改革の目的からも明らかなように，失業対策としての側面が強いものである。

4 派遣制度改革——ハルツ第Ⅰ法
(1) 人材サービス・エージェンシー（PSA）の設置

次に，ハルツ改革期における，労働者派遣制度改革の内容を分析しておこう。ハルツ法による改革は，PSAと呼ばれるジョブセンターの創設とともに，派遣上限期間の撤廃など，従来の法制度の抜本的な改正を伴うものであった。

ドイツでは，従来，公的職業紹介や失業給付行政の実施機関として，1927年に設置された連邦雇用庁（Bundesanstalt für Arbeit）や，各地域での雇用局（Arbeitsamt）が中心的な役割を果たしていた。ハルツ改革では，職業紹介を有効に機能させることを目的として，連邦雇用庁は，連邦雇用エージェンシー（Bundesagentur für Arbeit）という独立法人に改組された。同時に，各地域に約180ある雇用局も，雇用エージェンシー（Agentur für Arbeit）として地方自治体と統合され，地域のジョブセンターとして再構築されることとなった。そして，各ジョブセンター内には，新たにPSA（Personal Service Agentur）が設置された。

この一連の制度改正は，2003年1月のハルツ第Ⅰ法により，社会法典（SGB）第3編の改正として実現したものである。あとで述べるように，現在では，PSAの設置を義務づける条項は，すでに社会法典から削除されている。他方で，労働者派遣制度に関しては，ハルツ改革の基本的な内容は維持されている。当時

---

59) こうした理解に対して，ドイツ法ではあくまで無期雇用が原則的形態とされており，有期雇用に対する規制としても，出口規制は入口規制の例外にとどまると評価するものとして，川H知子「ドイツにおけるパート・有期労働契約法14条の解釈をめぐって」山田省三ほか編『労働法理論変革への模索―毛塚勝利先生古稀記念』（信山社，2015年）447頁も参照。

60) Vgl. *Wank*, Neuere Entwicklungen im Arbeitnehmerüberlassungsrecht, RdA 2003, S. 1ff; *Schüren/Behrend*, Arbeitnehmerüberlassung nach der Reform-Risiken der Neuen Freiheit, NZA 2003, S. 521ff; *Kokemoor*, Neuregelung der Arbeitnehmerüberlassung durch die Hartz-Umsetzungsgesetze, NZA 2003, S. 238ff.

の具体的な制度は次のようである[61]。

　まず，各地域の雇用エージェンシーが，公的機関として，失業者に対する職業紹介事業を担うことは従来と同様である[62]。しかし，すべての雇用エージェンシー内には，新たに PSA が設置される。PSA の目的は，①失業者を雇用につなげるために労働者派遣を行うこと，②および，派遣されない待機期間中に職業訓練等を行うことである（社会法典第3編旧37c条1項）。

　PSA には，雇用エージェンシーの斡旋（＝職業紹介）によって就職できなかった失業者が登録され，PSA は，当該失業者を派遣労働者として地域の企業に派遣する。この点，失業者には PSA からの派遣が義務づけられ（社会法典第3編旧37b条），これを拒否する場合には失業給付が減額される（同140条）。他方，派遣がない合間の期間には資格取得のための支援措置が講じられる。学説では，たとえば派遣労働条件が著しく低いケースや，労働者派遣法に違反するケースなど，「重大な事由（wichtigen Grund）」がある場合に，失業者が派遣を拒否できるかどうかについては，解釈の余地がある[63]。とはいえ，PSA への登録・派遣（義務）と，失業給付の支給とが関連づけられていた点は，当時のドイツ法の特徴といえるであろう。

　派遣期間中の賃金については，あとで検討するように，派遣先の直用労働者との均等待遇原則による。ただし，最初の6週間については，直前に支給されていた失業手当に相当する額で足りる。この「6週間」という期間については，制度の「たたき台」となったハルツ報告書では，解雇制限法の適用除外期間やオランダ法（での当時の協約実務）を参考に「6ヵ月」とすることも検討されたが，法律では短縮されている[64]。

　PSA の運営は，雇用エージェンシーが行うか，あるいは民間企業へ委託されていた。具体的には，各地域の特性に応じて，①民間の派遣会社など他のサービス提供者に業務を委託するか，②官民の共同で運営するか，③雇用エージェンシーが運営するか，いずれかによる。つまり，PSA は純然たる公的機関というわ

---

61) PSA の創設当時の制度内容については，名古・前掲注36論文77頁以下に詳しい。
62) なお，法改正の直後には，従来の雇用局がこうした業務を担っていたが，ハルツ改革のなかで，雇用局は雇用エージェンシーへと改組されている。そこで以下では，用語の混乱を避けるために，「雇用エージェンシー」として統一することとする。
63) Wank, a.a.O. (N60), S. 8.
64) Wank, a.a.O. (N60), S. 7.

けではない。そして，PSAに対しては，失業者の人数に応じて公的助成金が毎月支給され，さらに，失業者が派遣先との間で社会保険の加入義務のある就業関係に移行できた場合には，3ヵ月後と6ヵ月後の2回にわけて紹介報酬も支給されていた。

要するに，PSAは，官民が協働して，労働者派遣を活用することで失業者の労働参加を支援するための制度と評価できる。そして，このPSAの制度化にあわせて，労働者派遣法も大改正されることとなる。

(2) 労働者派遣制度改革

ドイツの労働者派遣法は，制定以来，国家による事業の許可制度を維持しつつも，とりわけ期間制限の点で規制緩和を続けてきた。たとえば，ハルツ改革直前の2001年末には，Job-AQTIV法によって，派遣期間は最長2年にまで延長されている[65]。それ以前にも，1985年の就業促進法では，企業グループ間の派遣に対して労働者派遣法の適用除外が定められるなど，部分的な改正はみられた。しかし，これらは，派遣法の基礎を揺るがすような抜本的な改革とまではいえないだろう[66]。

これに対して，ハルツ第Ⅰ法による制度改革は，法制度の根幹に関わるものであった。その内容は，次のようである。第1に，派遣労働契約についても，通常の有期労働法制が適用されることとなった。従来であれば，派遣労働契約に期間を定めることができたのは，労働者の個人的事情から客観的に正当化できる場合に限定されていた（旧3条1項3号，9条2号）。また，派遣元は，労働者の解雇後3ヵ月以内には，当該労働者と再び労働契約を締結することを禁止されていた（旧3条1項4号）。これらは，当時の有期労働法制と比較すると，①利用事由がより限定的であるという点，②就業促進法などによる適用除外を受けない点，③利用事由の正当性にかかわらず，3ヵ月間のクーリング期間を要する点で，厳格なものであった。ハルツ改革は，こうした制限を撤廃するものである。ただ，あとで検討するように，その実際上の意義は必ずしも大きくはない。

---

65) Gesetz zur Reform der arbeitsmarktpolitischen Instrument（BGBl. I 2001, Nr. 66, S. 3443）：Job-AQTIV[Aktivieren-Qualifizieren-Trainieren-Investieren-Vermitteln]-Gesetz.
66) 1985年の就業促進法を紹介するものとして，手塚和彰「最近の西ドイツ労働法の変化について―就業促進法を中心として」ジュリスト855号（1986年）77頁以下，同「《西ドイツ》1985年就業促進法（資料）[上]」日本労働協会雑誌328号（1986年）54頁，同[下]329号（1986年）84頁。

第2に，派遣期間と労働契約期間を一致させること（Synchronisation）も，許されることとなった（旧3条1項5号の削除）。ハルツ改革以前には，仮に，例外的に有期雇用を利用できるケースであっても，労働契約の期間と派遣期間とを一致させることが禁止されていた（登録型派遣の全面禁止）。改正後は，雇用期間と派遣期間との一致が許容されるため，登録型派遣も直ちには違法とならない。ただし，ドイツでは，前述のように有期雇用の利用事由を制限する規制も残っているため（入口規制），改正の実務上の意義は小さいと考えられている[67]。

第3に，より重要な点として，派遣期間の制限が撤廃されている（旧3条1項6号の削除）。派遣期間については，派遣法制定時の3ヵ月から，2002年のJob-AQTIV法による改正で2年にまで延長されてきた。期間制限は，そもそも派遣を臨時的・一時的なものに限定することを目的としていたが，度重なる延長，さらにはハルツ改革での撤廃により，もはや，その前提は崩れたといえる。

第4に，PSAの制度化と期間制限の撤廃にあわせて，派遣労働者の労働条件について，派遣先で直接雇用される同種労働者との均等待遇原則が導入された。たしかに，以前にも，類似の規定はJob-AQTIV法による改正でみられた。すなわちJob-AQTIV法は，派遣期間の上限を2年に延長するとともに，同一労働者について同一派遣先への派遣期間が1年を経過した後には，派遣元に，賃金を含む労働条件（Arbeitsbedingungen einschließlich des Arbeitsentgelts）について，派遣先の直用労働者との均等待遇原則を義務づけていた（派遣法旧10条5項）[68]。これに対して改正法では，派遣の開始日から，派遣先の比較可能な労働者との，「賃金その他の基本的労働条件」の均等待遇原則が規定された。あとで検討するように，均等待遇原則は，①派遣事業の許可あるいはその延長の基準という，いわば公法的な規制であるとともに，②私法上の効果としても，同原則に反する合意は無効となり，労働者は均等待遇基準による労働条件を派遣元に対して請求することができる。なお，前述のように，失業者派遣のケースであれば，最初の6週間

---

67) Vgl. *Schüren*, Die Verfassungsmäßigkeit der Reform des Arbeitnehmerüberlassungsgesetzes -ein Rückblick mit Ausblicken, RdA 2006, S. 303.
68) それによると，「第3条1項6号に基づき，ある派遣先（einen Entleiher）に対して，12ヵ月を超えて連続して同一の派遣労働者（desselben Leiharbeitnehmers）を派遣する場合には，派遣元は，12ヵ月を超えた時点で，派遣先の事業所において比較可能な派遣先の労働者に適用される賃金を含む労働条件を，派遣労働者に対して保障しなければならない。；第1項5文（訳者注：派遣元での賃金額が均等待遇基準を上回る場合の塡補義務に関する規制）が適用される」。

の賃金については，直前の失業給付に相当する額で足りる。

　こうして，ハルツ第Ⅰ法による派遣制度改革は，制度の中核的部分の変更を含むものとなっている。特に，期間制限の撤廃は，従来，上限期間を超過した違法派遣のケースで職業紹介事業を行ったものと推定され，派遣労働者と派遣先との間で直接の労働契約関係が擬制されていたことと比較すると，大きな変化であろう。この改正により，派遣期間の点で違法性が問題となる余地はなくなったわけである。

　その一方で，均等待遇原則についてみると，派遣就労の開始日から適用されるよう規制が強化されている。EU の旧指令案では，同原則の例外として，①労働協約による場合，②派遣元と期間の定めのない労働契約を締結する派遣労働者が，待機期間中にも賃金支払を受ける場合のほか，③ 6 週間の適用除外期間が許容されていた（なお，③は2008年の指令化に際して削除されている）。この点，ドイツ法では，有期雇用の入口規制により，労働契約に期間の定めがないことが一応の原則である。したがって，EU の旧指令案のうち，②の手段による例外規定を導入すると，均等待遇原則の影響は小さいと考えられていた。しかし，新制度はこうした例外を許容しなかったため，ドイツの派遣労働者は，無期雇用で，かつ派遣開始日から均等待遇の対象となることが原則となる。こうした法制度は，Wank 教授によると，①有期労働で均等待遇を志向するモデル，②あるいは，無期雇用ではあるが賃金水準は低いモデルという，他の EU 諸国の制度やハルツ委員会での提言内容とも異なるものと指摘された。

　以上要するに，ハルツ改革においては，PSA の設置により失業者の派遣に関する枠組みが制度化されるとともに，派遣制度全体としても，期間制限等の規制を撤廃しつつ均等待遇原則による労働条件の向上が図られている。これは，派遣のマッチング機能に着目した改革であり，従来，職業紹介と労働者派遣とを厳格に峻別しつつ，違法な派遣は職業紹介とみなして直接雇用へと誘導してきたことと対比すると，制度の骨格を変更するものと評価できよう。立法解説によると，こうした制度改革の理由は，「紹介志向の労働者派遣（vermittlungsorientierte Ar-

---

69) Vgl. *Thüsing*, Europäische Impulse im Recht der Arbeitnehmerüberlassung-Zum Entwurf einer Richtlinie des Europäischen Parlaments und des Rates über die Arbeitsbedingungen von Leiharbeitnehmern-KOM（2002）149 endgültig, BB 2002, S. 2219.

70) *Wank*, a.a.O.（N60）, S. 9.

beitnehmerüberlassung）は，労働市場における職業能力の改善に資すると考えられる。労働者派遣は，労働者に職業生活への参入や復帰のチャンスを提供するものである。派遣労働の質的向上とその社会での受け容れにより，チャンスはさらに拡大する。そして，労働者派遣は，深刻な失業問題にもかかわらず，数多く存在する……労働者の長時間労働の問題を少なくとも部分的には減少させ，さらには，追加的に仕事を創設することで，失業問題を改善することに寄与する」というものであった。[71]

5　小　括

　以上，ハルツ改革期におけるドイツの労働市場改革の内容を概観し，とりわけ解雇規制や有期労働法制，そして労働者派遣法制がどのように変化してきたのかを確認した。ハルツ改革は，失業問題が深刻化するなかで，労働法制を柔軟化して雇用を創出することを目的としていた。

　しかし，この改革においても，雇用の存続保護を重視する解雇規制の根幹的部分は維持されており，有期雇用についても，例外の余地を拡大しながらも入口規制を原則とすることで無期雇用への誘導が図られている。ただ，有期雇用について，特に新規採用のケースで一律に入口規制の例外を認めた点で，ドイツの有期労働法制は，理念としてはともかく，入口規制よりも出口規制を中心とするものに変化しつつあると評価できよう。一方，労働者派遣制度をみると，PSAの創設に伴い，従来の法制度が抜本的に変更されている。具体的には，派遣期間に関する制限の撤廃や，派遣期間と雇用期間とを一致させることも許容するなどの規制緩和と，他方で，均等待遇原則の導入による派遣労働者の処遇改善とが同時に目指されている。

　このような制度改革の背景には，無期の直接雇用だけでは失業問題の改善は困難であるが，他方で，解雇規制を中心とする法体系との調和も無視できないという事情がある。こうして，有期雇用や労働者派遣の規制緩和により，失業者の労働市場への参加を支援すること，それと同時に，均等待遇（不利益取扱いの禁止）原則の導入により，有期労働者や派遣労働者の地位を改善することが目指されている。そしてより重要な点は，とりわけ有期雇用について，入口規制のほか，例

---

71)　BT-Drucks. 15/25 vom 5.11.2002, S. 24.

外的に入口規制に服さないケースでも，一定の継続就労を要件として無期雇用へと誘導する政策が採られていることである（雇用の存続保護）。他方，労働者派遣については，従来のように，直接雇用を重視する政策が採られているのかどうかは定かでない。期間制限の撤廃などは，派遣労働者としての地位の固定化をもたらし得るからである。

　こうしたなか，近年では，派遣労働者の継続的な利用をめぐっては，反動的な規制強化の動きがみられるので，以下でその内容を確認しておこう。

IV　2011年改正による再規制

1　改正の背景事情

　第1章で検討したように，EUレベルで，2008年に労働者派遣に関する指令が採択されたことを受けて，その実施期限である2011年12月までに，ドイツでも，労働者派遣制度を同指令に適合するよう見直すことが迫られていた。他方，ドイツ国内の事情として，ハルツ改革により大きく規制緩和された労働者派遣について，以下で述べるような濫用的な利用が問題となっていた。

　ハルツ改革では，派遣期間の上限が撤廃される一方で，派遣労働者の処遇の改善を図ることを目的として，派遣先で直接雇用される労働者との均等待遇原則が導入されていた。ただし，同原則に対しては，直前に失業者であったものを派遣する場合の適用除外（最初の6週間），あるいはより一般的に，労働協約による「別段の定め」の余地が認められていた。特に後者については，労働協約の適用範囲内であれば，個別の合意によって労働協約の「別段の定め」を援用することも認められている。

(1)　CGZP の協約締結能力をめぐる問題

　こうした法制度のもとで，たとえば，キリスト教労働組合同盟（CGB）の加盟労組が，2002年に3つのキリスト教系労働組合（CGM, DHV, GÖD）で構成される労働協約共同体（CGZP）[72]を創設して，中小規模の派遣事業者団体（AMP, BVD, Mercedarius e. V.）との間で，派遣先で直接雇用される労働者の労働条件

---

72)　正式名称は，キリスト教労働組合による派遣労働と人材サービスエージェンシーのための労働協約共同体（Christlicher Gewerkschaften für Zeitarbeit und Personalserviceagenturen）である。

と比べて，はるかに低い水準（6割程度）で労働協約を締結し，それが個別の労働契約を通じて派遣労働者に適用（援用）されるという状況が問題となっていた。

　この点，他の産業部門とは異なり，派遣部門においては独自の労働者集団は存在しない。こうしたなか，派遣労働者が利用されるあらゆる領域をカバーするために，各産別部門によって上の労働協約団体が結成されていた。そして，労働協約法2条3項によると，労働組合の上部団体にも，労働協約を締結する権限が認められている。ただし，そもそも労働協約を締結することができるのは，交渉相手方からの独立性や企業横断的な基盤がある場合に限られる。これに対して，サービス業を中心に組織化を進めてきた労働組合であるヴェルディ（Verdi）などが，CGZPには協約締結の能力が欠けるとして労働協約が拘束力を有さないことの確認を求めた事案で，連邦労働裁判所は，2010年になって，キリスト教労働組合同盟（CGB）の協約締結能力を否定することで，労働協約の拘束力も否定する決定をしている。[74]

　そこでは，わずか1300人程度の規模の協約団体が締結した労働協約により，20万人を超える派遣労働者について均等待遇原則に対する例外が低水準で設定されていたこと，および，CGZPの傘下労組の一部で，そもそも，規約上も派遣労働者に対する協約締結（管轄）権限がないこと等が問題とされた。こうして，連邦労働裁判所は，労働組合によって結成された上部団体について，労働協約法2条3項の解釈問題として，加盟組合が組織対象としている範囲を超えては労働協約を締結する能力がないとして，CGZPの協約締結能力を否定している。

　この決定以後，派遣労働者の側から，派遣先で直接雇用される労働者との均等待遇基準に基づく差額賃金を過去に遡って求める訴訟が提起された。そして，CGZPと労働協約を締結していたか，あるいはその労働協約を個別の労働契約で援用していた派遣元は，いずれも，こうした差額賃金および社会保険料の支払い等を遡及的に義務づけられることとなった。[75]

---

73)　この点については，藤内和公「西ドイツにおける労働協約論の一局面―労働協約能力を通じて」岡山大学法学会雑誌33巻1号（1983年）67頁。

74)　BAG, v. 14.12.2010, 1 ABR 19/10.

75)　一例として，BAG Beschluss, v. 23.5.2012, 1 AZB 58/11; BAG Beschluss, v. 22.5.2012, 1 ABN 27/12; BAG Beschluss, v. 23.5.2012, 1 AZB 67/11. こうした影響の及ぶ使用者は約3300社に及ぶとされる（BMAS, Zwölfter Bericht der Bundesregierung über Erfahrungen bei der Anwendung des Arbeitnehmerüberlassungsgesetzes-AÜG）。

これに対しては，派遣元の企業18社が，こうした運用は基本法20条3項で規定される法治国家原則に反するとして憲法訴訟を提起している。この点，基本法20条3項によると，「立法は基本法上の秩序に拘束され，行政権や司法は法律および法に拘束される」。そこで，上のように判例を遡及的に適用することが問題となった。しかし，連邦憲法裁判所は，2015年4月の決定において，①基本法20条3項で規定される法治国家原則は，立法については遡及適用を禁止していること，②判例による場合にも，信頼保護（Vertrauensschutz）の観点からの制約があり得ること，③しかし，本件は過去に定着していた判例を変更したような事案ではなく，CGZPに労働協約の締結能力がなく，事後的に労働協約の拘束力が否定され得るというリスクを予見し得たことなどを理由として，連邦労働裁判所の判断を合憲としている。[76]

　こうしたなか，現在では，CGZPの労働協約によらず，ドイツ労働総同盟（DGB）の傘下労組で協約締結の拡大が図られており，また，労働協約による労働条件水準の引上げが目指されている状況にある。

(2) グループ企業内での派遣利用をめぐる問題

　一方，労働者派遣に対する規制緩和を受けて，ある企業が労働者を一旦解雇し，グループ関係にある派遣会社を介して，当該労働者について派遣労働者として再び受け入れるようなケースも多発していた。そこでは，労働協約や事業所組織法に基づく諸規制の回避が問題となっていた。

　その典型例がシュレッカー（Schlecker）事件であった。同事件は，ドラッグストアであるシュレッカー社が，既存の約4000店を閉鎖し労働者を解雇する一方で，新たな支店を開設し，そこに，派遣会社であるメニエール（MENIAR）社を通じて従前と同じ労働者を派遣労働者として受け入れたというものである。その際，前述のような労働協約を援用するかたちで派遣労働者の賃金が約半分と大幅に低下しながら，派遣労働者によって常用労働者の代替が生じていることも問題となった。これと関連して，学説でも，1985年の就業促進法以来，企業グループ内での派遣について派遣法の多くの規制が適用除外されていることの適否が論争となっていた。

---

76) BverfG, v. 25.4.2015, 1 BvR 2314/12.

2　2011年改正の内容

(1)　適用対象の拡大

　2011年の法改正は，以上のような状況に対応するためのものである[77]。改正内容は多岐にわたるが，ドイツ法における文脈と本書の問題関心とに照らして確認しておこう。

　まず，派遣法の適用対象が，従来の業として（gewerbmäßig）の派遣だけでなく，あらゆる労働者派遣に拡大された。旧法では，「業として」の労働者派遣，すなわち，①独立の事業者が，②継続的に，③営利目的で行う派遣が規制対象とされ，派遣元が営利を目的としない場合や，公益目的の場合，学術的・芸術的な目的から労働者を派遣する場合などで，派遣法の適用を免れる余地があった。しかし，EU 指令ではこうした例外が認められていないことから（指令 1 条 2 項参照），2011年改正では，両者の区別なしに派遣法による規制が適用されることとなった。

(2)　労働者派遣の臨時性の確認

　次に，労働者派遣の基本的なあり方として，派遣法 1 条 1 項において，「派遣先に労働者を派遣するのは，一時的なものである」旨の規定が導入されている。この点，EU 指令でも，各種の定義のなかで，労働者派遣は「一時的（vorübergehend）」との文言が含まれている（1 条，3 条 1 項等）[78]。

　これをふまえて，ドイツでは，派遣の濫用的な利用を防止することを目的に上の規定が追加された。他方で，派遣先での労働力利用の柔軟性に配慮して，上限期間を一律に定めることは明確に否定されている。立法理由によると，EU 指令での「一時的」との文言についても，時間的には柔軟な概念であって，派遣の最長期間を厳密に定めることは放棄したものと解されている[79]。

　この新たな規定について，学説では単なる訓示規定と解する立場もある。他方

---

77)　BT-Drucks. 17/4804 vom 17.2.2011. なお，その後も派遣法は改正がなされているが（直近では2014年の協約自治強化法（BGBl. I 2014, S. 1348）による修正など），いずれも他の立法改正にあわせた微修正にとどまるため，本書では必要に応じてのみ言及する。

78)　たとえば，指令の 1 条 1 項では，「本指令は，派遣元事業者との間で労働契約または労働関係が認められ，派遣先の指揮命令に基づいて，派遣先で一時的に労務に従事する労働者に対して適用される」と規定されている。

79)　BT-Drucks. 17/4804 vom 17.2.2011, S. 8.

で，連邦労働裁判所は2013年11月の決定でこれを効力規定と解し，反覆継続的な派遣利用を制限する立場を示したために，派遣期間の制限をめぐって新たな解釈問題が生じている（後述）。

(3) 均等待遇に関する例外の縮小――最低賃金等

　次に，派遣労働条件の水準に関わる重要な制度改正として，均等待遇原則に対する例外が縮小された点が注目される。EU指令に則して，ドイツでも派遣労働者の労働条件については，派遣先で直接雇用される比較可能な労働者との均等待遇が原則とされている。しかしその例外として，前述のシュレッカー事件に典型的にみられたように，実務上は，労働協約による「別段の定め」，および，それを参照する個別合意が濫用的に用いられ，派遣労働者の労働条件が不当に低い水準で設定されていることが問題視される状況にあった。

　こうしたなか，2011年の法改正では，労働協約で「別段の定め」をするケースも含めて，賃金額に関しては最低保障が図られることとなった。そもそもドイツでは，協約自治を尊重する基本法（9条3項）のもと産業毎に労働条件が決定されているなか，長らく法定の最低賃金制度は存在しなかった。しかし，現実には労働協約のカバー率が低下するなかで[80]，特に外国企業から派遣されてくる労働者が低賃金セクターで就労していることが問題視されてきた。この問題に対しては，1996年に労働者送出法（AEntG：国境を越える労務における労働条件に関する法律）[81]が制定されて以来，一部で要件を緩和しつつ，労働協約を拡張適用するかたちで，産業部門毎に最低賃金を設定する取組みが拡大してきた。

　そして，派遣法でも，2011年の改正で最低賃金に関する3a条が創設され，協約締結能力が認められる労働組合と使用者団体とが，連邦レベルで労働者派遣における最低賃金額の合意をし，それを連邦労働社会省（BMAS）に提案した場合には，その提案額を国家が変更することなく，法規命令（Rechtsverordnung）に

---

80)　産業別の労働協約のカバー率には東西格差があり，1996年には旧西ドイツ地域で70％，旧東ドイツ地域で56％であったものが，2013年には，旧西ドイツ地域で52％，旧東ドイツの地域では35％にまで低下している。以上のほか，企業別の労働協約でカバーされる労働者がいずれも8〜10％存在する（WSI Tarifarchiv 2015, Statistisches Taschenbuch Tarifpolitik, S. 22）。

81)　Gesetz über zwingende Arbeitsbedingungen für grenzüberschreitend entsandte und für regelmäßig im Inland beschäftigte Arbeitnehmer und Arbeitnehmerinnen (BGBl. I 2001, Nr. 66, S. 3443).

よって派遣労働者について最低賃金が設定される仕組みが導入されている[82]。

また，契約の無効事由について定める9条の改正がなされ，均等待遇原則に対する例外として，労働協約による場合でも3a条の最低賃金額を上回る場合にのみ許容される旨が追加されている（2号）。これらは，派遣労働者にとって代表性の低い労働組合が締結した労働協約により，均等待遇原則からの回避が生じること，さらには賃金のダンピングを防止することに狙いがある。そして，派遣労働者の賃金額が時間当たりの最低賃金を下回る場合には，当該労働者は，派遣元に対して，派遣期間中については派遣先の比較可能な労働者との均等待遇を請求することが認められている（10条4項）。他方，ある派遣と別の派遣の合間の待機期間中についても，派遣労働者には，時間当たりの最低賃金水準での請求権が保障されている（同5項）。そして，これらに反する合意は無効となる（9条2号）。

このような規制は，労働協約の一般的な拡張適用の手続きと類似する面もあるが，この新たに設定される労働条件水準を下回る場合の効果面でみると，特に派遣期間中について，当該労働協約で定められた最低賃金の水準に修正されるわけではなく，派遣先で直接雇用される労働者との均等待遇が義務づけられる点で異なっている。

もっとも，その後，2014年8月の最低賃金法（MiLoG）の制定により，ドイツでも，全国，全産業で一律の最低賃金制度が導入されたなか，前述の規制が今後も維持されるかどうかは不透明な部分が多い[83]。新たな制度では，労使の中央団体から同数の委員の推薦を受けつつ，連邦政府のもとに最低賃金委員会が設置され，法定の最低賃金が設定される（2015年1月改定分は，時給8.5ユーロ）。同制度はすでに2015年1月から運用されているが，経過措置として，従前の労働者送出法（AEntG）や労働者派遣法（AÜG）に基づき現在有効に最低賃金が設定されている場合には，2016年末までは効力が認められる。そして，2017年1月からは，全

---

82) その結果，旧東ドイツ地域と西ドイツ地域とでそれぞれ区別して最低賃金が設定され，2015年3月末までは7.86ユーロおよび8.5ユーロ，2015年4月からは8.2ユーロおよび8.8ユーロ，その後，2016年6月から同年末までは，それぞれ8.5ユーロと9ユーロと段階的な引上げが予定されている（BAnz AT 30.01. 2014 B1）。

83) Gesetz zu Regelung eines allgemeinen Mindestlohns (Mindestlohngesetz-MiLoG: BGBl. I 2014, S. 1348). 同法の概要については，山本陽一「ドイツにおける新たな法定最低賃金制度」労旬1822号（2014年）36頁を，また従前の最低賃金規制の仕組みについては，齋藤純子「ドイツの最低賃金規制」レファレンス733号（2012年）27頁を参照。

産業で一律の最低賃金が設定される（24条）。[84]

　つまり，労働者派遣における最低賃金についても同制度のなかで統合される見込みであるが，その際，前述の労働者派遣における最低賃金の特殊性，──違反した場合に，最低賃金の水準に修正されるのでなく，派遣先で直接雇用される比較可能な労働者との均等待遇が義務づけられる点──が新たな制度でどのように反映されるのか（されないのか），現時点では明らかではない。

　次に，最低賃金に関わるもの以外で，同じく，均等待遇原則に対する例外の範囲を縮小する改正として，ハルツ改革期に創設された失業者の派遣に関する例外規定（直前に失業者であったものについて，失業給付水準を超えた賃金支払いがあることを前提に6週間は均等待遇を免れる規定）が削除されている。

　さらに，派遣先または派遣先とグループ関係にある企業を6ヵ月以内に退職した労働者については，労働協約による場合であっても，当該派遣関係において均等待遇原則に対する「別段の定め」は適用されない（3条1項3号，9条2号）。これは，ある企業やそのグループ関係にある企業が労働者を解雇するなどした後に，再び，派遣元を介して，同一の労働者を派遣労働者として受け入れるという，いわゆる「回転ドア」の問題を防止することを目的としている。[85]こうした目的から，当初から労働者派遣を予定して再雇用するケースに限定して均等待遇が義務づけられ，たとえば，一般の労働者として再雇用された者を，解雇回避等の目的で，結果的に労働者派遣を通して従前の就労先に派遣するようなケースであれば，そもそも派遣法の規定の多くが適用除外されている（1条3項2号，2a号）。

　なお，規制の形式面でみると，均等待遇原則について，従来は派遣労働者が均等待遇を求め得る請求権として構成されていたものを，派遣元への義務づけという構成に変更され（10条4項1文），これにあわせて，派遣元が同義務に違反した場合には秩序違反として過料の定めが設けられている（16条2項）。

(4) その他の改正

　以上のほか，2011年の改正では，派遣先に生じる空白ポストの情報に関して，

---

84)　ただし，例外として，職業訓練を完了していない18歳未満の若年者には同制度の適用はなく，また，1年以上の長期失業者を雇用する場合にも6ヵ月間は適用が除外されている（22条）。政府の試算では，新たな最賃制度により約370万人の労働者に直接の影響が及ぶと見込まれている。
85)　BT-Drucks. 17/4804 vom 17.2.2011.

従来認められていた派遣労働者の情報請求権（13条）に加えて，EU指令6条1項への対応を目的として，派遣先に情報提供が義務づけられている（13a条）。情報提供の方法については，派遣先の事業所で派遣労働者が参照し得る状態で一般的に掲示することで足りるが（同2項），提供すべき情報の内容面に着目すると，当該派遣労働者に「相応する職」といった明示的な限定がないなど，有期労働者に対する無期雇用のポスト情報など類似の他の規制よりも厳格な内容とみることもできる。[86]

同様に，EU指令6条4項（派遣先の施設利用に関する権利保障）に対応することを目的として，派遣先の共同施設等へのアクセス権についても新たに保障されている（13b条）。それによると，「派遣先は，派遣労働者に対して，派遣先企業における共同施設（Gemeinschaftseinrichtungen）および共同サービス（diensten）の利用について，異別取扱いを正当化する合理的な理由がない限り，派遣先事業場の比較可能な労働者と同条件のもとで認めなければならない。第1文でいう共同施設やサービスとは，特に，子どもの育児に関わる制度（Kinderbetreuungseinrichtungen）や給食に関わる制度（Gemeinschaftsverpflegung），交通手段に関わる制度（Beförderungsmittel）を指す」。このように，派遣先の施設利用等については，客観的事由があれば異別取扱いの正当化が認められる一方で，こうしたアクセスを制限する合意はいずれも無効となる（9条2a号）。

なお，これらのアクセス権について，派遣先が不当に派遣労働者を排除した場合には，損害賠償の対象となる余地があるほか（民法典280条1項），過料の定めがある（16条）。

第3節　現行法の規制内容

I　概　　要

ドイツの労働者派遣法は，1972年の制定から度重なる改正を経ており，その内容も大きく変わっている。1972年法は，厳格な許可制度と派遣期間の制限を中心

---

86)　同義務をめぐる解釈問題については，川田知子「ドイツ労働者派遣法の新動向」法學新報119巻5＝6号（2012年）467頁を参照。

とするものであったが，第 2 節で検討したように，このうち期間制限はすでに撤廃されている。

　現在では，従前の許可制度とならび，派遣先で直接雇用される労働者との均等待遇原則が制度の中核をなす。このほか，争議行為に対する介入の制限や（11 条 5 項），派遣先での直用化（転職）を制限する合意が無効となることは（9 条 3 項，4 項），オランダ法や日本法の状況と基本的に異ならない[87]。これらは，EU 指令の内容にも沿うものである。

　ドイツ法のもとでは，派遣対象業務について特段の制限はない。ただし，建設業務（Baugewerbe）への労働者派遣については，原則として認められない[88]。例外は，一般的拘束力宣言が付された労働協約で建設現場への派遣が許容されている場合（したがって，一定の労働条件水準が確保できている場合）のほか，一定の基準を満たす建設業者間で労働者派遣を行うケースなどである（1 b 条）。建設業で労働者派遣が特に制限されているのは，典型的には近隣諸国（特に東欧）から派遣される未熟練の低賃金労働者が増加するなかで，建設業では危険作業を伴うことに鑑みたものである。ただし，こうした特別な規制が EU 指令 4 条（規制の見直し条項）に適合しているかどうかをめぐっては議論がある。

　以下では，①まずは，ドイツにおける労働者派遣の概念を明確化する。そのうえで，具体的な規制の中核である，②許可制度（参入規制）と，③均等待遇原則の意義・内容を分析する。④さらに，派遣労働者に対する雇用保障のあり方を検討し，⑤最後に，事業所組織法上の問題について概観することとする。

---

[87]　ただし，争議行為への介入問題については，日本法やオランダ法では明確に禁止されているのに対して，ドイツでは，争議行為が行われている現場への派遣就労の拒否という，派遣労働者の労務給付拒絶の権利として規定されるにとどまるという違いはある。この点については，2013 年 9 月の連邦議会選挙で，メルケル首相率いるキリスト教民主・社会同盟（CDU/CSU）と社会民主党（SPD）との大連立政権が誕生し，その連立協定（Koalitionsvertrag）のなかで改正が合意されている。

[88]　派遣法の制定当時に認められていた建設業での労働者派遣は，1981 年の就業促進法により一旦禁止されたが，その後の規制緩和で 1994 年からは部分的に認められている。連邦憲法裁判所は，こうした規制を合憲と判断している（BVerfG, v. 6.10.1987, 1 BvR 1086/82）。建設業務での派遣禁止に関する歴史的変遷については，大橋・前掲注 13 書（1999 年）97 頁以下に詳しい。

II　労働者派遣関係

　労働者派遣法は，派遣元を，派遣労働者の労働契約上の使用者として位置づけている。他方，派遣労働者と派遣先との間に労働契約関係はない。つまり，日本やオランダと同様，ドイツ法のもとでも，労働者派遣は雇用と使用とが分離した間接雇用として理解される。このような派遣関係の特徴から，ドイツ法のもとでは，派遣元と派遣先との間で次のような責任配分がなされている。

　第1に，派遣元は労働者に対する賃金支払義務を負い，派遣労働者は派遣元と一身専属的な労働契約関係にある。派遣元が賃金支払を怠った場合には，民法典の一般原則により，労働者は労務提供を留保することができ（民法典320条，334条），損害賠償請求が可能である（同280条，284条）。他方で，派遣先は，労働者の労務給付が労働者派遣契約の内容と異なる場合には，派遣元に対して代替者との交代を求めることができる（同280条，283条）。なお，労働者派遣契約は，書面で締結する必要がある（派遣法12条1項1号）。具体的には，派遣元が許可を得ていることや，派遣労働者の業務内容，必要とされる職業能力，派遣労働者に対する労働条件の内容等を明記しなければならない。

　第2に，法律上，年次有給休暇の付与義務や母性保護法による就労制限などは，派遣元と派遣先の双方が責任を負う。また，一定の社会保険料については，派遣元だけでなく派遣先が納付義務を負うこともある（社会法典第4編28e条2項）。

　第3に，労働者の安全，衛生等に関する労働保護法上の規定については，派遣先にのみ適用がある（11条6項）。また，明文の規定はないが，派遣先は，使用者に一般的に課される保護義務（Schutzpflicht）を派遣元から承継し，したがって，安全基準に合致する機械や器具の準備，派遣労働者に対する安全教育，派遣労働者の所持品の保管義務などは，派遣先が負うものと解されている。

　このような責任配分のあり方は，日本法やオランダ法とも大差はない。ドイツ法の特徴は，次で見る参入規制（許可制度）と，許可制度と関連づけられた均等待遇原則にある。

III 参入規制

1 許可制度と行政監督

　派遣法1条1項は，次のように規定する。「派遣元として，経済活動の範囲で第三者（派遣先）に対して労働者（派遣労働者）を労働給付のために派遣しようとする使用者は，許可を得なければならない。派遣先に労働者を派遣するのは，一時的なものであることとする……（略）」。2011年の改正により，派遣法は「業としない」派遣関係にも適用され，また，新たに「一時的」との文言が追加されている。

　このように，ドイツでは，現在でも労働者派遣分野への参入規制が維持されている。すなわち，派遣を行うためには監督官庁である連邦雇用エージェンシー（Bundesagentur für Arbeit）の書面による許可が必要であり，その行政監督に服する（17条）。具体的には，派遣元は，派遣事業の運営に関連する事項として，連邦雇用エージェンシーに対して，半年毎に，派遣労働者の人数，国籍，性別，職種，派遣期間等を報告しなければならない（7条，8条）。

　ただし，そもそも労働者派遣法では，一定の適用除外が予定されている。すなわち，(1)操業短縮（Kurzarbeit）または解雇回避を目的とした同一産業部門の使用者間の労働者派遣で，かつ，派遣先および派遣元に適用される労働協約が当該事態を想定している場合や，(2)株式会社法18条で規定される，企業グループ（Konzernunternehmen）内において，労働者派遣を目的とせずに採用された労働者が一時的に派遣されるような場合等には，建設業での派遣禁止規定，および行政監督上の一部の規定（1b条1文[89]，16条1項1b号および同条2項[90]，2a項[91]，3項[92]，4項[93]，[94]

---

[89] 建設業務への労働者派遣の禁止規定。
[90] 故意または過失により，建設業での労働者派遣の禁止に違反して労働者を派遣し，または受け入れた場合の措置。
[91] 不法入国者を派遣した場合の過料の定め。
[92] 次で述べるような，届出のみで労働者派遣が許容される小規模事業所において，届出義務に違反した場合の過料の定め（1a条違反）。
[93] 2条2項に基づき，条件付で仮の許可を得ている場合において，当該条件を満たさない場合の過料の定め。
[94] 派遣元が事業所の閉鎖等に際し届出義務に違反した場合の過料の定め（7条1項違反）。

5項,さらには17条,18条)を除き,派遣法の適用はない(1条3項)。

　また,中小企業に対しても,一定の規制緩和が図られている。すなわち,50人未満の労働者を雇用する使用者が,賃金減額を伴う操業短縮や解雇を回避する措置として労働者派遣を行う場合であれば,雇用エージェンシーに対して,派遣労働者の氏名,派遣対象業務,派遣期間,派遣先事業所など所定の事項を届出るだけで,労働者派遣をすることが認められる(1a条)。ただし,この場合には,同一労働者の同一派遣先への派遣期間は12ヵ月以内に制限される。この点,ドイツでは,派遣元が零細企業であることが多く,派遣労働者数50人未満の派遣元が75％を占める状況にある。とくに注目すべき点として,解雇制限法が適用されない零細事業所(10人未満)も4割に達している点に注意が必要であろう。

2　許可基準等

　このように例外はあるものの,原則として,労働者派遣には連邦雇用エージェンシーの許可が必要である。そのため,たとえば,事業者が派遣事業とは異なる事業を展開する場合であっても,将来に労働者派遣を予定するケースなどで,予め許可を取得しているケースが多いとの指摘がある。2014年の調査では,許可取得をしている派遣元(18,259の事業所)のうち,派遣を主たる事業とするものは約7割である。なお,日本では,2015年の改正以前には,一般労働者派遣事業(登録型派遣を行う場合)には許可が必要で,他方,特定労働者派遣事業(常用型派遣のみ行う場合)については届出で足りたが,ドイツ法では,当初からこうした区別はなく,原則的に許可が必要とされている。

　では,こうした許可は,どのようなケースで付与されるのだろうか。許可制度

---

95)　行政官庁の求めによる情報提供義務に違反した場合の過料の定め(7条2項1文違反)。
96)　労働者派遣事業に対する,行政官庁による規制権限を定めた規定。
97)　社会保険料の徴収等に際して,必要に応じて行政官庁が他の監督官庁と連携し,労働者派遣事業の適正化を図っていく旨の規定。
98)　操業短縮の意義・内容については,さしあたり,皆川宏之「雇用危機と労働法制―ドイツ法における対応」法時81巻12号(2009年)29頁を参照。
99)　ただし,派遣法1a条による届出件数は年間650件程度で推移しているにとどまる(BMAS, a.a.O.(N75)報告書)。
100)　BA, Arbeitsmarkt in Zahlen Arbeitnehmerüberlassung (2. Halbjahr 2014).
101)　BA, a.a.O.(N100).この調査によると,15年前には,労働者派遣を主たる事業とする派遣元は約半数であったので,派遣を主業務とする派遣元の割合は増加傾向にあるといえる。

は基本法12条で保障された営業の自由を侵害する余地があることから，派遣法では，不許可（あるいは更新拒絶，取消し）事由が限定的に定められている（3条）。すなわち，許可の申請者が，①労働者保護立法，社会保険立法，税法上の規制を遵守しない場合など，信頼性（Zuverlässigkeit）に欠ける場合（同1項1号），②事業の組織形態からみて，通常の使用者としての義務（üblichen Arbeitgeberpflichten）を果たしえない場合（同2号），③派遣労働者に対して，派遣先で直接雇用される労働者と均等な待遇を与えない場合，すなわち賃金を含む基本的な労働条件を保障しない場合である（同3号）。[102]

以前には，このほかにも，④派遣労働契約に期間を定める場合や，⑤派遣元が，派遣労働者を解雇してから3ヵ月以内に再雇用する場合，⑥派遣期間と労働契約の期間とを一致させる場合，⑦派遣上限期間を超えて派遣する場合でも，不許可（あるいは許可の更新拒絶，取消し）事由とされていた。しかし現在では，こうした制度の廃止に伴って，許可基準も大きく変更されている。

このような許可は，1年を上限として付与され，更新には期間満了の3ヵ月前までの申請が必要である（2条1項ないし4項）。ただし，次の点に注意する必要がある。第1に，許可官庁が更新を拒否しない限り，原則として許可の更新が認められる。第2に，派遣元が3年間にわたり継続的に許可を受けている場合には，期間の定めのない許可を与えることもできる（同5項）。つまり，許可の上限期間という点では，1年という基準は必ずしも重視されていない。

3　義務違反の法的効果

これに対して，派遣元が許可を取得していない場合，あるいは一度は許可を取得したケースでもそれが事後的に取り消される場合には，厳格な定めがある。ドイツの労働者派遣法では，許可取得の義務に違反した場合の効果として，公法上の効果と私法上の効果とが規定されている。

まず，公法上の効果として，無許可での派遣は違法とされ，派遣元に対して過料（Geldbuße）が科される（16条1項，2項）。具体的な額はそれぞれ異なり，た

---

102) なお，③については，ハルツ改革期の改正では，直前に失業者であった者を，最長6週間，かつ当該期間中は従前の失業給付以上の賃金を支給する場合を除くものとされていた（同号）。こうした例外は，PSAの制度化（現在は廃止）にあわせて失業者を派遣することを想定したものであったが，EU指令との抵触が問題となり2011年の改正で削除されている（前述）。

とえば無許可の派遣の場合には最高で30,000ユーロ，就労許可のない外国人を派遣した場合には最高で500,000ユーロといった具合である。さらに，就労許可のない外国人労働者を派遣していたケースでは，刑事罰も定められている (15条, 15a条)。こうした背景には，特に東欧諸国からの外国人労働者が，違法な場合も含めて労働者派遣により就労しているケースが増加している事情がある。

　そして，より重要な規定として，許可基準を充たさないままで労働者派遣を行った場合には，派遣先に対する職業紹介事業を行うものと推定される。すなわち，「労働者が労務給付のために第三者に派遣され，かつ，派遣元が通常の使用者としての義務または危険を引き受けない場合には（第3条1項1号ないし3号），派遣元は，職業紹介（Arbeitsvermittlung）を行うものと推定される（vermuten）」（1条2項）。ドイツでは，民営の職業紹介事業にも一般の営業許可が必要なので，推定に対する反証ができない場合には，無許可の職業紹介として罰則の適用を受ける。こうした推定規定も，公法上の規制としての意義をもつ。

　次に，本書の問題関心からすると，私法上の効果がより重要である。許可義務に違反した場合の私法上の効果としては，職業紹介の「推定」にとどまらず，派遣先との法的関係が直接に擬制される。すなわち，無許可での派遣のケースでは，派遣元と派遣労働者との労働契約と，派遣元と派遣先との労働者派遣契約はいずれも無効となる（9条1号）。そして，このケースでは，派遣労働者と派遣先との間で，直接の労働契約関係が擬制される（10条1項）。

　具体的に，派遣法10条は，「無効の場合の法的効果」として次のように規定する。すなわち，「派遣元と派遣労働者との間の契約が，法9条1号により無効であるときは，派遣先と派遣元との間で就労の開始が予定されていた時点で，派遣先と派遣労働者との間に労働関係が成立したものとみなす（gelten）。：派遣先での就労開始後に許可が無効であることが判明した場合には，無効事由が発生した時点で，派遣先と派遣労働者との間で労働関係が成立したものとみなす。第1文による労働関係は，派遣先における派遣労働者の就労が期間を定めて予定されており，かつ労働関係における期間設定について客観的に正当な事由が存在するときには，期間を定めたものとみなす。第1文に基づく労働関係においては，派遣元と派遣先との間で予定された労働時間が約定されたものとみなす。以上のほか，当該労働関係の内容および期間は，派遣先の事業所に適用される規定（Vorschriften）およびその他の諸規制（Regelungen）によって決定される。：このよう

な規制が存在しない場合は，比較し得る事業所の規制が適用される。派遣労働者は，派遣先に対して，少なくとも派遣元との間で合意された額の賃金請求権を有する」。なお，許可が無効であり，その無効理由について派遣労働者が善意（不知）の場合には，派遣労働者の派遣元に対する損害賠償請求権も規定されている（同2項）。

このように，派遣法10条は，9条1号（許可義務違反）により労働者派遣契約および派遣労働契約が無効となる場合に[103]，派遣労働者と派遣先との間で直接の労働契約関係を擬制するとともに，その成立の時期，契約期間，賃金，労働時間の画定方法などを規定し，具体的には，従前の派遣労働条件が準則とされている。たとえば，紛争となる可能性が高い労働契約の期間の定めの有無については，派遣先での派遣労働者の受入が有期で予定され，労働契約の期間設定に合理性が認められる場合であれば，新たに派遣先との間で擬制される労働契約にも期間の定めがあるとみなされる。反対に，こうした事情が認められなければ，派遣先との間で期間の定めのない労働契約関係が擬制される。

こうして派遣先との間で擬制された労働契約関係は，擬制的労働関係（fingierte Arbeitsverhältnis）と呼ばれている。一方，労働者と派遣先との直接の労働契約関係が擬制される結果，労働者と派遣元との労働契約関係は消滅する[104]。

4 許可制度の特徴

以上の許可制度については，次のような特徴を指摘できる。

第1に，公法的な面では，無許可の労働者派遣等に対して過料が科されるほか，推定規定によって，労働者派遣事業と職業紹介事業とが関連づけられている。労働者派遣を制限しつつ直接雇用へと誘導する点で，直接雇用を重視する考え方がみてとれる。第2に，私法的な面に着目すると，無許可での派遣，あるいは許可の取消し・撤回の場合には，派遣労働者と派遣先との間で直接雇用の関係が擬制される。派遣元や派遣先としては，許可が有効であることを証明するほかない。

---

103) 派遣法9条柱書では，「以下の各号に定める契約または合意は無効である」とされ，第1号として，「第1条に基づき派遣元が必要な許可を得ていない場合における，派遣元と派遣先との間の契約，および，派遣元と派遣労働者の間の契約」と規定されている。

104) ただし，労働者がすでに履行した労務給付に対する賃金支払いに関しては，派遣元も連帯債務者（Gesamtschuldner）として使用者とみなされている（10条3項）。

ここでは，直接雇用を重視する考え方と派遣労働者の処遇とが直結している。第3に，具体的な許可基準をみると，単に派遣元の資産や事業規模だけではなく，派遣労働者に対して適切な労働条件を提供しているかどうかという点までも考慮されている。

要するに，ドイツにおける労働者派遣の許可制度は，単に公法的な規制を課すにとどまらず，①許可基準の内容面と，②許可義務に違反した場合の効果の面で，派遣労働者の処遇と密接な関係をもつ点に特徴がある。

このような許可制度のもとでは，派遣元が許可を取得しているかどうかが，三者間の法律関係を画定するうえで，きわめて重要な意義をもつ。さらに，この許可は，法制度上は取消しや撤回も予定されるのであるから，派遣が継続する期間中についても当該許可が有効であるかどうかが常に問題となる。こうした観点から，派遣元には，派遣労働者および派遣先に対して，許可の取得状況や場合によっては喪失の事実も含めて，情報提供義務が課されている（派遣法11条，12条）。なお，こうした義務は課されているものの，派遣先が当該関係を適法な派遣労働関係と認識していたかどうかは，擬制的労働関係の成否には無関係である。

以上のような許可制度について，たしかに近年では，同制度と関連づけられていた派遣上限期間の延長，撤廃などの度重なる規制緩和によって，相対的な重要性は低下している可能性が高い。ドイツ法は，均等待遇原則を軸に派遣元の責任を強化することを重視しつつあり，こうした保護の行き渡った派遣については，徐々にではあるが，職業紹介（派遣先での直用化）との関連性をむしろ切断する方向で制度改革を進めてきた。

また，派遣法の制定当時とは異なって，──1991年のEU司法裁判所の判決を受けた[105]──1994年の就業促進法での解禁以来，民営職業紹介事業が積極的に位置づけられ，2002年には特別な許可がなくとも一般の営業届出のみで同事業の運営が可能とされるなど，職業紹介事業に対する法規制そのものが根本から見直されてきていることも看過できない。こうした動きは，ILO181号条約をはじめ国際的な動向にも沿うものといえる（詳細は第1章）。

形式的にみても，従前であれば，たとえば派遣期間の制限に違反している場合

---

105) ECJ C-41/90 (Höfner and Elser v Macrotron GmbH, 23.4.1991). 同事件では，あらゆる職業紹介事業を国家が独占していた当時のドイツの法状況について，ローマ条約86条および90条等に違反するものと判示されていた。

などで違法な職業紹介と推定された場合に，私法上は，派遣先の抗弁を制限することで，労働者と派遣先との間で労働関係を擬制する特別な規定があったが（旧13条），この規定は，1997年の就業促進法によって削除されている。[106]

こうしたなか，違法派遣の場合に職業紹介と推定する規定は残っているものの（1条2項），現時点で派遣先との間で擬制的な労働関係が問題となるのは，――条文からも明らかなように――派遣元が許可を取得していない場合に限られている（9条1号および10条）。それ以外の理由で労働契約が無効となる場合であっても，派遣先との間で擬制的な労働契約関係は生じない。このことは，連邦労働裁判所の一連の判決でも認められている。[107]要するに，派遣法で重視されてきた，派遣と職業紹介とを峻別し，派遣労働関係が違法と評価される場合には，当時は禁止されていた職業紹介事業に該当するものとして，直接雇用へと強力に誘導していくという考え方も，質的にみると大きく変化してきている。したがって，今後の法改正のなかで，許可制度と直接雇用への誘導策がどこまで維持されるのかという点には，十分に注視しておく必要がある。

とはいえ，現時点での法制度の枠組みとしてみる限り，許可制度は，公法上も私法上も，いまだ労働者派遣制度の中核にあるといってよい。[108]たとえば，派遣先で直接雇用される労働者との均等待遇が図られるかどうかも許可基準であるから，理論上は，派遣元が均等待遇を全く保障しないケースでは，労働者と派遣先との間で直接雇用の関係が擬制される可能性がある。このような許可制度が，実際にどの程度厳格に運用されているのかは，明らかでない部分も多い。とりわけ，均等待遇を許可基準としている点などは，そもそも基準として明確かどうかにも疑問が生じる。少なくとも裁判例の事案をみる限り，行政は，無許可の派遣はともかくとして，労働条件面からの許可の取消しに対しては相当に消極的であると推察される。ただ，法制度としては，許可制度は，公法的アプローチと私法的アプ

---

106) BGBl. I 1997, S. 715. 旧13条によると，「労働関係が就業促進法4条（筆者注：民営職業紹介事業の禁止）に違反する職業紹介に基づいている場合において，この労働関係を展開するものは，労働者の使用者に対する労働法上の請求権を合意によって排除することはできない」とされていた。

107) BAG, v. 2.6.2010, 7 AZR 946/08; BAG, v. 10.12.2013, 9 AZR 51/13; BAG, v. 3.6.2014 9 AZR 111/13; BAG, v. 23.9.2014 9 AZR 1025/12; BAG, v. 29.4.2015, 9 AZR 883/13.

108) ドイツ法における許可制度の重要性については，さしあたり，大橋・前掲注13書（1999年），同「ドイツにおける派遣労働の特徴と請負・派遣区分に関する基準―連邦雇用機構の派遣法施行指示を中心にして」季労225号（2009年）98頁を参照。

ローチを組み合わせ,派遣労働市場に対して強力に介入する余地を残すものと評価できよう。

IV 均等待遇原則(不利益取扱いの禁止)

1 原則——立法経緯と内容
(1) 期間制限撤廃と均等待遇

次に,現在の労働者派遣法の中核をなす均等待遇原則(不利益取扱いの禁止)の内容について,詳しく分析しておこう。

歴史的にみると,1972年の派遣法では,派遣期間の制限等があるほかに,労働条件水準について直接雇用と異なる特別な規制は存在しなかった。他方,派遣上限期間を超過した場合には,当該関係は民営職業紹介に基づくものと推定を受け,労働者と派遣先との間で直接の契約関係が擬制されていた。労働者派遣において,法制度上は期間の定めのない労働契約を原則とする立場がとられていたものの,派遣期間そのものが短期に限定されていたこともあり,実質的には,派遣は臨時的・一時的な需給調整,および職業紹介と類似の役割を期待されていたといえよう。こうした状況下では,派遣労働者と派遣先の直用労働者との労働条件の格差も問題となりにくかったと推察される[109]。

しかし現実には,法律上の上限期間を超える違法な派遣が広がっていることが,当初から指摘されていた。また,法制度としても,度重なる規制緩和によって上限期間が長期化するにつれて,派遣労働者と派遣先で直接雇用される労働者との労働条件格差も問題となる。こうしたなか,2002年のJob-AQTIV法では,派遣期間が最長2年にまで延長され,同時に,同一労働者の派遣期間が1年を超えた時点で,派遣先で直接雇用される労働者と比較して,賃金を含む労働条件の均等待遇を義務づけることとなった(旧10条5項)。これが,均等待遇に関する規制のはじまりである。

立法解説によると,上限期間を延長する目的は産業界のニーズに応えるためとされ,より長期のプロジェクトでの継続的な就労が期待されていた[110]。そして,均

---

109) *Schüren*, a.a.O. (N67), S. 303.
110) BT-Drucks. 14/6944 vom 24.9.2003, S. 53.

等待遇規制の導入理由も，こうした派遣期間の長期化と関連づけられている。すなわち，立法解説によると，同一派遣先において1年を超えて就労が継続する場合には，派遣労働者と派遣先との間で，事実的な接合（tatsächliche Verbindung）が強化される。この場合に，派遣労働者を派遣先で設定された労働条件から除外することは正当化できない。こうして，均等待遇原則を導入し，同時に，派遣労働者の利益については，少なくとも，派遣元との間で約定された賃金額を保障することによって擁護することとされた[111]（不利益取扱いの禁止）。

要するに，均等待遇原則には，派遣労働者の地位の向上を図ると同時に，賃金水準のダンピング（Lohndumping）を防止する機能があり，立法者もこうした役割を期待していた[112]。そして，このような意味で均等待遇規制を導入することは，他のEU諸国の制度に倣うものだと考えられている[113]。実際にも，均等待遇規制には，労働者派遣の長期化を防ぎ常用代替を防止する機能がある。たとえば，Job-AQTIV法の改正直後の調査によると，派遣期間が12ヵ月を経過した後には，均等待遇規制が適用されることで，派遣元の人件費としては約40％のコスト増となることが指摘されている[114]。この点，賃金コストの上昇は派遣料金の高騰に繋がるのであり，結果として，派遣先も，1年を超える派遣はコストが重要とならない専門的労働者などに限定し，それ以外のケースでは，短期の派遣を利用することが指摘されていた[115]。このように，制度の導入目的と現実の機能の両面で，均等待遇規制は，派遣期間の延長と密接に関係している。

ハルツ第Ⅰ法による派遣制度改革も，こうした文脈で理解することが適切であろう。2003年のハルツ第Ⅰ法では，①派遣期間の上限に関する規制，②労働者派遣で有期雇用の利用を特に制限する規制（Befristungsverbot），③派遣期間と雇用期間とを一致させることを禁止する規制（Synchronisationsverbot），④労働者を解雇してから3ヵ月以内に再雇用することを禁止する規制（Wiedereinstellungsverbot）が，いずれも撤廃された。前述のように，このような規制緩和は，労

---

111) ebd..
112) BT-Drucks. 15/25 vom 5.11. 2002, S. 26ff.
113) *Picker*, Arbeitnehmerüberlassung-Eine moderne Personalwirtschaftsform als Mittel arbeitsrechtlicher Modernisierung, ZfA 2002, S. 469（501）.
114) BR-Drucks. 319/02 vom 15.4. 2002, S. 6.
115) *Wank*, a.a.O.（N60）, S. 5; *Picker*, a.a.O.（N113）, S. 502; *Thüsing*, a.a.O.（N69）, S. 2219.

働者派遣のマッチング機能を重視したものであるが，同時に，均等待遇原則を導入し派遣労働条件を向上させることで，間接雇用の弊害を軽減できると考えられたわけである。[116]

均等待遇規制の内容について，旧法（Job-AQTIV 法による改正当時）と比較すると，①現行法では，派遣就労の開始日から均等待遇を要するという規制強化の側面と（旧法では1年経過後に限定），②労働協約による「別段の定め」を認めたという規制緩和の側面とがある。③なお，法律の文言としても，「賃金を含む労働条件」から「賃金その他の基本的労働条件」へと若干の変更がみられる。

(2) 内　　容

現在の均等待遇原則の内容は次のようである。すなわち，派遣元は，派遣労働者の賃金その他の基本的な労働条件（wesentlichen Arbeitsbedingungen）について，原則として，派遣先で直接雇用される比較可能な（vergleichbar）労働者と同水準の労働条件を保障しなければならない（3条1項3号）。前述のように，均等待遇原則は派遣就労の開始日から適用されるので，派遣先が変更されるケースでは，その都度，新たな派遣先の基準による均等待遇が必要となる。[117]

均等待遇を要する「基本的な労働条件」の内容については，立法者によると，労働時間，休暇，社会的な施設の利用，手当，疾病時等の賃金の継続支払い，社会的な給付を含むものとされる。[118]また，たとえば金銭的な給付の範囲に関しては，——使用者に労働条件の明示を義務づける——基本的な労働条件の証明責任に関する法律（NachwG）2条1項6号が参照されており，具体的には，賃金の構成，賞与を含めた賃金額，手当，賞与およびその他の付加手当等が典型的に想定されている。これらは，EU 指令の内容をふまえたものであるが，従来の実務とも大きく異なるものではない。[119]

法3条の均等待遇原則は，形式的には，派遣事業の許可，あるいはその更新・

---

116) BT-Drucks. 14/6944 vom 24.9.2003, S. 39.
117) ErfK 2015, AÜG §3 Rn. 17 (*Wank*).
118) BT-Drucks. 15/25 vom 5.11.2002, S. 38.
119) 法改正以前の連邦雇用庁の解釈指針によると，均等待遇を要する「労働条件」の内容として，(a)賃金，時間外労働に対する割増賃金，賞与，その他の付加手当，(b)労働時間や休憩時間，(c)特別休暇や休暇手当を含む年次有給休暇，があげられていた（Vgl. Runderlass der BA betr. Job-AQTIV-Gesetz, RdA 2002, S. 318 ; ähnl. BT-Drucks. 14/6944 vom 24.9.2003, S. 24）。

取消しの基準としての側面をもち（5条1項3号），それ自体は公法的な規制である。法3条の均等待遇原則は，許可の申請者（Antragsteller）である派遣元事業者に対して，許可取得（あるいは維持）のために履践すべき義務を規定するにすぎない。しかし，前述のように，派遣法ではこの許可基準と派遣労働者の労働条件とが直接関連づけられている。まず，このような均等待遇に反する労働契約上の合意は無効となる（9条2号）。そして，派遣労働者は，派遣元に対して，賃金その他の基本的な労働条件につき，派遣先で直接雇用される労働者との均等待遇を請求することができる（10条4項）。また，許可が撤回されるような場合には，労働者と派遣先との間で直接の契約関係が擬制される余地も，理論的には残されている（同1項）。

このように，均等待遇原則には，派遣事業の許可基準としての公法的な側面と（3条1項3号），派遣労働条件を直接に規律する私法的な側面とがある（9条2号，10条4項）。そして派遣法では，特に後者を機能させるために，労働者や派遣元の，派遣先に対する情報請求権（Auskunftrecht）が規定されている。すなわち，派遣労働者は派遣先に対して，派遣先における比較可能な労働者の賃金水準についての情報請求権を保障され（13条），同様の権利は実際に賃金を支払うべき派遣元にも保障されている（12条1項3文）。

現在では，この許可制度とも関連づけられる均等待遇原則が，労働者派遣制度の中核をなす。同原則によると，派遣労働者の賃金は，派遣先で比較可能な労務を提供する直接雇用された労働者と，同一の算定基準（Tarif）によることが原則である。しかし学説では，たとえば，①新入社員と熟練者とで異なる基準を用いるなど，派遣先に統一的な賃金決定基準（einheitliches Lohnniveau）を欠くケースで，どのように「均等待遇」を実現するのかという問題，②派遣先にそもそも比較対象者がいないケースで，賃金水準をどのように決定するのかという問題があると指摘される。この点，①については，派遣先での同一労働者の使用期間（勤続期間）で評価すること，②について，比較対象者を欠くケースでは，交渉手続きを重視すべきとの有力説がある[120]。

このような均等待遇原則は，労働者が派遣される期間中に限り適用され，2つの派遣就労の合間（待機期間）には適用がない。法律上は，派遣期間中に対して

---

120) *Thüsing*, a.a.O. (N69), S. 2220ff.

のみ，派遣労働者と派遣先で直接雇用される比較可能な労働者との均等待遇が規定されており（3条1項3号），逆に，「労働者派遣がない期間中に支払われる給付の種類及び額」は，派遣労働契約の必要記載事項ではあるものの（11条1項2号），内容について原則として契約自由が妥当する。ただし，2011年の法改正によって，協約当事者の申立に基づく最低賃金が設定されている場合には，待機期間中の額も定める必要があるため，派遣元は，待機期間に応じた最低賃金の保障を義務づけられる（3a条，9条2項）。

　以上のように，ドイツ法のもとでは，派遣期間中の労働条件について，派遣開始日から派遣先で直接雇用される労働者との均等待遇によることが原則である。しかし，これに対しては，労働協約で「別段の定め」をする余地があり，その濫用的な利用が問題となってきた。[121]

2　労働協約による「別段の定め」

　派遣先で直接雇用される労働者との均等待遇をめぐっては，労働協約で「別段の定め」をする余地があり，ドイツでは，ほぼすべての派遣労働関係において，法律上の均等待遇原則とは異なるルールが適用されている状況にある。[122]

　ドイツでは，賃金その他の労働条件の決定について，主として産業別で締結される労働協約が重要な役割をもつ。労働協約は強行法規に反することはできない

121）　なお，ハルツ改革のなかで，前述のPSAを活用しつつ，直前に失業者であった者について失業給付と同額以上の賃金を支払う場合には，基本的な労働条件のうち賃金については，6週間に限って均等待遇原則と異なる定めをすることが認められていた（派遣法旧9条2号但書）。その目的は，失業者の労働市場への再参入を容易にし，社会保障費用を抑制することにあった（BT-Drucks. 14/6944 vom 24.9.2003, S. 38）。しかし，その後，PSAによるマッチング機能に疑問が呈される状況下で，EU指令の国内法化を図る目的から，失業者派遣に関する上の例外は2011年の改正で撤廃されている。

122）　こうした「別段の定め」は，ドイツの派遣労働関係の9割以上に及んでいるとされる。*Bayreuther*, Tarifpolitik im Spiegel der verfassungsgerichtlichen Rechtsprechung－Zum "equal-pay"-Beschluss des BVerfG, NZA 2005, S. 343; *Promberger*, Leiharbeit－Flexibilität und Prekarität in der betrieblichen Praxis, WSI-Mitteilungen 5/2006, S. 263. なお，派遣法が規制緩和されるなかでの（伝統的な）労働組合の取組みについては，北川亘太＝植村新＝高坂博史＝徳丸夏歌「ドイツ金属労組IG Metallの派遣労働問題への対応─規制緩和後の妥協点とアイデンティティーの模索」大原社会問題研究所雑誌671＝672号（2014年）71頁，また，ドイツにおいて現在の労働協約をとりまく状況については，岩佐卓也『現代ドイツの労働協約』（法律文化社，2015年）を参照。

が,「労働協約に解放された法規 (tarifdispositives Gesetzesrecht)」であれば,基本法9条3項で保障された協約自治が尊重され,法律の基準と異なる合意が認められる。労働者派遣における均等待遇原則もこれに該当するため,労働協約による場合には,均等待遇の水準を下回る合意をすることが許される(派遣法3条1項3号)[123]。そして,一般に,労働協約には正当性保障 (Richtigkeitsgewähr) があるために,その内容が適切かどうかは裁判所による審査対象とならない(民法典310条4項)。

さらに,現在の労働者派遣法では,こうした労働協約の対象領域 (Geltungsbereich) であれば,当該労働協約に拘束されない使用者と労働者であっても,個別の労働契約を通して協約水準の援用を合意することができる(3条1項3号)。つまり,労働協約による水準設定がなされていれば,労働協約以外の合意での逸脱(＝労働協約の援用)も許されており,実務では,この「援用」による逸脱が一般化している。これは,①ドイツでは,派遣元が零細企業であることが多く,労働協約を締結する使用者団体に加入していないこと,②派遣労働者の組織率も低いという事情による[124]。こうした「援用」が EU の労働者派遣指令に適合するかどうかをめぐっては強い批判がある。

労働協約を「援用」する場合には,均等待遇原則から逸脱した労働条件設定の拘束力は,当事者の個別合意によって根拠づけられる。この点,均等待遇原則が適用されていた派遣労働者に対して,労働条件の引下げを図るために,変更解約告知によって協約水準を援用する個別合意を迫ることは,判例上,社会的相当性を欠くものとして原則として効力が否定されている[125]。ただ,こうした例外を除くと,具体的な「援用」の要件は明確でない。

学説では,第1に,労働協約において,ある労働条件について派遣労働者を対象とすることが明示的に規定されていること,第2に,協約の関連規定を包括的に援用することが必要だと考えられている[126]。第3に,こうした援用は,そもそも労働協約が有効なことを前提とするので,協約の締結当事者が,締結能力 (Tar-

---

123) BT-Drucks. 14/6944 vom 24.9.2003, S. 38; *Schüren/Hamann*, a.a.O. (N1), §9 Rn. 99; *Ulber*, a.a.O. (N1), §9 Rn. 65.
124) *Schüren*, a.a.O. (N67), S. 304.
125) BAG, v. 12.1.2006, AP Nr. 2 zu §2 KSchG; BAG, v. 15.1.2009, 2 AZR 641/07. ただし例外的に,差し迫った経営上の必要がある場合には,変更解約告知が認められる余地もあるとされる。
126) *Schüren/Hamann*, a.a.O. (N1), §9 Rn. 160ff.

iffähigkeit）と締結資格（Tarifzuständigkeit）を備えていることを要する。前述のように，2011年改正以前のドイツでは，当時広く普及していたキリスト教労働組合同盟（CGB）の加盟労組で適用される労働協約において，派遣労働条件の水準が著しく低く設定されていた。そこでは，派遣労働者に関わる適切な利益調整がなされておらず，当該の労働組合に協約締結能力があるかどうかも疑問視される状況にあった。[127]

こうしたなか，連邦労働裁判所は，2010年にCGBの協約締結能力を否定することにより，当該労働協約によって労働者派遣法の均等待遇原則に対する「別段の定め」をすること，およびそれを援用した労働契約の効力を例外的に制限している。また，立法上も，2011年の改正で労働者派遣において最低賃金が設定される運びとなるなど，近年，労働協約による「別段の定め」が認められる余地は制限されつつある（前述）。

3 均等待遇をめぐる法律問題

(1) 憲法問題

次に，このような均等待遇原則に対する法的評価を，確認しておこう。まず，法律で均等待遇原則を定めることについては，基本法レベルで重視される協約自治との関係が問題となる。均等待遇を義務づけることで，労働組合の交渉上の地位（Verhandlungsposition）が強化され，組合は使用者の申出を拒絶するだけで「均等待遇」を獲得でき，反対に，使用者側としては，「均等待遇」を回避するためには団体交渉を強いられることとなる。このことは，基本法9条3項で保障される協約自治，あるいは消極的団結の自由（negative Koalitionsfreiheit）と抵触する可能性がある。

こうした点が争われたのが，連邦憲法裁判所（BVerfG）の2004年12月29日決定である。[128] この事件は，原告である派遣元企業とその使用者団体とが，派遣法3

---

127) Schüren/Hamann, a.a.O.（N1），§9 Rn. 114ff; Ulber, a.a.O.（N1），§9 Rn. 69ff. 当時の状況を紹介するものとして，川田知子「ドイツ労働者派遣法における均等待遇原則の機能と限界」季労225号（2009年）111頁，同「ドイツ労働者派遣法における均等待遇原則の憲法適合性」亜細亜法学44巻1号（2009年）191頁，橋本陽子「最低賃金に関するドイツの法改正と協約遵守法に関する欧州司法裁判所の判断」学習院大学法学会雑誌45巻1号（2009年）1頁も参照。

128) BVerfG, v. 29.12.2004, AP Nr. 2 zu §3 AEntG. 同決定を紹介する日本語文献として，橋本・前掲注37論文のほか，川田・前掲注127論文がある。

条,同9条,同10条の均等待遇原則について,基本法で保障された団結の自由を侵害するなどと主張して提起したものである。連邦憲法裁判所は,次のような理由で,均等待遇原則の合憲性を確認している。

第1に,均等待遇原則について積極的団結権の侵害はない。労働者派遣法の均等待遇原則は,派遣労働者の地位の向上(Verbesserung)を図り,基本法12条1項に定められた職業の自由を保障するものである。そして,こうした規制を課すことも,立法者の裁量に委ねられている。一方,団結の自由(Koalitionsfreiheit)は,同じく基本法で保障される公益(Gemeinwohlbelangen)の観点から制約される余地がある。この点,派遣法の均等待遇原則は,社会国家原則に基づいて深刻な失業問題を克服(Bekämpfung)するという公益的な目的に由来している。そして,派遣法の規制は,この目的にとって必要かつ相当である。また,法律上の解放条項によって,協約当事者に活動の権利(Betätigungsrecht)が残されている点が重要である。

第2に,消極的団結の自由(negative Koalitionsfreiheit)について,その侵害も僅かにとどまる。労働者派遣法の規定は,派遣元企業を使用者団体に加盟させる間接的な圧力(mittelbare Druck)を含んでいるが,その程度は著しいものではない。個別の企業であっても労働協約を締結できるのであり,使用者(派遣元企業)には使用者団体への加盟・非加盟の自由がある。

第3に,営業の自由(基本法12条1項)も侵害されない。たしかに基本法は,経済活動の自由を保障しており,使用者には契約関係を自由に形成する権利がある。そして,この権利は,労働者派遣法が均等待遇原則に違反する約定を無効としている点で,一定程度では制限されている。しかし,この制限は正当化することができる。すなわち,基本法12条1項は,①派遣労働者にとって期待できる労働条件の獲得という利益,②労働力を安価に利用するという使用者にとっての利益の双方を保障するものであるところ,その利害対立の解決には立法者に裁量がある。この点,法規制により,派遣元の競争条件(Wettbewerbsbedingungen)や労働市場における地位は悪化するものでなく,むしろ,派遣労働者の地位の向上と失業対策という公益目的からすると,均等待遇原則が基本法に違反するものとは評価できない。

第4に,均等待遇原則は,派遣元事業者と他の事業者との平等原則(基本法3条1項)にも違反しない。たしかに,賃金水準に対する介入は他の事業分野でみ

られるものではないが，派遣法でも労働協約によって賃金水準を定める余地は残されている。

以上要するに，均等待遇原則が基本法に違反するとの主張に対して，憲法裁判所は，①派遣先で直接雇用される労働者との均等待遇による，派遣労働者の処遇改善のほか，②失業対策という公益目的と，③労働協約で「別段の定め」をする余地がある点を重視して，その合憲性を確認している。

一方，労働者側からしても，均等待遇原則には，契約締結の自由が制限される点で理論的には憲法問題が生じる可能性がある。こうした主張の背景には，前述のように，派遣労働者は現実には非組合員であることが一般的であり，労働協約を援用する場合にも，その水準が低いという事情があった。ただし，こうした学説でも，労働者の契約自由と均等待遇との関係は，基本法レベルでの抵触問題ではないと考えられている。たとえば Schüren は，①派遣労働者の利益代表を欠くなかでの規範設定の有効性，②派遣労働者の契約自由との抵触問題について検討を加え，いずれも基本法上の問題とは区別する。まず①について，Schüren は，派遣労働者の利益代表を欠く場合には，労働協約で派遣労働条件が規定されているとしても，個別の合意によって均等待遇原則から逸脱することに懐疑的な立場を示している。しかし，これは，援用される個々の労働協約の効力（締結能力，資格）に関する問題であるとする。前述のように，連邦労働裁判所の決定でも，こうした点から「別段の定め」をした労働協約そのものについて有効性が否定されている。

同様に，②についても，均等待遇原則は労働者の契約自由に反しないとされる。まず，理論的には，労働協約には労働条件の最低保障（Mindestabsicherung）としての機能があるが，実務上は，協約基準がそのまま適用されることが一般的である。特に，協約基準が低く設定される場合に，もしも協約基準が強行的に適用されるとすると，契約自由との抵触問題は深刻となる。しかし，非組合員は，個別の合意によってのみ協約水準の援用ができるのであり，基本法上の契約自由との抵触問題までは生じない。仮に，協約の労働条件水準が低い場合で，しかも，協約締結までの交渉が不十分であるケースや利益代表が欠如するケースであっても，それは，協約能力（Tariffähigkeit）に瑕疵があるかどうかという問題にすぎない。そして，こうした協約能力を欠く場合には，労働者は（原則通り）均等待遇を求める余地があり，実質的にみても基本法上の契約自由の侵害は生じない

とされる。[129]

　以上のように，均等待遇原則については，①協約自治や，使用者側の消極的団結権との抵触問題，あるいは，②労働者側の契約自由との抵触問題をめぐる議論がある。そして，現時点では，判例は均等待遇原則を合憲と評価しているし，多くの学説も同様の立場である。ただし，その理由をみると，いずれも均等待遇原則には例外の余地が残されており，一定の柔軟性をもつことが考慮されている。換言すれば，同原則に対する例外を一切認めない場合には，基本法との抵触問題が深刻化する可能性が高いことが示唆されている。

(2) 均等待遇原則の評価

　このほか，均等待遇原則に対しては，次のような指摘がある。前述のように，均等待遇規制が果たし得る機能としては，派遣労働者の労働条件の向上を図る側面と（＝派遣労働者の利益），派遣先における労働条件のダンピングを防止する側面（＝派遣先で直接雇用される労働者の利益）とがある。理論的にみれば，均等待遇原則は，「原則として」派遣に要するコストを増加させるものであり，この点で，均等待遇原則を違憲とする立場も根強い。たとえば Picker は，均等待遇原則は，「公正な賃金（gerechten Lohn）」を設定しようと努めるものであるが，賃金水準を，現実の市場でなく「社会的な」観点で決定する点で不適切であると批判する。[130]

　一方，現実には，労働協約での「別段の定め」が許されることもあり，均等待遇原則の導入以後も，派遣労働者の労働条件と派遣先で直接雇用される労働者の労働条件とでは，格差がある。[131] 前述のように，均等待遇原則により，理論的には労働組合の交渉上の地位は強化されているはずであるが，現実には，組合は均等待遇基準を下回る協約を締結しており，組合による協約強制（Tarifdiktats）と

---

129) *Schüren*, a.a.O. (N67), S. 307.
130) *Picker*, a.a.O. (N113), S. 502.
131) 特に，2010年に連邦労働裁判所の決定により CGZP の協約締結能力が否定される以前には，このことが顕著であった。橋本陽子「ドイツの非正規雇用（不安定雇用）に関する法規制の特徴―日本法への示唆」世界の労働59巻11号（2009年）34頁以下も参照。それによると，統計により多少の差はあるものの，両者の賃金格差は，第2次産業において，補助労働では少なくとも時給3ユーロ，熟練労働者で少なくとも時給2ユーロ，あるいは別の統計では，賃金格差は平均で29％であると紹介されている。

は評価し難い状況がある。このことから,「均等待遇原則が基本法に違反する」との学説上の批判は,実務的な重要性を欠いていると指摘される[132]。実際に,均等待遇原則の導入後も,労働者派遣の市場規模は拡大を続けている。

そうすると,派遣労働者に対する均等待遇原則の内容面での特徴については,次のようにまとめられる。まず,均等待遇規制を「原則通り」に運用するならば,立法者が意図したように,派遣期間の長期化を防止し常用代替を軽減する機能があると考えられる。ただし,こうした均等待遇原則には例外があり,特に判例では,労働協約による広範な逸脱が許されている点が,協約自治との関係で重視されている[133]。つまり,均等待遇原則の射程は,そもそも限定的なものである。そして,ドイツ法では,労働協約の基準を個別合意で援用する場合にも均等待遇原則からの逸脱が認められ,実務上は一般化している。

ドイツの労働者派遣制度は,均等待遇原則を中心とする点で,オランダ法と類似する。ただ,オランダ法で,同原則の例外を協約自治に委ねていたことと比較すると,ドイツでは,個別契約による逸脱が中心となっている点で問題状況は異なる。さらに,労働協約による派遣労働条件の設定自体に対しても,派遣労働者の組織率あるいは派遣元の使用者団体への加盟率が低いなかで,現実に派遣労働者の利益が十分に考慮されていないという問題認識がある。

V　雇用保障と待機期間

次に,派遣労働者の雇用保障の問題についてみておこう。現在では,この問題は,一般的な解雇・有期労働法制の解釈問題に委ねられている。このうち解雇については解雇規制の具体的な解釈が重要であるし,労働契約に期間を定めた場合には,期間設定の合理性等が問題となる。現実には,派遣就労の間である待機期間中の賃金支払を回避するために,派遣期間と労働契約期間とを一致させるケースや(登録型派遣),待機期間について「休暇」と約定して賃金支払いを回避する派遣労働契約もみられる[134]。

---

132)　*Schüren*, a.a.O. (N67), S. 306.
133)　BT-Drucks. 14/6944 vom 24.9.2003, S. 26; *Schüren*, a.a.O. (N67), S. 304.
134)　*Schüren/Hamann*, a.a.O. (N1), Einl. Rn. 239ff.

現在では，派遣期間については明確な制限は撤廃されており，長期の派遣であってもただちに否定されるものではない（ただし，この点について再規制の動きがあることは後述）。そして，労働契約の当事者は，労働契約に期間を定めるかどうかはともかく，派遣期間にあわせて長期の雇用関係を展開することも可能である。しかし実際には，派遣労働者の雇用関係は，1週未満が9％，1週以上3ヵ月未満が45％，3ヵ月以上は46％であるなど，約半数が3ヵ月未満という短期の雇用関係にある。[135]この割合は，少なくとも同調査の対象期間である1994年以降，大きな変化はみられない。

要するに，派遣労働者にも解雇規制が及ぶとはいえ，（労働者が短期雇用を希望しているケースも含めて）必ずしも長期間の雇用存続が図られているわけではない。この点に留意しつつ，以下では，派遣労働者の雇用保障に関する法制度について確認しておこう。

1 解雇規制

労働契約に期間の定めがない場合，使用者がそれを一方的に解消するには，解約告知（＝解雇）が必要となる。一般的な直接雇用の労働者の場合と同様に，派遣労働者の解雇にも普通解雇と特別解雇とがあり，予告期間（民法典622条）等についても異ならない。ただし，直接雇用の場合には，3ヵ月未満の臨時的な労働であれば，個別合意によって予告期間を短縮する余地が認められているが（同5項1号），労働者派遣ではこうした短縮は認められない（派遣法11条4項1文）。その趣旨は，雇用リスク（Beschäftigungsrisiko）が派遣労働者へと転嫁されることを防止するというものである。[136]一方，労働協約によって予告期間を短縮する場合であれば（民法典622条4項），こうした制限はない。たとえば，就労開始から最初の3ヵ月間について解約告知期間を1週間とすることや，最初の14日間について解約告知期間を1日に短縮することも可能である。[137]

---

135) BA, Arbeitsmarkt in Zahlen Arbeitnehmerüberlassung (2. Halbjahr 2014). また，金属産業および電気産業におけるアンケート調査によると，労働者派遣契約の期間そのものも比較的に短く，3ヵ月未満が16％，3ヵ月以上1年未満が65％，1年を超えるものは19％とされる (Gesamtmetall: Arbeitgeberverbände in der Metall-und Elektro-Industrie-Umfrage 2008)。
136) BT-Drucks. 6/2303 vom 15.1.1971, S. 14; Schüren/Hamann, a.a.O. (N1), §11 Rn. 92ff.
137) ErfK 2015, AÜG Einl. Rn. 26 (Wank).

解雇制限法のもとでは，解雇には正当事由が必要となる。労働者派遣については，特に次のような問題がある。まず，解雇制限法は6ヵ月以上継続した雇用関係に対してのみ適用されるところ，この期間は，同一派遣元での雇用期間で算定され，派遣先での利用期間は考慮されない。たとえば，派遣労働者が直用化された場合にも，従前の派遣元での雇用期間は原則として通算されず，待機期間が新たに設定される。[138] 他方で，同一派遣元において2つの連続する労働関係があり，両者に密接な客観的ないし時間的関連（enger sachlicher oder zeitlicher Zusammenhang）が認められる場合には，期間は通算される。客観的関連が認められる例として，たとえば，派遣元が派遣の終了と同時に労働者を解雇し，その後，当該労働者と新たに労働契約を締結するケースなどが期間の通算対象となる。[139] また，時間的関連については，3ヵ月とする立場[140]と，1ヵ月とする立場とに大別される。[141]

次に，解雇制限法は，使用者が労働者を解雇する際に，労働者の一身上（Person）または行為（Verhalten）に基づく解雇事由，もしくは緊急の経営上の必要に基づく解雇事由を求めている（1条2項）。この点，労働者側の事情については，派遣元に対する行為だけでなく，派遣先に対する行為であっても解雇事由となる。[142] 一方，後者の整理解雇については，派遣元の事情のみが考慮され，業務が継続的に減少していること（dauerhafter Rückgang）が必要となる。労働者の実際の就労先である派遣先で業務が減少しているケースでも，派遣元での解雇が当然に許容されるわけではない。これは，労働者派遣において，派遣元が常に派遣先を確保できるわけでないことを前提としつつ，そのリスクは派遣元が負うべきとの考え方に基づいている。

「業務の継続的な減少」の判断対象となる期間について，従来は3ヵ月という期間の長さが重視されていた。それは，当時の労働者派遣法で，派遣元が，労働者を解雇して3ヵ月以内に当該労働者を再雇用することが禁止されていた（旧9条3項），という事情を考慮するものであった。現在では，ハルツ第Ⅰ法で当該規定が削除されたこともあり，「業務の継続的な減少」の判断対象については，労

---

138) BAG, v. 20.2.2014, 2 AZR 859/11.
139) Ulber, a.a.O. (N1), §1 Rn. 45ff; Schüren/Hamann, a.a.O. (N1), Einl. Rn. 264.
140) BAG, v. 18. 5.2006, AP Nr. 159 zu §1 KSchG.
141) Schüren/Hamann, a.a.O. (N1), Einl. Rn. 265.
142) ErfK 2015, AÜG Einl. Rn. 26 (Wank); Ulber, a.a.O. (N1), §1 Rn. 39.

働者の雇用期間等から総合的に考慮することが必要と考えられている。具体的に，判例上は 3 ヵ月ないし12ヵ月の待機期間（Abwartefrist）の長さが重視されており，学説も概ね支持するようである。[143]

以上要するに，派遣労働関係においても，雇用主である派遣元との関係で雇用に存続の可能性がなく，かつ，被解雇者の選定が適切に行われている場合に限り，解雇の社会的正当性が認められる。[144] ただし，留意すべき点として，ドイツでは零細事業所において解雇制限法の適用がそもそも排除されているところ，派遣元の約 4 割がこうした零細事業所に該当する。

2　有期労働契約の場合

一方，派遣労働契約に期間の定めがある場合には，労働契約は当該の期間満了によって終了する。もっとも，すでに検討したように，ドイツでは解雇規制の潜脱・回避を防止するために，伝統的には判例法理によって有期雇用の利用事由が制限されてきた（入口規制）。

歴史的にみると，派遣労働契約に期間を定めることに対しては，一般の有期雇用と異なる規制が展開されていた。まず，有期労働契約の利用は，派遣労働者の個人的事情により，客観的な理由（sachlicher Grund）がある場合に限られていた（旧9条2号）。これは，当時の有期労働法制において，(1)解雇制限法の適用除外期間を考慮して，6ヵ月以上の有期雇用のみが規制の対象とされ，(2)正当事由の内容について，労働者の個人的事情に基づく場合のほかにも認められていたことと比較して，厳格なものであった。また，仮に有期雇用を利用できるケースであっても，派遣期間と雇用期間とを一致させること，そして，ある労働者を解雇して 3 ヵ月以内に当該労働者を再雇用することも禁止されていた。しかし，こうした規制はハルツ第Ⅰ法で撤廃され，現在では，直接雇用の場合と同様に，派遣労働契約に対しても，パートタイム・有期契約法（TzBfG）の規制がそのまま適用される。

では，その具体的な意義はどのように解されているのだろうか。まず，パート[145]

---

143) BAG, v. 18.5.2006, AP Nr. 159 zu §1 KSchG; ErfK 2015, AÜG Einl. Rn. 27（*Wank*）; *Schüren/Hamann*, a.a.O.（N1），Einl. Rn. 267; *Ulber*, a.a.O.（N1），§1 Rn. 38.
144) *Schüren/Hamann*, a.a.O.（N1），Einl. Rn. 269ff.
145) Vgl. *Wank*, Der richtlinienvorschlag der EG-Kommission zur Leiharbeit und das Erste

タイム・有期契約法では，原則として，労働契約の期間設定に合理的理由が必要とされる。具体的には，①一時的な労働需要に対応する場合，②職業訓練または大学過程の終了に引き続いて利用する場合，③他の労働者の一時的な代替として利用する場合，④放送局や芸術分野など，労務給付の性質から期間設定が許される場合，⑤試用目的の場合，⑥労働者の個人的理由から期間設定が正当化できる場合，⑦公的な財政に基づいて臨時的に雇用する場合，⑧裁判上の和解に基づく場合に，有期雇用を利用する余地がある（14条1項参照）。

これを労働者派遣のケースで考えると，とりわけ①ないし⑦が問題となり，そのうち⑥（労働者の個人的事情）は，派遣でも，従前から期間設定が認められてきた類型である。それ以外の事由をみると，①や③の一時的な需要とは，派遣元の事情によるのであって，派遣先の事情は考慮されない[146]。反対に，④（労務の性質）は，実際の就労先である派遣先の職務内容によるのであり，派遣元との労働契約での期間設定を正当化できることは稀である。このほか，②（職業訓練・大学過程の直後）や⑤（試用期間）は，そもそも利用が1回に限られる。また，⑦（公的財政）については，従前のPSAを介した派遣（失業者派遣）には妥当するとしても，通常の労働者派遣では問題とならない。こうしてみると，派遣労働契約に期間を定める場合には，現在でも，「労働者の個人的事情」による正当化が中心となる。

次に，パートタイム・有期契約法の「例外」との関係をみても，労働者派遣の場合には，有期雇用を反覆的に利用することは容易でない。まず，同法による例外は，①労働者を新規採用する場合の2年間の特例（14条2項），②高年齢者の特例（同3項），③新設企業の特例（同2a項）であった。この点，②や③による適用除外は，労働者派遣にもそのまま妥当するが，たとえば③について企業再編による新設は除外されるなど，その対象は広くはない。一方，①の例外は，新規採用であれば利用できる点で適用対象は広いが，上限期間が2年であるほか，更新回数も3回以内に制限される。たしかに，最長期間や更新回数の制限については，労働協約で別段の定めをすることが可能であるが，その対象も，あくまで新規採

Gesetz für moderne Dienstleistungen am Arbeitsmarkt, NZA 2003, S. 14ff; *Wank*, a.a.O.（N60），S. 4.
146) BAG, v. 18.5.2006, 2 AZR 412/05; ErfK 2015, AÜG Einl. Rn. 7（*Wank*）.

用のケースに限定される。

　この点，1985年の就業促進法では，各契約期間の間に4ヵ月のクーリング期間がある場合に，法律上の要件である「密接な客観的関連性（sachlicher Zusammenhang）」が失われるものと推定され，後続の契約についても新規採用と評価することで，労働契約の期間設定に正当事由を要さないとされていた（1項1号）。しかし，パートタイム・有期契約法では，このようなクーリング期間に関する規定が削除されたことで，各契約の間で中断があった場合にも，もはや後続の契約は新規採用とは評価されないこととなった。[147] したがって，特に，いわゆる登録型での労働者派遣のように，労働契約の更新頻度の高い就労形態においては，この例外事由に基づいて（3回以上にわたり）労働契約に期間を定めることは事実上困難ということになる。

　このように，理論的には，労働者派遣にもパートタイム・有期契約法がそのまま適用されるが，実際の解釈問題としては，派遣労働契約に期間を定めて反覆継続的に利用することは，「客観的理由」の点でも法律の例外規定の点でも容易なわけではない。[148] したがって，現在のドイツでは，登録型派遣を全面的に禁止する従来の規定は廃止されたものの，有期雇用の利用事由が制限されているために，登録型派遣が利用できる余地は必ずしも広くない。登録型派遣の利用についての自由度は有期雇用の規制のあり方と密接に関係しており，結果的に，ドイツでは登録型派遣は原則として利用しにくい規制構造となっている。

3　待機期間と賃金

　労働者と派遣元との間に雇用関係が認められる場合には，派遣元は，原則として賃金支払義務を負う。すでに指摘したように，派遣期間中の賃金については，派遣先で直接雇用される比較可能な労働者との均等待遇が原則である。では，労働者が実際に派遣されない期間（待機期間）の賃金は，どのように決定されるのだろうか。この問題は，派遣元の受領遅滞の問題と，派遣元に帰責性がない場合とで，次のように区別される。

　第1に，派遣労働契約においては，派遣元の受領遅滞のケースで，特約によっ

---

147) BAG, v. 25.10.2000, 7 AZR 483/99.
148) z. B. *Schüren/Hamann*, a.a.O. (N1), Einl. Rn. 245ff; *Ulber*, a.a.O. (N1), §1 Rn. 31ff.

て賃金請求権を放棄または制限することが禁止され（派遣法11条4項2文），これに反する特約は公序違反として無効となる。派遣元が受領遅滞となる要件としては，①派遣元と派遣労働者との間に労働関係が存在すること，②派遣労働者に労務給付の能力があること，③派遣労働者が労務給付を申し出たにもかかわらず，派遣元がその受領を拒否することである。[149]

これらを充たす場合，派遣労働者は，派遣元に対して契約上の完全な（100%の）賃金請求権を有する。これは，派遣法の制定当時からの規制であり，立法趣旨は，派遣期間と雇用期間とを一致させることを禁止した規制（Synchronisationsverbot）の潜脱・回避を防止することであった。すなわち立法者は，労働契約に期間を定めないことを原則として，待機期間中にも賃金が継続的に支払われる労働者派遣をモデルとしたのである。すでに検討したように，ハルツ第Ⅰ法により上の「期間一致の禁止」は廃止されたが，受領遅滞のケースにおいて賃金請求権を放棄したり制限したりする合意は，現在でも禁止されている[150]。同様の理由から，学説では，使用者に帰責性のある待機期間を「休暇」とし，それによって賃金支払を免れることを企図する約定についても，労働者の利益に沿うものでない限り，公序に反し無効となると解されている[151]。

第2に，これに対して，使用者に帰責性がない待機期間中に，労働者に対して賃金支払義務を負うかどうかは，受領遅滞の問題とは区別される。たとえば，契約上の派遣就労期間の満了後，次の派遣までの待機期間における賃金支払いの要否がこれに該当する。立法者によると，こうしたケースでの具体的な賃金水準は，派遣元と労働者との契約自由の範疇にある[152]。この点，「労働者派遣がない期間中に支払われる給付の種類及び額」は，派遣労働契約の必要記載事項である（派遣法11条1項2号）。学説では，保障すべき金額の水準として，契約自由を前提としながらも，公序を根拠として，現に派遣されている比較可能な労働者が労働協約で保障されている賃金額の7割程度とすべき，とする立場が有力に主張されている[153]。

---

149) *Schüren/Hamann*, a.a.O. (N1), §11 Rn. 102.
150) *Schüren/Hamann*, a.a.O. (N1), §11 Rn. 97ff.
151) *Schüren/Hamann*, a.a.O. (N1), Einl. Rn. 242, 254.
152) BT-Drucks. 14/6944 vom 24.9.2003, S. 38.
153) *Schüren/Hamann*, a.a.O. (N1), §9 Rn. 155; ErfK 2015, AÜG §3 Rn. 17ff（*Wank*）．

VI 組織化・集団化

次に，派遣先の従業員代表機関における派遣労働者の編入問題等について，ドイツの法制度を概観しておこう[154]。ドイツの労働者代表制度は，主として産業別の労働組合と事業所での従業員代表とが併存する2元型モデルであり，従業員代表については，事業所組織法（BetrVG）により，労働者数5人以上の事業所で事業所委員会（Betriebsrat）を設置することが義務づけられている[155]。事業所委員会は，事業所の規模に応じた人数の労働者代表によって構成される（1者構成）。そして，事業所委員会には，使用者との共同決定（Mitbestimmung）の権利をはじめ，法律上様々な権利が保障されている。

この点，たとえば，労働者の採用についても事業所委員会が関与することが予定されており，さらに，派遣先に事業所委員会が設置されている場合には，派遣労働者の受入についても，派遣先の従業員代表は拒否する余地がある（派遣法14条3項，事業所組織法99条）[156]。あとで検討するように，2011年の法改正により，現に行われている「労働者派遣が一時的でない」ことを理由に，派遣先の事業所委員会が同意を拒否するケース（裁判の形式としては，派遣先企業が事業所委員会の同意に代わる決定を求めて提訴するケース）が多発している。事業所委員会が同意を拒否するためには強行法規違反の事実が認められることなど一定の要件が課されており，同意を自由に拒否できるわけではない。ただ，外部労働力の利用の適否について派遣先の従業員代表が関与する仕組みは，日本でも2015年の法改正で派遣期間との関係で重要性を増しているだけに，常用代替を防止する手続的な規制として参考となる部分もあろう。

---

154) 労働者派遣に関わる従業員代表の実態については，藤内和公『ドイツの従業員代表制と法』（法律文化社，2009年）334頁以下。

155) 労働者代表システムのモデルについては，大内伸哉『労働者代表法制に関する研究』（有斐閣，2007年）50頁以下を，ドイツの従業員代表法制については，さしあたり，藤内和公「ドイツにおける従業員代表の参加権」岡山大学法学会雑誌56巻2号（2007年）468頁，同「ドイツ・従業員代表制をめぐる諸問題」岡山大学法学会雑誌58巻1号（2008年）206頁を参照。

156) この点，派遣先の事業所委員会の関与を明示する派遣法14条が創設される以前にも（BGBl. I 1981, S. 1390），連邦労働裁判所は，事業所組織法99条の「採用（Einstellung）」という文言の解釈を柔軟化することで同様の仕組みを認めていた（BAG Beschluss, v. 14.5.1974, 1 ABR 40/73）。

これに対して，派遣労働者の事業所委員会への組入れについてみると，特に派遣期間が短期に制限されていた時期には，労働者派遣を臨時的，一時的なものとして位置づけた前提のもとで，派遣労働者を派遣先の従業員代表機関へ参加させることは明確に否定されていた。しかし，その後，派遣上限期間の規制緩和が進み，遂には撤廃される状況に至るなかで，派遣労働者の派遣先での組織化問題が生じることとなる。そして，2001年の法改正により，現在では，派遣法14条で派遣労働者の事業所組織法上の地位が明確化されている。同条によると，派遣労働者は，派遣期間中も派遣元における事業所委員会の構成員としての地位を維持する（14条1項）。他方，派遣期間が3ヵ月を超えると，派遣労働者にも，派遣先の事業所委員会への選挙権を含む参加が認められるが，被選挙権までは保障されない（同2項，事業所組織法7条）。

こうして，派遣労働者は，派遣元と派遣先の双方の事業所委員会において，二重に所属することが認められる。ただし，派遣労働者は，派遣先と契約関係があるわけでないので，派遣先の事業所委員会で保障された諸権利のうち，労働契約の存在を前提とするようなもの（たとえば解雇や格付け変更における関与権）については，派遣労働者は，派遣先で直接雇用される労働者のような利益を享受できず，具体的には，事業所組織法81条（使用者の労働条件等の通知および意見聴取義務等），82条1項（労働者の意見申立権），84条～86条（苦情申立権）についてのみ適用がある。なお，派遣労働者にも，派遣先の従業員集会への参加権については保障される（派遣法14条3項）。

Ⅶ　派遣期間をめぐる解釈問題と新たな立法動向

1　はじめに

すでに詳しく検討したように，ドイツでは，労働者派遣が解禁された1972年当時には，派遣期間を3ヵ月に制限することで，派遣労働者による常用代替の防止が目指されていた。他方，厳しい雇用情勢のなか，派遣期間の制限は6ヵ月，9ヵ月，12ヵ月，24ヵ月と徐々に緩和され，2000年代初頭のハルツ改革期には，派

157）派遣法14条に関する問題について，歴史的な経緯も含めて詳細に分析するものとして，大橋・前掲注13書（2007年）123頁以下がある。

遣先で直接雇用される労働者との均等待遇原則の導入・強化と引き替えに撤廃されるに至っている。[158]

　もっとも，現実には，均等待遇原則が労働協約によって回避される実務が定着するなかで，派遣によって派遣先の基幹的な労働者が代替されていることが問題となり，ドイツでは再び派遣期間を制限する議論が活発化している。そして，連邦労働裁判所の決定や立法改正をめぐる議論のなかでは，単に従前の期間制限を復活するのではなく，期間制限のあり方そのものも大きく変化しつつある。以下で確認しておこう。

2　派遣法1条1項をめぐる解釈問題——新たな期間制限

(1)　「一時的」でない労働者派遣の制限

　2011年の法改正により，派遣法1条1項では「派遣先に労働者を派遣するのは，一時的なものである」旨の規定が導入されている。この点，EUの労働者派遣指令でも，各種の定義のなかで，労働者派遣は「一時的（vorübergehend）」との文言が含まれている（1条，3条1項等）。[159]

　これをふまえて，ドイツでは，派遣の濫用的な利用を防止することを目的に上の規定が追加された。他方で，派遣先での労働力利用の柔軟性に配慮して，上限期間を一律に定めることは明確に否定されている。立法理由によると，EU指令での「一時的」との文言についても，時間的には柔軟な概念であって，派遣の最長期間を厳密に定めることは放棄したものと解されている。[160]

　この新たな規定について，立法時に十分な議論はなく，学説では単なる訓示規定と解する立場もある。[161] ところが，連邦労働裁判所はこれを効力規定と解し，反覆継続的な派遣利用を制限する立場を示したために，ドイツでは派遣期間の制限をめぐる新たな解釈問題が生じている。この事案は，印刷会社で労働者の定年退職に伴い空席となったポストで，グループ会社から，派遣労働者を期間の定めな

---

158)　連邦労働裁判所も，派遣を期間の定めなく受け入れることを適法と認めていた（BAG Beschluss, v. 25.1.2005, 1 ABR 61/03）。
159)　たとえば，EU指令の1条1項では，「本指令は，派遣元事業者との間で労働契約または労働関係が認められ，派遣先の指揮命令に基づいて，派遣先で一時的に（vorübergehend/temporarily）労務に従事する労働者に対して適用される」と規定されている。
160)　BT-Drucks. 17/4804 vom 17.2.2011, S. 8.
161)　学説の動向については，ErfK 2015, AÜG §1 Rn. 37a（Wank）。

く受け入れようとしたケースであった。こうしたなか，派遣先の事業所委員会が派遣の受入に対する同意を拒否し，これに対して，使用者（派遣先）が事業所委員会の同意に代わる裁判所での決定を求めて提訴した事案である。[162]

この点，派遣法14条3項によると，派遣労働者の受入に際して，事業所組織法99条に基づき派遣先の事業所委員会（設置されている場合）が関与しなければならない。そして，事業所組織法99条2項1号によると，派遣労働者の受入が法律に違反している場合には，事業所委員会は受入に対する同意を拒否することができる。他方，この場合に使用者（派遣先）は，労働裁判所に対して，同意に代わる決定を求めることができるが，その際，（派遣先）事業所委員会による同意の拒否が正当か否かが問題となる（事業所組織法99条4項）。

連邦労働裁判所は，派遣法1条1項2文で，派遣先への労働者派遣が「一時的に（vorübergehend）」行われるとの規定について，単なるプログラム規定（unverbindlichen Programmsatz）ではなく，一時的でない労働者派遣を制限する効力規定とする。そして，こうした解釈は，①一方では派遣労働者の保護に，②他方で，派遣先の基幹的労働者との長期的な分断（Aufspaltung）を防止することにも資することから，派遣元や派遣先の営業の自由との抵触問題を指摘しつつも，これを合憲とする。その上で，同決定では，労働者派遣が派遣先の事業所において単に一時的でなく用いられる場合には，（派遣先）事業所委員会は派遣労働者の受入に対する同意を拒否することができるとして，本件でも事業所委員会の拒否を正当と認め，下級審の判断を覆している。[163]

このように，派遣法1条1項2文を根拠に長期の労働者派遣を制限する連邦労働裁判所の決定は，派遣労働者による常用代替を防止する観点から，新たな期間制限のあり方を示した側面がある。[164]また，多数説は，この「一時的」との文言から，派遣就労の期間よりも労働契約の期間が長いことが必要であると解することで，いわゆる登録型派遣に対して批判的な立場を示している。[165]

---

162) BAG Beschluss, v. 10.7.2013, 7 ABR 91/11.
163) LAG Niedersachsen Beschluss v. 16.11.2011, 17 TaBV 99/11.
164) この点を強調するものとして，川田・前掲注86論文，髙橋・前掲注13書，大橋範雄「ドイツの労働者派遣法」和田肇ほか編『労働者派遣と法』（日本評論社，2013年）278頁なども参照。
165) Ulber, a.a.O. (N1), Einl. Rn. 35. なお，2011年改正時の法案理由のなかでも，個々の派遣先への派遣については，派遣元と労働者との労働関係と比べて「一時的である」ことが示唆されていた（BT-Drucks. 17/4804 vom 17.2.2011, S. 8）。

第 3 節　現行法の規制内容　373

　もっとも，上の事件では，グループ企業内で労働者派遣を無期限に利用することが問題となっており，これと異なる長期の（しかし上限のある）派遣利用が派遣法 1 条 1 項に違反するかどうかは明らかでない。従前の裁判例でも，上限期間を 8 年とする派遣の受入について，事業所委員会の同意に代わる決定を認めた事案があったなかで，連邦労働裁判所の判決の射程をめぐっては不明確な部分が多い。少なくとも連邦労働裁判所は，「一時的」なものとして許容される期間の長さについて，これまで具体的な基準は示していない。

　この点，第 3 章で検討したように，EU の労働者派遣指令 4 条では，派遣労働者の健康・安全確保に必要な場合のほか，労働市場を適切に機能させ労働者派遣の濫用を防止するといった公益的な理由による場合に，例外的に労働者派遣に対する規制を課すことが特別に認められる。また，EU レベルの議論では，指令の各定義における「一時的」との文言について，上の連邦労働裁判所のような解釈は示されていない。これを受けて，学説では，公益目的が明らかでないなか，ドイツ法で「一時的でない」派遣を制限したならば，EU 指令に違反するとの指摘がある。

　他方で，EU 指令について，派遣先のポストが派遣労働者に代替されることを防止すること（常用代替防止）をも目的にするとの理解を前提として，かつ，パートタイム・有期労働契約法を手がかりに，派遣法 1 条 1 項の「一時的」という文言の解釈として最長 2 年とする立場もある。しかし，このように期間を画一的に区切ることは，2011 年改正時の立法理由で明確に否定されている以上，解釈論としては相当な無理がある。また，そもそも，この立場が前提とする EU 指令の解釈についても，むしろ指令の第 4 条では，派遣労働者の保護に資さない規制について見直しが求められていることに照らせば，相当に疑問の余地があろう。

　以上のように，ドイツでは，労働者派遣が「一時的」でないと評価された場合

---

166)　ArbG Leipzig Beschluss v. 22.8.2012, 6 BV 76/11; ArbG Leipzig Beschluss v. 23.3.2012, 5 BV 85/11.
167)　*Rieble/Vielmeier*, EuZA 2011, S. 474.
168)　*Ulber*, Arbeitnehmerüberlassungsgesetz, 4. Aufl., 2011,§1 Rn. 231z; ErfK 2015, AÜG §1 Rn. 37c（*Wank*）. さらに，労働者派遣についても，パートタイム・有期労働契約法14条 1 項を参考として，利用事由に客観的な理由がある場合に限定して許容されると解する立場もある（*Hamann*, Kurswechsel bei der Arbeitnehmerüberlassung, NZA 2011, S. 70）。
169)　実際，EU 指令の実施調査報告（COM（2014）176）では，加盟国の国内法における派遣期間を制限する規制や，派遣の利用事由を制限する規制について，これらが指令 4 条に照らして例外的

に，派遣先の事業所委員会が派遣労働者の受入を拒否する途が開かれているが，この「一時的」の時間的な範囲をめぐっては明確でない部分が多い。ただし，ここで注目されるのは，連邦労働裁判所は，派遣が「一時的」であるか否かの判断に際して，個々の派遣労働関係が派遣法１条１項２文に違反しているかどうかは無関係であるとしている点である。すなわち，「一時的」か否かについては派遣先事業所での受入期間により判断され，ある労働者の派遣期間には着目しない点で，同じく期間が制限されるといっても，ハルツ改革期以前の派遣期間制限のあり方とは質的に大きく変化している点には注意が必要である。

(2) 労働者派遣が「一時的」でない場合の法的効果

次に，反覆継続する派遣が一時的でないと評価された場合に，派遣労働者の処遇はどうなるのであろうか。この点，ハルツ改革期の派遣法改正で，違法な職業紹介のケースで直用化を擬制していた旧13条が削除されたことで，派遣先との間で擬制的労働関係は生じないとする立場が有力である。[170] つまり，派遣労働者は，派遣利用の濫用や規制の回避を理由として，派遣先に対して何らかの請求権を有するわけではない。

たしかに現在でも，派遣法10条では，派遣元と労働者の労働契約が無効となる場合に，派遣先と労働者の間で法律に基づく労働契約関係を擬制する規定がある。一部の下級審では，「一時的」でない労働者派遣を濫用と評価して，同条の適用や類推適用を認め，派遣先との間で期間の定めのない労働契約の成立を擬制したものもあった。[171] また，民法典の信義則（242条）や公序違反（134条，138条等）を理由にこうした主張をする例もみられた。

　　に許容されるかどうかという観点からの調査がされている。なお，川田・前掲注86論文や大橋・前掲注164論文は，EU指令５条５項も例示してEU指令レベルでも反覆継続的な派遣利用が禁止されたとする。たしかに同項は，指令の諸規制を回避する目的での（たとえば労働協約により長期にわたり均等待遇基準よりも低い労働条件を設定した）反覆継続的な派遣に消極的ではあるものの，それを超えて，派遣そのものを短期に制限する趣旨は読み取れない。指令の前文では有期雇用を消極視する見方があるが，間接雇用（派遣）については，より積極的な評価がなされている。なお，指令が派遣先のポスト情報について情報提供義務を定め，直用化を間接的に促進していることも（６条），必ずしも派遣の継続的な利用を認めることと矛盾するわけではないだろう。

170) *Boemke/Lembke*, a.a.O. (N1), §1 Rn. 115.
171) LAG Baden-Württemberg v. 22.11.2012, 11 Sa 84/12; LAG Rheinland-Pfalz v. 1.8.2013, 11 Sa 112/13.

しかし，連邦労働裁判所はこれらの解釈をいずれも明確に否定し，派遣元が派遣法1条で必要とされる許可を取得している場合には，労働者派遣が一時的でなく行われたとしても，労働者と派遣先との間で擬制的労働関係は生じないとの立場を示している。この点，連邦労働裁判所は，派遣法1条で「一時的」との文言が挿入された2011年の法改正以前にも，旧13条の規定が削除されていることを指摘して，派遣法1条2項の職業紹介の推定や同10条1項の類推によって労働者と派遣先との間で擬制的労働関係が生じることはない，との立場を示していた。

近年の一連の判決は，この考え方を基本的に踏襲しつつ，新たに禁止された「一時的」でない労働者派遣の場合にまで拡大するものと評価できよう。学説でも，派遣法10条の擬制的労働関係が問題となる前提として，派遣法9条では契約の無効事由が個別的に列挙されていることから，一般的には，10条の類推適用により派遣先との間で労働契約関係を擬制することは認められないと考えられている。

3　新たな立法規制の動き

このようななか，派遣期間のあり方をめぐっては，再び，立法による規制も目指されている。すなわち，2013年9月の連邦議会選挙で，メルケル首相率いるキリスト教民主・社会同盟（CDU/CSU）と社会民主党（SPD）との大連立政権が誕生し，その連立協定（Koalitionsvertrag）のなかで労働政策に関しても今後の方向性が示されている。そこでは，①全国一律の法定最低賃金制度の創設，②労働協約の一般的拘束力制度を利用するための要件緩和，③労働協約単一性原則の法定などとならび，④労働者派遣に対する規制の強化も目指されている。

このうち労働者派遣について，2015年11月に連邦労働社会省（BMAS）が公表した草案によると，2017年1月の施行を目指して，派遣期間に上限（18ヵ月）を

---

172) BAG, v. 10.12.2013, 9 AZR 51/13; BAG, v. 3.6.2014 9 AZR 111/13; BAG, v. 23.9.2014 9 AZR 1025/12; BAG, v. 29.4.2015, 9 AZR 883/13.
173) BAG, v. 2.6.2010, 7 AZR 946/08.
174) ErfK 2015, AÜG §1 Rn. 37f（*Wank*）.
175) Deutschlands Zukunft gestalten-Koalitionsvertrag zwischen CDU, CSU und SPD (18. Legislaturperiode), Dezember 2013. この合意内容のうち，①と②については2014年8月の協約自治強化法により（Tarifautonomiestärkungsgesetz, BGBl. I 2014, S. 1348），また，③については労働協約法の改正によりすでに実現している（Gesetz zur Tarifeinheit, BGBl. I 2015, S. 1130）。

定めること，均等待遇原則に対して労働協約で「別段の定め」をする余地を縮小することなどが示されている。[176]

まず，期間制限に関しては，1b条の挿入により，「ある派遣労働者は，同一の派遣先に対して連続18ヵ月を超えて派遣されてはならない。派遣労働者が同一または異なる派遣元から同一の派遣先に派遣される場合で，各派遣期間の間の中断が6ヵ月以内である場合には，前後の派遣期間を通算する」ことを原則としつつ，労働協約等による「別段の定め」の余地が認められている。[177] 期間制限の違反に対しては過料の定めがあるほか，私法上も，（派遣労働者が派遣の継続期間中または終了後1ヵ月以内に派遣元との労働契約関係の有効性を主張しないかぎり）派遣労働契約を無効とし，派遣先との間で直用化を擬制することが目指されている（9条1b号）。ここでは，同一労働者の同一派遣先での利用期間が問題とされており，前述の労働裁判所の決定——すなわち，派遣法1条1項2文を根拠に，一時的でない労働者派遣の受入に対して，派遣先の事業所委員会の同意拒否を正当とした，いわば派遣先目線での常用代替防止目的からの規制——とは異なる考え方がみてとれる。[178]

次に，新8条として均等待遇原則（不利益取扱いの禁止）を規定し，従来の規制内容（労働協約で別段の定めをする場合にも最低賃金額を上回るべきこと等）を維持しつつ，さらに，労働協約で別段の定めをする場合にも，ある労働者の同一派遣先への派遣期間が9ヵ月を超える場合には，一部の例外を除いて均等待遇が義務づけられる。そして，均等待遇基準を下回る労働契約も無効として，派遣先での直用化を図ることが目指されている。ここでも，ある労働者個人の派遣先での就労期間と，処遇の改善とが直結している点が注目されよう。

---

176) このほか，労働者派遣については，派遣労働者をスト破りに使用することの禁止や，事業所委員会の業務の簡便化を図るために，事業所組織法上の人数要件に関して，派遣労働者を原則として算入することなどが合意されている（現在では，たとえば，従業員代表委員や専従代表委員を算定する際の基礎となる従業員数から，派遣労働者は除外されている）。

177) なお，野党からは，この改正によって期間制限の適用対象となるのが派遣労働関係の13.8％にとどまることが指摘され，期間制限を3ヵ月にすべきとの主張もみられる（BT-Drucks. 18/4839 vom 6.5.2015, S. 1)。

178) なお，従前の判例との関係は明らかでないが，派遣法1条のなかで「労働者の派遣は，第1b条で許容される派遣最長期間を超えない一時的なものとする」旨の規定が挿入されている。ここでは，「一時的」の文言が個人単位の期間制限と関連づけられており，同条の解釈をめぐる今後の動向が注目されよう。

第 4 節　小括——ドイツ法の特徴

I　まとめ

　本書の分析から，ドイツの労働者派遣制度は，次のように特徴づけられる。まず，ドイツでも，伝統的に雇用の存続保護が重視されてきた。すなわち，解雇制限法では解雇に合理的理由が求められ，それを欠く解雇を無効とすることで，労働者の職場復帰が原則とされている。たしかに，同法については，特に零細事業所に対する適用除外の範囲，それから，整理解雇時における被解雇者の選定基準（社会的選択）の点で，度重なる改正が続けられてきている。しかし，雇用の存続保護を重視することは，現在のドイツ法の根底にある考え方であり，第 4 章で検討したオランダ法，あるいは日本法と同様に，一国の法体系のなかで，労働者派遣のような柔軟な労働力の利用をどこまで許容するのかが問題となる。

　こうした視点で労働者派遣制度をみると，歴史的には，労働者派遣法は，職業紹介事業を国家が独占する政策のもとで職業紹介の一種として包括的に禁止された間接雇用を，例外的に認めたという事情がある。その契機となった憲法裁判所の判例では，職業紹介事業の国家独占について合憲としながらも，労働者派遣と職業紹介とは区別すべきとの立場から，当時の包括的な規制は営業の自由に反し違憲とされていた。

　1972年の労働者派遣法は，こうした状況下で制定されたものであるが，なお，職業紹介との密接な関係を維持している。すなわち，派遣法は，許可制度による事業の参入規制を設け，許可基準を遵守しない派遣を違法な職業紹介とすることで，派遣労働者と派遣先との直接雇用の関係を擬制してきた。具体的な規制をみると，派遣期間を短期に制限して常用代替の防止を図りつつ，派遣上限期間を超える場合に，労働者と派遣先との間で直接雇用の関係を擬制することで，派遣労働者と派遣先の直用労働者との利益調整を図ってきた。また，派遣元との関係では，登録型派遣を全面的に禁止することによって，派遣労働者の法的地位の安定化が目指されていた。

　もっとも，このような制度は，ハルツ改革期に大幅に変更されている。ハルツ改革は，深刻な失業問題を背景として，労働法制の柔軟化を図って雇用を創出す

ることを目的としており，労働者派遣制度としては，人材サービス・エージェンシー（PSA）を介した失業者の派遣が制度化された。さらに，派遣法全体としても，期間制限の撤廃や登録型派遣の解禁などの規制緩和と，均等待遇原則（不利益取扱いの禁止）を導入することによる派遣労働者の処遇改善とが同時に目指された。また，同時期には，有期雇用に対する再規制も進められている。このような制度改革の背景には，伝統的にドイツ法で重視されてきた，期間の定めのない直接雇用だけでは，失業問題の改善は困難だという事情があった。

現在，ドイツの労働者派遣法では，事業の参入規制と均等待遇原則（不利益取扱いの禁止）とが重要な役割を担っている。これに対して，従来の中心的な規制であった派遣期間の制限，あるいは登録型派遣を全面禁止する規定は，すでに撤廃されている。ただし，このうち登録型派遣については，一般的な有期雇用に関する規制との関係で，利用について制約がある。これは，たとえばオランダ法で，労働者派遣の場合には有期労働法制の適用そのものが一定の間は除外され，特に柔軟化が図られていることとは対照的である。

他方，均等待遇原則についてみると，オランダ法と同様に，労働協約で「別段の定め」をすることが広く認められている。これはEU指令にも則している。それに加えて，ドイツでは，労働協約の定める範囲内であれば，個別合意によって協約基準を援用することも許されており，実務上は一般化している。ただし，こうした援用については，労働協約による労働条件の水準が低いことから多くの批判があり，実際，連邦労働裁判所でも労働協約の拘束力が否定された例があるなど，利益調整が適正に行われているとは考えられていない。

こうしたなかで，現在のドイツ法の特徴は，均等待遇原則と許可制度とが関連づけられており，理論的には，同原則違反のケースで許可が無効となり，派遣労働者と派遣先との間で直接雇用の関係が擬制される余地があるという点である。ドイツでは，許可基準としての期間制限等は撤廃されたものの，許可を取得していない場合や撤回される違法派遣の場合に，制裁として直接雇用へと誘導する枠組みそのものは維持されている。

II　評　価

このようなドイツの労働者派遣制度は，次のように評価できる。歴史的にみる

と，ドイツ法は，包括的に禁止された労働者派遣を例外的に許容した点で，日本法と共通する面がある。しかし，そもそも間接雇用が禁止された理由をみると，日本では，労働者供給による人権侵害を防止するため間接雇用そのものが禁止されていたのに対して，ドイツでは，職業紹介の国家独占政策の一環として禁止されたにとどまり，両国の背景事情は異なっている。

もっとも，背景事情が異なるとはいえ，両国ともに，解雇規制を中心に雇用の存続保護を重視してきた点では共通する。この点，ドイツの労働者派遣では，解雇制限法の適用されない零細事業所の割合が4割を超えており，雇用の存続保護という観点で，派遣の濫用的な利用が特に問題となる。そして，ドイツの派遣法は，少なくともハルツ改革以前には，常用代替防止の考え方のもと，労働者派遣を臨時的，一時的なものに限定することを主眼としていた。他方で，深刻な失業問題を背景に，派遣制度の規制緩和が進められてきたが，現在でも，労働者派遣を臨時的・一時的なものに制限すべきとの考え方のもと，派遣労働者を直接雇用へと誘導する仕組みは残されている。

とはいえ，従来の制度が，期間制限と派遣先での直用化によって，派遣労働者の保護と常用代替防止との調整を図ってきたことと比べると，現在の法制度では，間接雇用そのものを直ちに制限せずに，派遣労働者としての法的地位の向上を図ることが重視されつつある。これは，2015年改正以前の日本において，常用代替防止の観点から派遣期間を一律に制限し，あるいは対象業務を区別してきたこととは，質的に異なるアプローチと評価できよう。

要するに，ドイツでは，直接雇用を重視する考え方を維持しながらも，間接雇用という選択肢も尊重されてきており，個々の労働者の処遇に着目して法的保護のバランスを図ることが目指されている。その一方で，派遣法違反のケースでは，究極には派遣先での直用化を図るための制度も維持されているなど，必ずしも間接雇用に積極的なわけでもない。さらに最近では，派遣受入に対する派遣先の事業所委員会による同意の拒否を正当と認めるかたちで，一時的でない労働者派遣について手続的に制限する立場が連邦労働裁判所によって示されている。立法論としても，均等待遇原則（不利益取扱いの禁止）の強化とならび，好調な経済情勢と失業率の改善を背景に，第2次メルケル政権のもとで再び派遣期間を制限すること等が目指されている。ただし，同じく派遣期間を問題とする場合にも，立法の方向性としては，あくまで個々の派遣労働者に着目して，派遣先での就労期

間に応じた処遇の改善が目指されている点は，期間制限や均等待遇のあり方として注目すべきであろう。いずれにしても，ドイツでは，外国人労働者が流入し，国内的にも派遣の濫用的な利用が問題となっているなかで，ハルツ改革期に失業対策の観点から大幅な規制緩和が図られたことへの反動が生じている。

第6章 労働市場における労働者派遣法の現代的役割

第1節 分析結果

I 規制の異同

　本書では，日本，オランダ，ドイツの労働者派遣法制を比較検討した。分析の結果をまとめると次のようである。まず，本書では，日本の労働者派遣法が，制定から2015年の法改正に至るまで，いわゆる政令28業務と自由化業務で規制を区別し，自由化業務については労働者派遣を臨時的・一時的なものに限定してきたところ，その背景に，いずれも常用代替防止の考え方があることを明らかにした。たしかに，労働者派遣制度については，対象業務の拡大（1999年改正による原則自由化）や派遣期間の延長などの規制緩和も進められてきたが，同時に，自由化業務における期間制限など，労働者派遣を臨時的・一時的なものに制限する考え方も長らく維持されてきた。派遣法は，派遣期間を制限しつつ，一定期間が経過した場合に，派遣先に公法上の直用申込義務を課すことによって，派遣労働者と直用労働者との利益調整を図ろうとしてきた。つまり，労働者派遣法は，長らく「常用代替防止」の考え方を規制の根底に据える一方で，派遣労働者個人の権利を保護するという視点はきわめて希薄であった。

　しかしながら，このような規制では，派遣労働者個人の多様なニーズを反映できない可能性が高いばかりか，派遣労働者と派遣先で直接雇用される労働者との処遇格差が問題となっているなかで，利益調整のあり方としても適切でない。こうした問題意識から，本書では，外国の法制度を参考にして，労働者派遣法の現代的な役割を探求しようと試みた。

　分析に際しては，間接雇用の特殊性に鑑みて，ある国の労働者派遣制度は既存の労働法制や雇用慣行のあり方と密接に関係すると考え，特に，雇用保障と労働条件（賃金）に対する規制に着目して検討を行った。この点，たとえばアメリカ

のように，解雇が原則として自由である国で，賃金水準も外部労働市場で決定されるのであれば，労働者派遣に対してのみ特別に規制を課す必要性は低いと考えられる。実際，アメリカ法をみると，労働者派遣に対する規制は皆無に等しいものであった。これに対して，解雇規制を中心に労働力の需給調整に原則的な制限が加えられている場合には，派遣労働者の雇用保障のほか，内部労働市場を中心に展開されてきた既存の雇用慣行や労働条件決定システムのあり方に関しても，立法政策として何らかの配慮がされている可能性が高い。

　こうした観点から，オランダ法とドイツ法とを分析したところ，いずれの国においても，伝統的に，期間の定めのない直接雇用が雇用の原則的形態であったため，有期の間接雇用である労働者派遣は，この原則に二重に抵触するということが明らかになった。この点，直接雇用を重視する考え方については，オランダ法やドイツ法は，職業紹介事業を国家が独占する方針のもとで，労働者派遣を包括的に禁止してきた歴史を持つ。つまり，両国では，伝統的に直接雇用が重視されてきたが，それは，間接雇用そのものを原理的に否定するというよりは，職業紹介に対する独占政策から派生したものであり，日本の状況とは事情を異にする。そして，オランダとドイツでは，職業紹介と労働者派遣とが概念上は分離可能であり両者に同じ規制を課すことは適切でないとの考え方，それと同時に，労働者派遣が持つマッチング機能に着目して，労働者派遣が制度化された点でも共通の歴史をもつ。

　両国の法制度を概観すると，オランダとドイツのいずれでも，伝統的には，公法的な規制を中心として，労働者派遣を臨時的・一時的なものに限定することで，既存の雇用慣行への影響を軽減するという考え方がみられた（常用代替防止目的）。しかし，こうした法制度のもとで，派遣労働者の法的地位が不安定である（オランダ），あるいは，失業問題を背景に規制緩和を進めた結果，労働者派遣の臨時性に疑念が生じるなかで（ドイツ），現在では，両国ともに派遣労働者個人の権利に着目した立法政策への転換がみられる。そこでは，派遣対象業務の区別や派遣先での受入期間の制限といった派遣先目線での画一的な規制ではなくて，あくまで派遣労働者個人の処遇に着目した規制が展開されている。両国の法制度において，「常用代替防止」という考え方や，労働者派遣を（派遣先の目線で）臨時的・一時的なものに限定すべきとの考え方は相当に後退している。

　もっとも，オランダとドイツの両国ともに，現在でも，法制度上は厳格な解雇

規制を中心に雇用の存続保護を重視しており，こうした法体系のなかで，労働者派遣の弊害をどのように軽減するのかが問題となる。この点，オランダ法とドイツ法では，異なるアプローチが採用されている。すなわち，まず，オランダ法では，労働者派遣のマッチング機能を重視し，有期労働に対する規制（出口規制）を一定期間及ぼさないことで，派遣を利用しやすくすると同時に，均等待遇原則により労働条件の向上を図っている。こうした法制度のもとで，間接雇用について特に問題視はされておらず，直接雇用への積極的な誘導もみられない。

　他方，ドイツ法をみると，伝統的に，許可制度や期間制限を設け，規制に違反した場合に派遣先との直接雇用を義務づけるなど，直接雇用へと強力に誘導する政策がとられてきた。たしかに最近では，マッチング機能を重視して，期間制限の撤廃などの規制緩和が進められてきている。しかし，均等待遇原則が許可制度と関連づけられているなど，依然として厳しい規制があり，間接雇用に肯定的なわけではない。また，近年では，従来の期間制限とは異なる枠組みで，——すなわち，派遣先の事業所委員会が，期間の定めのない派遣受入に対する同意を拒否した場合にこれを正当と認めるというかたちで——労働者派遣を臨時的・一時的なものに制限する枠組みも定着しつつある。もっとも，こうした判例実務は，常用代替の防止には資するとしても，派遣労働者の処遇改善とは直結しない。実際，派遣が「一時的」でないとして中止された場合の派遣労働者の処遇については，特段の配慮がなされていない。こうしたなかで，立法論としては，これとは異なる従来型の——すなわち，派遣労働者個人の派遣期間を制限するにとどめつつ，これに違反した場合に派遣先での直用化を義務づける——期間制限の復活が目指されている状況にある。

　オランダ法もドイツ法も，共通してみられるのは，雇用保障を重視する法体系のなかであっても，労働力の需給マッチングの観点から労働者派遣の機能を積極的に認め，そのうえで，濫用的な利用を防止する観点から制度間のバランスを重視しつつ，派遣労働者のニーズに反しないかたちで，最終的には安定的な雇用へと誘導する政策がとられていることである。このような政策の背景には，期間の定めのない直接雇用だけでは失業問題や就労形態の多様化の要請に対応できないが，他方で，解雇規制を中心とする法体系との調和も無視できないという事情がある。

II 規制の違いの背景

こうして、オランダでは、間接雇用のまま労働条件の向上を図ることが重視され、ドイツでは、派遣労働条件の向上と同時に、間接雇用の利用を制限し、直接雇用へと誘導する仕組みも残されている。両国の規制が異なるのは、次で示すように、①解雇・有期労働法制の違いのほか、②均等待遇原則を軸とした雇用平等の浸透の程度や、労働市場において派遣が現に果たしている役割に対する評価の違いが関係している、と考えられる。

1 解雇・有期労働法制の違い

第1の点について、前述のように、オランダとドイツの両国とも、具体的な規制内容の違いはあるにせよ、全体としてみれば、厳格な解雇規制のもとで雇用の存続保護を重視する点で共通する。こうした法制度のもとでは、有期雇用や労働者派遣のような臨時的な労働力の利用に対して、解雇規制とのバランス上どのような法規制を及ぼすのかが問題になると考え、本書では、労働者派遣制度を検討する前段階として、両国の解雇・有期労働法制の内容を分析した。

結論からすると、オランダとドイツの状況を比較すれば、両国ともに雇用の開始段階で解雇規制の例外の余地を認めつつも、一定の雇用期間が経過すると、雇用保障を強化する点で共通する。ただし、具体的なアプローチは異なっており、①原則的に無期雇用へと誘導しつつ、一定期間は解雇規制そのものを及ぼさないか（ドイツ）、②有期雇用の利用を広く認めつつ、反覆継続のケースでは無期雇用へと誘導することで解雇規制を及ぼすか（オランダ）、という違いがみられた。

まず、オランダ法をみると、労働契約に期間の定めがないケースでは、当事者が特別に試用期間を設定した場合を除き、契約締結の初日から解雇規制がそのまま適用される。試用期間を設ける場合にも、最長期間（2ヵ月）や手続きなどの点で比較的に厳格な規制がある。使用者が労働契約を期間の定めなく締結する場合には、雇用の初期段階であっても相当なリスクを伴うといえる。

もっとも、オランダでは、有期雇用については、比較的自由に利用することが許されている。すなわち有期雇用は、更新回数（3回）を制限され、また、更新によって最長期間（2年）を超える場合には（ただし、それぞれ6ヵ月間のクーリ

ング期間をはさまない場合),期間の定めのない労働契約へと転換し,厳格な解雇規制が適用される(3×2×6ルール:出口規制)。しかし一方で,有期労働契約の締結や更新の理由は問われず,有期雇用の利用そのものは制限されない。つまり,オランダでは,無期雇用が原則であるとはいっても,法規制としては有期雇用の反覆継続による解雇規制の潜脱・回避が防止されているにとどまり,たとえ業務が恒常的なものであっても,あるいは労働者の側に労働契約に期間を定める事情がなくとも,有期雇用を用いて臨時的に労働力を利用すること自体を制限する考え方はみられない。むしろ,前述の解雇規制のもとでは,有期雇用は,実質的には試用期間としての役割を果たしている。そして,オランダでも,平均勤続年数をみると7年程度であるほか,10年以上の長期の雇用関係にある労働者も4割近く存在する一方で,とりわけ自発的な転職を中心に労働市場の流動化も進んでいる。[1]

このような法体系のなかでは,労働者派遣のケースでも,労働契約の当事者である派遣元に対して,派遣という就労形態そのものを制限するのでなく,事後的に雇用責任を追及することが一貫した規制といえる。そして,労働者派遣のように断続的な就労も見込まれる場合には,有期労働法制のうち,特に更新回数の制限について例外を定めておく必要があろう。こうしてオランダでは,労働者派遣の開始段階で有期雇用による登録型派遣も含めて広く認めつつ(有期雇用の26週ルールや派遣条項など),一定期間の経過後には,常用的な派遣へと転換させることによって,雇用の存続保護が図られている。

これに対して,ドイツでは,伝統的に有期雇用の利用そのものが制限されてきた事情がある。たしかに近年では,立法による規制緩和が進められ,有期雇用の利用に「客観的理由」を問わないケースが拡大されてきているが,法制度上は,あくまでも例外的な位置づけにとどまると解されている。[2]すなわち,パートタイム・有期労働契約法の列挙事由に該当しない場合には,有期雇用は,たとえ反覆継続の事実がなくとも無期雇用へと転換するのであり(入口規制),有期雇用の

---

[1] OECD. Stat Extracts; *Danish Technological Institute*, "Job Mobility in the European Union: Optimising its Social and Economic Benefits", April 2008.
[2] この点を強調するものとして,川田知子「ドイツにおけるパート・有期労働契約法14条の解釈をめぐって」山田省三ほか編『労働法理論変革への模索―毛塚勝利先生古稀記念』(信山社,2015年)447頁も参照。

利用についてネガティブな考え方がみられる。ドイツでは，少なくとも伝統的には，業務が継続的に存在する限り労働契約に期間の定めをすべきでないと考えられてきたし，最近の裁判例もこうした考え方を踏襲している[3]。実際にも，ドイツでは労働者の平均勤続年数が10年近くに及ぶなど，長期雇用慣行がみられるだけでなく，外部労働市場の役割に懐疑的な見方が強い[4]。こうした状況下では，労働者派遣の利用についても，それ自体で問題になる可能性が高い。

その一方で，解雇規制をみると，ドイツでは派遣元の4割が，そもそも解雇制限法の適用を受けない零細事業所であることが注目される。また，解雇制限法では，雇用関係が6ヵ月以上継続してはじめて雇用保障が図られる。この点，零細事業所や雇用期間が6ヵ月未満の場合であっても，一般条項を通して労働者保護が図られる余地はあるが，現実には難しいようである。

こうして，ドイツでは，派遣労働契約に期間を定めることは容易でないが，無期雇用であっても解雇制限法が6ヵ月間は適用されないことからすると，少なくとも，雇用の開始段階でマッチング機能を重視している点で，オランダ法と共通する。実際，現在では，たとえば登録型派遣も完全に否定されるわけではないし，期間制限の撤廃により，常用的な派遣であれば間接雇用も広く認められている。ただし，近年では，上記の規制緩和に対する反動とみられる状況も生じている。ドイツでは，法体系上は，臨時的な労働力として労働者派遣を利用することは望ましくないと考えられているが，雇用保障に関する法制度の役割そのものは，間接雇用と直接雇用とを比較して大きな違いがあるわけではない。

それにもかかわらず，ドイツ法が直接雇用への誘導を重視するのには，次の第2の理由がある。

---

3) BAG Beschluss, v. 17. 11.2010, 7 AZR 443/09.
4) たとえば，ある調査によると，ドイツでは過去5年間に転職を経験した者（全労働者の15％程度）のうち，半数以上は非自発的なものである。これは，オランダの状況（過去5年間で労働者全体の約20％が転職しながら，その7割近くが自発的な転職であるという状況）とは異なるといってよい（前掲注1報告書）。同様に，労働者派遣から常用的な雇用への「stepping stone」効果や，労働者派遣によるワーク・ライフ・バランスの実現などに対する評価にも大きな違いがある（CIETT = BCG, "Adapting to Change-How private employment services facilitate adaptation to change, better labour markets and decent work", March 2012)。

2 均等待遇の違い

　すなわち，第2の点につき，オランダとドイツの法制度では，いずれも，派遣労働者と派遣先で直接雇用される労働者との均等待遇原則（不利益取扱いの禁止）が規定されている点で共通する。こうした均等待遇規制は，EU指令に基づき各加盟国で導入されている。前述のように，本書では，解雇規制を中心とする法体系のもとでは，雇用の存続保護のあり方のほか，内部労働市場における労働条件設定に関する規制も重要となると考えたが，均等待遇原則はこのうち後者の中核を担う規制といえる。この点，均等待遇とは，等しいものに対して等しい処遇を及ぼすというものであり，絶対的な平等論や差別禁止規制と類似する面があるため，これらの規制との異同を分析する必要がある。

　まず，均等待遇原則の導入経緯をみると，オランダでは，そもそも間接雇用を公認した時からこうした考え方がみられた。ただ，その目的は，必ずしも派遣労働者の労働条件の向上だけを意図したものではなく，むしろ，派遣労働者の労働条件（賃金）が（税や社会保障費用の免脱により）不当に高騰するなかで導入されたという事情がある。一方，ドイツ法の分析によると，均等待遇の考え方は，派遣期間の延長と密接に関係していた。すなわちドイツでは，労働者派遣を臨時的・一時的なものに限定していた時代には異別取扱いも問題とされていなかったが，期間制限を撤廃する際に，「賃金水準のダンピング防止」という目的から均等待遇原則が導入された経緯がある。これらの点からすると，均等待遇原則には，単に派遣労働者の処遇の改善を図る目的があるだけでなく，同時に，直接雇用を中心に展開されてきた，既存の雇用慣行との調和を図ることが期待されたものと推察できる。

　こうした問題意識から均等待遇原則を分析すると，同原則では，そもそも労働協約による「別段の定め」の余地がある点が注目される。このような規制は，他の差別禁止立法にはみられないものであり，均等待遇原則は，絶対的な平等を志向したり，あるいは理念主導的に均等待遇を強力に推し進めるものではなく，むしろ，当事者間の利益調整の手段（準則）として位置づけることが適切と考えられる。そして，こうした前提のもとでは，実際にどのように利益調整が図られているのかによって，規制（制度）に対する評価は異なるはずである。

　このような視点でオランダとドイツの規制を比較検討すると，両国ともに，実務上は労働協約による「別段の定め」が重要な役割を果たしている点で共通する。

しかしながら，両国では，実態として均等待遇の浸透の程度——より正確には同一原則を軸とした利益調整のあり方に対する評価——に違いがみられ，この違いが，解雇・有期労働法制の違いと相まって，直接雇用を政策的に重視するかどうかという点で，規制の差違を生み出していると考えられる。

まず，オランダでは，ABU（派遣元団体）加盟企業の労働協約等が，派遣労働者の9割をカバーする状況にある。前述のように，本書の分析によると，均等待遇規制の目的は当事者間の利益調整という側面が強いものであるところ，オランダでは，ABU協約を中心に当事者間で適正な利益調整が図られるものと考えられている。具体的に労働協約をみると，派遣先で直接雇用される労働者との均等待遇を原則としつつ，これが適用されない場合にも，前述した雇用保障の問題と同様に，就労期間に応じて派遣労働者の法的保護を段階的に強化する仕組みとなっている。この点，オランダでは，信義則上，理論的には同一（価値）労働・同一賃金原則が問題となる余地があるとはいえ，判例によると，この原則も，労働協約による集団的な利益調整には劣るものと考えられている。労働者派遣における均等待遇も，こうした考え方と軌を一にするといってよい。

一方，ドイツ法も，労働協約による集団的規制を重視する点ではオランダ法と共通する。憲法裁判所の決定によると，均等待遇原則に対して労働協約による「別段の定め」の余地があることが，同制度が許容されるひとつの理由として挙げられている。ただ，オランダ法と比較すると，ドイツ法では，労働協約の定める範囲内で，協約の規範的効力の及ばない派遣労働者についても（非組合員のケースや，使用者が協約締結団体に非加盟のケース），個別合意によって労働協約の基準を援用することが認められる点に特徴がある。こうした制度は，本来であれば例外的なものであるが，実務上は一般化している。

しかしながら，労働協約で定められた労働条件の水準は低く，その原因として，派遣労働者の組織率の低さ，あるいは利益代表が欠如しているという問題が指摘されており，労働協約による利益調整の正統性が疑問視される状況にある。たしかに，2010年に連邦労働裁判所がキリスト教労働組合同盟（CGB）の加盟労組が締結した労働協約について，労働組合の協約締結能力を否定することでこうした問題に歯止めをかける立場を示している。しかし，労働組合の協約締結能力が否定されるのは例外的なケースであるし，現在でも，派遣労働者の労働条件水準が格段に向上しているわけではない。こうした状況のもとでは，間接雇用としての

固定化は望ましいものでなく，一律の期間制限を一度は撤廃しながらも，直接雇用へと誘導する仕組みが残されていること，さらに再度の期間制限が目指されていることも理解しやすい。

第2節　日本法への示唆

I　基本的視点

　それでは，両国の動きは，日本法における解釈論や立法論に対して，どのような示唆を与えるものであろうか。以下では，比較法分析をふまえた本書の立場を明らかにし，現在の日本の労働者派遣制度の問題点を指摘する。

　まず，日本でも，法制度上は，直接雇用を原理的に重視すべき根拠は失われている。この点，日本では，戦前の封建的な労働慣行を打破するという目的のもとで，職業紹介事業に対する規制とは別に，労働者供給事業として間接雇用が全面的に禁止されてきたという歴史的な事情がある（職安法旧5条参照）。これは，オランダやドイツで，職業紹介事業は国家が独占すべきとの政策から派生して労働者派遣が禁止されてきたこととは，ニュアンスを異にする。このことは，たとえばドイツの派遣制度が，国家が職業紹介事業を独占すること（当時）を認めつつも，間接雇用までも禁止することは違憲と評価した憲法裁判所の決定を契機に制度化された点からも明らかであろう。そして，日本でも，労働者派遣法の成立によって，労働者派遣と労働者供給事業とが概念上も区別されたなかで，直接雇用を原則視する法的基盤は失われている。

　こうしたなかで，2015年に改正される以前の労働者派遣法の根底にある考え方は，とりわけ自由化業務について，派遣を臨時的・一時的なものに限定することで，常用代替の防止を図るというものであった。このことは，立法経緯や法規制の内容からも明らかであるし，従前の「研究会報告」でも再三確認されていた。第2章で分析したように，こうした規制は，いわゆる正社員の保護と派遣労働者

---

5)　なお，「常用代替の防止」という目的は，派遣法の制定当時と比較して，拡大解釈されているという問題もある（高梨昌「労働者派遣法の原点へ帰れ」大原社会問題研究所雑誌604号（2009年）2頁参照）。

6)　厚生労働省「今後の労働者派遣制度の在り方に関する研究会」報告書（2008年）。

の保護という2つの目的を含んでいる。

　この点，現在，派遣労働者の数が急増し，もはや派遣が特別な雇用形態とは言えない状況のなかで，正社員との格差が問題となっている。こうした状況下では，——これまでの派遣法が基本視点としてきたように——派遣先で直接雇用されている労働者の利益を重視するのではなく，派遣労働者の保護そのものに重点を置くべきであり，その意味で，最近の法改正の基本的な方向性は適切といえよう。具体的な法規制として，派遣対象業務による規制の区別や派遣受入期間の制限は，派遣労働者の意思（希望）や能力とは無関係なものであり，個々の派遣労働者のサポートという観点からは正当化できない。こうした規制は，常用代替防止を主眼とするものであり，間接雇用としてであっても長期就労を望む派遣労働者のニーズに反するものであった。

　諸外国の状況をみると，最近では，ある法規制が派遣労働者のニーズに反しないように注意が払われてきており，日本においても，少なくとも派遣労働者の保護という観点からは，従来のように常用代替防止を中核とした，規制手法としても事業法的な規制を維持する積極的な理由はみあたらない。

　ただし，このことは，政策的な評価として直接雇用を重視する余地まで否定するものではない。現在，労働者派遣のあり方が問題となっているのは，期間の定めのない直接雇用の「正社員」と比較して，雇用保障と賃金という重要な労働条件について顕著な格差があるためである。たしかに，雇用保障については，現在でも派遣元が法的責任を負うのであるし，他方，派遣労働条件の点では，オランダのように均等待遇を軸にした利益調整が徹底されるならば，間接雇用を問題視する理由はないとも考えられる。

　とはいえ，日本では，伝統的に労働者派遣を臨時的・一時的なものに限定する考え方から，派遣労働者の雇用保障は必ずしも重視されてこなかったし，労働条件についても企業ごとの格差が大きく，均等待遇が一般化しているとは言い難い。そして，新卒定期採用にはじまる企業内部での労働者の柔軟な育成システム，職能資格制度に典型的にみられる企業組織内での属人的な賃金決定システム，さらには企業別組合を中心とする労働組合の組織状況等からすると，現時点では，企業組織の枠を越えて職務を軸に均等待遇原則を導入することや，それを徹底することは非現実的と言わざるを得ない[7]。

　したがって，当面の間は，派遣労働者を直接雇用へと誘導する仕組みは，派遣

先による濫用的な利用を抑制し，格差の固定化を防ぐために重要な政策となる。ただし，その政策は，①派遣期間の制限や登録型派遣の禁止といった，派遣労働者の就労を画一的に制限する「規制」ではなくて，派遣先を含めた当事者に，安定的な雇用を選択するよう制度的なインセンティブを与えること，②こうした柔軟な法制度のもとで，派遣労働者の職業能力を向上させることで，市場における地位の改善を支援することに力点を置くことが適切である。派遣労働者のなかには，積極的に直接雇用を希望する者だけでなく，派遣の迅速で多彩なマッチング機能を期待する者もいるなど，利益状況がきわめて多様であるなかで，法制度としてもこうした多様性を無視することは適切でないからである。[8)][9)]

それと同時に，日本の労働市場の二重構造，すなわち，いわゆる正社員について内部労働市場での人材育成や賃金決定を中核とする一方で，派遣労働者との間で現実に様々な格差が生じている点は，労働者派遣制度のあり方を検討する上で軽視できない。特に，派遣の利用により労働法上の諸規制が回避され，そうした不当な競争圧力のもと，派遣労働者の処遇を犠牲にして正社員の雇用の代替が促進されることは好ましくないだろう。この点，オランダやドイツと同様に，日本でも雇用の存続保護が重視されており，労働者派遣によってこれらの規制が回避されないような仕組みが求められる。そして，派遣労働関係においても，有期雇用と無期雇用とでは雇用保障の程度に違いが見られるのであり（第2章第4節Ⅱ），それをふまえた規制展開が必要であろう。

このような視角に照らすと，直近の2015年の改正法については次のように評価できる。

---

7) なお，「同一価値労働・同一賃金」に関連して，2015年の派遣法改正時には，「労働者の職務に応じた待遇の確保等のための施策の推進に関する法律」も成立している。そこでは，「労働者の職務に応じた待遇の確保等」のための施策を重点的に推進することを目的に（1条），国による調査研究などが義務づけられている。

8) たとえば，厚生労働省「平成24年 派遣労働者実態調査」（2013年9月公表）では，派遣労働者の派遣元・派遣先双方に対する要望として，派遣就労期間の長期化（安定化）が高い割合を占めているほか，今後希望する雇用形態として，正社員と派遣とは同割合（各43％）であり，直接雇用による非典型雇用を希望するものは4％にとどまる。そして，派遣就労を希望するものでみると，常用的な派遣を希望するものが8割を超えている。

9) こうした労働者の多様性を重視する考え方は，従来の法改正のなかでもみられた。たとえば，1994年の派遣法改正で，高年齢者について派遣対象業務のネガティブリスト方式が導入されたのは，高年齢者は他の年齢層と比較して雇用情勢が厳しく，また，個々人で健康状態や体力の差が大きいために，多様な就労形態を用意する必要があるとの考え方に基づいていた。

II 2015年改正法の評価

1 許可制への統一

　まず，改正法では，従来の「一般（許可）」と「特定（届出）」の区分を廃止したうえで，労働者派遣事業はすべて許可制とする規制強化が図られている。この点，従来の事業区分の違いは，本来の制度趣旨とは異なり，実際には労働者の雇用保障に何ら役立つものではなかった（詳細は第2章第4節）。

　諸外国の例をみると，事業の参入規制や行政監督のあり方をめぐっては，ドイツでは当初から許可制度が堅持されている一方，オランダでは規制の変遷がみられる。現在のオランダでは，一般的な商業登録制度のもとで，ただ，これに違反する派遣元や，こうした派遣を受け入れる派遣先に対しては特別に罰則が科される仕組みであり，参入規制そのものは厳格とはいえない。ただし，一旦は規制を完全撤廃したオランダで再規制が図られた背景には，——東欧諸国からの労働力の流入に際して派遣が濫用的に利用されているという，EUに固有の事情（高い必要性）はあるものの——違法派遣に対して，労働者に私法上の権利を保障することとは別に，一定の参入規制が必要な可能性を示唆している。また，オランダでは，上記の登録制度のほかに業界団体による自主規制も尊重されているが，それを支えているのは，企業横断的な脱法防止の仕組みである。

　これと対比すると，日本ではこうした基盤はなく，むしろ，これまで届出のみで許された特定労働者派遣事業において法違反の問題が多発してきた経緯に照らせば，許可制度への移行はやむを得ないであろう。

2 業務区分の撤廃

　次に，派遣対象業務（自由化業務と28業務の区別）による規制を撤廃した点について，これを支えてきた常用代替の防止という目的に十分な根拠がない以上，当然に支持できる。こうした規制は，比較法的にみても採用されておらず，まして や日本では，そもそも職務区分が明確でないなかで，業務による規制の区別は不必要な混乱を招くという事情もある。たしかに，たとえば建設業などで，危険防止といった労働者保護（特に安全衛生）の観点から個別に規制を課す余地はあるが，少なくとも，一般的な業務について規制を異ならせる理由はない。[10]

これに関連して，2012年の改正により，現行法では，労働契約の期間が30日以内の日雇派遣について原則的に禁止されるものの，例外的に，いわゆる17.5業務等については許容されている。2015年の改正法では，この規制自体を見直し対象に含めていないため，そもそも政令28業務の業務区分については合理性を欠くとして廃止しつつ，そのうち17.5業務については，日雇派遣との関係で特別な意義を認めるという，きわめて不合理な内容となっており早急な見直しが必要であろう。

3 期間制限の見直し

次に，派遣期間について，これまで制度の中核を占めた派遣先単位での期間制限を大幅に規制緩和したこと（有期雇用での派遣を対象に，派遣先の過半数代表からの意見聴取にとどめた点），その一方で，個々の労働者に着目をして規制を区別したこと（有期雇用での派遣を対象に，同一労働者の同一「組織単位」での受入期間を制限したこと）は，基本的に支持できるものである。

法改正以前には，いわゆる政令28業務に従事していた派遣労働者の割合は，違法な場合も含め約4割に及んでいた。これらの労働者にとっては，新たな規制のもとで，無期雇用でない限りは長期継続的な派遣就労が制限される側面もある。一方，いわゆる自由化業務における従来の期間制限は，常用代替防止目的には資するとしても，個々の労働者の処遇改善に直結するものではない。むしろ裁判例は，こうした常用代替防止目的に言及して，派遣労働者の雇用保障を軽視してきた。しかし，派遣労働者のなかには，――28業務に該当するかどうかとは無関係に――長期にわたって同一派遣先での就労を希望するものも少なくない。重要なのは，個々の状況に応じて派遣労働者の希望をふまえつつ濫用を防止する仕組みである。こうした観点から，個人単位の期間制限に重点を置くこと，そして無期雇用の場合に規制を及ぼさないことには十分な理由がある。[11]

---

10) この点，現在でも，港湾労働や建設業においては特別な雇用管理が必要との観点から，港湾労働法や建設労働者雇用改善法が整備されている。そして，これらの特別法のなかでは，港湾労働者派遣事業，あるいは建設業務労働者の就業機会確保事業として，常用的な労働者については特別な要件のもとで派遣的就労が認められている。

11) なお，総務省の労働力調査（2014年平均）によると，派遣労働者（119万人）のうち無期雇用の者は20万人程度である（表番号II-9）。

ただし，個人単位での期間制限について，わざわざ「組織単位」という新たな概念を設けて，制度を複雑化する点には異論の余地があろう。有期雇用の濫用的な利用を防止して，派遣労働者の雇用安定を図るという目的からすれば，同一労働者について，端的に派遣先事業所レベルでの利用期間を制限することが一貫するとも考えられる。

他方で，派遣先の「組織単位」については比較的容易に変更可能である点をふまえれば，このような規制は，ある派遣労働者について，派遣先で様々な仕事を経験することで多能職化を促進し，結果として派遣労働者の *employability* を高め，雇用の安定や処遇改善に繋がる可能性も否定できない。また，「組織単位」を変更する際には，労働者派遣契約および派遣労働契約の双方について契約内容を見直す必要が出てくるが，そこでの再交渉を通して労働条件の改善が図られる可能性もある。こうした規制であれば十分に正当化の余地があると思われるが，今後，規制対象となる「特定有期雇用派遣労働者等」の範囲とともに，施行後の動向を慎重に見極めなければならない。

4　全体的な評価

第2章（第2節II 7）で確認したように，改正法は，派遣事業の区別や派遣対象業務による規制の区別といった，派遣法の制定当時からの規制手法を放棄する一方で，派遣労働者のタイプに応じた新たな規制があわせて導入されている。これは，派遣法が，常用代替防止目的からの一律・硬直的な事業規制ではなく，派遣労働者の保護を図る目的で，個々の労働者の就労条件に着目した労働法的な規制へと軸足を移すことを意味しており，基本的な方向性として支持できる。

また，常用代替防止の問題については，派遣労働者のニーズに反しない範囲で——すなわち，①派遣元での雇用保障が期待可能な無期雇用であれば，法制度上は特に問題視することなく，②他方で，濫用的な利用もあり得る有期雇用での派遣については，個々の派遣労働者の継続的な利用を制限するとともに，派遣先の過半数組合などに代表される直用労働者の意思を反映する仕組みを採用することによって——，一定の配慮がなされている。

他方で，前述のように，改正法は派遣法の根幹部分の変革を伴うもので，しかも，直近の2012年改正とも大きく方向性が違うだけに，直接雇用の申込みみなし規制（2015年10月施行）との関係も含め，細部では両者の規制が整合しない過渡

的な内容となっている。端的に言うならば，2015年改正法には，今後の労働者派遣制度に対するビジョンが欠けている点で大きな問題がある。また，改正法のもとで，派遣労働者保護の観点から，派遣が濫用的に利用されることを防止できるかという点でも疑問がある。

それでは，今後，労働者派遣制度にはどのような役割が期待されるのであろうか。この点，EU諸国では，均等待遇原則を軸とした法制度が目指されているので，①まずは，日本でもこうした規制体系への変更が適切か否かを検討したうえで，②現実の紛争としても，また現行の法体系のもと制度上のバランスとしても特に重要な，派遣労働者の雇用保障をめぐる法政策のあり方，③派遣先での直用化をめぐる問題について検討する。

III 均等待遇（不利益取扱いの禁止）について

EU諸国では，2008年の労働者派遣指令のもとで，派遣労働者と派遣先で直接雇用される労働者との均等待遇原則（不利益取扱いの禁止）が定められ，各加盟国でも，同原則を中核とした労働者派遣制度が構築されつつある。

均等待遇原則は労働契約における契約自由を大きく修正するものであるところ，日本では，最低労働条件の設定を別にすると，労働者間の処遇格差に対して立法で介入することには慎重な姿勢がとられてきた。しかし他方で，派遣労働関係においても派遣先で直接雇用される労働者との均等待遇原則を導入すべきとの主張[12]や，それが不可能であるならば，労働者派遣そのものを大きく制限すべきとの主張がある。

また，近年の法改正により，無期雇用と有期雇用（労契法20条），あるいは，フルタイム労働者とパートタイム労働者（パートタイム労働法8条）との処遇格差について，「不合理と認められるものであってはならない」との規定が導入されるなど，立法政策上も処遇の均衡を求める考え方が拡大しつつある（労契法3条2項も参照）。均等待遇（不利益取扱いの禁止）の問題はどのように考えるべきなのか。[13]

---

12) たとえば浜村教授は，均等待遇原則を導入することによって，派遣に要するコストが高くなるようにすべきとされる（「座談会 派遣労働をめぐって」日本労働研究雑誌573号（2008年）71頁）。

13) 近年の議論動向については，さしあたり，荒木尚志ほか編『現代法の動態―第3巻 社会変化と法』（岩波書店，2014年）所収の富永晃一論文および水町勇一郎論文を参照。

1　雇用システムの違い

まず，オランダやドイツで均等待遇原則が導入された背景には，両国では，伝統的に，産業別の労働組合と使用者団体との団体交渉により，職務を中核とした雇用システムが構築されてきたという事情がある。こうした職務を中核とする雇用慣行のもとで，労働者派遣に特別な規制を及ぼさない場合には，派遣の利用による労働力のダンピングや，その反面としての処遇格差が問題となりやすい。派遣労働者は，派遣先で実際に従事する職務区分ではなくて，派遣労働者として，派遣元との労働契約で定めた労働条件のもとで就労するからである。

そうすると，職務を中核とする制度のもとでは，派遣労働者と派遣先の同種の職務で直接雇用される労働者とで，処遇の均衡を図る必要性は特に高いといえるし，むしろ，均等待遇原則は，こうした雇用システムを補完する役割を果たすことになる。実際，前述のように，均等待遇原則の導入目的をみると，オランダでは，職務給制度のもとで派遣労働者と直用労働者との利益調整を図る目的がみられたし，ドイツでも，期間制限の撤廃に伴う賃金ダンピングの防止という導入目的があった。そして，こうした目的から，均等待遇原則には，労働協約による「別段の定め」が広範に認められるという特徴もみられた。

一方，日本では，労働市場の多数を占めるいわゆる「正社員」について，企業レベルで賃金額が決定されることが一般的であり，各企業においても，組織内部での柔軟な育成，配置を前提とした処遇システムが普及している。つまり，労働者間で処遇に格差が生じているのは，職務の違いだけでなく他の要素による部分も大きく，「均等（均衡）」の比較がきわめて困難な状況にある。[14]

たしかに，前述のように，労働契約法やパートタイム労働法の改正により，立法政策上も「処遇の均衡」が問題となりつつある。また，EU諸国の法制度で，パートタイム労働や有期雇用とならび，労働者派遣についても広く「不合理な不

---

14) たとえば，パートタイム労働法の改正によって，均衡処遇の義務づけを強化すべきとする立場に対して，大内教授は，①正社員と非正社員の均衡という場合には両者で比較可能性が必要であるところ，日本では，両者の処遇方針が全く異なるため，均衡の前提となる比較可能性がないこと，②仮に均衡待遇義務を認めた場合，「均衡」は「均等」とは異なって一定の格差を許容するところ，賃金格差に介入するだけの基準を「均衡」という概念で明確化することは困難であるとして，反対されている（大内伸哉「労働法が『ワーク・ライフ・バランス』のためにできること」日本労働研究雑誌583号（2009年）30頁）。この批判は，労働者派遣について派遣先の正社員との「均衡」を議論する場合には，より一層妥当すると考えられる。

利益取扱い」を原則的に禁止しつつ，例外的に格差を正当化する合理性を求める仕組みは，非典型雇用の多様な実態をふまえつつ，それぞれの代替を防止することを目指す点で，参考とすべき点も多い[15]。しかし，日本の状況に照らせば，現時点で，上記の諸規制も，企業の行為規範として人事制度の見直しを求めるものにとどまり，どのような場合に「不合理と認められる」かが明らかでないなかでは，極端な事例を別にすると，裁判規範としては限定的な役割を果たし得るにとどまる。まして，労働者派遣という三者関係において，処遇の均衡を判断するための一般的な基準はみあたらない。

この点については，人事管理論の研究が示唆的である。たとえば守島教授は，現在の日本企業では，①格差を低く保つことで公正性を確保しようとする平等原則から，組織や企業に貢献した程度に応じて資源を分配する衡平原則の考え方へと移行しつつあること，②しかし，現時点では，組織や社会における公正性の判断基準として衡平原則と平等原則の両方が併存していることを指摘される。ここで興味深いのは，衡平原則による公正性の確保には，多くの困難な意思決定を伴うという指摘である[16]。

すなわち，第1に，誰を比較対象に選ぶのか，第2に，何を基準として個人の貢献を評価するのか，第3に，何を報酬として考えるのか，第4に，どこまでの不衡平を許容するのか，という点である。守島教授によると，これらについて「合意が得られないと，衡平原則によって公正性を確保することはできない。……衡平原則はこれらの点について合意が得られないと，分配が公正であるかの判断ができないし，またこれらの点に関する合意の難しさにより，何が公正かについての混乱を招きかねない」のである。

こうした指摘は，労働者派遣という三者関係において，均等待遇を法で強制しようとする場合には，より一層妥当するであろう。実態とあまりに乖離した法規制は，無用な混乱を生じさせかねず，その導入には慎重であるべきである。この

---

[15] 水町勇一郎「不合理な労働条件の禁止と均等・均衡処遇（労契法20条）」野川忍ほか編『変貌する雇用・就労モデルと労働法の課題』（商事法務，2015年）311頁，同「『格差』と『合理性』—非正規労働者の不利益取扱いを正当化する『合理的理由』に関する研究」社会科学研究62巻3＝4号（2011年）125頁など。

[16] 守島基博「今，公正性をどう考えるか—組織内公正性論の視点から」鶴光太郎ほか編著『労働市場制度改革—日本の働き方をいかに変えるか』（日本評論社，2009年）235頁以下。

点，たしかに企業実務においては，従来の年功的処遇を改め，現在の職務内容をより重視した賃金制度へとシフトする動きがみられる。

　しかしながら，比較的最近の調査でも，今後，職務（主に従事する職務・仕事の内容）による評価を重視するとした企業は15％程度にとどまり，多くは，「職能（本人の持つ職務遂行能力）」評価を重視している[17]。あるいは，企業への長期貢献や，職位に応じた職責・役割が重視されている。言い換えると，多くの企業が，それぞれの企業内で，労働者個人の潜在的能力も含めた職務遂行能力に関して，広く考慮することを重視している。こうした結果は，長期安定雇用を尊重する考え方とも無関係とはいえず，長期雇用について大多数の使用者と労働者の支持がある以上，当面の間は，純粋な意味での職務ベースの処遇が一般化するとは考え難い[18]。また，法制度の面でも，たとえば配転法理など，長期雇用を前提に発展してきたものがあるという現状は無視できない。さらに，オランダやドイツで職務ベースの処遇が浸透している背景には，学校教育制度も含めて，職務を念頭に置いた訓練システムが構築されてきた伝統もある[19]。

　日本でも，今後は「職能」や「職務」を重視する賃金制度の普及・定着により，緩やかなかたちで，職務内容をいっそう重視する人事制度へ移行することも考えられる。こうした方向性は，労働者の多様化が今後さらに進むと予想されるなかで，不合理な処遇格差を軽減するためには望ましいものかもしれない[20]。とはいえ，

---

17)　近年における賃金制度の動向については，さしあたり，労働政策研究・研修機構『今後の企業経営と賃金のあり方に関する調査』（2009年）を参照。なお，厚生労働省「平成26年　就労条件総合調査」（2014年11月公表）でも，賃金制度の改定動向として，「職務・職種などの仕事の内容に対応する賃金部分の拡大（15％）」とならび，「職務遂行能力に対応する賃金部分の拡大（14％）」も高い割合を占めている。

18)　企業における人材育成の方針や長期雇用に対する考え方については，労働政策研究・研修機構『今後の産業動向と雇用のあり方に関する調査』（2011年）を参照。

19)　オランダやドイツ等における職務を中核とした処遇の実態については，三菱UFJリサーチ＆コンサルティング『諸外国の働き方に関する実態調査』（2015年）のほか，労働政策研究・研修機構『現代先進国の労働協約システム―ドイツ・フランスの産業別協約　第1巻』（2013年）151頁［山本陽大］も参照。また，ドイツにおける学校教育と職業訓練制度との関わりについては，さしあたり，久本憲夫「ドイツにおける職業別労働市場への参入」日本労働研究雑誌577号（2008年）40頁を参照。なお，日本で職務給制度を導入する場合の法的問題については，土田道夫「職務給・職務等級制度をめぐる法律問題」山口浩一郎ほか編『経営と労働法務の理論と実務―安西愈先生古稀記念論文集』（中央経済社，2009年）も参照。

20)　この点については，遠藤公嗣「職務給と『同一価値労働同一賃金』原則―均等処遇のために（下）」労旬1686号（2008年）28頁も参照。

このような変化が急速に生じるとは想像し難い。以上の状況からすると，派遣労働関係において現時点で均等待遇原則（不利益取扱いの禁止）を導入することは，既存の雇用慣行や法制度と正面から対立することとなり，仮に導入したとしても，実効性の確保はきわめて困難であると考えられる。[21]

2　均等待遇規制（不利益取扱いの禁止）の規範的位置づけ

次に，こうした実務上の問題はひとまずおくとしても，現時点では，やはり，均等待遇原則（不利益取扱いの禁止）の導入には賛成できない。規範的な観点からみても，均等待遇原則を導入する十分な根拠づけがなされていないからである。この点を検討するうえでは，均等待遇原則を導入した先例として，EU 諸国の法制度が参考となろう。

まず，EU の労働者派遣指令をみると，様々なかたちで，均等待遇原則（不利益取扱いの禁止）に対する例外がある点が注目される。すなわち，均等待遇原則には，①労働協約による「別段の定め」が予定されているし，②労働協約の拡張適用制度を利用できない場合には，全国レベルの労使代表の合意による「別段の定め」も許される。③さらに，派遣元で常用的に雇用される派遣労働者については，それだけで賃金について均等待遇基準と異ならせる余地がある（第3章第3節II）。

そして，具体的な立法例として，本書では，オランダ法を中心に分析を試みた。その結果明らかとなったのは，派遣労働者に対する均等待遇原則は，当事者間の利益調整を主眼とするものであり，理念的な観点から平等取扱いを強力に推し進めるものではない，ということである。まず，オランダの雇用差別禁止立法には，一般に，①あらゆる労働条件についての「異別取扱い」を原則的に禁止し，②法違反の有無を判断する際に，個別的な正当化を要するという特徴があった。そして，③このような差別禁止立法に違反するケースでは，裁判所のほか，CRM という専門行政機関による紛争解決も予定されていた。

こうした特徴と労働者派遣における均等待遇原則とを比較すると，後者には，

---

21) 経済学の立場からも，均等待遇の問題を考える上で，法規制による強制は現実的でなく，企業に均衡処遇を徹底させるインセンティブをいかに作るかという視点が重要であるとの指摘がある（鶴光太郎「日本の労働市場制度改革―問題意識と処方箋のパースペクティブ」鶴ほか編・前掲注16書27頁以下。

①について伝統的には金銭的な給付の均衡（のみ）が重視されてきた点，②について労働協約による別段の定めが尊重されている点で，一般の差別禁止規制と異なる性質をもつことは明らかといえよう。派遣労働関係における均等待遇原則には，間接雇用の特殊性を考慮した，関係当事者間の利益調整という考え方が強くあらわれている。同原則は，こうした利益調整手段の一つとして，労働条件の準則を定めるものにすぎず，具体的な調整を関係当事者の集団的決定に委ねるものとして，柔軟な仕組みをもつものであった。

　このことは，同じく労働協約による「別段の定め」を尊重しているドイツ法，あるいは，EU 指令の均等待遇原則のもとで，労働協約による「別段の定め」という例外を立法化している多くの EU 加盟国でも，同様に考えてよいだろう。要するに，「均等待遇」や「差別禁止」という表現が用いられているにせよ，少なくとも派遣労働者に関する均等待遇原則では，他の差別禁止立法とは異なる考え方が採用されており，規範的な観点から均等待遇を強力に推進するものではない。

　同様のことは，前述した EU 指令の第 3 の例外（常用的な派遣での例外）からも裏付けられる。EU 指令によると，派遣元と期間の定めのない労働契約を締結する派遣労働者が，実際に就労できる派遣先がない期間についても継続的に賃金を支払われている場合であれば，賃金について均等待遇基準を適用しないことが許されている。つまり，常用的な派遣のケースであれば，それだけで，均等待遇原則から逸脱する余地が認められている。たしかに，こうした例外を積極的に認める国はわずかにとどまる[22]。しかしながら，オランダやドイツの状況をみる限り，均等待遇基準が原則通りに運用されていることはむしろ稀なのであり，労働協約による「別段の定め」（オランダ），あるいは，個別合意による協約基準の「援用」（ドイツ）が一般化していることもあわせて考えると，均等待遇原則の柔軟性は明らかである。

　以上，要するに，オランダやドイツでは，法制度上は均等待遇原則が規定されているとはいえ，こうした規制には，他の差別禁止立法ではみられない相当に柔

---

22) EU 労働者派遣指令の実施状況調査によると（2014年3月公表），ハンガリー，アイルランド，マルタ，スウェーデン，イギリスでは，国内法でこうした例外の余地が認められている。もっとも，たとえばイギリスのように，無期雇用での派遣労働者に関して，いわゆる待機期間中の賃金水準について従前（直近12週間）の派遣期間中の賃金の50％以上の保障が義務づけられているなど，総じて，この例外については比較的に厳格な運用がされているようである（COM（2014）176, p. 7）。

軟な例外が許容されており，実態としても，労働協約による「別段の定め」がきわめて重要な役割を果たしている。そこでは，当事者間の利益調整が重視される一方で，派遣先で直接雇用される労働者との均等待遇を強力に推し進めるという考え方は希薄である。

こうした均等待遇規制については，規範的な意味で日本に導入する必然性もない。前述した現在の状況を考えれば，少なくとも，均等待遇規制を軸として労働者派遣制度を再構築することは，適切でないということになる。ただ，このことは，結果的に直接雇用と間接雇用との処遇格差を容認することを意味するので，立法政策として，一部の濫用的な派遣を直接雇用へと誘導することを正当化する補強理由となり得る。

IV 雇用保障をめぐる問題

これに対して，派遣労働者の雇用保障をめぐっては，すでにある解雇・有期労働法制をふまえつつ，間接雇用の特殊性をどのように考慮すべきかが問題となる。

前述のように，裁判例では，有期雇用の雇止めのケースで，労働者派遣は臨時的・一時的であるべきとの考え方のもと，たとえ実際には長期にわたり就労を継続しているとしても，雇用継続に対する「期待の合理性」を否定する傾向にあった。第2章ではこうした解釈論の問題点を指摘したが，当時の派遣法のもとで，常用代替防止目的から派遣期間が制限されている点に照らせば，裁判例の立場はやむを得ない側面もあった。しかし，「常用代替の防止」という目的そのものに十分な正統性がないなかで，こうした結論を維持することは適切でない。

2015年の法改正により，派遣期間の点では，有期雇用と無期雇用とで規制が異なっている。このように派遣労働契約に着目した規制は，基本的には支持できる。ただ，両者の違いがあくまで労働者の雇用保障や，雇用期間内での能力開発等における派遣元のコミットメントの違いに関わるものであることに照らせば，今後は，労働契約における期間の定めの有無によって常用的な派遣と登録型派遣とで派遣のタイプを再整理した上で，登録型（＝有期雇用）は臨時的・一時的なものに限定する一方，常用型（＝無期雇用）については長期にわたる間接雇用も積極的に認めることを中核に，両者の特徴に応じて，以下のように規制を異ならせることが適切である。

1 常用型派遣

　まず，労働契約に期間の定めのない常用的な派遣では，派遣元での雇用の存続保護を重視するべきであり，派遣先での直用化を図る必要性は低い。派遣期間の長さについても問題とすべきでなく，間接雇用としての保護を強化し，解雇規制（労契法16条）のもと，派遣元での雇用保障を図る解釈論を徹底することが求められる。

　本書の分析によると，これまでの裁判例でも，派遣労働契約に期間の定めがないものと評価された場合には，解雇規制のもとで派遣労働者に対しても雇用保障が図られており（第2章第4節II），直接雇用の場合と比較して規制を大きく異ならせることは適切でない。

　ここで重要なのは，派遣労働者に対する教育投資を企業（派遣元や派遣先）に動機づけることであり，期間制限など，こうしたインセンティブを削ぐ規制をできるだけ排除するという視点である。たとえば，人的資本理論の知見によると，長期雇用が期待でき人的資本に対する投資を回収できるケースで，企業は，企業特殊的な訓練を若年者に対して積極的に実施することが確認されている。[23]間接雇用についても，こうした投資を喚起する法政策が望ましい。

　他方で，派遣期間の規制を課さない場合には，もはや派遣は臨時的・一時的なものとはいえないのであるから，労働者を特定の派遣先へ継続的に派遣しているケース，あるいは，派遣先が変更されるケースの双方で，派遣元による雇用保障を図る解釈を徹底する必要がある。この点，オランダでは，派遣就労の長期化について特段に問題視はされていないが，派遣元での雇用期間に応じて，雇用保障の程度を段階的に強化していく仕組みがある。

---

23) *Gary S. Becker*, Human Capital: A Theoretical and Empirical Analysis, with Special Reference to Education, Columbia University Press, 1964（邦訳：佐野陽子『人的資本―教育を中心とした理論的・経験的分析』（東洋経済新報社，1976年））。また，経済学では，非正社員を正社員化するという観点からしても，非正規雇用者が短期間で離職を繰り返すことはマイナスであるとの指摘がある（玄田有史「前職が非正社員だった離職者の正社員への移行について」日本労働研究雑誌580号（2008年）61頁）。他方で，人的資源管理の立場からも，企業特殊熟練を要する業務を担う正社員と，企業の枠を超えた一般的熟練を要する派遣労働者とを理念型として区別し，後者につき一般的熟練を通じた処遇改善を念頭に置く場合には，同一派遣労働者について特定の派遣先での受入期間を制限しないことは，一般的熟練の獲得を阻害するものとしてむしろマイナスに評価されることになる（このような立場として，佐藤博樹「改正労働者派遣法と派遣活用企業・派遣会社の人材活用上の課題」ジュリスト1487号（2015年）26頁）。

一方，ドイツでは，EU指令を受けた2011年の法改正で派遣の臨時性が確認されたとの評価のもとで，連邦労働裁判所は，継続的な派遣受入に対する派遣先の事業所委員会の同意の拒否を正当とする決定をしている。立法論としても派遣期間を制限する動きもある。ただ，前者は紛争類型としてドイツ法に固有の特殊性があるほか，そもそもこうした解釈が，EU指令に適合しているかどうかも疑問の余地がある。また，立法改正の背景として，派遣の濫用的な利用が問題となっているところ，派遣労働者の雇用保障との関係では，派遣元の約4割が解雇制限法の適用されない零細事業所であること，また，解雇制限法が適用される事業所でも労働契約を締結して最初の6ヵ月間は規制が適用除外されるなかで，雇用責任の追及には限界があるという規制構造もある。[24]しかし，これらの事情のない日本では，常用的な派遣まで期間を一律に制限する根拠に乏しい。

次に，常用的な派遣の特徴からすると，実際に派遣就労がない待機期間中の賃金額が特に問題となるなかで，少なくとも，派遣労働契約で明示することを義務づけるべきであろう。この点，解釈論としては，待機期間中について具体的な賃金水準は契約自由の範疇にあるが，労基法26条の基準（平均賃金の6割）を下回ることは許されない。常用型派遣では，派遣元は労働契約を解消しない限り派遣先（就労先）を確保する責務を負い，それができないことによる労働者の待機は，原則として「使用者の責に帰すべき事由による休業」と考えられるからである。さらに，民法536条2項のもとで，使用者に賃金全額の支払いが義務づけられるケースも少なくないだろう。[25]

立法論としては，とりわけ常用型の派遣において，契約期間中の「待機」は労基法26条が想定する例外的な事態とは異なって，派遣労働関係において一般に想定されるべきという考え方から，待機期間における補償のあり方を特別に定める

---

24) この点，ドイツの派遣労働者の半数以上が6ヵ月未満の短期の雇用関係にとどまっている。なお，一般条項による事後的な救済の余地があることを考慮しても，たとえばオランダ法で，①企業規模や雇用期間と無関係に，②規制手法としても簡易裁判所や行政機関が雇用関係解消の適法性を事前に審査する仕組みがあることと対比すると，解雇規制が潜脱される可能性は小さくはないだろう。

25) この点に関わる裁判例として，浜野マネキン紹介所事件（東京地判平成20年9月9日労経速2025号21頁）がある。学説では，同条の解釈に際しては派遣元と派遣先とを機械的に切り離すのではなく，「使用者側」として一体的にみるべきとの立場も有力に主張されている（西谷敏「労働者派遣の法構造」和田肇ほか編『労働者派遣と法』（日本評論社，2013年）85頁）。なお，使用者の責めに帰すべき事由による休業に関して，就業規則等で労基法26条に基づく手当の支払いを事前に定めておくことは，派遣事業の許可基準の1つとなっている。

余地がある。この点，前述のように，EU指令では，無期雇用の派遣労働者について待機期間中の賃金保障がある場合に，賃金について均等待遇原則を免れることが認められている。そこでは，常用的な派遣と待機期間中の処遇問題とは同時に考えるべきことが示唆されている。そして，たとえばオランダでは，待機期間中の賃金保障について，派遣就労期間が短期の場合には危険負担の特則で免れる余地を認めつつ，26週間（原則）の経過後には，賃金支払いを義務づけるといった調整が図られている。

2 登録型派遣
(1) 登録型派遣の特徴
① 有期労働法制との関係

これに対して，登録型の派遣では，派遣期間と雇用期間とが一致する点に特徴がある。登録型での派遣において派遣労働契約で明示的に期間が定められていない場合でも，これを無期雇用とみるのは通常困難であり（あるいはその実益は乏しく），むしろ，ある特定の派遣先での労務提供が終了するまでの不確定期限を定めたものと解すべきであろう。

このような登録型派遣をめぐって，学説では，派遣元が通常の労働契約上の使用者としての責任を負わないことを理由に，労働者派遣の定義（2条1号）を充たさないとの批判がある。また，これを根拠として，登録型派遣を全面的に禁止すべきとする立場もある。[26]

しかしながら，登録型派遣といえども，派遣元が使用者としての労働契約上の責任を負う余地は否定できるものでなく，ただ，解雇規制の潜脱・回避が問題となっているにすぎない。言い換えれば，派遣元が負担する責任の程度，あるいは規制の潜脱の程度といった，雇用の一部分における程度問題の解決が求められているにとどまる。つまり，登録型についてのみ定義違反を持ち出し，一律に禁止すべきとすることは相当に論理の飛躍がある。規範的にみても，日本の有期労働

---

26) 大橋範雄「派遣法改正にあたっての提言」大原社会問題研究所雑誌605号（2009年）7頁など。他方で，派遣法上の定義そのものに合致はしないが，再定義・再規制のうえで登録型による就労も認めていくべきとする考え方もある（濱口桂一郎「労働者派遣システムを再考する(2)―登録型派遣の本質」時の法令1811号（2008年）31頁以下，同「請負・労働者供給・労働者派遣の再検討」日本労働法学会誌114号（2009年）81頁）を参照）。

法制は有期雇用の利用事由を制限していないなか，登録型派遣を一律に禁止する理由には乏しく，こうした規制は過剰である。[27]

　もっとも，上記の立場が指摘するように，登録型派遣において労働者の地位が不安定となる要因に，派遣先の事情が関係していることは否定できない。たしかに，理論上は，派遣元での雇用保障を図る余地はあるが，労働契約においてある特定の派遣先での就労が前提とされている以上，雇用保障の範囲は限定的とならざるをえない。こうしたなかで，登録型派遣に対して何ら規制を及ぼさないことは，立法政策として適切でないだろう。登録型と常用型とのいずれを選択するのかは，法規制を前提に労働市場に委ねられるところ，登録型について法的規制が特に手薄である場合には，使用者（派遣元）やユーザー（派遣先）としては，そうした就労形態を利用する経済的な合理性がある。そして，労働市場が仮に買手独占的であり，労働者が登録型を非自発的に選択している場合には，このことはいっそう深刻な問題となる。[28]

　こうして，登録型派遣では，濫用的な利用を防止する観点から，何らかの特別な規制を課すことが適切であろう。

　まず，そもそも派遣元への「登録」とは，一般には労働契約を締結する一過程である。これを法的にみると，①登録者または派遣元が，それぞれ相手方からの労働契約の申込みを誘引している事実上の状態と評価できる場合がある。②また，事案によっては，派遣元が登録者と派遣先とのマッチングを図ることを内容とする，労働契約とは別個の特別な無名契約に基づく関係（登録契約関係）が成立していると評価すべき場合もあろう。さらに，前者については，(a)登録者が派遣元

---

[27]　なお，立法論あるいは解釈論としても，現在の有期労働法制そのものを見直し，入口規制を徹底すべきとする立場もある（たとえば，川田知子「有期労働契約法の新たな構想」日本労働法学会誌107号（2006年）52頁，有田謙司「非正規雇用労働者をめぐる法的諸問題」ジュリスト1377号（2009年）25頁等）。しかしながら，入口規制には慎重な立場も多く，また，たとえば入口規制を原則としてきたドイツ法をみると，立法政策の混乱がみられることからすると，日本では，当面の間は出口規制を維持・強化していくことが適切であろう（この点については，大内伸哉編『有期労働契約の法理と政策』（弘文堂，2014年）292頁，荒木尚志「有期労働契約法制の立法政策」荒木尚志ほか編『労働法学の展望―菅野和夫先生古稀記念論集』（有斐閣，2013年）167頁。出口規制を採用した労契法18条の立法経緯については，荒木尚志＝菅野和夫＝山川隆一『詳説 労働契約法（第2版）』（弘文堂，2014年）68頁および174頁以下も参照）。

[28]　この点については，大内伸哉「労働法学における『暗黙の前提』―法と経済の協働の模索・可能性・限界」季労219号（2007年）231頁も参照。

からの労働契約の申込みを誘引し，派遣元が特定の派遣先とマッチングを図った上で労働契約の申込みを行い，それに対して登録者が承諾することで労働契約が成立する一過程と評価できるケースもあれば，(b)反対に，派遣元の承諾によって労働契約が成立する場合を念頭に置くならば，派遣元からの労働契約の申込みの誘引があって，その後に登録者からの申込みがあり，派遣元の承諾によって労働契約が成立する一過程と評価できるケースもあろう[29]。

そして，上のいずれでも共通する点として，こうした登録段階を経て締結された労働契約の第1の特徴として，当該労働契約では，ある特定の派遣先での就労のみが予定されている点を指摘できる。登録型派遣では，登録状態にある複数の候補者のなかから，派遣元と，ある特定の登録者との間での合意によって，具体的に派遣先を特定して労働者が派遣元との間で労働契約を締結するのであり，当該労働契約には，たとえば職種や勤務地を限定する趣旨が内包されている（派遣法26条，34条も参照）。

そうすると，当初の予定通り，労働者派遣契約の終了に伴って派遣労働者が派遣元で雇止めされる場合には，手続上の重大な瑕疵があるケースを別にすれば，仮に従来の一般的な整理解雇に関する法理を適用ないし類推したところで，ほとんどのケースで，結果として「適法に」雇止めが認められる可能性が高い。第2章で検討したように，裁判例では，こうした登録型派遣で労働者派遣契約が終了した場合の雇止めについては，地位確認請求が否定されるケースが大多数である。

もちろん，登録型派遣といえども有期労働法制は適用されるのであるが，オランダやドイツの規制と比較すると，労契法18条の無期転換ルールについて更新回数の点からの制限はなく，また，反覆更新による最長期間も5年と長めに設定されている。たしかにオランダでは，派遣就労の初期段階（26週以内）であれば，有期労働法制の適用を除外するなど，登録型派遣が全面的に許容されている。しかし，そもそも有期労働法制が総じて厳格でない日本では，登録型派遣一般について，こうした特別な規制緩和の必要性は乏しい[30]。

むしろ，登録型派遣によって有期労働法制が回避されるという濫用を防止し，

---

29) このような事例として，リクルートスタッフィング事件（東京地判平成17年7月20日労判901号85頁［ダ］）も参照。

30) ただし，後述のように，登録型派遣の一部（真正な登録型派遣）ではこうした規制緩和を検討する余地がある。

派遣元での雇用責任を明確化する観点からは，派遣労働契約においては，無期雇用に転換するまでの期間を大幅に短縮するか，クーリング期間を長めに定めるなど，一般の有期雇用以上に厳格な規制が検討されてよいものと思われる。オランダでも，26週の経過後には比較的に厳格な有期労働法制が及ぶほか，濫用を防止するために，クーリング期間を6ヵ月と長めに設定（2014年の改正で協約による逸脱も禁止）するとともに，期間の算定において1週単位で行うなどの仕組みがある。また，解雇規制と平仄をあわせて，派遣労働者についても，移行手当の支払いや整理解雇時のレイオフの仕組みが適用されるほか，集団法の領域でも，事業所委員会への加入資格の点などで制度間のバランスが徹底的に図られている。

これに対して，日本では，労契法18条の無期転換ルールについて，更新回数の制限がなく細切れの契約更新も許容されるなかで，各契約が通算されないクーリング期間は原則6ヵ月としつつ，契約期間が短期である場合には漸減する仕組みとなっている[32]。しかし，登録によって労働力をプールしつつも，短期就労となることも多い派遣労働契約においては，濫用的な利用を防止する観点から，こうした例外を認めないことなどが検討されてよい。

② 労働契約終了と「登録」の意義

次に，このような登録型派遣の第2の特徴として，一般の有期雇用であれば，労働契約が適法に解消されると両者の関係がすべて清算されるのに対して，登録型派遣では，仮に当該労働契約について使用者の解雇または雇止めが適法と評価できる場合であっても，再び「登録」状態に戻って将来の労働契約の締結を待つ状態となり，派遣元との関係そのものは直ちに失われない点を指摘できる（このことは，次述の「真正な登録型」の場合で特に妥当する）。

---

31) この点，労働者派遣では，有期雇用全体と比較して短期の契約が反覆継続している実態もみられる。たとえば，厚生労働省「平成23年 有期労働契約に関する実態調査（個人調査）」（2011年9月公表）によると，契約の更新回数等の点では，派遣労働者と直接雇用される有期労働者とで顕著な違いはみられない（平均では有期全体で6.8回，派遣では9回）。他方で，各契約の期間でみると，有期雇用全体では6ヵ月以内の期間を定めるものが37％にとどまるのに対して，派遣労働者では75％に達している。

32) 労契法18条2項および，「労働契約法第18条第1項の通算契約期間に関する基準を定める省令」（平成24年厚労令第148号）参照。たとえば契約期間が2ヵ月である場合には，クーリング期間も1ヵ月に短縮される。

見方を変えれば，労働契約を締結しない「登録」の段階であっても，登録者と派遣元との間で継続的な社会的接触があると評価できるケースも少なくなく，その場合には，信義則，または場合によっては（登録）契約上の義務として，登録者と派遣元という両当事者が一定の法的責任を負うことがあり得る関係とみることができる。

　このように，労働契約の締結以前あるいは終了後の「登録」段階も含めて派遣労働契約をみると，同じく「登録」後に労働契約を締結する登録型派遣にも，理念型としては大別して次の2つのタイプがあると考えられる。すなわち，①上で述べたように，ある特定の派遣先での派遣就労後には，再び登録状態に戻って，結果として複数の派遣先での就労を予定するタイプと（以下，本書では真正な登録型と呼ぶ），②そもそも，ある特定の派遣先での一回的な派遣就労しか予定しないタイプである（以下，本書では派遣先限定の登録型と呼ぶ）。両者は，派遣労働者に対する雇用保障のほか，能力開発等に対する派遣元のコミットメントの程度，さらには労働市場における労働力の需給マッチング機能の点で大きく異なるものと評価でき，両者の違いをふまえた解釈論および立法政策が必要である。[33][34]

(2) 真正な登録型（労働力プール型）

① 登録の位置づけ

　第1は，派遣元が登録段階で登録者の能力や適性，資質等を確認し，いわば労働力のプールをした上で，派遣元の判断に基づいて，登録「後」に派遣先とのマ

---

[33] なお，本書における登録型派遣の2つのタイプの区別は，あくまで理念的なものであって，現実には，両者の間に濃淡の異なる様々な派遣就労がある。たとえば，当初は真正な登録型として複数の派遣先での就労を繰り返すうちに，特定の派遣先で継続的に就労するように変化したという場合など，個々のケースに応じて，いずれに近いのかを検討する必要がある。しかし，それでも，派遣就労が多様であるなかで，性格の全く異なる2つのタイプを理念モデルとして区別し，それぞれに必要な法規制のあり方を提示することには意義があると考える。

[34] 詳細は別項に委ねるが，①常用型派遣，②真正な登録型，③派遣先限定の登録型という本書で示す派遣タイプの区別は，派遣先の労組法上の使用者性を判断する際にも，特に，朝日放送事件・最高裁判決で典型的に示された近似アプローチにおいて，基本的な労働条件等に対する派遣先の現実的かつ具体的な支配・決定の有無を判断する際の重要な手がかりともなろう。同様に，立法論としても，たとえば2012年改正による「日雇派遣の制限（35条の4）」については，一律の規制は適切でなく，②や③の区別をふまえた規制として再構成していくべきと考える。さらに，いわゆる日々紹介のように，派遣ではなく有料職業紹介事業として継続的に労働力の斡旋をしているケースについても，その実態に応じて，本書の②や③で示すのと同様の視角から分析することが有用であろう。

ッチングが図られるタイプである（真正な登録型／労働力プール型）。このタイプでは，登録を通じて派遣元が労働力をゆるやかに確保しておきながら，ある派遣先との間で労働者派遣契約が締結されるのに応じて，登録者と派遣先とのマッチングが図られ労働契約が締結される。労働者の側も，複数の派遣元で登録をしてマッチングを待つことも珍しくはない。[35]

そこでは，登録者は派遣元での「登録」に基づいて多様な派遣先で就労することが予定され，ある特定の派遣先での就労が終わって派遣労働契約が終了した後にも，派遣元との「登録」関係のもとで，新たな派遣先とのマッチングを待つことが当事者間で含意されている。つまり，派遣終了後における「登録」関係は，事実上の状態といえども単なる一回的な契約の締結過程とも異なるものとして，登録者および派遣元の双方は相手方に対して，法的にも，信義則または登録契約に基づいた一定の配慮が要請され得る状態と評価できる。この類型では，派遣労働契約とは別個の「登録」に，法的にも独自の意義があるといえる。

真正な登録型（労働力プール型）の場合には，ある特定の派遣先での就労継続が困難となるケースで，派遣元は，労働契約の終了後にも，新たな派遣先を確保することが強く求められる。すなわち，それまでの派遣元と登録者との関係に照らして，登録者の就労継続への期待に一定の合理性が認められる場合には，仮に，労働契約の中途解約や雇止めの適法性が認められるとしても，信義則または場合によっては登録契約に基づいて，派遣元は，再度，新たな派遣先の紹介などを求められる。

そして，こうした努力を欠くケースでは，信義則上の義務違反または不法行為に基づいて，派遣元は労働者（厳密には登録者）に対する損害賠償責任を負う余地がある。そこでの保護法益は登録労働者の期待利益であり，損害賠償責任の有無を判断する要素としては，雇用継続に対する期待の合理性が問題となるのであるから，――従前の派遣就労期間の長さや労働契約の更新回数，派遣元の責任者の言動など――実質的には労契法19条，および雇止めをめぐる従来の裁判例で考慮されてきた事項が参考となる。

登録型派遣という，雇用保障の程度が著しく低い就労形態を広く認めていく前

---

35) 厚生労働省「平成24年 派遣労働者実態調査」（2013年9月公表）によると，2か所以上の派遣元に登録している派遣労働者の割合も，約半数に及んでいる。

提として，こうした派遣元による配慮は積極的に求めるべきであり，その前提があってこそ，紹介先での直接雇用を前提とする職業紹介事業とは別に，登録型派遣という派遣元が継続的に介在した形での雇用形態を法政策として積極的に位置づけていく余地がある。

② 派遣条項の有効性

　他方で，上記のような配慮を前提としつつも，この真正な登録型派遣では，①派遣元との間では，複数の派遣先で就労することが含意されている分，ある特定の派遣先の主導で解雇規制が潜脱される弊害は小さく，②他方で，派遣元への「登録」を通して，労働者にとっては労働市場でのマッチングの有用性が高い類型でもある。こうした点をふまえれば，労働契約や就業規則において，ある派遣先との労働者派遣契約の終了により派遣労働契約も自動的に終了する旨の明示的な規定（派遣条項）がある場合には，そうした個別同意や就業規則の合理性を肯定することで，例外的に派遣労働契約の自動終了まで認める余地がある（第2章第4節Ⅱ4）。

　この点，オランダでは，派遣就労の開始から26週間以内であれば，こうした派遣条項（uitzendbeding）の有効性を認めることで，登録型派遣を通したマッチングが最大限に尊重されていた。他方，ドイツでは積極的にこうした例外を認めているわけではないが，有期労働法制の規制緩和や解雇規制の適用除外により，派遣就労の初期段階で雇用保障が手薄である点では共通する。

　日本では，有期労働契約は通算期間が5年を超える場合に無期雇用に転換する余地があるし（労契法18条），それに満たない場合にも，いわゆる雇止め制限法理が及んでくる（同19条）。しかし，後者は予測可能性が著しく低いほか，仮にこれが適用されても，期間の定めも含め「従前の有期労働契約の内容である労働条件と同一の労働条件」での更新が認められるにすぎない。とりわけ短期の労働契約を断続的に更新するような場合に，実質的な救済を図ることは相当に困難な仕組みとなっている。同様に，中途解約からの保護についても（同17条），契約期間が短期で設定されている場合には実質的な意味をなさない。そして労働者派遣では，有期雇用全体と比較して，短期の労働契約が反覆継続している実態もみられる。[36]

---

36) この点については，厚労省・前掲注31調査も参照。

これらをふまえると，日本においても，労契法18条との均衡を考慮しつつも，派遣就労の初期段階であれば，むしろ派遣条項の効力を認め，他方で，雇用期間が継続する場合に，派遣元の法的責任をより明確にする（たとえば5年よりも早い段階で無期雇用に転換させる）政策を展開することは検討に値する[37]。その際には，オランダで有期労働法制からの脱法を防止するために，上記の26週の算定に際して様々な工夫——たとえば1週単位での期間の算定や，濫用的な場合には使用者が形式的に異なるケースでも期間を通算する仕組み——がある点も参考となろう。

なお，仮にこうした派遣条項を積極的に認める場合にも，労働契約が適法に終了したかどうかという問題とは別個に，登録関係に基づいて——従前の派遣元と登録労働者との関係に照らして新たな派遣先の選定努力が不十分である場合には——，派遣元が信義則または登録契約上の義務違反ないし不法行為により，派遣労働者（厳密には登録者）に対する損害賠償責任を負う余地がある点については前述の通りである。

③ 中途解約

他方で，このような派遣条項がない場合において，一旦，派遣元によるマッチングによって派遣先が決定し，派遣元との間で労働契約が締結されると，その後の中途解約については，労働契約に期間の定めがある以上，「やむを得ない事由」が必要である（労契法17条）。仮に当該派遣先での就労継続が困難であるとしても，労働契約の期間満了までの間は，代わりとなる派遣先を確保しての雇用継続が求められ，それが不可能である場合にも，労働者は民法536条2項に基づいて賃金請求権を失わない[38]。

---

37) 派遣条項の効力が認められる期間については，有期労働法制のほか，短期間でのマッチングの促進を重視する点でトライアル雇用制度（最長3ヵ月）との均衡も問題となろう。いずれにしても，解雇・有期労働法制の例外である以上は，派遣元での雇用期間をもとに，クーリング期間を長めに設定して濫用的な利用を防止することが重要となる。たとえばオランダでも，派遣条項が有効となる期間（原則26週）は協約自治の対象であるが，2014年の法改正ではその上限が78週に制限されるとともに，クーリング期間は協約自治の対象から除外されていることも参考となる。なお，派遣条項の有効期間を超える場合には（その長さにもよるが），オランダ法のように産業横断的な協約自治のシステムを欠く状況下では，一般の有期労働法制をそのまま適用するのではなく，無期雇用（常用型派遣）へと転換することが検討されてよい。

38) この点については，いすゞ自動車〔雇止め〕事件（東京高判平成27年3月26日労判1121号52頁）が参考となる。同事件では，就業規則や個別の労働契約で休業手当として平均賃金の6割を支給す

この点，「登録」から労働契約の締結に至る経緯をふまえれば，一般論として，後述の第2の類型（派遣先限定の登録型）とは異なって，真正な登録型（労働力プール型）の場合には，ある特定の派遣先との接着関係が強度でないことからすると，両者で比較すれば，代わりとなる派遣先の範囲は広範に認めるべきであろう。さらに，派遣元から他の派遣先へ派遣することが打診された場合などでは，元の派遣労働契約について中途解約を認める余地そのものも，第2の類型と比べれば相対的に広くなるものと考えられる。

(3) 派遣先限定の登録型
① 登録の位置づけ
　これに対して，第2は，労働契約の締結前であることはもちろん，そもそも登録「以前」に，すでに派遣先が特定されているタイプである（派遣先限定の登録型）。このタイプでは，労働契約の締結以前の「登録」の段階で，すでに特定の派遣先での就労のみが予定されており，当該の派遣労働契約の終了後には，他の派遣先で就労することは基本的に予定されていない。[39]

　これまでの裁判例に登場した事案の多くはこの類型と推察され，ある特定の派遣先での就労期間が長期間に及ぶことも稀ではないなかで，労働契約の締結の時点から，派遣先が違法に関与していることも少なくない。[40]さらに，派遣期間が長期化した場合にも，通常，派遣元の事情によって労働者を差し替えることも予定されていない。登録者は派遣先との間で当初から強度の繋がりがあり，派遣先は単に指揮命令を行うにとどまらず，実質的には，派遣元が派遣先の採用手続きや

　　　る旨の規定があったにもかかわらず，東京高裁はこれを労基法26条を単に確認した趣旨と位置づけ，本件で特約はないとして，契約期間の満了まで賃金全額の請求を認めている。そこでは，有期雇用について，契約期間内の雇用継続およびそれに伴う賃金債権の維持について期待を持つことに高い合理性があることが重視されている。
39) この点，以前から規制されてきた専ら派遣（派遣法7条1項，48条2項も参照）や，2012年改正によるグループ企業内派遣の制限（同23条の2）については，本書の「派遣先限定の登録型」と重複する面もある。しかし，本書はあくまで個々の派遣労働契約の実態に着目した規制の展開を主張するものであり，一律の事業規制としての現行の規制手法とは方向性が異なっている。
40) なお，厚労省・前掲注35調査によると，派遣労働者がこれまで働いてきた派遣先数では，1か所（43％）の割合が最も高く，次いで2か所（20％），3か所（13％）と続いている。一方，派遣で働いてきた通算期間でみると，5年以上10年未満の割合が最も高く（27％），次いで3年以上5年未満（18％），10年以上（15％）となっている。

労務管理を代行し，労働者が派遣先に対して直接に労務提供をしているのと同視し得る状態にある[41]。この類型では，「登録」の独自の意義はきわめて小さい。

② 派遣条項の有効性

派遣先限定の登録型は，労働者にとって，派遣元での登録と労働契約の締結のいずれの面でも，ある特定の派遣先での就労が前提とされており，そこでの就労継続への期待が特に大きい類型である。その一方で，ある特定の派遣先との間で強度の接着関係がある点からすると，労働者派遣契約の終了に伴って，派遣労働契約をも終了させるという派遣条項の有効性がいっそう問題となる。

しかし，そもそも特定の派遣先での就労のみを予定しており，登録について独自の意義が大幅に減殺されているこの類型では，第1のタイプ（真正な登録型派遣）とは異なって，雇用喪失（自動終了）に伴う不利益軽減措置として，派遣元が別の新たな派遣先とのマッチングを図ることに期待するのも非現実的であろう。派遣先限定の登録型では，「登録」に独自の法的意義は認め難い。

こうしたなかで，派遣先の喪失を理由とする派遣条項（自動終了条項）の効力を認め，派遣元や派遣先の損害賠償責任までも否定することは，まさに解雇規制の事実上の潜脱という不利益のみを労働者に押しつけるものとして，合理性は認められない。少なくとも期間満了までの派遣元での雇用保障が強く求められ，中途解約については特に制限されるべき類型といえよう。

③ 派遣元，派遣先の責任

この類型では，ある特定の派遣先で就労するということが，労働契約はもちろん，派遣元での登録の前提ともなっているのであるから，派遣元の解雇回避努力義務の一環として，同一派遣先での派遣継続へ向けた取組み，──たとえば，当該の派遣先との間で労働者派遣契約が継続されるように努力するといった交渉態度──がポイントとなる。また，労働契約の中途解約の有効性，あるいは雇止めに伴う派遣元の損害賠償責任の有無を判断する際に，仮に，派遣元が代替となる派遣先を提供していた事実があっても，その内容として，当初の派遣先との高い

---

41) この点については，山川隆一「労働者派遣関係の法的構造―私法上の権利義務の観点から」野川忍ほか編『変貌する雇用・就労モデルと労働法の課題』（商事法務，2015年）373頁から示唆を得た。

近似性が求められる類型である。換言すれば，この類型で，派遣元が従前の派遣労働条件と大きく異なる派遣先を紹介したとしても，不利益軽減措置を図ったものとして安易に評価すべきではない[42]。

　また，この類型において，たとえば「登録」の段階で，派遣先が登録者と面談するなど労働者を違法に特定し（派遣法26条6項参照），実質的にみて，派遣元での個別労働者の採用に派遣先が関与していると評価できる場合などでは，派遣労働者の雇用喪失に際して，派遣元だけでなく，派遣先の損害賠償責任も問題となり得ると解すべきである。

　すなわち，派遣先限定の登録型で，ある特定の労働者の採用段階から派遣先が積極的に関与しているようなケースでは，派遣先は，単なる労働力（労働者派遣の役務）を第三者として受け入れるのでなく，むしろ，当事者として派遣労働者「個人」の属性に着目しているものと評価できる。その一方で，派遣労働者としても，同一派遣先での就労継続への期待の程度は特に高く，その期待には合理性があるというべきだろう。したがって，派遣先が労働者派遣契約を突然に解消するようなケースでは，こうした期待利益を保護すべき信義則上の義務や不法行為に基づいて，派遣労働者に対しても慰謝料として損害賠償責任を負う余地がある。

　その判断枠組みとしては，第1に，雇用継続に対する期待の合理性が問題となっているのであるから，――従前の派遣就労期間の長さや労働契約の更新回数，責任者の言動など――実質的には労契法19条，および雇止めをめぐる従来の裁判例で考慮されてきた事項が参考となる。

　それに加えて，第2に，こうした期待を派遣先に対して抱き，派遣先に責任を課すことを正当化する要素が必要と考えられる。具体的には，これまでの裁判例で黙示の労働契約の成否を判断する際に用いられてきた要素，――すなわち，派遣元が名目的な存在にすぎず，派遣先が，派遣労働者の採用や解雇，賃金その他

---

42) たとえば，トルコ航空ほか〔派遣客室乗務員〕事件（東京地判平成24年12月5日労判1068号32頁）は，派遣労働者である原告らの採用経緯は明らかでないが，おそらくは，トルコ航空での客室乗務員として就労することを前提に募集された（派遣先限定の登録型）と考えられるケースであった。判旨は，雇止めの適法性判断に際して，派遣元が自動車の新車発表会の接客スタッフを募集するメールを送信した点を，不十分ながらも代替派遣先を提示したものと評価している。しかし，同事件で問題となった労働契約について，派遣先限定の登録型と評価できる場合であったとすれば，地位確認請求を棄却した結論はともかくとして，仮に不法行為責任が争われたケースであったとしても，このように業務内容が大きく異なる代替派遣先を提示した点を積極的に評価すべきではない。

の雇用条件の決定，職場配置を含む具体的な就業態様の決定，懲戒処分を事実上行っているなど，派遣労働者の人事労務管理等が，派遣先によって事実上支配されているといえる事情の有無——が参考となる。この類型で問題となっているのは，当該派遣先での就労継続について労働者の期待が合理的かどうかであるところ，労働者にとって，実質的にみて派遣先に対して直接に労務を提供していると評価できる事情の有無が重要となり，それは，黙示の労働契約の成否が問題となるときと共通すると考えられるからである。

そして，上の諸点を柔軟に考慮して，ある労働者について，派遣先が主導して派遣先の事業に組み込んだものと評価できる場合には，たとえ黙示の労働契約の成立までは認められないケースであっても（こちらは意思解釈の問題である以上，自ずと限界がある），派遣先の都合により派遣労働者の雇用が喪失する場合に，損害賠償責任の有無という点では，信義則や不法行為を媒介に，派遣元と派遣先を一体的にみて派遣先の責任まで問う余地がある。[43]

これまで，派遣労働者の雇用喪失に伴い，派遣先の損害賠償責任がどのような場合に肯定されるのかについて，裁判例の立場ははっきりしなかった（詳細は，第2章第4節Ⅲ2）。この点，裁判例を鳥瞰すると，①派遣先または派遣元の明確な害意を伴って派遣労働者が雇用を喪失したケース，②派遣先の責任者が，具体的な再派遣の時期を示して労働者に雇用継続の期待を抱かせるなど，特別な先行行為が認められるケースに加えて，③以上のような事情がなくても，信義則を媒介に，突然の労働者派遣契約の解消について，主として手続的な面で派遣先の不法行為責任を認めたものがあった。このうち③のケースは，まさに，派遣先限定の登録型の特徴をふまえたものと位置づけた上で，具体的な類型化をしていくことが今後の課題である。

さらに，立法論としては，この派遣先限定の登録型については，濫用を防止する観点から，派遣先に対して直接雇用を積極的に義務づけていくことが検討されてよい。

---

43) この点，黙示の労働契約の成否については，意思解釈の問題である以上，当事者の表示意思と大きく矛盾する解釈には慎重であるべきである。他方で，労働契約の成立まで認められる場合であれば，そもそも期待権侵害の面で損害賠償が問題となることはない。こうした点に照らせば，派遣先の損害賠償責任の有無を判断する際には，上の諸要素についてより柔軟に考慮することが許されよう。

V　直用化をめぐる問題

1　申込みみなし制度

　派遣先での直用化を義務づけることは，労働契約における合意原則や採用の自由と正面から抵触する。特に，解雇規制のもと採用後の労働力の需給調整が原則的に制約されるなかで，労働契約の締結強制という私的自治を大きく修正することには，強度の正統性を要する。現在の直接雇用の申込みみなし制度には，こうした前提を欠くものが含まれており再検討が必要である（第2章第4節Ⅲ4）。

　これに対して，現行法で直接の規制対象ではないが，前述の派遣先限定の登録型については，期間制限とあわせた直用化の義務づけが正当化されるものと考える。この点，オランダでは，登録型派遣を認めながら，派遣元の雇用責任を徹底することで濫用の防止が図られており，一律に直用化を図る考え方はみられない。しかし，オランダの法制度の背景には，労働協約によって，登録型派遣と常用的な派遣，さらに派遣先で直接雇用される労働者との利益調整が図られている事情がある（フェーズ制度による段階的な雇用保障や均等待遇など）。また，ドイツ法では，均等待遇原則を軸とする利益調整を目指しつつも，事業の許可基準に抵触する場合には，直接雇用へと誘導する枠組みは残されている。

　これと比較すると，日本では，法制度上，企業の枠を超えた労働者間で，労働条件に格差が生じることが当然視されてきた。また，期間の定めのない労働契約に試用期間を設け，使用者が当該期間内に労働者を解雇することも自由ではない。他方で，有期雇用については出口規制があるにとどまるために，雇用の入口段階で，有期雇用による登録型派遣が濫用的に利用されやすい状況がある。

　このうち，後者の有期労働法制については，日本法はオランダ法と類似する面もあるが，オランダでは，更新回数や最長期間の点で明確・厳格な規制があり，特に2014年の法改正ではその内容が強化されている（3×2×6ルール）のに対して，日本では，そもそも更新回数の制限はなく，無期転換ルールが問題となるのも反覆更新が5年を超える場合に限定され（労契法18条），雇止め制限法理で主

44）　採用の自由に対する制約のあり方については，大内伸哉「雇用強制についての法理論的検討」荒木尚志ほか編『労働法学の展望―菅野和夫先生古稀記念論集』（有斐閣，2013年）93頁も参照。

として問題となる労働者の「合理的期待」については（同19条），予測可能性が低い。また，法規制の遵守状況について，産業別の協約当事者による企業横断的な監視の仕組みがあるわけでもない。

前述のように，そもそも登録型派遣では，一般に，直接雇用や常用的な派遣と比べ解雇規制が機能する余地は小さい。しかも，派遣先限定の登録型では，労働市場において適切なマッチング機能を果たしているとも評価できず，むしろ，解雇規制を回避する手段として濫用的に用いられる可能性が少なくない。このタイプで派遣先が果たす役割や労働者が有する期待の内容に照らせば，こうした状況が継続する場合に，雇用責任を派遣先に転嫁することも正当化されよう。採用の自由との関係では，大内教授が指摘される転移事例（詳細は第2章第4節Ⅲ4）の一種として位置づけることができるように思われる。[45]

そして，こうした転移事例では，労働者の雇用継続への期待保護が採用の自由を制約する実質的な根拠となり，解雇規制の潜脱防止という視点も加味すると，――現在の「みなし規制」のように，派遣元や派遣先にペナルティーを課すことに伴う労働者への不利益を防止する観点から，従前の労働契約をそのまま派遣先に転嫁するのでなく――労契法18条の無期転換ルールとの均衡を図りつつ，一定期間の経過後には，派遣先による雇用関係の解消に合理性を問う（無期雇用として直用化を図る）ことまで踏み込むことも正当化できる余地がある。[46]

---

45) 派遣労働者の期待保護の観点から，労働契約の締結を派遣元でなく派遣先に対して強制するためには，①純然たる新規採用ではなく，実質的には雇用の終了と同視し得る状況にあることに加えて（出口問題への転移），②そうした状況が派遣元でなく派遣先によって作出された事情が必要である（雇用責任の派遣先への転嫁）。一般には，派遣労働関係において②は認め難いが，派遣先限定の登録型であればこれを肯定する余地がある。

46) まず，派遣期間にかかわらず，労契法19条（雇止め制限法理）との関係では，雇用継続に対する期待の合理性等が認められる場合であれば，5年に満たない場合であっても，派遣先に従前と同一内容（有期雇用）での契約締結を義務づける法規制が考えられる。ただし，雇止め制限法理の予測可能性が低い一方で，雇用保障の観点から見た場合に，有期での直用化には実質的な意義が小さいことをふまえれば，こうした規制の要否は慎重に検討すべきであろう（直用化後の雇止めが適法と認められた事例として，パナソニックプラズマディスプレイ〔パスコ〕事件・最二小判平成21年12月18日民集63巻10号2754頁，ダイキン工業事件・大阪地判平成24年11月1日労判1070号142頁も参照）。他方，派遣先で無期雇用での直用化が図られるまでの期間については，労契法18条の無期転換ルール（5年）のほか，たとえば，派遣先限定での登録型は，当初から派遣先が積極的に関与し得る点で紹介予定派遣と類似する機能があるところ，紹介予定派遣は現在では最長6ヵ月に制限されていることも参考となろう。雇用の安定化に関わる規制という側面から前者とのバランスが中心となるが，後者の要素も加味して，より短期の特則を設けることが検討されてよいと思われる。

以上の観点から，今後，登録型派遣のうち，派遣先限定の登録型と評価できるものについては，前述した派遣元での有期労働法制の強化という登録型派遣に一般に妥当する枠組みと同時に，派遣先による濫用防止という観点から，派遣先での同一労働者の受入期間を制限しつつ，これを超える場合には直用化を図ることが適切と思われる。

　こうした規制のもとで，①常用的な派遣，②真正な登録型派遣，③派遣先限定での登録型派遣とで規制を異ならせ，派遣先にも前2者を選択するインセンティブを課す——より正確には，③の派遣先限定の登録型において労務管理のコストを高くすることで，安易な利用にディス・インセンティブを課し，①や②の利用を促進する——意義は大きい。

2　間接的な誘導

　以上のように，今後，労働者派遣法には，派遣労働者個人のニーズに着目して規制を展開することが求められ，従来のように，画一的な規制によって直接雇用へと誘導することは適切でない。第2章で詳しく検討したように，直用主義に十分な正統性がない以上，労働者派遣に対する規制は，派遣労働者個人のニーズに反しないかたちで行われる必要がある。ただ，こうした派遣労働者としての保護に加えて，派遣労働者をゆるやかに直接雇用へと誘導する仕組みを設けることも必要と考えられる。

　本書の分析によると，直用重視の考え方をめぐり，オランダとドイツで規制が異なるのは，両国の解雇・有期労働法制の違いのほか，関係当事者間の利益調整のあり方や，派遣が現実にはたすマッチング機能に対して評価が異なるという点が大きい。日本の状況をこうした分析結果に照らせば，①有期雇用に対する雇用保障は，労契法18条や19条の出口規制にとどまり，労働者派遣を含む柔軟な労働力利用そのものを消極視する理由には欠けるが（オランダ法と類似），②均等待遇規制，あるいは他の手段によって，直接・間接的に利益調整を図る制度を導入することが困難な状況に照らせば，直用化への政策的な誘導が望ましいということになる（ドイツ法と類似）。

　いずれを重視するのかは政策判断の問題であるが，現在の労働者派遣をとりまく状況に照らせば，派遣を直接雇用へと誘導することが望ましいように思われる。ただし，①の点から，特に常用的な派遣では，派遣元や派遣先による派遣労働者

（人的資本）に対する投資を妨げないような施策が求められる。

　このような観点から，直接雇用への誘導については，全体としては，派遣先の欠員に関する情報提供義務，さらには，派遣先に欠員が生じたために新規採用を行うケースでの派遣労働者に対する雇用申込義務（優先雇用）という，緩やかな施策が適切であろう。これらの義務は，信義則を根拠とする解釈論として，あるいは義務内容を明確化するために立法化することも考えられ，派遣労働者の直用化支援という目的からは常用的な派遣でも認めるべきであるが，登録型派遣と比較すると具体的な義務の程度は軽減されるであろう。

　このような間接的な規制は，当事者間の交渉を促進させることに意義があるところ，派遣先の採用の自由との抵触問題も相当に軽減されるし，採用条件等を交渉に委ねる点で，将来的な紛争回避も期待できる。直用化への誘導をこうした緩やかな規制に委ねることには，より強力に直用化を支援すべきとの立場から，批判があると予想される。

　しかし，直用主義に原理的な根拠がない以上，間接雇用としての働き方を制限することは適切でない。直用化への誘導は，①派遣先を当初から限定したタイプの登録型派遣について，濫用防止の観点から派遣先での直用化を積極的に認めるほかは，②情報提供義務，あるいは緩やかな申込義務を課すにとどめ，交渉機会を提供することで足りると思われる。それ以上の規制では，労働者派遣のマッチング機能を減殺し，労働者の多様な利益状況を反映できないと考えられるからである。直用化への誘導は政策的なものであって，特に常用的な派遣や真正な登録型派遣に基づき派遣される労働者にとって，不可欠なものではないことに留意する必要がある。

おわりに

　日本の労働者派遣法には，伝統的に，常用代替を防止する観点から対象業務や派遣受入期間を制限するなど，派遣先で直接雇用される労働者の利益を重視した規制が数多くみられる。その一方で，派遣法には，労働者の権利という視点から個人としての派遣労働者に法的サポートを及ぼすという考え方は希薄である。本書で一貫して主張したかったのは，こうした規制を改め，労働者個人に着目し，その多様なニーズに反しないかたちで，既存の法制度とのバランスのとれた労働

法規制が重要だということである。外国の法制度に目を転じても，従来の常用代替防止という考え方は後退し，個々の派遣労働者の処遇をふまえた法的保護のあり方が模索されている。

　労働者派遣には労働力の需給マッチング機能があり，今後，労働者間の利益状況がますます多様化するなかで，日本でも，こうした多様性を反映し得る制度設計が重要となる。そこでは，派遣労働者の権利という視点を中心に据えつつ，個々の労働者のニーズと反しないかたちで，派遣の濫用的な利用については防止する施策が求められる。この点，解雇規制を中心に雇用の存続保護を重視してきた日本法のもとでは，労働者派遣においてもそれと調和のとれた規制枠組みが必要であろう。具体的には，常用型派遣に対しては，解雇規制を十分に機能させる解釈論を徹底するとともに，雇用の存続保護が構造的に困難である登録型派遣については，濫用の防止を図ることが重要となる。

　ただし，日本の解雇・有期労働法制に照らせば，登録型派遣を全面的に禁止することは，少なくとも法体系上の一貫性を欠く。同様に，ヨーロッパ諸国で一般化しつつある均等待遇原則（不利益取扱いの禁止）についても，規範的な意味で日本で導入する根拠に乏しい。同原則は，職務をベースとする処遇システムのもとで当事者間の利益調整に主眼を置き，差別禁止という観点から強力に推し進められるものではないからである。労働者派遣制度は，各国の雇用システムと密接に関係しており，諸外国の制度の一部分だけを切り取って導入することは避けなければならない。

　こうした観点から，日本における労働者派遣法の現代的役割を考えると，①労働者派遣を公法的な観点から画一に禁止・制限するのではなくて，②労働契約に応じて登録型と常用型とで規制を区別し，当事者に常用型（または真正な登録型）の利用を選択するインセンティブを与えること，③具体的に，登録型では労働契約の前後を含めて派遣元の法的責任を模索し，短期的なマッチング機能を尊重しつつ（真正な登録型），これが期待できないタイプ（派遣先限定の登録型）については，濫用防止の観点から派遣先にも積極的に責任を課すこと，④均等待遇の実現が当面困難なことから，緩やかなかたちで直接雇用へと誘導する仕組みを設けることが適切との結論に至った。

　本書では，各国の法制度について，主として規範的な観点から分析を加えてきた。今後は，派遣労働者の待機期間中の公的所得保障のあり方，あるいは職業紹

介制度との関わりなど,より対象を広げた研究が必要であろう[47]。また,派遣労働者を含めた非正社員が増加する背景には,正社員に対する法定福利費の割合が上昇しているなど多様な要因がある[48]。こうした制度的な格差について,俯瞰的な分析を行う必要がある。ただ,そこでの基本視点は,やはり,派遣労働者個人に着目して,各国の法制度がどのように制度間のバランス調整を図っているのかを分析することであるように思われる。

---

47) たとえば八代教授によると,現在の日本の社会保険制度は,暗黙の内にフルタイムの正規労働者を対象としており,非正社員に必要なセーフティーネットとして機能していないだけでなく,労働市場における様々な歪みを生じさせているとされる(八代尚宏「労働市場改革の課題」鶴ほか編・前掲注16書67頁。労働法学からの同旨の指摘として,島田陽一「日本における労働市場・企業組織の変容と労働法の課題」季労206号(2004年)2頁も参照。
48) 非正規労働者が増加する要因の多様性については,さしあたり,古郡鞆子「非典型労働者の労働需要」大橋勇雄編『労働需要の経済学』(ミネルヴァ書房,2009年)を参照。

事項索引

● A-Z

ABU（一般人材派遣協会） *194, 210, 257, 261, 284*
EU 指令 *185*
flexicurity *203*
NBBU（オランダ人材派遣協会） *194, 210, 285*
STAR 合意 *193, 203, 208*

● あ行

朝日放送事件 *173, 408*
移行手当（transitievergoeding） *227, 269, 293*
入口規制 *233, 253, 305, 328, 332, 334, 365, 385, 404*

● か行

解雇規制 *12, 15, 384, 401*
　　　　―オランダ *212, 225*
　　　　―ドイツ *302, 304, 322, 363*
　　　　―日本 *28, 43, 49, 76, 113, 131, 165, 178*
解消手続き *225, 304*
回転ドア構造（draaideurconstructies） *232, 271, 341*
間接雇用 *3, 23, 45, 85, 104, 106, 125, 130, 141, 166, 176*
擬制的労働関係 *200, 312, 349, 374, 376*
義務的団交事項 *171*
協約締結能力 *335, 339, 357, 360*
許可制度 *197, 199, 312, 345, 392*
近似アプローチ *173, 408*
均等待遇原則 *18, 189, 258, 339, 352, 387, 395*
クーリング期間 *64, 178*
グループ企業内派遣の制限 *70*
原始ネガティブリスト業務 *51, 59, 156*
建設業務 *51, 60, 71, 152, 156*
港湾運送業務 *51, 60, 71, 152, 156*
個人単位での期間制限 *74, 75, 393*

● さ行

採用の自由 *62, 137, 154, 416, 419*
3×2×6 ルール *236, 268, 297*
3×3×3 ルール（旧） *233*
支配力説 *172*
社会的選択 *303, 321, 323*
自由化業務 *59, 381, 389*
17.5業務 *70, 80, 393*
柔軟性と保障法 *193, 201, 213, 232, 239, 254, 263, 280, 286*
就労と保障に関する法律（WWZ） *213, 228, 236*
紹介予定派遣 *65, 417*
「使用者」性 *32, 172*
常用型派遣 *49, 72, 76, 165, 402, 408, 411*
常用代替の防止 *65, 392*
常用代替防止目的 *125, 382, 390, 393*
職安法重畳適用説 *89*
人権擁護委員会（CRM） *240*
人材サービス・エージェンシー（PSA） *329*
真正な登録型（労働力プール型） *153, 174, 408*
政令26（28）業務 *56, 59, 61, 66, 126, 143, 166, 177, 381*
組織単位 *75, 163, 393*

● た行

待機期間 *117, 130, 291, 303, 367, 403*
対抗関係説 *172*
団体交渉権 *171*
中間搾取 *105*
直接雇用の申込義務 *134*
直接雇用申込みみなし規制 *70, 152, 415*
直用中心主義 *38*
賃金の均衡考慮義務 *70, 169*
適用除外（解雇制限法の） *303, 320, 377*
出口規制 *233, 268, 297, 306, 334, 385, 405, 416*
同一（価値）労働・同一賃金 *249*

事項索引　423

登録型派遣　404, 408, 412
　―真正な　408
　―派遣先限定の　412
「登録」の意義　407
特定行為　64

●な行
26週ルール　267, 268, 273, 281, 297
日数限定業務　66, 75

●は行
派遣期間　16, 381, 393
　―オランダ　196, 203
　―ドイツ　314, 335, 338, 370
　―日本　53, 61, 74
派遣協定（Uitzendconvenant）　203, 210, 286
派遣先限定の登録型　412
派遣先単位での期間制限　74, 393
派遣条項（自動終了条項）　130, 267, 272, 410, 412
派遣対象業務　51, 58, 381, 392
派遣法単独適用説　88
ハルツ改革　309, 317
パートタイム・有期契約法（TzBfG）　326, 365
パートタイム・有期労働指令　185

日雇派遣の制限　70, 77, 393, 408
被用者給付実施機構（UWV）　216, 250
フェーズ制度　210, 286
フレキシキュリティ（flexicurity）　203

●ま行
マージン率の公開　70
申込みみなし制度　70, 152, 416
黙示の労働契約　37, 146

●や行
有期労働法制　15, 384, 401
　―オランダ　231, 245
　―ドイツ　305, 326, 365
　―日本　31, 44, 114, 117

●ら行
離職者派遣の制限　70
隣接アプローチ　174
労働契約基準説　172
労働市場仲介法（WAADI）　201, 254
労働者派遣指令　186
労働者派遣の特徴　2, 47, 85, 263, 344
労働者供給事業　26, 88, 389

判例等索引

([ダ]は「労働判例」の判例ダイジェスト欄に掲載されている判例)

●最高裁判所

最大判昭和43・12・25民集22巻13号3459頁（秋北バス事件）……………………………………………29
最大判昭和48・12・12民集27巻11号1536頁（三菱樹脂事件）………………………………………137
最一小判昭和49・7・22民集28巻5号927頁（東芝柳町工場事件）……………………………31,122
最二小判昭和50・4・25民集29巻4号456頁（日本食塩製造事件）………………………………………28
最二小判昭和52・1・31労判268号17頁（高知放送事件）…………………………………………………28
最一小判昭和55・12・18労判359号58頁（鹿島建設・大石塗装事件）………………………………168
最一小判昭和61・12・4判時1221号134頁（日立メディコ事件）……………………………31,32,122
最一小判平成3・4・11労判590号14頁（三菱重工業神戸造船所事件）……………………………168
最一小判平成6・7・14労判655号14頁（大阪大学図書館事件）……………………………………161
最三小判平成7・2・28民集49巻2号559頁（朝日放送事件）……………………………………172,175
最一小決平成18・11・2判例集未登載（マイスタッフ〔一橋出版〕事件）………………………124
最一小決平成20・3・27中央労働時報1092号37頁（国・中労委〔根岸病院〕事件）……………170
最一小決平成21・3・27労判991号14頁（伊予銀行・いよぎんスタッフサービス事件）………123
最一小判平成21・12・18民集63巻10号2754頁
　　　（パナソニックプラズマディスプレイ〔パスコ〕事件）……………………71,92,123,150,417
最三小決平成24・2・28判例集未登載（東レリサーチセンター事件）……………………………151
最三小決平成24・7・13労判1050号97頁（日本トムソン事件）………………………………144,151
最二小決平成24・10・12労判1056号97頁（パナソニックエコシステムズ〔派遣労働〕事件）……145,151
最一小決平成25・10・17判例集未登載（三菱電機ほか〔派遣労働者・解雇〕事件）………145,151
最二小決平成27・1・23判例集未登載（パナソニック〔旧PEDJ〕ほか1社事件）………………151
最三小決平成27・3・3判例集未登載（日本精工〔外国人派遣労働者〕事件）……………………151

●高等裁判所

福岡高判昭和58・6・7労判410号29頁（サガテレビ事件）……………………………………86,148
東京高判平成18・3・8労判910号90頁（ヨドバシカメラほか事件）………………………………168
高松高判平成18・5・18労判921号33頁（伊予銀行・いよぎんスタッフサービス事件）……123,126,144
東京高判平成18・6・29労判921号5頁（マイスタッフ〔一橋出版〕事件）………………………124
東京高判平成19・7・31労判946号58頁（国・中労委〔根岸病院〕事件）…………………………170
東京高判平成19・11・28労判951号47頁（中野区〔非常勤保育士〕事件）………………………161
大阪高判平成20・4・25労判960号5頁（パナソニックプラズマディスプレイ〔パスコ〕事件）…92,151
東京高判平成21・7・28労判990号50頁（アテスト〔ニコン熊谷製作所〕事件）…………………168
東京高判平成22・12・15労判1019号5頁（ジョブアクセスほか事件）………………………116,131
大阪高判平成23・2・8判例集未登載（東レリサーチセンター事件）………………………………151
東京高判平成23・9・29判例集未登載（テクノプロ・エンジニアリング事件）…………………116

大阪高判平成23・9・30労判1039号20頁（日本トムソン事件）……………………………144, 151
大阪高判平成23・10・6判例集未登載（NTT西日本アセットプランニング事件）……………151
大阪高判平成23・10・25判例集未登載（日本化薬事件）……………………………………………151
名古屋高判平成24・2・10労判1054号76頁
　　　（パナソニックエコシステムズ〔派遣労働〕事件）……………………………………145, 151
名古屋高判平成24・4・20裁判所Webサイト（パナソニック電工事件）……………………………151
福岡高判平成24・10・29労旬1786号61頁（テレビ西日本事件）………………………………………151
名古屋高判平成25・1・25判時1084号63頁（三菱電機ほか〔派遣労働者・解雇〕事件）………145, 151
名古屋高金沢支判平成25・5・22労判1118号62頁（パナソニック〔旧PEDJ〕ほか1社事件）………151
東京高判平成25・10・24LEX/DB：25541162（日本精工〔外国人派遣労働者〕事件）………………151
福岡高判平成25・10・28LEX/DB：25502216
　　　（ルネサスセミコンダクタ九州山口・NECロジスティックス・日本通運事件）……………151
東京高判平成26・6・4労経速2217号16頁（ジェコー〔日研総業〕事件）……………………………151
東京高判平成27・3・26判時1121号52頁（いすゞ自動車〔雇止め〕事件）……………113, 151, 411
東京高判平成27・9・10LEX/DB：25541206（日産自動車ほか〔派遣社員雇止め等〕事件）………151

●地方裁判所
東京地判昭和54・11・29労判332号28頁（ブリティッシュ・エアウェイズ・ボード事件）……………150
佐賀地判昭和55・9・5労判352号62頁（サガテレビ事件）………………………………………………147
東京地判平成9・11・26判時1646号106頁（ホクトエンジニアリング事件）…………………………168
松山地判平成15・5・22労判856号45頁（伊予銀行・いよぎんスタッフサービス事件）……………124
東京地判平成17・7・20判時901号85頁［ダ］（リクルートスタッフィング事件）…………………406
大阪地判平成18・1・6労判913号49頁（三都企画建設事件）……………………………………………113
大阪地判平成19・4・26判時941号5頁（パナソニックプラズマディスプレイ〔パスコ〕事件）…92, 136
大阪地判平成19・6・29判時962号70頁（アデコ〔雇止め〕事件）……………………………………130
名古屋地判平成20・7・16判時965号85頁［ダ］（テー・ピー・エスサービス事件）…………………144
東京地判平成20・9・9労経速2025号21頁（浜野マネキン紹介所事件）…………………………113, 403
東京地判平成21・3・10労経速2042号20頁（ジェイエスキューブほか事件）…………………………86
横浜地決平成21・3・30労判985号91頁［ダ］（ニューレイバー〔仮処分〕事件）………………119, 120
宇都宮地栃木支決平成21・4・28労判982号5頁（プレミアライン〔仮処分〕事件）……………119, 121
福井地決平成21・7・23判判984号88頁［ダ］（ワークプライズ〔仮処分〕事件）………………119, 121
名古屋地一宮支判平成21・8・4労経速2052号29頁（三洋アクア事件）……………………………94, 138
広島地判平成21・11・20労判998号35頁（社団法人キャリアセンター中国事件）………………120, 131
大津地判平成22・2・25判判1008号73頁（東レリサーチセンター事件）………………………………151
京都地判平成22・3・23労経速2072号3頁（日本電信電話ほか事件）………………………………92, 120
東京地判平成22・5・28判判1013号69頁（ジョブアクセスほか事件）……………………………116, 131
東京地判平成22・8・27労経速2085号25頁（マイルストーン事件）……………………………………125
津地判平成22・11・5労判1016号5頁（アウトソーシング事件）…………………………………119, 121
大阪地判平成22・12・27判タ1349号118頁（NTT西日本アセットプランニング事件）………………151
横浜地判平成23・1・25判時2102号151頁（テクノプロ・エンジニアリング事件）…………………116

大阪地判平成23・1・26労判1025号24頁（積水ハウスほか〔派遣労働〕事件） ………………… *146,151*
神戸地姫路支判平成23・1・29労判1029号72頁（日本化薬事件） ……………………………………… *151*
神戸地姫路支判平成23・2・23労判1039号35頁（日本トムソン事件） ……………………………… *151*
東京地判平成23・3・17労経速2105号13頁（クボタ事件） ……………………………………………… *175*
名古屋地岡崎支判平成23・3・28労経速2106号3頁（イナテック事件） …………………………… *151*
名古屋地判平成23・4・28労判1032号19頁（パナソニックエコシステムズ〔派遣労働〕事件） … *145,151*
津地判平成23・5・25裁判所Webサイト（パナソニック電工事件） ………………………………… *151*
福井地判平成23・9・14労判1118号81頁（パナソニック〔旧PEDJ〕ほか1社事件） …………… *151*
大阪地判平成23・10・31労経速2129号3頁（クボタ事件） …………………………………………… *151*
名古屋地判平成23・11・2労判1040号5頁（三菱電機ほか〔派遣労働者・解雇〕事件） ……… *145,151*
東京地判平成23・11・9労経速2132号3頁（武蔵野市事件） ………………………………………… *161*
福岡地判平成24・2・8 LEX/DB：25480337（テレビ西日本事件） ………………………………… *151*
横浜地判平成24・3・29労判1056号81頁（シーテック事件） ………………………………………… *115*
東京地判平成24・4・16労判1054号5頁（いすゞ自動車〔雇止め〕事件） ………………………… *151*
東京地判平成24・8・31労判1059号5頁（日本精工〔外国人派遣労働者〕事件） ……………… *151*
大阪地判平成24・11・1労判1070号142頁（ダイキン工業事件） …………………………… *144,151,417*
熊本地判平成24・11・9 LEX/DB：25502219
　　　（ルネサスセミコンダクタ九州山口・NECロジスティックス・日本通運事件） ………… *151*
東京地判平成24・12・5労判1068号32頁
　　　（トルコ航空ほか〔派遣客室乗務員〕事件） ………………………… *111,125,129,151,414*
山口地判平成25・3・13労判1070号6頁（マツダ防府工場事件） …………………………………… *97*
前橋地判平成25・7・17 LEX/DB：25501536（NSKステアリングシステムズ事件） …………… *151*
東京地判平成25・12・5労経速2201号3頁（阪急交通社事件） ……………………………………… *174*
さいたま地熊谷支判平成26・1・14労経速2217号20頁（ジェコー〔日研総業〕事件） ………… *151*
横浜地判平成26・3・25労判1097号5頁（日産自動車ほか〔派遣社員雇止め等〕事件） ……… *151*
名古屋地岡崎支判平成26・4・14労判1102号48頁（アンデンほか1社事件） …………………… *151*
東京地判平成26・4・23労経速2219号3頁（日本赤十字社〔スタッフサービス〕事件） ……… *151*
横浜地判平成26・7・10労判1103号23頁（資生堂ほか1社事件） ……………………………… *119,151*
さいたま地判平成27・3・25 LEX/DB：25540330（DNPファインオプトロニクス事件） …… *92,151*
東京地判平成27・7・15 LEX/DB：25540824（日産自動車〔アデコ〕事件） …………………… *151*

●労働委員会
中労委平成21・9・2労経速2053号19頁（クボタ事件） ………………………………………………… *175*
滋賀県労委平成22・12・6命令集未登載（日本電気硝子事件） ……………………………………… *175*
広島県労委平成23・6・24命令集未登載
　　　（中国地方整備局・九州地方整備局〔スクラムユニオン・広島〕事件） …………………… *175*
大阪府労委平成23・9・9命令集未登載（東海市事件） ………………………………………………… *175*
東京都労委平成23・9・20重要命令集1418号1頁（阪急交通社事件） ……………………………… *174*
滋賀県労委平成23・10・17重要命令集1425号1頁
　　　（パナソニックホームアプライアンス〔パナソニック草津工場〕事件） …………………… *175*

大阪府労委平成24・2・13命令集未登載（近畿地方整備局事件） ……………………… *175*
中労委平成24・9・19重要命令集1436号16頁（ショーワ事件） ……………………… *174*
中労委平成24・11・7重要命令集1437号1頁（阪急交通社事件） ……………………… *174*
中労委平成24・11・21重要命令集1437号21頁
　（中国地方整備局・九州地方整備局〔スクラムユニオン・広島〕事件） ……………… *175*
中労委平成25・1・25労経速2178号3頁（東海市事件） ……………………………… *175*
中労委平成25・2・6命令集未登載
　（パナソニックホームアプライアンス〔パナソニック草津工場〕事件） ……………… *175*
中労委平成25・7・3命令集未登載（日本電気硝子事件） ……………………………… *175*
中労委平成26・2・19命令集未登載（ニューマンパワーサービス事件） ……………… *175*
中労委平成26・3・5命令集未登載（近畿地方整備局事件） ……………………………… *175*

著者紹介

本庄　淳志（ほんじょう　あつし）

1981年　大阪市生まれ
2004年　同志社大学　法学部卒業
2006年　同志社大学大学院　法学研究科博士前期課程修了
2009年　神戸大学大学院　法学研究科博士後期課程修了
現　在　静岡大学　人文社会科学部・法学科准教授

著　書

大内伸哉編『労働法演習ノート』（共著，弘文堂，2011年）
土田道夫編『債権法改正と労働法』（共著，商事法務，2012年）
大内伸哉編『有期労働契約の法理と政策』（共著，弘文堂，2014年）

労働市場における労働者派遣法の現代的役割

2016（平成28）年2月15日　初版1刷発行

著　者	本庄　淳志
発行者	鯉渕　友南
発行所	株式会社 弘文堂　101-0062 東京都千代田区神田駿河台1の7 TEL 03(3294)4801　振替 00120-6-53909 http://www.koubundou.co.jp
装　丁	松村　大輔
印　刷	港北出版印刷
製　本	牧製本印刷

© 2016 Atsushi Honjo. Printed in Japan

JCOPY〈(社)出版者著作権管理機構　委託出版物〉
本書の無断複写は著作権法上での例外を除き禁じられています。複写される場合は、そのつど事前に、(社)出版者著作権管理機構（電話 03-3513-6969、FAX 03-3513-6979、e-mail:info@jcopy.or.jp）の許諾を得てください。
また本書を代行業者等の第三者に依頼してスキャンやデジタル化することは、たとえ個人や家庭内での利用であっても一切認められておりません。

ISBN978-4-335-35656-8